高等学校金融与财务外包专业课改系列教材

金融企业会计

(第二版)

青岛英谷教育科技股份有限公司
青岛农业大学
编著

西安电子科技大学出版社

内 容 简 介

金融在现代经济中占有核心地位，其行业发展近年来呈上升趋势，对应用型、复合型人才的需求也与日俱增。因此，系统地了解和掌握金融企业相关业务流程与会计核算方法对于相关从业者来说变得十分必要。

本书涵盖了大多数金融企业会计核算的相关知识。全书共分 14 章，主要包括商业银行、保险公司、证券公司等主要金融企业的业务流程与会计核算方法等内容，每一章都设有案例导入、经典案例、知识链接等模块，方便读者更好地进行学习。

本书结构合理，内容务实，适用面广，既可作为高等院校金融与财务外包专业的教材，也可作为广大金融从业人员自学及实务操作的参考书。

图书在版编目(CIP)数据

金融企业会计 / 青岛英谷教育科技股份有限公司，青岛农业大学编著. --2 版. --西安：西安电子科技大学出版社，2019.1(2024.8 重印)
ISBN 978-7-5606-5228-3

Ⅰ. ① 金…　Ⅱ. ① 青…　② 农…　Ⅲ. ① 金融会计—高等学校—教材
Ⅳ. ① F830.42

中国版本图书馆 CIP 数据核字(2019)第 019184 号

策　　划　毛红兵
责任编辑　刘玉芳　毛红兵
出版发行　西安电子科技大学出版社(西安市太白南路 2 号)
电　　话　(029)88202421　88201467　　邮　　编　710071
网　　址　www.xduph.com　　电子邮箱　xdupfxb001@163.com
经　　销　新华书店
印刷单位　陕西天意印务有限责任公司
版　　次　2019 年 2 月第 2 版　　2024 年 8 月第 6 次印刷
开　　本　787 毫米×1092 毫米　1/16　印　张　27.75
字　　数　660 千字
定　　价　69.00 元
ISBN 978-7-5606-5228-3

XDUP 5530002-6

*****如有印装问题可调换*****

高等学校金融与财务外包专业
课改系列教材编委会

❖❖❖ 前　　言 ❖❖❖

金融是现代经济的核心。在 2017 年 7 月召开的全国金融工作会议上，习近平主席强调，“金融是实体经济的血脉，为实体经济服务是金融的天职，是金融的宗旨，也是防范金融风险的根本举措”，可见其重要程度。而随着网络和技术的进步，金融新工具和新业态不断涌现，民营银行、互联网金融等一系列新兴事物蓬勃发展，使金融企业成为高等教育人才就业的一大热门，应用型金融人才炙手可热。

为适应社会发展的新形势及新需求，大力培养应用型本科人才，2016 年，我们结合高等院校的教学需要和金融企业对人才的需求情况，编写了《金融企业会计》一书，教材出版后广受好评。

为适应新形势，中国人民银行、银保监会、证监会陆续出台了一些新的规章制度和管理办法来对金融行业的发展进行规范；此外，财政部于 2006 年颁布的企业会计准则也在 2017 年进行了一次大范围的修订。鉴于此，对第一版的内容进行更新、调整、补充就变得十分必要，于是有了《金融企业会计(第二版)》。

这次修订，我们做了如下改动：

(1) 紧跟形势。此次修订立足于行业发展现状，并结合新规定、新办法对教材知识点进行补充，以期与时俱进，适应行业发展的需要。

(2) 贴近实务。此次修订新增了商业银行外汇业务核算、损益核算等几个章节内容，补充了自助设备管理、会计核算等知识点，使其更符合实务工作要求。

(3) 错误修订。此次修订听取了多所高校一线专家的意见，对第一版中存在的错误进行了订正。

本书共 14 章，分为三个部分：金融企业会计总论、商业银行主要会计业务的核算、非银行金融机构主要会计业务的核算。

第 1 章为金融企业会计总论，介绍了金融企业会计核算的基本理论和基本方法，是全书的理论基础。

第 2 章～第 10 章为商业银行主要会计业务的核算，包括商业银行会计管理概述、商业银行现金出纳业务核算、商业银行存款业务核算、贷款与贴现业务核算、中间业务的会计核算、联行往来和支付清算业务核算、外汇业务核算、损益的核算、年终决算及财务报告的编制等内容。这部分以由浅入深、由易到难的思路为导向，以银行高频、高发业务为基础，系统地阐述了商业银行日常运营管理所涉及的经济业务的操作流程和会计核算方法，是读者需要重点学习和掌握的内容。

第 11 章～第 14 章为非银行金融机构主要会计业务的核算，重点介绍了目前我国除商业银行外主要金融企业的会计核算，包括保险公司业务核算、证券公司业务核算、租赁公司业务核算、基金管理公司业务核算等内容，旨在帮助读者了解非银行金融机构主营业务工作流程和会计核算方法。

本书具有以下特点：

(1) 可读性强。本书在讲解理论知识的过程中，穿插了大量的图表、优质案例和微思考内容，启发读者与实际、实务相结合理解和掌握有关知识点。

(2) 强调风控意识。本书通过行业风险案例的分享，将风险控制与防范的理念贯穿于理论知识的介绍中，帮助读者树立与强化风险防范和风险控制意识。

(3) 实操性强。本书精心选取贴近实务工作的案例让读者进行实践训练，以实现理论和实践的结合，具有很强的实践指导意义。

本书由青岛英谷教育科技股份有限公司编写，参与本书编写工作的有王莉莉、宁孟强、刘玮琼、刘明燕、金成学、邓宇、王燕。本书在编写期间得到了各合作院校专家及一线教师的大力支持与协作，在此十分感谢诸多专家对本书提出的意见和建议。

本书在编写过程中，参考了大量的书籍、资料、法律法规，在此向其作者表示衷心的感谢。部分资料可能由于疏忽没有注明出处，作者如有发现请联系我们，我们将予以补充。由于编者水平有限，书中难免有不足之处，欢迎大家批评指正！读者在阅读过程中如发现问题，可通过邮箱(yinggu@121ugrow.com)联系我们，或扫描右侧二维码进行反馈，以期进一步完善。

教材问题反馈

本书编委会

2018 年 12 月

❖❖❖ 目　　录 ❖❖❖

第 1 章　金融企业会计总论..........1
1.1　金融企业会计概述..........2
1.1.1　金融企业分类..........2
1.1.2　金融企业会计..........4
1.2　金融企业会计基本理论..........5
1.2.1　金融企业会计基本假设..........5
1.2.2　金融企业会计核算基础..........6
1.2.3　金融企业会计信息质量要求..........6
1.3　金融企业会计核算的基本方法..........8
1.3.1　会计科目..........8
1.3.2　记账方法..........14
1.3.3　会计凭证..........15
1.3.4　账务组织和账务处理..........22
练习..........30
第 2 章　商业银行会计管理概述..........31
2.1　商业银行会计机构设置及人员管理..........33
2.1.1　商业银行会计机构设置..........33
2.1.2　商业银行会计人员管理..........34
2.2　商业银行凭证管理..........37
2.2.1　凭证分类..........38
2.2.2　重要空白凭证的管理..........38
2.2.3　一般空白凭证的管理..........41
2.3　商业银行会计业务印章管理..........41
2.3.1　商业银行会计业务印章概述..........41
2.3.2　会计业务印章的管理..........43
2.4　商业银行会计监督..........45
2.4.1　事后监督..........46
2.4.2　现场监督..........47
练习..........49
第 3 章　商业银行现金出纳业务核算..........50
3.1　商业银行柜面现金出纳业务..........51
3.1.1　现金出纳业务的工作任务..........51
3.1.2　现金出纳业务基本规定..........52
3.1.3　现金出纳业务核算..........54
3.2　商业银行自助设备管理..........58
3.2.1　自助设备概述..........58
3.2.2　自助设备管理..........60
3.2.3　自助设备业务核算..........62
3.3　商业银行金库管理..........64
3.3.1　银行金库管理..........64
3.3.2　现金出入库..........66
3.4　人民币及反假币管理..........67
3.4.1　不宜流通人民币挑剔标准..........68
3.4.2　残损币兑换..........68
3.4.3　反假币工作..........69
练习..........69
实践 1　货币兑换业务..........72
第 4 章　商业银行存款业务核算..........75
4.1　商业银行存款业务概述..........76
4.1.1　存款定义及分类..........76
4.1.2　存款业务的核算要求..........78
4.1.3　存款业务会计科目设置..........79
4.2　个人存款业务的核算..........79
4.2.1　个人存款业务概述..........80
4.2.2　个人存款账户的开立..........80
4.2.3　活期储蓄存款的核算..........82
4.2.4　定期储蓄存款的核算..........82
4.2.5　其他储蓄存款的核算..........85
4.2.6　个人存款账户的管理..........87
4.3　单位存款业务的核算..........90
4.3.1　单位存款业务概述..........91
4.3.2　单位存款账户的开立..........91
4.3.3　单位活期存款业务核算..........94
4.3.4　单位定期存款业务核算..........94

4.3.5 单位通知存款的核算......97
4.3.6 单位存款账户的管理......98
4.4 存款利息的计算......101
4.4.1 活期存款利息计算......101
4.4.2 定期存款利息计算......105
练习......109
实践 2 单位存款业务......112
第 5 章 贷款与贴现业务核算......117
5.1 贷款业务的核算......118
5.1.1 贷款业务概述......119
5.1.2 贷款业务的核算原则......120
5.1.3 贷款业务的会计科目设置......121
5.1.4 信用贷款的核算......121
5.1.5 抵押贷款的核算......128
5.1.6 质押贷款的核算......132
5.1.7 贷款利息的核算......132
5.2 贴现业务的核算......134
5.2.1 贴现业务概述......134
5.2.2 票据贴现的核算......135
练习......138
实践 3 小企业生产经营性贷款......140
第 6 章 中间业务的会计核算......147
6.1 支付结算业务核算......149
6.1.1 支付结算业务概述......149
6.1.2 票据结算业务的核算......151
6.1.3 结算方式的核算......166
6.2 银行卡业务核算......174
6.2.1 银行卡概述......174
6.2.2 借记卡业务的核算......177
6.2.3 信用卡业务的核算......182
6.3 代理业务核算......188
6.3.1 代理国债业务核算......189
6.3.2 代理基金业务核算......191
6.3.3 委托贷款业务核算......193
6.3.4 代收代付业务核算......194
6.4 咨询顾问类业务核算......196
6.4.1 存款证明业务......196
6.4.2 银行询证函业务......198
6.5 代保管业务核算......198
6.5.1 保管箱业务概述......199
6.5.2 保管箱业务核算......199
练习......201
实践 4 信用卡业务......203
第 7 章 联行往来和支付清算业务核算......211
7.1 系统内联行往来......212
7.1.1 系统内联行往来概述......213
7.1.2 资金汇划清算业务及其会计处理......213
7.2 跨系统联行往来......219
7.2.1 商业银行与人民银行的往来......219
7.2.2 商业银行之间的往来......223
7.3 银行间支付清算系统......230
7.3.1 中国现代化支付系统概述......232
7.3.2 人民银行大额实时支付系统的会计核算......234
7.3.3 人民银行小额批量支付系统的会计核算......242
7.3.4 网上支付跨行清算系统......247
练习......252
第 8 章 外汇业务核算......253
8.1 外汇业务概述......254
8.1.1 外汇业务的内涵和意义......255
8.1.2 外汇业务的记账方法......255
8.1.3 外汇业务核算要求......256
8.1.4 外汇业务会计科目设置......257
8.2 外汇业务核算......258
8.2.1 外汇买卖业务的核算......258
8.2.2 外汇存贷款业务的核算......264
8.2.3 国际结算业务的核算......274
练习......285
第 9 章 损益的核算......287
9.1 商业银行收入的核算......289
9.1.1 收入的概述......289
9.1.2 收入的核算......290
9.2 商业银行费用的核算......294
9.2.1 费用的概述......295
9.2.2 费用的核算要求......295
9.2.3 费用的会计核算......296

9.3 商业银行利润的核算 299
9.3.1 利润的概述 299
9.3.2 利润的会计核算 300
练习 301
第 10 章 年终决算及财务报告的编制 303
10.1 商业银行年终决算 304
10.1.1 年终决算概述 304
10.1.2 年终决算日前的准备 305
10.1.3 年终决算日的工作 309
10.1.4 年终决算日后的工作 310
10.2 商业银行财务报告 311
10.2.1 商业银行财务报告概述 311
10.2.2 商业银行财务报告的编制 313
练习 325
第 11 章 保险公司业务核算 327
11.1 保险业务概述 329
11.1.1 保险公司业务的种类 329
11.1.2 保险公司业务会计核算的特点 330
11.2 财产保险业务的核算 331
11.2.1 财产保险业务保费收入的核算 331
11.2.2 财产保险业务赔偿支出的核算 335
11.2.3 财产保险业务准备金的核算 338
11.3 人身保险业务核算 341
11.3.1 人寿保险业务的核算 341
11.3.2 人寿保险业务保险金给付的核算 342
11.3.3 人寿保险业务的退保核算 346
11.3.4 意外伤害保险业务和健康保险业务的核算 347
11.3.5 人身保险业务准备金核算 348
11.4 再保险业务核算 350
11.4.1 再保险业务概述 351
11.4.2 分出业务核算 352
11.4.3 分入业务核算 357
练习 359
第 12 章 证券公司业务核算 361
12.1 证券公司业务概述 362
12.1.1 证券概述 362
12.1.2 证券公司的主要业务 364
12.2 证券经纪业务的核算 364
12.2.1 会计科目的设置 364
12.2.2 代理买卖证券的核算 365
12.2.3 代理兑付证券的核算 368
12.3 证券自营业务的核算 370
12.3.1 会计科目的设置 371
12.3.2 自营买卖证券的核算 371
12.3.3 自营业务卖出成本核算 374
12.4 证券承销业务的核算 375
12.4.1 会计科目的设置 376
12.4.2 全额承购包销方式承销证券的核算 376
12.4.3 余额承购包销方式承销证券的核算 377
12.4.4 代销方式承销证券的核算 379
12.5 其他证券业务的核算 379
12.5.1 会计科目的设置 379
12.5.2 买入返售证券的核算 380
12.5.3 卖出回购证券的核算 381
12.5.4 受托资产管理核算 382
练习 383
实践 5 证券公司会计核算 385
第 13 章 租赁公司业务核算 389
13.1 租赁业务概述 391
13.1.1 租赁概述 391
13.1.2 租赁业务的种类 393
13.2 承租人的会计核算 394
13.2.1 承租人对经营租赁的会计核算 395
13.2.2 承租人对融资租赁的会计核算 396
13.3 出租人的会计核算 398
13.3.1 出租人对经营租赁的会计核算 398
13.3.2 出租人对融资租赁的会计核算 399
13.4 售后租回交易的核算 401
13.4.1 售后租回交易形成的经营租赁 401
13.4.2 售后租回交易形成的融资租赁 402
13.4.3 售后租回交易的会计处理 402
练习 403
实践 6 租赁公司业务核算 405

第 14 章　基金管理公司业务核算 413
14.1　证券投资基金概述 414
14.1.1　证券投资基金的当事人 414
14.1.2　证券投资基金的分类 415
14.2　基金管理公司基金发行、申购与赎回的核算 417
14.2.1　基金发行的核算 418
14.2.2　开放式基金申购的核算 419
14.2.3　开放式基金赎回的核算 421
14.3　基金管理公司基金投资业务的核算 ... 422
14.3.1　股票投资的核算 423
14.3.2　债券投资的核算 426
14.4　基金管理公司基金业务损益核算 428
14.4.1　基金收入的核算 428
14.4.2　基金费用的核算 430
14.4.3　基的收益和分配的核算 431
练习 433
参考文献 434

第 1 章　金融企业会计总论

本章目标

■ 熟悉金融企业的概念、种类

■ 了解金融企业会计的特点及核算原则

■ 熟悉金融企业的会计基本假设和会计基础

重点难点

重点：

◈ 金融企业会计基本理论
◈ 金融企业会计账务组织形式
◈ 金融企业会计凭证

难点：

◈ 金融企业会计凭证编制和审核
◈ 金融企业会计凭证的保管
◈ 金融企业会计核算账务组织形式
◈ 金融企业会计记账规则与错账冲正

案例导入

2016 年，世界经济缓慢复苏，发达经济体面临一系列政治、经济挑战，新兴市场经济体有所企稳，但仍面临调整与转型压力。我国坚持稳中求进的工作总基调，国民经济运行缓中趋稳、稳中向好，金融业改革不断深化，金融市场平稳运行，金融机构整体稳健，金融基础设施建设取得新的进展，宏观审慎政策框架不断完善，实现了“十三五”良好开局。

金融业稳步发展。银行业资产负债规模保持增长，对经济转型升级的支持力度不断加大，对薄弱领域的金融服务水平日趋提升，开发性金融机构、政策性银行、大型商业银行改革持续推进，银行业资产质量下行压力趋缓，信用风险总体可控。证券期货业市场主体稳健发展，监管力度不断加强，基础性制度建设进一步完善。保险业总体呈现较快发展态势，资产规模不断扩大，保费收入快速增长，改革深入推进，服务社会能力增强。

金融市场稳健运行。市场规模继续扩大，参与主体进一步丰富，市场制度建设扎实推进，对外开放取得显著进展。货币市场交易规模再创历史新高，利率弹性有所增大，与经济基本面及市场变化相匹配，利率中枢有所上升。外汇市场成交持续活跃，人民币对外币挂牌币种增加。债券市场现券成交量同比大幅增长，收益率整体上行。股票市场在年初大幅波动后企稳，成交活跃度明显降低。期货成交量快速增长，商品期货价格大幅上涨，金融期货价格走势较为平稳。

资料来源：《中国金融稳定报告2017》

金融，是实体经济的血脉，是国家重要的核心竞争力。近年来，在我国市场经济不断发展，金融机构改革持续深入的背景下，我国金融业取得了巨大的进步，在应对国际金融冲击、推进国民经济健康持续发展方面发挥了至关重要的作用。金融企业作为一种特殊的企业，为客户提供多样化的金融类服务，对国家金融工作的开展、居民金融生活的丰富具有重要意义。

1.1 金融企业会计概述

金融企业作为经营货币、信用业务的特殊企业，是一个特定的企业范畴，有其自身的经营特点和业务范围。金融企业按照其经营范围的不同，可以划分为不同的种类。

1.1.1 金融企业分类

总体来说，我国的金融企业由在中华人民共和国境内依法成立的银行类金融机构和非银行金融机构组成。目前，我国已基本形成了以中央银行为领导、商业银行为主体、政策性银行为补充、其他多种金融机构并存的金融机构组织体系。银行类金融机构在我国金融机构体系中居于支配地位，包括中国人民银行、商业银行、政策性银行。其中，商业银行是典型的金融企业。

1．银行类金融机构

1) 中国人民银行

中国人民银行是我国的中央银行，享有货币发行的垄断权，是发行的银行；中国人民银行是国家管理金融的机关，代表政府管理全国的金融机构和金融活动，经理国库，是政府的银行；中国人民银行作为最后贷款人，在商业银行资金不足时，可向其发放贷款，是银行的银行。

2) 商业银行

商业银行是指依照公司法设立的，以吸收公众存款、发放贷款、办理结算为主要业务，以盈利为主要经营目标的企业法人。能够吸收活期存款，创造信用货币是其最显著的特征。

商业银行是我国金融体系的主体，主要有国有控股商业银行、股份制商业银行、地方城市商业银行、地方农村商业银行及邮政储蓄银行等。

商业银行以效益性、安全性、流动性为经营原则，实行自主经营、自担风险、自负盈亏、自我约束。

3) 政策性银行

政策性银行一般是指由政府设立，以贯彻国家产业政策、区域发展政策为目的，不以盈利为目标的金融机构。我国于 1994 年组建了三家政策性银行——国家开发银行、中国进出口银行和中国农业发展银行，在特定的业务领域内直接或间接地从事政策性融资活动，充当政府发展经济、进行宏观经济管理的工具。应予说明的是，国家开发银行已于 2008 年 12 月经国务院批准，整体改制为商业银行。

【微思考】中国人民银行的性质和职能是什么？我们通常所说的五大行是指哪五个商业银行？我们平时生活中接触到的商业银行，具体来说分别属于什么性质的银行？

扫一扫

2．非银行金融机构

非银行金融机构是指除商业银行以外的其他金融企业，包括保险公司、证券公司、信托投资公司、租赁公司、基金管理公司、期货公司、财务公司等。与商业银行以吸收存款作为其主要资金来源不同，非银行金融机构主要以发行股票和债券、接受信用委托、提供保险等形式筹集资金，并将所筹集的资金主要运用于长期性投资。目前，在我国金融业实行分业经营的模式下，各类非银行金融机构的经营范围有别，经营侧重点各异。

1) 保险公司

保险公司是指依法成立的经营保险业务的非银行金融机构。它所经营的实质是对投保人未来可能的损失予以赔偿给付的承诺，在国民经济中发挥着“互助共济，分担风险”的保障作用。

2) 证券公司

证券公司是指依法成立的经营证券业务的非银行金融机构，目前经营的主要业务有：证券经纪，证券投资咨询，与证券交易、证券投资活动有关的财务顾问，证券承销与保荐，证券自营，证券资产管理和其他证券业务。按照《中华人民共和国证券法》规定，未经国务院证券监督管理机构批准，任何单位和个人不得经营证券业务。

3) 租赁公司

租赁公司是指经银监会(现已和保监会合并，简称“银保监会”)批准，以经营融资租赁业务为主的非银行金融机构。

4) 信托投资公司

信托投资公司是依法成立的、主要经营信托业务的非银行金融机构。它以信用接受委托，按照委托人的意愿，以自己的名义为受益人的利益或者特定目的，对委托人的资产进行管理和处分，发挥其“受人之托，代人理财”的功能。

5) 基金管理公司

基金管理公司是指依法成立的从事证券投资基金管理业务的非银行金融机构，其主要业务有：证券投资基金的发行与赎回，以投资组合方式管理和运用证券投资基金进行股票、债券等金融工具的投资等。

6) 财务公司

财务公司是指依法成立的、以加强企业集团资金集中管理和提高企业集团资金使用效率为目的，为企业集团成员单位提供财务管理服务的非银行金融机构。它是由企业集团内部成员单位集资组建的，经营的业务种类比较广泛，提供服务的范围主要局限于某企业集团内部。

7) 期货公司

期货公司是按照《中华人民共和国公司法》和《期货交易管理条例》的规定设立的经营期货业务的非银行金融机构。

近几年来，随着我国汽车金融服务业的发展，经营汽车金融业务的非银行金融机构，如上海通用汽车金融有限责任公司、丰田汽车金融(中国)有限公司、大众汽车金融(中国)有限公司等相继成立，主要为中国境内的汽车购买者及销售者提供相关的金融服务。

1.1.2 金融企业会计

金融企业的特殊性决定了金融企业会计核算的内容、范围和方法均不同于其他部门会计。金融企业会计作为会计的一个分支，是专门针对金融企业这一特殊经济组织的专业会计。它以货币为主要计量单位，按照会计学的基本原理，采用专门的会计方法，对金融企业的经营活动进行反映和控制，从而为会计报告使用者提供与金融企业财务状况、经营成果和现金流量等有关的会计信息的一种管理活动。

金融企业会计与国民经济其他部门的会计相比，具有其独有的特点。一般来说，金融企业会计的特点主要表现在以下几个方面，如图 1-1 所示。

会计对象的社会性	金融企业会计的对象为金融企业经营活动所引起的资金运动，而金融企业的资金运动主要是金融企业在处理与国民经济各部门、各企业、各单位以及广大的储户、保户、股民、基金持有者等发生的经济业务时引起的，因而具有广泛的社会性
会计核算方法的独特性	金融企业经济业务的特殊性，决定了金融企业会计核算方法在凭证的填制、账户的设置与登记、表单的设置与编制、账务处理程序与核对程序等方面与其他部门会计存在着明显的差异
会计反映的同步性	金融企业的业务活动主要表现为货币流，而一切货币资金的收付都需要通过会计进行核算，使得其业务处理与会计核算具有不可分离的特点，其进行业务处理的过程也就是金融企业会计进行反映和监督的过程
会计监督的政策性	我国对金融企业通过分业立法进行管理，因此金融企业经营的业务本身就具有极强的政策性。金融企业经营活动的会计人员，在进行业务处理与会计核算的同时，必须依照国家法律法规、规章制度、财经纪律对经济业务的合法性进行监督
内部控制的严密性	金融企业是连接国民经济的枢纽，处于牵一发而动全身的地位。为确保其会计核算的质量和效率，金融企业必须建立、健全科学有效而严密的内部控制制度
信息披露的严格性	基于金融企业在国民经济中所处地位的重要性及其经营业务的特殊性(如高负债、高风险的经营特点)，其信息披露的标准更高，要求更为严格

图 1-1　金融企业会计的特点

1.2　金融企业会计基本理论

从整体上看，金融企业与一般企业一样，具有现代企业的基本特征和共性，其会计基本理论与一般企业基本相似，主要包括金融企业会计基本假设、金融企业会计核算基础、金融企业会计信息质量要求等。

1.2.1　金融企业会计基本假设

会计基本假设是企业会计确认、计量和报告的前提，是对会计核算对象空间范围和时间范围的限定。它概括了现代会计的基本先决条件，是会计理论最基础的组成部分，也是会计实务中确定会计核算对象、选择会计处理程序及方法等的重要依据。

会计基本假设包括会计主体假设、持续经营假设、会计分期假设、货币计量假设，这四个基本假设也同样适用于金融企业会计，如图 1-2 所示。

会计主体 明确了会计工作的空间范围

- 会计主体是指会计为之服务的特定单位或组织。
- 金融企业会计核算应反映一个特定金融企业的经营活动，而不应包括金融企业所有者本人和其他经济主体的经营活动。需要注意的是，会计主体不能等同于法律主体。法律主体一定是会计主体，但会计主体不一定是法律主体。

持续经营 明确了会计工作的时间范围

- 持续经营是会计主体在可以预见的将来能够按照既定的目标持续不断地正常开展经营活动。
- 金融企业会计确认、计量和报告应当以持续经营为前提。金融企业应定期对金融企业持续经营这一假定前提进行分析和判断。一旦认定金融企业不符合持续经营的假定，就应当改变会计原则、会计处理程序和方法，并在会计报表附注中进行披露。

会计分期 对会计工作时间范围的具体划分

- 会计分期又称会计期间，是指将会计主体持续不断的经营活动人为划分为一定的期间。
- 金融企业会计核算应以会计分期为前提，按期结算账目和编制财务报告，以便向会计信息使用者及时提供反映会计主体的财务状况、经营成果、现金流量的信息。

货币计量 规定了会计核算的计量手段

- 货币计量是指会计在计量、记录和报告会计主体的经营活动时，应以货币为计量单位。
- 货币是商品的一般等价物，具有价值尺度、流通手段、储藏手段和支持手段等特点。选择以货币尺度进行计量，能够充分反映企业的生产经营情况。对于难以用货币来计量的财务因素，企业可以在财务报告中补充披露有关非财务信息来弥补货币计量的缺陷。

图 1-2　金融企业会计基本假设

1.2.2　金融企业会计核算基础

会计核算基础属于会计要素确认计量方面的要求，它解决了收入和费用何时确认、确认数额的问题。会计核算基础有两种：一种是收付实现制，即现收现付制或现金制；一种是权责发生制，即应收应付制或应计制。

收付实现制以款项收付为标志确定当期收入和费用，核算简单，通俗易懂，通过现金流量表能真实地反映动态财务状况，预警财务风险。但收付实现制不能全面、准确地反映企业的经营成果。

权责发生制是依据持续经营和会计分期前提来正确划分不同会计期间的资产、负债、收入、费用等会计要素的归属，并运用诸如应收、应付、预提、待摊等项目来记录由此形成的资产和负债等。权责发生制是以收入、费用是否实现或发生，而不是以款项是否收到或付出为标准来确认收入和费用的一种记账基础。企业经营活动是循环往复持续不断的，而其损益也要分期计算，权责发生制能比较准确地反映特定会计期间的经营成果。

我国《企业会计准则——基本准则》中明确规定：“企业应当以权责发生制为基础进行会计确认、计量和报告。”

1.2.3　金融企业会计信息质量要求

金融企业会计信息质量要求是对金融企业财务报告中所提供会计信息质量的基本要

求，也是金融企业处理具体经济业务和进行会计政策选择的基本依据。在金融企业会计实务中，要使其财务报告中所提供的会计信息对信息使用者的决策有用，须具备以下基本特征：可靠性、相关性、可理解性、可比性、实质重于形式、重要性、谨慎性和及时性。

1．可靠性

可靠性要求金融企业应当以实际发生的交易或事项为依据，如实反映其财务状况、经营成果和现金流量，保证会计信息的真实可靠、内容完整。

2．相关性

相关性要求金融企业提供的会计信息应当能够反映其财务状况、经营成果和现金流量，以满足会计信息使用者的需要，有助于会计报告使用者对金融企业过去、现在或者未来的情况做出评价和预测。会计信息在可靠性前提下，应尽可能地做到相关性，以满足投资者等财务报告使用者做决策的需要。

3．可理解性

可理解性要求金融企业提供的会计信息应当清晰明了，便于会计报告使用者理解和使用。可理解性是金融企业会计报告使用者和会计信息有用性的连接点，要使会计信息对会计报告使用者有用，前提是会计信息应能被会计报告使用者所理解。

4．可比性

可比性要求金融企业提供会计信息应当具有可比性，主要包括两层含义：第一，同一企业不同时期可比；第二，不同企业相同会计期间可比。

5．实质重于形式

实质重于形式要求金融企业应当按照交易或者事项的经济实质进行会计确认、计量和报告，不应仅以交易或者事项的法律形式为依据。

在金融企业会计实务中，交易或事项的外在法律形式或人为形式并不总是与其经济实质内容一致。在这种情况下，金融企业会计核算就应忠实交易或事项的经济实质，而不能仅仅以其法律形式为依据。

知识链接

实务中，金融企业的售后租回交易，资产的出售和租回由一揽子合同签订，而实质是同一项交易。因此，按照实质重于形式的会计信息质量要求，无论是承租人还是出租人，都应当将售后租回交易视为一项融资行为而非销售行为。在会计处理上，承租人和出租人应当根据我国《企业会计准则第 21 号——租赁》的规定进行会计核算。若认定为融资租赁，虽然在法律形式上承租人不拥有租赁资产的所有权，但从租赁资产所有权有关的全部风险和报酬已由出租人转移给承租人的经济实质来看，在会计核算上承租人应当将融资租赁方式租入的资产视为其自身资产进行核算和管理，并在资产负债表上予以列报。

6．重要性

重要性要求金融企业提供的会计信息应当反映与企业财务状况、经营成果和现金流量有关的所有重要交易或者事项。在实务中，如果会计信息的省略或者错报会影响投资者等财务报告使用者据此做出决策的，该信息就具有重要性。重要性的应用需要依赖职业判断，企业应当根据其所处的环境和实际情况，从项目的性质和金额大小两个方面加以判断。

7．谨慎性

谨慎性要求金融企业对交易或事项进行会计确认、计量和报告时应当保持应有的谨慎，不应高估资产或者收益、低估负债或者费用。

谨慎性是对市场经济条件下客观存在的巨大不确定性(即风险性)所作出的积极反映。金融企业属于高风险行业，在会计核算中贯彻谨慎性要求尤为重要。需要指出的是，谨慎性的运用受会计规范的制约，不能随意使用，更不能滥用谨慎性设置各种秘密准备；否则，应按照会计差错更正的要求进行相应的会计处理。

8．及时性

及时性要求金融企业对于已经发生的交易或事项，应当及时进行确认、计量和报告，不能提前或者延后。在会计确认、计量和报告中贯彻及时性：一是要求及时收集会计信息，即在经济交易或事项发生后，及时收集整理各种原始单据或者凭证；二是要求及时处理会计信息，并编制财务报告；三是要求及时传递会计信息，按照国家规定的有关时限，及时地将编制的财务报告传递给财务报告使用者，便于其及时地使用和决策。

1.3　金融企业会计核算的基本方法

会计核算的基本方法，是指日常会计核算中采用的会计科目、记账方法、会计凭证、账务组织、账务处理程序等的具体设计和安排。

由于目前我国金融企业业务类型不同，并没有形成统一的、具体的核算方法。商业银行作为金融体系的主体，在账务处理方面具有代表性，因此本节主要以商业银行为例进行阐述。其他金融企业在基本核算方法上可参照商业银行及一般企业的做法，并结合自身业务特点，组织日常会计核算。

1.3.1　会计科目

会计科目是对会计对象的具体内容进行分类反映的标志或名称，它是设置账户、分类记载会计事项的工具，也是确定报表项目的基础，为信息使用者获取会计资料提供重要保证，为经营管理提供口径一致的核算标准。设置会计科目应遵循统一的会计核算规范，满足统一经营管理的需要。适当简化会计科目的设置，可以提高会计核算工作效率、降低核算成本。

知识链接

金融企业会计科目的设置原则

金融企业日常发生的经济业务十分频繁、复杂，每发生一项经济业务都会引起会计要素有关项目发生增减变动。为了全面、系统地反映和监督各项会计要素的增减变动情况，分门别类地为会计报告使用者提供有助于其做出经济决策所需的会计核算资料，就必须根据国家会计规范的要求和金融企业自身的经营特点以及管理需要，对金融企业的资产、负债、所有者权益、收入、费用、利润等会计要素，按经济内容做出进一步分类，即设置金融企业会计科目。每一个会计科目都应明确反映特定的经济内容。

金融企业在设置会计科目时，应遵循以下原则：其一，必须结合金融企业经营活动的特点，既能全面、系统地反映会计对象的内容，又不互相包含；其二，既要适应金融企业经济业务发展的需要，又要保持相对的稳定性；其三，既要满足外部会计报告使用者的要求，又要符合金融企业内部经营管理需要；其四，在满足会计核算要求、保证会计核算的前提下，会计科目的分类要做到简明、适用。此外，金融企业会计科目的设置，还应符合国际惯例，并遵循统一性与灵活性相结合的原则，使提供的会计信息既具有可比性，便于对比、分析和汇总，又能适应不同金融企业具体会计核算和经营管理的需要。

就银行系统而言，因核算上的需要，通常会增设一些银行系统内使用的科目。在实际中，各银行系统都增设了资产负债共同类科目。

本节主要从金融企业会计科目分类和设置的主要会计科目两个方面对金融企业的会计科目进行介绍。

1．会计科目分类

为明确会计科目之间的相互关系，充分理解会计科目的性质和作用，进而更加科学规范地设置会计科目，更好地进行会计核算和会计监督，会计科目可以按照一定的标准进行分类。

1) 按照会计科目所反映的经济内容

金融企业会计科目按其所反映的经济内容的不同，可以划分为资产类、负债类、资产负债共同类、所有者权益类、损益类等五大类。

(1) 资产类。资产类会计科目是对金融企业符合资产定义和资产确认条件的资源，根据核算与管理要求进行科学分类的类别名称。这类科目用来反映金融企业资金的占用和分布，包括各种资产、债权和其他权利。这类科目的余额一般在借方。

(2) 负债类。负债类会计科目是对金融企业符合负债定义和负债确认条件的义务，根据核算与管理要求进行科学分类的类别名称。这类科目用来反映金融企业各种债务性资金的取得和形成渠道，包括吸收存款、借款、拆入资金、应付款项等。这类科目的余额一般在贷方。

(3) 资产负债共同类。资产负债共同类会计科目是对金融企业核算中资产负债性质不确定，其性质需视科目的期末余额而定的经济业务，根据核算与管理要求进行科学分类的类别名称。期末，此类科目的余额在借方，反映金融企业的资产业务；此类科目的余额在贷方，则反映金融企业的负债业务。

(4) 所有者权益类。所有者权益类会计科目是对金融企业资产扣除负债后由所有者享有的剩余权益，根据核算与管理要求进行科学分类的类别名称。这类科目用来反映金融企业各种所有者权益性质资金的取得和形成渠道，包括所有者投入的资本、直接计入所有者权益的利得和损失、留存收益等。

(5) 损益类。损益类会计科目是对金融企业的收入和费用、直接计入当期损益的利得和损失，根据核算与管理要求进行科学分类的类别名称。这类科目用来反映金融企业一定时期内的财务收支及经营成果情况，包括各项收入、费用、利得、损失等科目。

2) 按照会计科目与资产负债表关系

金融企业会计科目按其与资产负债表的关系，可以分为表内科目和表外科目。

(1) 表内科目。表内科目是指用于反映涉及金融企业资金实际增减变动的会计事项，从而纳入资产负债表内的会计科目。上述按经济内容划分的五大类会计科目均属于表内科目。

(2) 表外科目。表外科目是指用以反映不涉及金融企业资金实际增减变动的重要业务事项，从而不纳入资产负债表内的会计科目，包括或有事项、承诺事项以及重要的有价单据和财产保管等经济业务事项。金融企业表外科目包括两大类：一类是对一些重要的业务事项起管理与控制作用，由各行自行设置的备忘科目，如“重要空白凭证”“银行承兑汇票”等；另一类是用来核算和反映银行日益发展的表外业务，主要包括或有业务及承诺事项，在资金流动前并不构成银行真正的资产和负债关系，但却具有一定的风险。

表内科目、表外科目按银行实际业务需要设置各级明细科目。

扫一扫

【微思考】小茗同学到中国银行某支行营业网点申请开通了电子银行，并申请了网银支付证书（即 U 盾）一个，但当天并未办理动账业务。请问，小茗开通网上银行的业务属于表内业务还是表外业务？对于付出的 U 盾该银行应如何进行核算？

2. 金融企业主要会计科目(表内科目)一览表

金融企业主要会计科目如表 1-1 所示。

表 1-1　金融企业主要会计科目(表内科目)一览表

顺序号	编号	会计科目名称	会计科目适用范围
一、资产类			
1	1001	库存现金	
2	1002	银行存款	
3	1003	存放中央银行款项	银行专用
4	1011	存放同业	银行专用
5	1012	其他货币资金	
6	1021	结算备付金	证券专用
7	1031	存出保证金	金融共用
8	1101	交易性金融资产	
9	1111	买入返售金融资产	金融共用
10	1122	应收保费	保险专用
11	1123	预付赔付款	保险专用
12	1124	应收手续费及佣金	银行和证券共用
13	1131	应收股利	
14	1132	应收利息	
15	1201	应收代位追偿款	保险专用
16	1211	应收分保账款	保险专用

续表一

顺序号	编号	会计科目名称	会计科目适用范围
17	1212	应收分保合同准备金	保险专用
18	1221	其他应收款	
19	1231	坏账准备	
20	1301	贴现资产	银行专用
21	1302	拆出资金	金融共用
22	1303	贷款	银行和保险共用
23	1304	贷款损失准备	银行和保险共用
24	1311	代理兑付证券	银行和证券共用
25	1321	代理业务资产	
26	1431	贵金属	银行专用
27	1441	抵债资产	金融共用
28	1451	损余物资	保险专用
29	1461	融资租赁资产	租赁专用
30	1501	持有至到期投资	
31	1502	持有至到期投资减值准备	
32	1503	可供出售金融资产	
33	1511	长期股权投资	
34	1512	长期股权投资减值准备	
35	1521	投资性房地产	
36	1531	长期应收款	
37	1532	未实现融资收益	
38	1541	存出资本保证金	保险专用
39	1601	固定资产	
40	1602	累计折旧	
41	1603	固定资产减值准备	
42	1604	在建工程	
43	1605	工程物质	
44	1606	固定资产清理	
45	1611	未担保余值	租赁专用
46	1701	无形资产	
47	1702	累计摊销	
48	1703	无形资产减值准备	
49	1711	商誉	
50	1801	长期待摊费用	
51	1811	递延所得税资产	
52	1821	独立账户资产	保险专用

续表二

顺序号	编号	会计科目名称	会计科目适用范围
53	1901	待处理财产损溢	
二、负债类			
54	2001	短期借款	
55	2002	存入保证金	金融共用
56	2003	拆入资金	金融共用
57	2004	向中央银行借款	银行专用
58	2011	吸收存款	银行专用
59	2012	同业存放	银行专用
60	2021	贴现负债	银行专用
61	2101	交易性金融负债	
62	2111	卖出回购金融资产款	金融共用
63	2201	应付赔付款	保险专用
64	2202	应付手续费及佣金	金融共用
65	2203	预收保费	保险专用
66	2204	预收赔付款	保险专用
67	2211	应付职工薪酬	
68	2221	应交税费	
69	2231	应付利息	
70	2232	应付股利	
71	2241	其他应付款	
72	2251	应付保单红利	保险专用
73	2261	应付分保账款	保险专用
74	2311	代理买卖证券款	证券专用
75	2312	代理承销证券款	证券和银行共用
76	2313	代理兑付证券款	证券和银行共用
77	2314	代理业务负债	
78	2401	递延收益	
79	2501	长期借款	
80	2502	应付债券	
81	2601	未到期责任准备金	保险专用
82	2602	保险责任准备金	保险专用
83	2611	保户储金	保险专用
84	2621	独立账户负债	保险专用
85	2701	长期应付款	
86	2702	未确认融资费用	
87	2711	专项应付款	
88	2801	预计负债	

续表三

顺序号	编号	会计科目名称	会计科目适用范围
89	2901	递延所得税负债	
三、共同类			
90	3001	清算资金往来	银行专用
91	3002	货币兑换	金融共用
92	3101	衍生工具	
93	3201	套期工具	
94	3202	被套期项目	
四、所有者权益类			
95	4001	实收资本	
96	4002	资本公积	
97	4101	盈余公积	
98	4102	一般风险准备	金融共用
99	4103	本年利润	
100	4104	利润分配	
101	4201	库存股	
五、损益类			
102	6011	利息收入	金融共用
103	6021	手续费及佣金收入	金融共用
104	6031	保费收入	保险专用
105	6041	租赁收入	租赁专用
106	6051	其他业务收入	
107	6061	汇兑损益	金融专用
108	6101	公允价值变动损益	
109	6111	投资收益	
110	6201	摊回保险责任准备金	保险专用
111	6202	摊回赔付支出	保险专用
112	6203	摊回分保费用	保险专用
113	6301	营业外收入	
114	6402	其他业务成本	
115	6403	营业税金及附加	
116	6411	利息支出	金融共用
117	6421	手续费及佣金支出	金融共用
118	6501	提取未到期责任准备金	保险专用
119	6502	提取保险责任准备金	保险专用
120	6511	赔付支出	保险专用
121	6521	保单红利支出	保险专用
122	6531	退保金	保险专用

续表四

顺序号	编号	会计科目名称	会计科目适用范围
123	6541	分出保费	保险专用
124	6542	分保费用	保险专用
125	6601	业务及管理费	金融共用
126	6701	资产减值损失	
127	6711	营业外支出	
128	6801	所得税费用	
129	6901	以前年度损益调整	

1.3.2 记账方法

记账方法是指运用一定的记账原理和规则，以货币为计量单位，采用记账符号，将发生的经济业务按会计科目进行整理、分类和登记会计账簿的一种专门方法。它随着会计的发展和经济管理而产生，并逐步由单式记账法演进为复式记账法。

1．单式记账法

单式记账法就是对发生的每一项经济业务只在一个账户登记的记账方法。单式记账设置“收入”“付出”“余额”三栏，业务发生或增加时记“收入”，销账或减少时记“付出”，“余额”表示结存。金融企业在经济业务发生后，如果未引起表内科目的增减变化而只涉及表外科目增减变化的通常采用单式记账法。

金融企业对表外科目记账时，当表外科目涉及的业务事项发生或增加时，记“收入”；销账或减少时，记“付出”；余额表示结存或尚未结清的业务事项。表外科目的记账金额，一般为业务实际发生额或凭证票面金额，有些控制实物数量的表外科目则按假定价格记账，如“重要空白凭证”科目，以每份一元的假定价格记账。

经典案例

【例 1-1】某商业银行受理 A 客户代保管有价证券，票面金额为 500 000 元，已按规定办理各种手续。

会计分录为：

收：代保管有价值品——A 客户　　500 000

2．复式记账法

复式记账法是指对发生的每一项经济业务都要以相等的金额，在相互联系的两个或两个以上的账户进行记录的记账方法。复式记账可以全面反映经济业务的来龙去脉，便于进行试算平衡。目前，我国企业、行政事业单位的会计核算基本都采用复式记账法。

复式记账法主要有借贷记账法、增减记账法和收付记账法。金融企业会计通常采用借贷记账法，即以“借”“贷”为记账符号，建立在会计等式基础上，以“有借必有贷，借贷必相等”为记账规则，反映会计要素的增减变动情况。

由于复式记账法每发生一笔业务都会根据“资产=负债+所有者权益”平衡原理以及

"有借必有贷，借贷必相等"的记账规则，登记相互关联的账户，因此无论银行每天发生多少业务，将各账户的借方发生额和贷方发生额分别相加，其数额应是相等的，因此每一时期的借方和贷方余额也应当相等。其平衡公式为：

各科目本期借方发生额合计=各科目本期贷方发生额合计

各科目本期借方余额合计=各科目本期贷方余额合计

每日营业终了，商业银行各营业机构必须对本分支机构当天营业发生的业务进行试算平衡检查。试算平衡后，方可办理轧账签退。

经典案例

【例 1-2】某商场向银行存入当天营业收入现金 100 000 元。

会计分录为

借：库存现金　　　　100 000

　　贷：吸收存款——某商场活期存款户　　　100 000

这笔业务涉及"库存现金"，属于资产类科目，"吸收存款"属于负债类科目。某商场将营业收入现金 100 000 元存入银行，表明该商场在银行的活期账户余额增加，而银行相应也收入了现金。资产的增加数记借方，负债的增加数记贷方，因此记账时根据"有借必有贷，借贷必相符"的原则，以同等的金额计入"库存现金"科目账户的借方，以及"吸收存款"科目账户的贷方。

【例 1-3】银行经审批发放给个人一笔短期贷款 200 000 元，转入个人的活期存款账户。

会计分录为

借：贷款——个人短期贷款户　　200 000

　　贷：吸收存款——个人活期存款户　　200 000

这笔业务涉及"贷款"和"吸收存款"科目账户，"贷款"属于资产类科目，"吸收存款"属于负债类科目。银行给个人发放贷款并转入个人活期存款账户，使该个人的贷款增加，同时也使该个人的活期存款账户余额增加。资产的增加数记借方，负债的增加数记贷方，因此。记账时要以同等金额，计入该个人"贷款"科目账户的借方和"吸收存款"科目账户的贷方。

【例 1-4】某商业银行签发现金支票，从其中央银行准备金账户提取现金 1 000 000 元。

会计分录为

借：库存现金　　　　1 000 000

　　贷：存放中央银行款项——准备金存款　　1 000 000

这笔业务涉及"库存现金"和"存放中央银行款项"两个资产类科目。商业银行从中央银行提取现金，表明商业银行的现金增加，同时该商业银行存放中央银行的款项减少。资产类科目增加数记借方，减少数记贷方，因此应以相同的金额记入"库存现金"科目借方和"存放中央银行款项"科目贷方。

1.3.3　会计凭证

会计凭证是金融企业记录经济业务、明确经济责任的一种具有法律效力的书面证明文件。填制与审核会计凭证是会计核算的一种专门方法，也是金融企业会计核算工作的起点和基础。金融企业会计凭证的日常管理涉及会计凭证的分类、基本内容、编制与审核、传递、装订和整理以及会计档案的保管等诸多方面内容。

1．会计凭证的分类

金融企业的会计凭证，按照其填制程序和用途，分为原始凭证和记账凭证。

原始凭证是经济业务发生时直接取得和填制的会计凭证，是用来确定业务的执行和完成情况并作为记账依据的最原始资料。按来源不同，原始凭证又可分为外来原始凭证和自制原始凭证。外来原始凭证是在经济业务完成时从企业外部直接取得的凭证。金融企业的原始凭证大多为外来原始凭证，如客户填制的存、取款凭证，各类结算凭证，以及购置机器设备和各项物品的发票等。自制原始凭证是金融企业在办理经济业务过程中，根据业务需要而填制的各种专用凭证。

记账凭证是金融企业根据审核无误的原始凭证和业务事实编制的，或对外办理业务时受理的，可以直接作为记账依据的会计凭证。根据不同的分类标准，可以将金融企业的记账凭证分为不同的种类。

(1) 按记账凭证的外表形式分为单式记账凭证和复式记账凭证。

单式记账凭证又称为单科目记账凭证。它要求将金融企业某项经济业务所涉及的每个会计科目，分别填制在记账凭证上，每张记账凭证只填列一个会计科目，填列的对方科目仅供参考，不作为登记账簿的依据。在单式记账凭证中，只记录借方科目的称为借方记账凭证；只记录贷方科目的称为贷方记账凭证。由于商业银行的业务量大，采用单式记账凭证便于凭证在各柜组之间传递、分工记账和按会计科目汇总发生额。因此，商业银行在会计核算中一般采用单式记账凭证。单式记账凭证不能在一张凭证上集中反映某笔经济业务所涉及的所有对应科目，一旦出现差错，不便于查找。

复式记账凭证又称为多科目记账凭证。它要求将金融企业某项经济业务所涉及的所有会计科目，集中填制在一张记账凭证上。复式记账凭证能在一张凭证上集中体现某笔经济业务所涉及的会计科目的对应关系及资金来龙去脉，一旦出现差错也便于查找。但是，当金融企业业务量大时，在手工操作情况下，不便于记账分工和按每一会计科目汇总发生额。目前，除商业银行外，其他金融企业在会计核算中，一般采用复式记账凭证。

(2) 按记账凭证的使用范围分为基本凭证和特定凭证。

记账凭证的这种分类主要是针对金融企业中商业银行的业务特点和会计核算需要划分的。在商业银行会计实务中，由于需要将记账凭证在不同部门、柜组之间传递记账，因此，商业银行的记账凭证又称为“传票”。

基本凭证又称通用凭证，是商业银行根据有关原始凭证及业务事实自行编制，用作记账依据，因此具有统一格式的凭证。商业银行基本凭证，按照格式和用途又可分为八种：现金收入传票(表 1-2)；现金付出传票(表 1-3)；转账借方传票(表 1-4)；转账贷方传票(表 1-5)；特种转账借方传票(表 1-6)；特种转账贷方传票(表 1-7)；表外科目收入传票(表 1-8)；表外科目付出传票(表 1-9)。

表 1-2　XX 银行现金收入传票

(贷)
(借)现金

年　月　日

总字第　号
字第　号

户名或账号	摘要	金额									
		亿	千	百	十	万	百	十	元	角	分
合计											

会计　　出纳　　复核　　记账　　制票

表 1-3　XX 银行现金付出传票

(借)
(贷)现金

年　月　日

总字第　号
字第　号

户名或账号	摘要	金额									
		亿	千	百	十	万	百	十	元	角	分
合计											

会计　　出纳　　复核　　记账　　制票

表 1-4　XX 银行转账借方传票

科目(借)
对方科目(贷)

年　月　日

总字第　号
字第　号

户名或账号	摘要	金额									
		亿	千	百	十	万	百	十	元	角	分
合计											

会计　　出纳　　复核　　记账　　制票

表 1-5　XX 银行转账贷方传票

科目(贷)
对方科目(借)

年　月　日

总字第　号
字第　号

户名或账号	摘要	金额									
		亿	千	百	十	万	百	十	元	角	分
合计											

会计　　出纳　　复核　　记账　　制票

表 1-6　××银行特种转账借方传票

年　月　日

总字第　号
字第　号

<table>
<tr><td rowspan="3">付款人</td><td>全称</td><td colspan="3"></td><td rowspan="3">收款人</td><td colspan="2">全称</td><td colspan="8"></td></tr>
<tr><td>账号或地址</td><td colspan="3"></td><td colspan="2">账户或地址</td><td colspan="8"></td></tr>
<tr><td>开户银行</td><td></td><td>行号</td><td></td><td colspan="2">开户银行</td><td colspan="3"></td><td>行号</td><td colspan="4"></td></tr>
<tr><td rowspan="2">金额</td><td colspan="4" rowspan="2">人民币（大写）</td><td>千</td><td>百</td><td>十</td><td>万</td><td>千</td><td>百</td><td>十</td><td>元</td><td>角</td><td>分</td></tr>
<tr><td></td><td></td><td></td><td></td><td></td><td></td><td></td><td></td><td></td><td></td></tr>
<tr><td colspan="2">原凭证金额</td><td></td><td>赔偿金</td><td></td><td colspan="10" rowspan="3">科目（借）
对方科目（贷）

会计　　复核　　记账</td></tr>
<tr><td colspan="2">原凭证名称</td><td></td><td>号码</td><td></td></tr>
<tr><td>转账原因</td><td colspan="4">银行盖章</td></tr>
</table>

会计　　　出纳　　　复核　　　记账　　　制票

表 1-7　××银行特种转账贷方传票

年　月　日

总字第　号
字第　号

<table>
<tr><td rowspan="3">付款人</td><td>全称</td><td colspan="3"></td><td rowspan="3">收款人</td><td colspan="2">全称</td><td colspan="8"></td></tr>
<tr><td>账号或地址</td><td colspan="3"></td><td colspan="2">账户或地址</td><td colspan="8"></td></tr>
<tr><td>开户银行</td><td></td><td>行号</td><td></td><td colspan="2">开户银行</td><td colspan="3"></td><td>行号</td><td colspan="4"></td></tr>
<tr><td rowspan="2">金额</td><td colspan="4" rowspan="2">人民币（大写）</td><td>千</td><td>百</td><td>十</td><td>万</td><td>千</td><td>百</td><td>十</td><td>元</td><td>角</td><td>分</td></tr>
<tr><td></td><td></td><td></td><td></td><td></td><td></td><td></td><td></td><td></td><td></td></tr>
<tr><td colspan="2">原凭证金额</td><td></td><td>赔偿金</td><td></td><td colspan="10" rowspan="3">科目（贷）
对方科目（借）

会计　　复核　　记账</td></tr>
<tr><td colspan="2">原凭证名称</td><td></td><td>号码</td><td></td></tr>
<tr><td>转账原因</td><td colspan="4">银行盖章</td></tr>
</table>

会计　　　出纳　　　复核　　　记账　　　制票

表 1-8　××银行表外科目收入传票

表外科目(收入)

年　月　日

总字第　号
字第　号

<table>
<tr><td rowspan="2">户名</td><td rowspan="2">摘要</td><td colspan="10">金额</td></tr>
<tr><td>亿</td><td>千</td><td>百</td><td>十</td><td>万</td><td>百</td><td>十</td><td>元</td><td>角</td><td>分</td></tr>
<tr><td></td><td></td><td></td><td></td><td></td><td></td><td></td><td></td><td></td><td></td><td></td><td></td></tr>
<tr><td></td><td></td><td></td><td></td><td></td><td></td><td></td><td></td><td></td><td></td><td></td><td></td></tr>
<tr><td></td><td></td><td></td><td></td><td></td><td></td><td></td><td></td><td></td><td></td><td></td><td></td></tr>
<tr><td colspan="2">合计</td><td></td><td></td><td></td><td></td><td></td><td></td><td></td><td></td><td></td><td></td></tr>
</table>

会计　　　复核　　　记账　　　保管　　　经手

表 1-9　××银行表外科目付出传票

表外科目(支出)

年　月　日

总字第　号
字第　号

户名	摘要	金额									
		亿	千	百	十	万	百	十	元	角	分
合计											

会计　　复核　　记账　　保管　　经手

上述八种通用的基本凭证，在商业银行会计核算中各有用途。现金收入凭证和现金付出凭证是专门用于收入或付出现金业务的凭证；转账借方凭证和转账贷方凭证是专门用于办理转账业务的凭证；特种转账借方凭证和特种转账贷方凭证是当发生涉及外单位资金收付的转账业务时，由金融企业主动代为收款进账或扣款而编制使用的凭证。特种转账凭证在金融企业内外均可传递；表外科目收入凭证和表外科目付出凭证是金融企业对不涉及资金增减变化但又必须记录的重要会计事项，用表外科目进行核算所使用的凭证。

特定凭证是金融企业根据各种业务的特殊需要而制定的专用凭证。这种凭证一般由金融企业根据各种特殊的需要制定，具有专门用途，并由金融企业统一印刷发行。在实际应用时，由客户在需要时一次套写数据提交金融企业，金融企业以其中一联或几联代记账凭证记账。

金融企业在会计核算中，除某些业务需要自制记账凭证外，大多采用客户提交或联行及代理行寄来的各种原始凭证，直接代替记账凭证进行账务处理。

(3) 按记账凭证是否经过汇总分为非汇总记账凭证和汇总记账凭证。

非汇总记账凭证是没有经过汇总的记账凭证，如前面介绍的各种记账凭证均为非汇总记账凭证。在金融会计核算中，非汇总记账凭证是登记明细账的依据。

汇总记账凭证是根据非汇总记账凭证，按照一定的方法汇总填制的记账凭证。在金融企业会计核算中，为了减少登记总账的工作量，需要将记账凭证进行汇总，而汇总记账凭证是登记总账的依据。如商业银行将每一个会计科目当日借贷方发生额和传票张数，分别进行汇总所编制的科目日结单；其他金融企业根据其采用的会计核算形式的需要所编制的科目汇总表以及汇总收款凭证、汇总付款凭证和汇总转账凭证等均属于汇总记账凭证。

2. 会计凭证的基本内容

会计凭证的内容是构成合法正确凭证所具备的基本要素。尽管会计凭证的种类繁多、内容各异，但都必须具备一些相同的要素。以商业银行为例，其会计凭证的基本要素如图 1-3 所示。

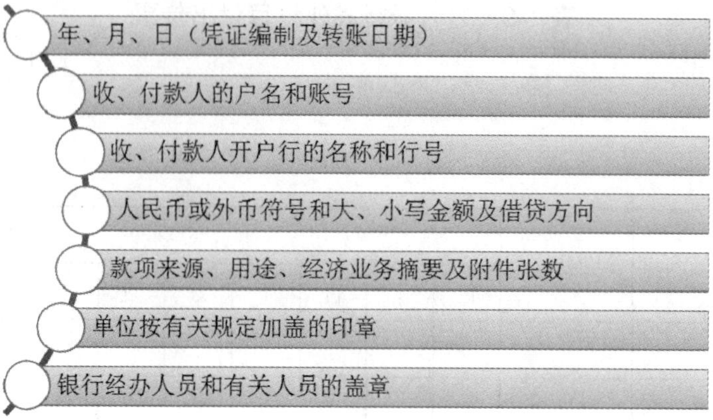

图 1-3　商业银行会计凭证的基本要素

3. 会计凭证的编制与审核

编制会计凭证是会计核算工作的起点和基础。编制会计凭证应根据经济业务的需要，选择相应的会计凭证种类，正确运用会计科目，准确对应关系，做到要素齐全、内容完整、反映真实、数字正确、字迹清楚、书写规范、手续完备并且不得任意涂改。对外签发的会计凭证以及受理客户提交的会计凭证，其金额除填写阿拉伯数字的小写金额外，应同时填写中文大写数字以防涂改，并且大小写数字必须相符。

为保证会计凭证的真实与完整性，应对会计凭证进行审核(审核要点如图 1-4 所示)，只有审核合格的会计凭证才能作为记账依据。

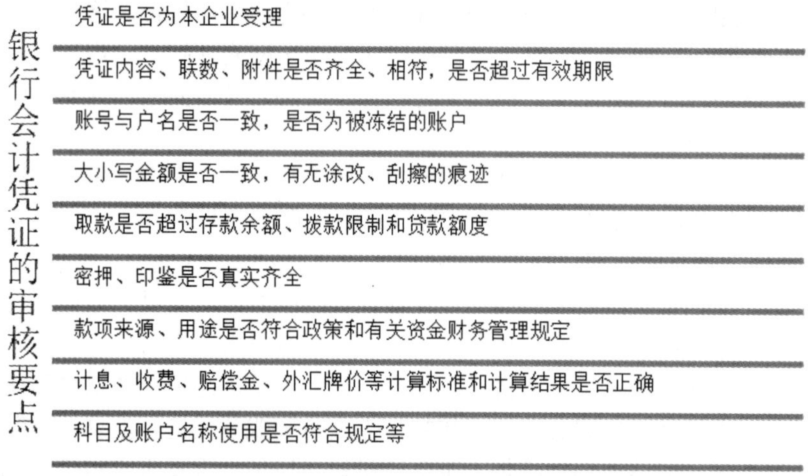

图 1-4　商业银行会计凭证的审核要点

对审核无误的会计凭证要及时进行账务处理。经审查有误的凭证应及时处理：如果内容不够齐全，应予以退回，进行补办；对于不符合要求的凭证，应拒绝受理；如果发现伪造凭证等犯罪行为，应认真追究、严肃处理。

4. 会计凭证的传递

会计凭证的传递，是指会计凭证从取得填制时至归档保管的过程中，在单位内部有关部门和人员之间的传送程序。

科学地组织好凭证的传递，不仅可以节约传递时间，减少传递工作量，提高会计工作效率，而且对于加速资金周转，维护当事者的正当权益具有重要的意义。因此，金融企业内部及金融企业之间应按照规定的程序和时间安排好凭证传递工作。金融企业依据业务的特点，在凭证传递中应做到准确及时、手续严密、先外后内、先急后缓。为了保证会计凭证的安全、完整，内部凭证的传递应建立严格的登记交接制度，做到责任明确、手续完备且简便易行。除另有规定外，一律由邮局或指定的银行内部专人负责，不得通过客户传递。

5. 会计凭证的装订和整理

由于金融企业业务量大，会计凭证应按期整理装订。每日营业终了，对已办完核算手续的会计凭证应集中整理，按“先表内科目，后表外科目”以及业务流水的顺序排列。同一科目再按“现金传票在前、转账传票在后，借方传票在前、贷方传票在后”依次排列。表外科目按收入、付出顺序排列。原始凭证及有关单据附于记账凭证后面，并加盖“附件”戳记。同时，为了保证会计资料的安全、完整和便于事后查考，金融企业应对已办完会计核算手续的凭证按规定整理、装订成册。装订时要将凭证整理整齐，另加封面和封底，将装订日期、号码、册数、传票总张数和附件张数等填于封面之上。装订成册的会计凭证应由指定的会计人员负责妥善保管，年度终了，应移送财务档案室登记归档。

6. 会计档案的保管

会计档案是金融企业各项业务活动的会计记录和重要史料，是金融档案的重要组成部分。金融企业会计档案包括会计凭证、会计账簿、财务会计报告、各项登记簿及其他会计资料。

会计档案可采用纸质、光盘等方便实用、易于保管的介质按保管期限保存。原始凭证、票据、合同等具有法律效力的资料应保存纸质档案。保管地点应具备防盗、防火、防潮、防尘、防有害生物等条件，磁介质会计档案保管应具备防磁条件，需双备份的会计档案应异地分别存放。根据 2016 年 1 月 1 日施行的《会计档案管理办法》规定，会计档案的保管期限分为 10 年、30 年和永久保管，从会计档案形成的次年度算起，如有必要可以延长，但不能缩短。同一介质上有不同保管期限会计档案的，应按最长期限保管；同一会计档案采用不同介质保存的，至少应有一种介质的会计档案满足保管期限的要求。

经典案例

【例 1-5】 表 1-10 是某商业银行部分会计档案保管期限的具体规定。

表 1-10　××银行会计档案保管期限

保管期限	会计档案种类
10 年	1. 日报表 2. 计算机应用系统运行日志 3. 流水账 4. 不定期报表等 5. 下级行上报的财务会计报告 6. 联行往来核算资料 7. 对账回单等

续表

保管期限	会计档案种类
30年	1. 会计凭证及附件 2. 总账及明细核算资料 3. 中期财务会计报告 4. 重要单证和重要印章的领发、保管和缴销记录 5. 会计人员及会计档案移交清册等
永久保管	1. 年度财务会计报告及年报 2. 挂失登记及补发凭单收据 3. 会计档案保管及销毁清册 4. 存、贷款开销户记录 5. 机构变动交接清册等

1.3.4 账务组织和账务处理

账务组织又称会计核算形式，是以账簿体系为核心，运用一定的账务处理程序和账务核对程序，将会计凭证、会计单证、会计账表等有机集合起来的技术组织方式。

金融企业的账务组织包括明细核算和综合核算两个系统。明细核算对综合核算起到补充作用，综合核算对明细核算起到统驭作用，两者构成了一套完整、科学、严密的账务组织系统。

1. 明细核算系统

明细核算系统是根据总账科目的具体核算内容和实际需要设立分户账，详细反映金融企业各项资金增减变化情况及其结果的核算系统。明细核算的具体形式和所使用的账表包括分户账、登记簿、现金收入和付出日记簿、余额表等。明细核算的核算程序为：根据会计凭证登记分户账或登记簿，再根据分户账或登记簿编制余额表，最后与总账进行核对。

1) 分户账

分户账是在总账科目下，按单位或资金性质分户独立设账，根据凭证逐笔连续登记，具体反映某项经济业务引起的资金变动详细情况的明细分类账簿。分户账既是金融企业进行明细核算的主要账簿，也是金融企业办理业务及与客户进行内外账务核对的重要工具。分户账的格式，除根据业务需要规定的专用格式外，一般设有甲、乙、丙、丁四种。

甲种分户账如表1-11所示；乙种分户账如表1-12所示；丙种分户账如表1-13所示；丁种分户账如表1-14所示。

表1-11 甲种分户账

领用凭证记录

户名：　　　账号：

本账总页数	
本户页数	

年		摘要	凭证号码	对方科目代码	借方	贷方	借或贷	余额	复核盖章
月	日				(位数)	(位数)		(位数)	

会计　　　　　　　　记账

表 1-12　乙种分户账

领用凭证记录

本账总页数	
本户页数	

户名：　　　　账号:　　　　　　利率:

年		摘要	凭证号码	对方科目代码	借方	贷方	借或贷	余额	日数	积数	复核盖章
月	日				(位数)	(位数)		(位数)		(位数)	

会计　　　　　　　　记账

表 1-13　丙种分户账

领用凭证记录

本账总页数	
本户页数	

户名：　账号：　　利率：

年		摘要	凭证号码	对方科目代码	发生额		余额		复核盖章
月	日				借方	贷方	借方	贷方	
					(位数)	(位数)	(位数)	(位数)	

会计　　　　　　　　记账

表 1-14　丁种分户账

领用凭证记录

本账总页数	
本户页数	

户名：　　　　账号：　　　　　　利率：

年		账号	户名	摘要	凭证号码	对方科目代码	借方	销账			贷方	借或贷	余额	复核盖章
月	日						(位数)	年	月	日	(位数)		(位数)	

会计　　　　　　　　记账

2) 登记簿

登记簿又称登记卡，是为了满足某些业务需要而设置的专用账簿。登记簿的格式可根据业务需要自行设计，一般都采用“收入”“付出”“余额”三栏的通用格式，根据表外科目传票采用单式记账法进行登记处理，如表 1-15 所示。

表 1-15　登记簿

登记簿

本账总页数	
本户页数	

户　名　　　　　　　　单　位

年		摘要	收入		付出		余额		复核盖章
月	日		数量	金额 (位数)	数量	金额 (位数)	数量	金额 (位数)	

会计　　　　　　　　记账

3) 现金收入和付出日记簿

现金收入和付出日记簿是现金业务的序时记录，是用以记载现金收入、现金付出数及现金传票张数的明细分类簿。它由出纳员根据现金收入传票和现金付出传票，按照收付款的先后顺序逐笔登记。每日营业终了，分别结出现金收入合计数和现金付出合计数，并应与保管员经管的现金库存簿以及现金总账科目的借方、贷方发生额合计数核对相符。现金付出日记簿的格式与现金收入日记簿的格式相同。现金收入日记簿的格式如表 1-16 所示。

表 1-16　现金收入日记簿

柜组名称：　　　　　　　　　　　年　月　日　　　　　　　　　第　页　　共　页

凭证号数	科目代码	户名或账号	金额 (位数)	凭证号码	科目代号	户名或账号	金额 (位数)

会计　　　　　　　　　　　　记账

4) 余额表

余额表是按照总账科目及所统驭的分户账设置，每日营业终了根据各分户账的最后余额逐笔转抄编制，是核对总账和分户账余额及计算利息的重要工具。按照对科目是否计息，余额表分为计息余额表和一般余额表。计息余额表适用于计息科目，它根据每日分户账的最后余额填列，当日未发生借贷业务的账户按上日余额填列，使之能与总账核对余额，并计算计息积数，如表 1-17 所示。一般余额表适用于各种科目及账户登记余额使用，如表 1-18 所示。

表 1-17　计息余额表

科目名称：　　　　　　　　　　　年　月　日　　　　　　　　　单位：元

科目代号：　　　　利率　　　　　　　　　　　　　　第　页　　共　页

账号 户名 / 余额 日期									合计	复核盖章
1										
2										
3										
4										
5										
6										
7										
8										
9										
10										
10 天小计										
11										
…										
…										

续表

账号 户名 / 余额 日期									合计	复核盖章
20 天小计										
21										
…										
…										
本月合计										
至上月底未计息积数										
应加积数										
应减积数										
至结息日累计计息积数										
至本月底累计未计息积数										
结息日计算利息数										

会计　　　　　　　　　　复核　　　　　　　　　　制表

表 1-18　一般余额表

年　月　日　　　　第　页　　共　页

科目代号	户名	摘要	金额 (位数)	科目代号	户名	摘要	金额 (位数)

会计　　　　　　复核　　　　　　制表

2. 综合核算系统

综合核算系统是按总账科目核算，综合、概括地反映金融企业各项资金增减变化情况及其结果的核算系统。综合核算系统要利用科目日结单、总账、日计表等三种账表，其记账程序为：通过对业务传票的审核来编制科目日结单，然后根据科目日结单登记各科目总账，最后编制日计表。

1) 科目日结单

科目日结单又称为总账记账凭证，是每天会计科目的当日借贷方发生额和凭证、附件张数汇总记录，它不仅是监督明细发生额、轧平当日账务的重要工具，也是记载总账的依据。每日营业终了，应按同一科目的凭证区分现金和转账凭证、借方或贷方发生额，各自加计总数后填入科目日结单的有关栏目，并注明凭证张数。需要指出的是，商业银行现金科目日结单的填制方法是将其他科目日结单中的现金借方、现金贷方的合计金额进行借贷方的反方向填入。全部科目日结单相加的借、贷方合计数必须平衡。

科目日结单的格式如表 1-19 所示。

表 1-19 科目日结单

年　月　日

<table>
<tr><td colspan="2">借方</td><td colspan="2">贷方</td></tr>
<tr><td rowspan="2">传票张数</td><td>金额</td><td rowspan="2">传票张数</td><td>金额</td></tr>
<tr><td>(位数)</td><td>(位数)</td></tr>
<tr><td>现金 张</td><td></td><td>现金 张</td><td></td></tr>
<tr><td>转账 张</td><td></td><td>转账 张</td><td></td></tr>
<tr><td>合计 张</td><td></td><td>合计 张</td><td></td></tr>
</table>

会计　　　　　　复核　　　　　　制单

2) 总账

总账是综合核算与明细核算相互核对，统驭明细分户的主要工具，它不仅是各科目的总括记录，也是编制日计表、月计表、业务状况报告表、资产负债表的依据。总账按科目设置，设有借、贷发生额和借、贷余额四栏，账页每月更换一次。总账的发生额应于每日营业终了，根据各科目日结单的借、贷方发生额合计数分别填记；余额根据本科目的上日余额加减本日发生额后求出。检验科目总账余额是否正确应视不同情况而定。

如果上日借方余额大于贷方余额，可使用以下公式进行检验：

上日借方余额 − 上日贷方余额+本日借方发生额 − 本日贷方发生额

=本日借方余额 − 本日贷方余额

如果上日贷方余额大于借方余额，可使用以下公式进行检验：

上日贷方余额 − 上日借方余额+本日贷方发生额 − 本日借方发生额

=本日贷方余额 − 本日借方余额

总账的格式如表 1-20 所示。

表 1-20　总账

科目代码：

科目名称：

<table>
<tr><td rowspan="2">年　月</td><td colspan="3">借方</td><td colspan="2">贷方</td></tr>
<tr><td colspan="3">(位数)</td><td colspan="2">(位数)</td></tr>
<tr><td>上年底余额</td><td colspan="5"></td></tr>
<tr><td>本年累计发生额</td><td colspan="5"></td></tr>
<tr><td>上月底余额</td><td colspan="5"></td></tr>
<tr><td rowspan="3">日期</td><td colspan="2">发生额</td><td colspan="2">余额</td><td>复核盖章</td></tr>
<tr><td>借方</td><td>贷方</td><td>借方</td><td>贷方</td><td></td></tr>
<tr><td>(位数)</td><td>(位数)</td><td>(位数)</td><td>(位数)</td><td></td></tr>
<tr><td>1</td><td></td><td></td><td></td><td></td><td></td></tr>
<tr><td>2</td><td></td><td></td><td></td><td></td><td></td></tr>
</table>

续表

年　月	借方			贷方	
	(位数)			(位数)	
3					
4					
5					
6					
…					
10 天小计					
11					
…					
20 天小计					
月计					
自年初累计					
本期累计计息积数					
本月累计未计息积数					

会计主管　　　　　　　　　　记账

3) 日计表

日计表是反映当日业务活动和轧平全部账务的主要工具。日计表应每日编制，日计表上的当日发生额和余额应根据总账各科目当日发生额和余额填记。日计表上借、贷发生额和借、贷方余额合计数必须各自平衡。日计表格式如表 1-21 所示。

表 1-21　日计表

年　月　日

科目代码	科目名称	本日发生额		余额		科目代码
		借方	贷方	借方	贷方	
		(位数)	(位数)	(位数)	(位数)	
合计						

行长(主任)　　会计　　复核　　制表

3. 账务核对

核对账目是账务处理的重要环节，是防止账务差错、保证核算正确和资金安全的重要措施。商业银行通过账务核对，保证“账务无积压，结算无事故，计息无差错，记账无串户，存款无透支”，进而做到“账账、账款、账据、账实、账表、内外账务六相符”。经办人员和会计主管人员在账务核对相符后，必须签章。

商业银行的账务核对，可以分为每日核对和定期核对两种方式。

1) 每日核对

每日核对是指商业银行每日营业终了所进行的核对工作，主要包括：

(1) 各科目总账余额应与该科目分户账或余额表的余额合计核对相符；

(2) 现金收付日记簿的合计应与现金科目总账借、贷方发生额核对相符；现金库存簿结存与实际现款和现金科目总账余额核对相符；

(3) 表外科目的余额应与有关的登记簿核对相符等。

2) 定期核对

定期核对是对未能纳入每日核对的账务所进行的按规定日期的核对制度。定期核对的主要内容如图 1-5 所示。

定期核对的主要内容

- 未编余额表又未按日核对余额的各科目余额核对
- 各类贷款的账户余额与借据核对
- 存款、贷款及金融机构往来的利息核对
- 金银、外币、有价单证、房屋、器具等的账务核对
- 金融业务与企业的内外账务核对
- 总账与会计报表的核对
- 表外科目核算的凭证与登记簿的核对
- 其他有关账务的核对等

图 1-5　商业银行定期核对的主要内容

每日核对和定期核对需要结合进行。商业银行应至少按月核对同业往来账务及系统内往来账务，至少按季与开户单位核对账务。对账相符的应由核对人员和会计主管人员签章确认，核对不符的应及时查明原因并做相应调整，确保会计核算质量。

随着市场经济和电子信息技术的飞速发展，金融企业的经营环境正在不断地发生变化，金融电子化水平也在不断提高。尽管目前商业银行柜面业务都已实现电子化，使用计算机进行账务处理，但作为银行的会计人员来说，只有了解了手工记账的处理流程，明了银行账务的来龙去脉，才能更好地进行会计核算的监督，避免或减少账务处理中的差错。

4．记账规则与错账更正

商业银行在进行账务处理时，应遵循一定的记账规则。此外，若在账务处理或账务核对中发现差错，应及时查明原因，按照有关规定进行相应的错账更正。

1) 记账规则

记账是金融企业处理账务和实现业务的重要环节。因此，要认真按照记账规则记账，如果记账中出现差错，亦应按统一的错账冲正办法冲正。记账时必须遵循以下规则：

(1) 账簿必须根据传票记载，做到内容完整、数字准确、摘要简明、字迹清晰。凡应记入账簿的事项和数字，不应漏记、少记、重记、错记，严禁弄虚作假。如果传票内容有错误或遗漏时，应将传票内容更正或补充后再行记账。

(2) 手工记账的，应用蓝黑墨水钢笔书写，复写账页可用圆珠笔及双面复写纸套写，红色墨水只能用于划线和冲账，以及按规定用红字书写的有关文字说明。

(3) 账簿上所记载的文字及数字，一般只占全格的二分之一。摘要栏文字如一格写不完时，可在下一格连续填写，但其金额应填在末一行的金额栏内。账簿余额结算时，应在元位以“一 0 一”表示结平。

(4) 账簿上的一切记载，不准涂改、刀刮、皮擦、挖补和用药水销蚀。

(5) 因漏记使账页发生空格时，应在空格的摘要栏用红字注明“空格”字样。

(6) 一切账簿记载均以人民币“元”为单位，元以下计至角分位，分以下四舍五入。

(7) 使用计算机在柜台核心系统记账时，每个柜员都有独立的操作员号和业务权限，并有相应的密码。柜员必须使用本人的操作员号办理业务，严禁使用他人的操作员号办理业务。

扫一扫

【微思考】小金是一名银行柜员，某日营业终了核对当天账务时，发现自己经办的一笔转账业务中，客户将自己的银行卡号写错了一位数字，该笔转账已受理成功。于是，小金使用皮擦、涂改的方式将该客户的错误卡号更正为正确卡号。请问小金的处理方式正确吗？若不正确，请说明理由，并指出正确的做法。

2) 错账更正

商业银行错账更正是指由于系统故障及系统功能缺陷或错误操作等人为因素导致账实不符，发现错误后为改正错误，使用特殊账务处理手段对原交易进行改正，使其账实相符的行为。银行的会计人员应按照相关规定处理和记录业务事项，定期核对数据，一旦发生差错必须按照规定的错账更正的方法及时更正，不能更正的按照规定要求进行处理。常用的方法有划线更正法、红字更正法和蓝字反方向更正法。

(1) 划线更正法。划线更正法适用于当日发现的错账，当日更正。日期或金额写错时，应用一道红线将全行数字划销，然后将正确数字填在划销数字的上面，并由记账员在红线左端盖章证明。如错划红线，可在红线两端用红色墨水划“×”销去，并由记账员在右端盖章证明。文字写错，只需将错字用一道红线划销，将正确的文字写在划销文字的上边。传票填错科目或账户，应先改正传票，再更正账簿。

账页记载错误无法更改时，不得撕毁，经会计主管人员同意，可另换新账页记载，但必须经过复核，并在原账页上划交叉红线注销，由记账员及会计主管人员盖章证明。注销的账页另行保管，等装订账页时，附在后面备查。

(2) 红字更正法。红字更正法适用于在次日或以后发现的本年度内的错账更正。记账串户，应填制同一方向红、蓝字冲正传票办理冲正。用红字传票记入原错误的账户，在摘要栏内注明“冲销×年×月×日错账”字样；用蓝字传票记入正确的账户，在摘要栏内注明“补记冲正×年×月×日账”字样。传票金额填错，账簿随之记错，应重新填制借、贷红字传票将错误金额全数冲销，再按正确金额填制借、贷方蓝字传票补记入账，并在摘要栏内注明情况，同时在原错误传票上注明“已于×年×月×日冲正”字样。

传票填错科目或账户名称，应参照上述办法办理冲正，并在原错误传票上注明“已于×年×月×日冲正”字样。

(3) 蓝字反方向更正法。蓝字反方向更正法适用于本年度发现上年错账的更正。

更正时先填制一张与错账方向相反的蓝字传票，凭以冲销错账，并在摘要栏注明“冲正×年×月×日错账”字样，然后再填制一张正确的蓝字传票，补记正确的账簿。

如果是计算机记账，当日发现未经复核的错账，经办人员可以直接进行修改，删除错误信息后另行输入正确信息；如果当日发现已经复核的账务错误，应经会计主管授权后进行错账冲正；如果是次日或以后发现的账务错误，必须经会计主管授权后填写错账冲正凭证办理冲正，不得做恢复处理。

无论采用哪种方法更正错账，其冲正传票都必须经会计主管人员审查盖章后才能办理冲账，并对错账的日期、内容、金额及冲正的日期等进行登记，以便考核、分析研究、改进工作。另外，凡因冲正错账影响到利息计算的，都应计算应加、应减积数，并在余额表或乙种账页中注明。

练　　习

一、单项选择题

1. 以下属于会计核算的基本前提的是(　　)。

A. 会计主体　　B. 设置账簿　　C. 权责发生制　　D. 规定会计报表格式

2. 在会计核算中，对企业可能发生的损失和费用预先估计入账，这是会计核算一般原则中的(　　)。

A. 客观性原则　　B. 谨慎性原则　　C. 及时性原则　　D. 可比性原则

3. 金融企业表内科目的核算采用的记账法为(　　)。

A. 借贷复式记账法　B. 单式收付记账法　　C. 收入付出记账法　D. 核对记账法

4. 区别于一般企业，商业银行通常设置(　　)会计科目。

A. 资产类科目　　B. 损益类科目　　C. 负债类科目　　D. 资产负债共同类科目

5. 下列不符合商业银行账务核对要求的是(　　)。

A. 账账相符　　B. 账表相符　　C. 内外账务相符　D. 账证相符

二、多项选择题

1. 在银行会计核算中，下列违反了谨慎性原则的是(　　)。

A. 多计资产　　B. 多计费用　　C. 多计收益　　D. 少计费用

2. 以下属于会计核算基本前提的是(　　)。

A. 会计主体　　B. 持续经营　　C. 会计分期　　D. 货币计量

3. 金融企业会计科目根据与资产负债表的关系，可分为(　　)。

A. 表内科目　　B. 表外科目　　C. 资产类科目　　D. 负债类科目

4. 金融企业凭证传递应做到(　　)。

A. 准确及时　　B. 手续严密　　C. 先外后内　　D. 先急后缓

5. 商业银行账务核对的方式有(　　)。

A. 每日核对　　B. 随机核对　　C. 不定期核对　　D. 定期核对

三、思考题

1. 我国目前的金融机构体系是什么？

2. 金融企业会计有哪些特征？

3. 金融企业会计核算的会计信息质量有什么要求？

4. 简述商业银行明细核算和综合核算以及两者之间的关系。

5. 商业银行账务核对有哪些方式？账务核对的目的是什么？

第 2 章　商业银行会计管理概述

本章目标

- 理解商业银行会计部门设置
- 理解商业银行会计人员的组织形式
- 理解柜员分级制度
- 掌握柜员岗位职责
- 了解银行空白凭证分类
- 掌握重要空白凭证的管理
- 理解商业银行会计印章的管理
- 了解商业银行会计业务交接管理
- 理解商业银行会计监督管理制度

重点难点

重点：

◈ 商业银行会计部门设置
◈ 柜员岗位职责
◈ 重要空白凭证的管理
◈ 商业银行会计印章的管理
◈ 商业银行会计监督管理制度

难点：

◈ 柜员岗位职责
◈ 重要空白凭证的管理
◈ 商业银行会计业务交接的管理

案例导入

2011 年 4 月份，中国工商银行盘锦分行的工作人员李某某伙同他人以给付高额利息为诱饵，编造工商银行回报高额利息吸纳储户存款、工商银行有投资项目需要吸纳资金的虚假事实，骗取伊某某的信任。

伊某某分别于 2011 年 4 月 26 日和 2011 年 6 月 28 日在中国工商银行盘锦分行盘山支行某储蓄所开立两个活期储蓄存款账户，并陆续向账户存款人民币 1450 万元。而李某某则一边兑现诺言，向伊某某支付“利息” 310 万元；一边伙同他人违反银行规定，在伊某某不知情的情况下为其银行账户开通网银，并先后通过网银从伊某某账户中取走人民币共计 1449.847 万元。

根据法院查明的事实：工行盘锦分行于 2011 年 4 月 26 日为“伊某某”开通的网上银行并非伊某某本人办理，2011 年 6 月 28 日工行盘锦分行注销该网上银行业务时也非依伊某某本人申请注销；工行盘锦分行于 2011 年 6 月 28 日虽依伊某某申请开通了网上银行，但没有将 U 盾交付给伊某某本人。因此，工行盘锦分行在 2011 年 4 月 26 日及 2011 年 6 月 28 日办理开通及注销伊某某网上银行业务中均存在严重违规操作行为。

本案中，工行盘锦分行员工严重违规的事实，直接导致案涉存款损失，工行盘锦分行应该对案涉存款损失承担主要的、绝大部分的责任。

其次，伊某某作为具有完全民事行为能力的自然人，在 2011 年 6 月 28 日开户和办理网银业务时，没有尽到相应的、合理的、谨慎的注意义务，应该承担对 2011 年 6 月 28 日自开户日起至 2011 年 11 月 11 日先后九次向该账户内存款共计 850 万元款项被转走的次要的、小部分的责任。

综上，最高人民法院认为，伊某某对该次存款中大部分款项被犯罪分子通过网银转走应承担 1%的责任，而工行盘锦分行在对储户存款负有严格安全保障义务下，没有尽到严格内部管理的义务，其应承担 99%的责任。

最高院关于本案的判决：

中国工商银行股份有限公司盘锦分行给付伊某某人民币 1134.4475 万元，并按中国工商银行同期同类活期存款利率计付上述存款至判决确定的给付之日止的利息。

此案被列入了 2017 年 8 月《最高人民法院公报》中，供全国各地法院司法裁判学习、参考，无疑代表了司法机关对于此次案件的态度转化。以往此类案件中，银行的责任通常在 60%～90%之间，存款人由于自身过错也应承担 10%～40%的责任，但此案中仅判令存款人承担 1%的责任，宣示意义远大于法律责任划分本身。

资料来源：人民法院网

商业银行会计是随着银行的产生而产生的，银行的每一笔经营业务的运作过程，也是银行会计的运作、核算过程，最终都要通过会计来实现。商业银行作为经营货币信用业务的特殊企业，最显著的特点就是负债经营，与一般的工业企业和其他经济单位相比，其企业运营承担着更大的风险。此外，商业银行的会计人员是银行运营的主力军，在人员数量上占有绝对的优势，任何一个会计人员的差错，都有可能产生极为严重的后果，引发经营风险。为了有效地防范、控制和化解风险，保障企业安全稳健发展，商业银行必须强化内部控制，规范会计业务操作流程，这就使得商业银行会计在机构设置、人员管理、凭证和印章管理以及会计监督等各个方面都有其独特之处。

2.1　商业银行会计机构设置及人员管理

商业银行会计是以货币银行学为理论基础，运用会计的基本原理和基本方法，以货币为主要计量单位，对商业银行的业务和财务活动进行核算、监督、分析和考核的一门专业会计。商业银行会计工作的有效开展，离不开会计机构职能的发挥和会计人员的参与。

2.1.1　商业银行会计机构设置

根据中国人民银行《银行会计基本规范指导意见》的要求，商业银行应根据会计核算和管理要求设置会计机构，对本单位的会计业务统一管理、指导、监督和检查。

商业银行会计机构的设置应根据管理需要和其电子化发展水平综合考量，坚持实事求是、精简节约的原则。我国商业银行的组织形式通常采用总分制，实行“统一领导，分级管理”的会计管理体制，商业银行以各地区营业网点为基本会计核算单位，每个网点都设置其独立的总账和分户账，独立完成各项会计核算。目前，我国的大型商业银行基本上形成了“网点—支行—城市分行—省分行—总行”的多级会计核算体系，下级行的会计工作应执行上级行的有关规定，上级行的会计部门对下级行的会计工作负有业务管理、检查、监督和辅导的责任。因此，对于管理行而言，其会计工作同时也是管理工作，与被管理行是一种自上而下的领导关系；而从业务处理行的角度来看，其会计工作体现在营业活动中，会计核算与业务处理同步进行，自下而上、纵向对管理行划报会计账项。

此外，商业银行的会计机构设置与其他企业相比还有其特殊性。商业银行的会计机构一般为双设会计部门，分别是业务会计部门和财务会计部门，二者从不同角度分管商业银行会计业务。业务会计部门注重商业银行前台业务运营中所涉及的会计业务处理、核算、事后监督以及前台会计人员的管理；财务会计部门则注重事前控制和事中管理，编制财务计划，组织财务收支、核算和管理，审查资金和财产余缺的处理，编制财务报表，定期进行财务分析，实施财务检查和监督。商业银行会计机构的设置如图 2-1 所示。

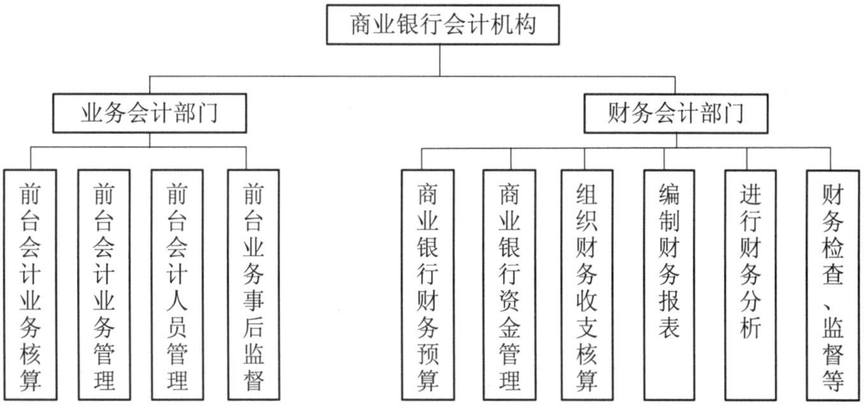

图 2-1　商业银行会计机构设置

2.1.2 商业银行会计人员管理

为保障商业银行经营业务的顺利开展，商业银行会计机构应按照效率和控制原则科学合理地设置会计岗位。商业银行会计岗位的设置应当遵循责任分离、相互制约的原则，严禁一人兼任非相容的岗位或独自完成会计全过程的业务操作。

商业银行会计人员，是指从事银行会计工作的人员，具体包括银行的前台柜员、中后台柜员和管理行会计机构人员。商业银行应根据其会计业务规模和业务量的多少，在有利于分工协作、相互制约以及提高工作效率的原则下，设置会计岗位并配备相应的会计人员，可以一人一岗、一人多岗或者一岗多人。商业银行会计部门定期对会计人员进行岗位轮换，并对重要会计岗位人员实行强制休假制度，会计机构负责人的任免、调动，需经会计主管部门同意。

随着银行业持续扩张和利率市场化的不断推进，尤其是近年来互联网金融的冲击，商业银行间的竞争白热化，服务作为商业银行创造效益的核心环节，是商业银行生存和发展的关键。营业网点前台柜员作为一线服务人员，是商业银行服务的窗口，是商业银行会计岗位中人数最多的群体。因此，本节将主要介绍商业银行柜员的管理，包括劳动组织形式、柜员分级、柜员号管理以及会计业务交接管理。

1．劳动组织形式

目前，我国商业银行为提高柜面服务效率，绝大多数都实行综合柜员制的劳动组织形式。综合柜员制是指在严格授权管理下，以完善的内部控制制度和较高的人员素质为基础，实行单人临柜为客户办理会计、出纳、储蓄、中间业务等综合业务的运行模式。

经典案例

为充分利用网点渠道资源，提高网点综合利用效率和客户服务能力，建行中山市分行在总行的统一部署下，积极实施营业网点“三综合”转型。

所谓“三综合”，即综合性网点、综合柜员制、综合营销队伍。以柜员服务为例，长期以来，国内商业银行的前台业务被孤立地分为储蓄、对公、外币业务等，每一项业务都单独设立营业窗口，有专门的工作人员，严重影响了网点的运营利用率。实行综合柜员制，一定程度上可以从服务端提高柜面窗口的利用率。数据显示，实施“三综合”以来，该分行辖属营业网点的客户平均等候时间比以往下降了20%以上。

此外，该分行所有网点还完成了对公业务前后台分离，实现了对公复杂业务影像化授权审批，提高了对公业务处理效率，为柜员和客户沟通交流创造更多条件。

来源：南方日报(2014年5月)

【微思考】为什么目前我国大多数商业银行都采用综合柜员制的劳动组织形式？试结合自己的理解，对综合柜员制的优势进行分析。

扫一扫

综合柜员制的实施有着较高的要求，对于商业银行来说，推行综合柜员制必须具备以下几个条件。

(1) 需要具有完善的内部管理规章制度体系、严密的操作规程和完备的事后监督系统对综合柜员的业务处理进行指导、规范和监督。

(2) 建立符合综合柜员制要求的严谨的劳动组织形式。综合柜员必须具备良好的职业道德，具有较高的综合业务素质，熟练掌握银行会计、出纳、储蓄、中间业务等方面的理论知识和操作技能。

(3) 营业场所必须安装监控设施，对客户和柜面业务操作过程及安全情况进行全面、全程监控并录像，录像回放要做到清楚、完整。

(4) 综合柜员需要配备计算机终端及打印设备、点钞机、印章盒、凭证盒及其他必要的办公设施。

(5) 综合柜员要有独立的保险柜、现金尾箱和相对独立的操作空间，客户办理业务时，可以看到柜员业务处理的过程。

2. 柜员分级

依照安全、高效、科学的原则，综合考虑营业网点业务种类、日均业务量、人员素质、辅助设备、经营管理需要和经济环境等因素，通常将柜员按照业务处理权限的不同分为业务经办(C 级柜员)、业务主办(B 级柜员)和业务主管(A 级柜员)三个层级。各级柜员业务处理权限如图 2-2 所示。

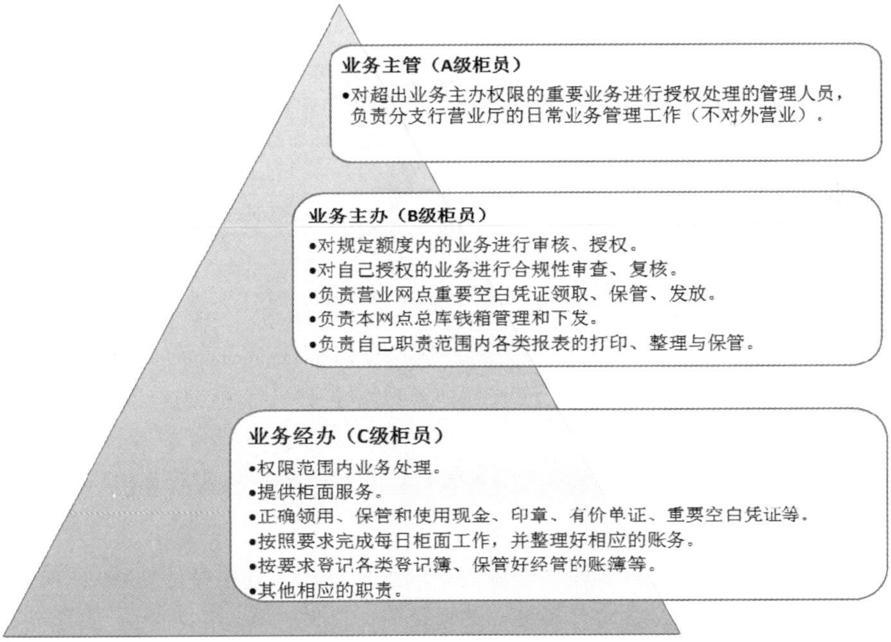

图 2-2　各级柜员业务处理权限

商业银行日常经营中的各类业务应由业务经办、业务主办、业务主管逐级办理。业务经办独立为客户提供服务并承担相应的责任，必须做到自我复核、自我约束、自我控制、自担风险；按规定必须经由业务主办和业务主管人员复核(授权)和二次授权的业务事项，业务经办与业务主办、业务主管必须明确各自的相应职责，相互制约、共担风险。

经典案例

2012 年 6 月 3 日，客户彭某与王某相约到柜台分别办理 2 万元卡内定期存款业务。柜员为彭某办理定期存单后，在传递给彭某存款凭条时未将银行卡与身份证一并交还本人，紧接着为王某办理业务。由于串用银行卡、身份证，导致误将王某的 2 万元定期存在了彭某名下。客户签名后，柜员没有审核存款凭条与持卡人信息就将银行卡交予客户。6 月 4 日，虽然二级复核人员审核传票时发现客户签名与户名不同，但也没有引起足够重视，而是在签名不符的传票上在签名后加了一个“代”字。2013 年 4 月，客户彭某来办理挂失业务，前台人员将卡内所有存款办理了挂失，一星期后彭某将卡补办销户，所有款项以现金形式进行结清。2013 年 6 月，客户王某来支取到期存款时，才将此事件曝光。但已无法与彭某取得联系，最后经办柜员与二级复核人员各垫付了 70%和 30%的款项。

【案例分析】

1. 柜员在办完彭某存款业务后没有及时将身份证、银行卡等交还，就紧接着办理王某的存款业务，造成串户。

2. 经办柜员没有按规定审核客户证件，也没有认真审核客户存款凭条上的签名是否与开户名称一致。

3. 二级复核人员审核传票时，签名不同也没有引起足够重视，擅自在签名不同的传票后加上一个“代”字。

4. 后台主管在加盖业务公章时，没有认真审核资料就盖章；办理挂失时，没有询问客户存款情况，就直接将系统查询出的两笔定期为客户办理挂失，并结清销户。

【防范措施】

1. 严格执行秩序管控，禁止几个客户柜台前扎堆办理业务，与业务无关人员要站在柜台一米线之外等候叫号办理。

2. 柜员办理业务要确保一笔一清，防止因外界干扰注意力不集中造成串户、漏项。

3. 柜员交付凭证、回单时必须与客户当前业务需求进行再次核对后方可呈递。

4. 复核不能流于形式，账务复核人员在加盖公章前应认真复核相关资料，在审核一致后方可加盖复核印章。

5. 柜员办理挂失业务时应与客户核实账户信息，问明存款金额及相关信息。

3. 柜员号管理

柜员号是商业银行会计柜员在核心系统中的身份标识。为了便于账务管理，商业银行会计业务经办人员与授权人员均有其唯一的柜员号。因此，各行对柜员号的开立、维护与删除等都有严格控制。

1) 柜员号的开立

柜员号的开立通常由商业银行分行管理，须经柜员所在机构向分行运营管理部提出申请，经人事部门审核其柜员资格后，由分行运营管理部开立柜员号及设置相应的权限。

2) 柜员号的维护与删除

(1) 在柜员号的日常维护中，柜员必须按规定设置柜员号操作密码，实行一人一号。柜员密码必须相互保密，密码应定期更换并做好登记，任何人不得泄露或探问他人密码。此外，柜员必须使用本人的操作员号办理业务，严禁使用他人操作员号办理业务。

(2) 柜员调离岗位之前必须由调出机构向分行运营管理部申请注销该柜员号，由运营管理部完成注销。

4. 柜员会计业务交接管理

会计工作交接是指会计人员工作调动或者因故离职时，与接替人员办理交接手续的一种工作程序。做好会计交接工作对商业银行而言，不仅有利于保证会计工作的持续进行，防止因会计人员的更换而出现账目不清、财务混乱的现象，而且也是其加强内部管理，分清移交人员和接管人员工作责任的一项有效措施。

商业银行综合柜员会计业务交接通常可以分为换班交接、休假交接和调离交接，交接的内容包括现金、会计业务印章、账簿、有价单证、重要空白凭证、印鉴卡和业务资料等，如图 2-3 所示。

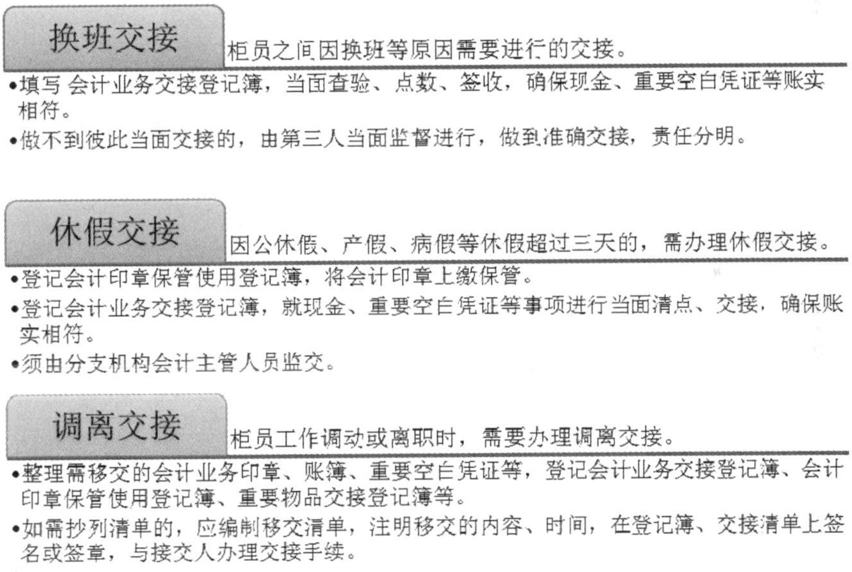
换班交接
柜员之间因换班等原因需要进行的交接。
•填写会计业务交接登记簿，当面查验、点数、签收，确保现金、重要空白凭证等账实相符。
•做不到彼此当面交接的，由第三人当面监督进行，做到准确交接，责任分明。
休假交接
因公休假、产假、病假等休假超过三天的，需办理休假交接。
•登记会计印章保管使用登记簿，将会计印章上缴保管。
•登记会计业务交接登记簿，就现金、重要空白凭证等事项进行当面清点、交接，确保账实相符。
•须由分支机构会计主管人员监交。
调离交接
柜员工作调动或离职时，需要办理调离交接。
•整理需移交的会计业务印章、账簿、重要空白凭证等，登记会计业务交接登记簿、会计印章保管使用登记簿、重要物品交接登记簿等。
•如需抄列清单的，应编制移交清单，注明移交的内容、时间，在登记簿、交接清单上签名或签章，与接交人办理交接手续。

图 2-3　柜员会计业务交接

接交人核对移交内容，确认无误后在登记簿、交接清单上签章；分支机构会计主管人员负责监交，帮助交接双方做好交接工作。如发现不符的，应督促交接双方迅速查明原因，进行整改。交接完毕后，交接人、接交人和监交人分别在登记簿、交接清单上签名或盖章。交接清单一式三份，交接双方各执一份，另一份由分、支行存档。

2.2 商业银行凭证管理

商业银行凭证是会计凭证的一种特定形式，是按一定格式编制的用来记录商业银行日常业务、明确各参与方经济责任的书面证明。商业银行凭证是见证本行业务发生、发展的直接载体，记录有关经济权益的转移。凭证管理工作一直是银行运营管理的重要一环，准确把控银行凭证流向可对行内经济犯罪进行有效预防与堵截。

本节将从商业银行凭证分类、重要空白凭证管理、一般空白凭证管理三个方面对商业银行凭证的管理进行介绍。

2.2.1 凭证分类

商业银行凭证可以分为重要空白凭证和一般空白凭证两大类。

1. 重要空白凭证

重要空白凭证简称重空，主要指无面额的经银行或客户填写金额等要素并签章后，即具有支付效力或证明效力的空白凭证。重要空白凭证是资金结算、信用保证的重要工具。通常每张凭证上都印有唯一编号。

重要空白凭证包括存款凭证、结算凭证、重要凭证与其他重要空白凭证，具体分类如图 2-4 所示。

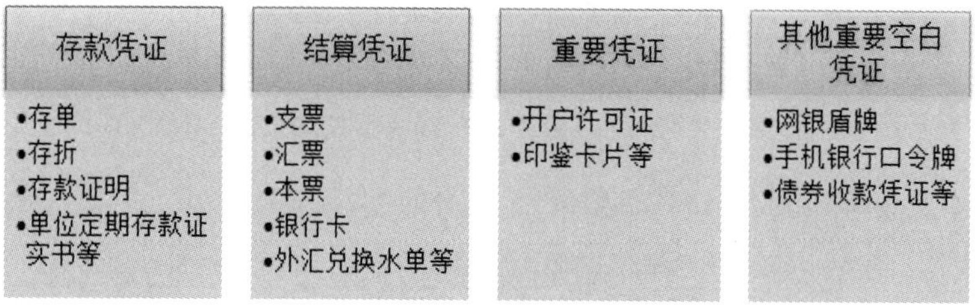
存款凭证
•存单
•存折
•存款证明
•单位定期存款证实书等
结算凭证
•支票
•汇票
•本票
•银行卡
•外汇兑换水单等
重要凭证
•开户许可证
•印鉴卡片等
其他重要空白凭证
•网银盾牌
•手机银行口令牌
•债券收款凭证等

图 2-4　商业银行重要空白凭证分类

2. 一般空白凭证

一般空白凭证是商业银行金融活动中充当过程记录的一般单据，包括通用凭证、存款凭条、取款凭条、转账凭条、利息回单、现金缴款单、分类登记簿、开销户协议书、三方托管协议书、内部账划转凭条等。普通空白凭证通常不印有编号。

2.2.2 重要空白凭证的管理

作为银行运营工作的重要一环，重要空白凭证的管控一旦出现疏漏，给不法分子以冒领盗用的可乘之机，就会造成重大的经济损失。应内控要求，银行须对重要空白凭证的印制、保管、领用、出售、使用、核算、销毁、检查进行严格管理，确保安全。

1. 印制

总行会计业务主管部门负责全行重要空白凭证的印制、发放等管理工作。分行所在地人民银行对凭证有特殊要求的，由当地人民银行组织印制。收到重要空白凭证时，会计业务主管部门凭证管理人员及相关业务部门工作人员应共同核对样本(经中国人民银行指定订制的凭证除外)，抽检验收无误后，凭证管理人员根据领用单填制实物入库凭单，填明凭证种类、数量、起讫号码，登记重要空白凭证登记簿。

2．保管

(1) 分行及各营业机构均应设立重要空白凭证库房(或保险柜)，专库专用。

(2) 凭证库房(或保险柜)的开启和关闭须钥匙保管员及凭证管理员(或密码管理员)双人同时在场，离开时密码管理员必须打乱密码。

(3) 分行及各营业机构应建立重要空白凭证保管登记簿，如实登记保管、领用、使用情况。重要空白凭证必须指定专人负责管理。

(4) 柜员领用重要空白凭证应及时登记，并记载起讫号码。重要空白凭证必须放置于专用的保险箱内妥善保管。营业中，柜员如需临时离岗，应做到人离箱锁，并将其放在营业室内监控器的监控范围内；营业结束，应认真核实实物，确保账实相符，并将保险箱入库妥善保管。

(5) 涉及重要空白凭证保管人移交时，须在部门负责人的监督下，当面清点库存数量，并与尾箱余额核对无误后，由移交人、接收人、监交人分别在交接清单上签字确认。

(6) 严格执行印、押、证三分管制度。密押员不得兼管与密押配套使用的印章、空白重要凭证。

3．领用

(1) 各营业机构到分行领取重要空白凭证应至少安排两名正式员工专车押运，持加盖营业机构预留印鉴的重要空白凭证领用单、介绍信及个人身份证件，经分行重要空白凭证管库主管审批后方可领取。

(2) 遵循“双人领取、押运”的原则，凭证领用人员回到网点应立即与网点管库员办理重要空白凭证入库手续，当面清点，交接登记。重要空白凭证每次的领用量一般不能超过一个季度的用量。

(3) 柜员领用凭证必须由主管人员审批授权，网点凭证专管员和柜员之间的凭证传递必须做到逐份清点，当天发放、当天领用，当天上缴、当天收回。

4．出售

(1) 客户购买重要空白凭证必须由单位指定经办人员购买，填制重要空白凭证购买申请单，并加盖预留印鉴。

(2) 柜员在出售重要空白凭证前必须对客户加盖的印鉴进行核对，并拨打其预留电话与对方至少两人进行核实。

(3) 柜员出售重要空白凭证时需当面登记重要空白凭证登记簿，并与客户办理签收手续。

5．使用

(1) 柜员签发重要空白凭证时，应进行销号处理。填错的重要空白凭证，加盖“作废”戳记后作为有关科目传票的附件。

(2) 严禁柜员在重要空白凭证上预先加盖印章备用。

(3) 柜员应按印制的号码顺序发售和使用重要空白凭证，不得跳号。

6．核算

(1) 重要空白凭证的入库、出库、使用、出售、作废等一律纳入表外科目核算。

(2) 存折、存单、支票等以一份一元的假定价格记账。

(3) 发生重要空白凭证收付的，柜员应及时登记表外账及重要空白凭证登记簿，不得隔日记账。

(4) 重要空白凭证的收付应按照“先收入后记账，先记账后付出”的原则进行核算，并做到凭证与账簿日清日结，登记要素准确完整。

(5) 重要空白凭证管理与核算使用的各种登记簿、销毁清单等均应作为会计档案妥善保管。

7．销毁

(1) 客户销户时，应将剩余支票和其他重要空白凭证全部交回开户银行登记注销。柜员审查客户填写的“缴回重要空白凭证清单”与实物相符后，通过系统做作废处理，并在缴回的重要空白凭证上加盖“作废”戳记后剪角作废，作为相关科目的附件。

(2) 作废或停用的零散重要空白凭证应采用切角、加盖作废戳记的方式做明显标记，切角时应注意不得切掉凭证号码。整箱或整包的作废重要空白凭证则无需切角。

8．检查

(1) 营业机构柜员应每日清点有价单证及重要空白凭证，与表外账及登记簿余额核对。营业机构凭证管理员应定期清点、核对本机构重要空白凭证库，做到账账、账实、账簿一致。

(2) 会计事后监督部门应对有价单证及重要空白凭证的领用、使用、发售、作废等环节的核算情况逐日进行监督。

(3) 重要空白凭证检查的范围包括重要空白凭证大库、柜员尾箱及待销毁的重要空白凭证，检查的内容包括所有重要空白凭证的领用、使用、作废等手续及账务核算。

(4) 网点负责人对所有柜员保管的重要空白凭证进行定期检查和不定期抽查；会计主管每月对柜员的重要空白凭证库存情况进行不少于一次的抽查或突击检查。分行会计管理部门每季度对下级行的重要空白凭证检查不得少于一次，每年由分行行长或主管行长带队的抽查或突击检查工作至少应达到两次以上。

经典案例

某商业银行网点柜员王某在为个人客户出售电汇凭证时，从凭证盒里取出三份空白电汇凭证出售两份后，将剩余的一份空白电汇凭证随手放于桌上，未及时收回凭证盒妥善保管。后该柜员在办理其他业务时无意中将该重要空白凭证碰到了地上。当日营业终了，该柜员没有对重要空白凭证进行清点和检查。另一柜员在打扫卫生时，误将空白电汇凭证当作垃圾倒掉。第二天王某再次出售空白电汇凭证时，系统提示“不能跳号使用”。经王某反复查库，并调阅监控录像查看后，确认该空白电汇凭证丢失。在各方努力追踪无果后，该行及时对该凭证进行了挂失处理。

【案例分析】

1. 柜员王某在办完客户电汇购买业务后没有及时将剩余的空白电汇凭证妥善保管，就紧接着办理其他业务，直接造成了重要空白凭证的丢失。

2. 柜员王某没有切实落实日终查库制度，在营业终了时未按规定仔细复点核对重要空白凭证，也是造成凭证丢失的又一重要原因。

3. 网点监督管理制度的不完善和执行的不到位也助长了类似风险案例的发生。营业终了时，对柜员的重要空白凭证除了本人复点外，还应进行换人复点，加强和切实落实网点的交叉检查制度，防范风险发生。

【案例处理】

柜员王某没有认真执行规章制度，营业终了未清点核对重要空白凭证，导致凭证的丢失，根据有关规定，王某受到了行政警告处分。

2.2.3　一般空白凭证的管理

一般空白凭证属于通用类凭证，日常消耗量大。不同于重要空白凭证，一般空白凭证的管理比较简单，可以参照企业办公用品的管理。各级机构对一般空白凭证的保管和使用不做特殊要求，但会设置两名专门的凭证保管员，通常由会计主管和一名正式柜员担任。

一般空白凭证的日常管理比较灵活，但须遵循四个标准：

(1) 种类全面，凭证种类要涵盖所有日常业务所需。

(2) 存量合理，一般以一个月的存量较为合理。

(3) 摆放整齐，符合日常用品摆放、使用管理规范。

(4) 科学摆放，方便查取。

2.3　商业银行会计业务印章管理

会计业务印章是指会计人员因为工作需要所刻制或者购买的，与相关财务业务或者款项资金有关联的印章，是明确对外经济、权责关系的依据。

2.3.1　商业银行会计业务印章概述

商业银行会计业务印章，也称会计专用印章，是商业银行分支机构及业务部门在办理会计业务过程中，为确认并表明会计业务的合法有效状态，在会计凭证、会计报表、票据、函件、证实书以及其他会计资料上加盖的印章，是明确商业银行对内、对外权责关系的重要依据。

商业银行会计业务印章统一由其总行明确种类、制定式样、安排刻制，人民银行另有规定的除外。会计业务印章按机构刻制，印章上的机构名称必须与《金融许可证》上记载的机构名称一致，没有单独《金融许可证》的机构，其印章上的机构名称必须与总行有权部门核批的机构名称一致，汇票专用章机构名称遵循专门规定。

一般来说，商业银行会计业务印章依据“重要性”原则可以分为重要会计业务印章和一般会计业务印章。

1. 重要会计业务印章

商业银行重要会计业务印章主要包括财务专用章、业务公章、储蓄业务公章、业务清讫章、结算专用章、票据交换专用章、汇票专用章、本票专用章、凭证受理专用章(收妥抵用)等。

上述几种重要会计业务印章的主要适用范围见表2-1。

表2-1 重要会计业务印章的适用范围

印章名称	适用范围
财务专用章	用于对外签发支票、票据背书、出具收据，向人民银行、其他同业或本行经费账户开户行办理会计相关事项
业务公章	适用于对外出具对公存款证明、询证函、签发单位定期存款存单、单位开户证实书、对账单、挂失申请书、止付通知书及其他需要加盖业务公章的通知、证明和相关报表
储蓄业务公章	适用于对外签发个人存单、存折、凭证式国债收款凭证、债券收款单、个人业务挂失申请书、个人存款证明书以及个人代理收付业务有关协议及其他需要加盖储蓄业务公章的业务凭证
业务清讫章	用于所有营业网点、机构办理本、外币现金业务的现金收付款凭证、现金进账回单、现金支票及其他现金收付款凭证；用于所有营业网点、机构系统内部转账业务的票据、凭证及回单；用于所有营业网点、机构办理本、外币转账结算业务涉及系统外的转账票据、凭证及回单
结算专用章	用于签发结算业务凭证，发出结算业务的查询查复书，办理票据贴现、转贴现、再贴现背书，发出、收到托收承付、委托收款、外汇业务有关结算凭证等
票据交换专用章	用于票据交换机构加盖在提出票据、打码信封、汇总单、提出卡、流水清单等上的专用章
汇票专用章	用于银行承兑汇票签发和承兑以及城市商业银行汇票签发业务
本票专用章	适用于银行本票签发
凭证受理专用章	用于受理客户提交票据而尚未进行转账处理的各种凭证回单，以及上门服务凭证等

根据商业银行业务需要，业务清讫章、凭证受理专用章等部分重要会计业务印章上须带有活动日期，每个营业日更换使用。

商业银行重要会计业务印章的保管人员更换时，必须办理严格的交接手续，认真登记印章交接登记簿，交接时由支行行长或会计主管人员监交。

2．一般会计业务印章

商业银行一般会计业务印章主要包括假币章、残缺污损人民币兑换章(全额章、半额章)，以及伴随银行会计业务的延伸而增加的其他会计专用印章，例如销户、作废、换折、附件、行名标识章等。以上几种一般会计业务印章的适用范围见表2-2。

表 2-2　一般会计业务印章的适用范围

印章名称	适 用 范 围
假币章	各营业网点在办理现金业务时，对发现的假人民币纸币或封装各种假硬币的专用袋加盖此章
残缺污损人民币兑换章(全额章、半额章)	各营业网点在办理兑换残缺、污损人民币纸币时，加盖在兑换人民币和专用袋上
销户章	各营业网点办理存折、存单等销户手续时，加盖在存折、存单等相关资料上的专用章
作废章	对于打印有误或作废的存单、存折、支票等重要空白凭证或有价单证，加盖此戳记
换折章	存折户由于存折打满或损坏需要更换新折的，在换下的旧折上加盖此戳记
附件章	对附在正式传票后面不作正式传票的凭证资料加盖此章
行名标识章	各营业网点办理业务时，在相关凭证、票据、开户申请书以及客户资料等上加盖此章

2.3.2　会计业务印章的管理

商业银行会计业务印章的管理是其内部控制体系的一个重要方面，是商业银行内部管理和风险防范的重要环节。商业银行应结合本行实际情况，制定业务印章管理办法实施细则，明确业务印章管理的各项要求，对印章刻制、领用、交接、保管、使用、停用、上缴、销毁等各个环节明确操作流程和交接手续，做到流程清晰、手续严密、交接清楚、程序合理，切实保证业务印章的使用和保管安全。

1．刻制

商业银行印章的刻制由总行(或省分行)负责，实行统一管理，分级负责的原则。会计业务印章的设计及使用规范由总行统一规定，分支机构因业务发展需要确需增加会计业务印章的，由支行出具相关依据及报批手续，向总行(或省分行)对口部室申报。人民银行等监管部门对有关印章另有规定的，应遵循其规定并报告总行。未经许可，严禁各分支机构及部门私自刻制各种会计业务印章。

知识链接

商业银行会计业务印章按机构刻制，字体统一为宋体。重要会计业务印章由总行(或省分行)按规定的式样、规格、字体和材质组织刻制和分发。除特殊规定外，一般会计业务印章可由总行确定式样，支行负责选择经公安部门批准的厂家刻制。汇票专用章、票据交换专用章、假币收缴专用章及残缺污损人民币兑换章由总行(或省分行)联系人民银行负责刻制和分发。商业银行会计印章刻制完成后，在印章归口管理部门留存印模备案，同时通知分支机构办理领用手续。

因业务需要，商业银行同一业务印章需刻制 2 枚以上的，应在印章中刻制序号，序号应按顺序标号，不得跳号，以明确责任。

2．领用

商业银行分支机构会计印章的领取实行当面验印封包、双人拆封的原则。印章使用部门领取印章时，应双人领用，当面查验印章枚数、印文是否正确，由发放人和领取人共同封包，按照“双人领取、押运、拆封”的原则领用到机构，登记会计印章保管使用登记簿，记载印章启用等事项，并在登记簿中留存印模。登记簿由会计主管人员记录和保管。

3．保管及使用

会计人员领取会计业务印章时，必须登记会计印章保管使用登记簿，并由交接双方签字。商业银行会计业务印章仅限各级行会计部门在办理本部门相关事务时在规定范围内使用，按照“专人保管，专人使用，专人负责”的原则保管和使用，严格执行“章、证、押”三分管的制度。印章保管人员对需签章的业务事项，应遵循先审核后签章的原则。严禁在重要空白凭证、账表上预先加盖会计业务印章，严禁错用、串用、提前或过期使用会计业务印章。

营业时间，会计业务印章使用必须做到：专匣保管，固定存放；临时离岗，人离章收；严禁个人之间私自授受会计业务印章；非经办人员严禁动用会计印章。非营业时间，会计业务印章必须由保管人、使用人专匣上锁后统一入库或入保险箱柜保管。保管会计业务印章的库房或保险箱必须在监控覆盖范围内，禁止带印章出保管室。

4．交接

会计人员由于岗位调整、临时离岗和班间交接等原因需要转交他人使用会计印章时，必须办理交接手续，登记有关登记簿。属于岗位调整的，应登记会计印章保管使用登记簿；属于临时离岗或班间交接的，应登记会计工作交接登记簿。印章交接必须由会计主管人员监交；会计主管人员保管的会计印章交接由支行行长或总行会计业务管理部门派员监交。印章的交接必须按有关规定严格执行，做到“三清”：移交人、接收人、监交人清楚；交接时间记载清楚；交接地点记录清楚。同时加盖移交印章印模，切实做到印章保管人明确，用章程序规范，以便强化管理，分清责任。

5．上缴

商业银行会计业务印章停止使用后，经办行应及时办理停用手续，封存保管，并依照刻制权限，在规定时间内编列清单，连同会计印章上缴总行(或省分行)印章归口管理部门。上缴印章时必须双人护印，交接时由双方核对，留存印模，并在“上缴登记簿”上签署交接人姓名及交接时间。总行(或省分行)对接收停用的印章登记造册，进行封存保管。

会计业务印章因损坏需要重新更换或商业银行总行统一要求停用特定的会计印章时，须由分支机构会计主管人员收存保管，同时在登记簿上登记，并按照印章管理制度上缴总行。

6．销毁

商业银行上缴的印章由总行(或省分行)统一管理，定期销毁。销毁印章前由印章归口管理部门出具“印章鉴定销毁报告”，统一编号后报主管行领导审批，登记《印章销毁清册》，然后按规定销毁。

7．会计印章丢失的处理

商业银行会计业务印章如发生丢失，应迅速查明原因，及时逐级上报，并及时在报纸上刊登印章丢失及作废声明，补刻新的印章，以保证业务正常进行；补制的印章有号码的，应顺序编列，不得与丢失印章号码相同；丢失印章的号码作废，不得再用。然后协助相关单位对印章丢失责任人进行处理。

【微思考】为什么商业银行印章的领取和上缴环节都强调要双人进行？丢失印章的号码为什么要作废，不得再用？试结合自己所掌握的知识进行分析。

扫一扫

8．检查监督

商业银行对会计业务印章管理和使用情况进行检查和监督。支行主要负责人每季度对本机构会计业务印章管理和使用情况进行的检查和监督不得少于一次，支行会计主管人员每月不得少于一次。分行会计业务主管部门每季度对辖内支行会计印章的管理和使用情况进行的检查和监督不得少于一次，总行会计业务主管部门每年须对分行会计印章管理和使用情况进行抽查。

会计业务印章使用机构必须按规定刻制、保管、使用、销毁会计印章，对违反规定超越权限自行刻制印章，由于保管、使用不当致使会计印章发生遗失或被盗以及违规使用印章造成不良影响或资金损失的，要追究当事人及有关责任人的责任。

2.4　商业银行会计监督

会计监督职能是伴随着会计的产生而产生和发展起来的，是会计人员通过会计核算、会计反映来参与、控制企业经济活动，以保证会计信息质量的一种控制方式，是对企业经济活动的一种调节和约束行为。商业银行建立会计监督制度，进行经常性的会计检查、辅导和监督管理，对于保证商业银行会计核算质量、促进会计核算规范化、加强内部控制和风险防范具有十分重要的现实意义。

商业银行的会计监督按照监督过程的连续性，可以分为事前、事中和事后监督。事前监督，是指核算业务发生前，商业银行会计核算部门受理业务时开展的柜面监督。事中监督，是指核算业务处理过程中，核算部门采取复核、审批、认证等方式开展的监督。例如银行柜员办理大额资金收付业务必须经由主管会计人员授权审批并进行双人复点，以此来把控和防范会计操作风险。事后监督，是指会计核算业务发生后，商业银行对核算结果实施的复核和审验。

此外，商业银行的会计监督还可以分为现场监督和非现场监督。现场监督，是指对核算部门不能每日提交的登记簿、重要空白凭证等会计资料及实物进行的实地查验。非现场监督，是指对核算部门提供的纸介质会计资料或通过监督系统获取的数据信息实施的监督。

事后监督是商业银行操作风险最为重要的一道防线，是其会计监督工作的重中之重。但由于事后监督只能依据被监督单位的静态资料对会计核算结果而非过程进行监督，根据事后监督人员对被监督资料是否存有异议来审视业务程序是否合规，有其作为非现场监督的局限性。因此，商业银行通常以现场监督作为事后监督的必要补充，来保证其会计核算质量，防范和控制风险。因此，本节主要介绍商业银行的事后监督和现场监督。

2.4.1 事后监督

商业银行的事后监督，是指商业银行按照规定的程序和方法，对综合业务系统的业务处理依据、手续和结果进行复审和检查，以保证柜员业务处理依据合法有效，手续符合规定，结果真实可靠，资金收付安全准确。事后监督是商业银行会计监督体系中最重要的组成部分，对加强商业银行会计业务管理，完善监督制约机制，切实防范和降低前台操作风险，防止重大差错事故和经济案件的发生，维护客户和银行资金安全尤为重要。

商业银行事后监督工作的有效开展，涉及事后监督工作的主要任务、监督方法、工作权限等多个方面。

1. 主要任务

商业银行总行及各分行运营管理部门成立独立的事后监督中心，对已完成的会计核算业务实行事后监督。事后监督中心应按照相互制约和分工合作的原则合理设置工作岗位，通常包括系统管理、事后监督、风险分析、综合报告和凭证整理等，并根据业务量大小配备足够的事后监督人员，可实行一人一岗、一人多岗或一岗多人。

商业银行事后监督工作的主要任务包括以下几个方面。

(1) 审查业务处理依据是否合法有效，处理手续是否符合规定，处理结果是否准确；

(2) 检验被监督对象(营业机构及柜员)的会计核算质量，发现并督促纠正业务处理过程中的差错和问题，及时揭露和防范操作风险；

(3) 监督被监督对象的业务制度执行情况，提出整改建议，督促被监督对象提高防范重大差错、事故和经济案件的能力，并对业务制度的制定和执行提出意见和建议；

(4) 定期汇总监督数据，并向业务管理部门提供被监督对象在监督过程中发现的主要问题，为业务管理部门进行内控风险分析及对柜员进行业务质量考核提供依据。

2. 监督方法

目前，我国商业银行的事后监督工作通常采取人工监督和计算机监督相结合的方法。同时，商业银行也可以依据自身的实际情况和发展规模，实行集中监督或分散监督。

集中监督是管辖行事后监督中心对全辖会计核算业务集中实施的监督。分散监督是事后监督中心对本级行各项核算业务的监督。需要指出的是，实行会计业务集中核算的机构应采取集中监督模式。

3. 工作权限

事后监督中心通常于每日上午接收被监督单位送达的上一日的会计资料，按照规定的监督内容和程序对接收的会计资料立即实施监督，认真审查、比对会计资料，不得积压。对影像信息进行监督的，事后必须与原始资料进行比对。

事后监督人员对审核完毕的会计资料签章确认。对于监督中发现的问题，由监督主管人员于当日签发“事后监督通知书”，通知被监督单位并要求其限期查明原因，及时进行整改，落实处理结果。为保障事后监督工作的顺利开展和实施，商业银行事后监督中心按规定享有以下权限：

(1) 有权要求被监督对象提供事后监督所需要的资料；

(2) 有权对监督发现的差错发出整改通知，提出整改意见；

(3) 对监督发现的重大差错，有权直接向上级部门报告；

(4) 有权参加各类业务培训和调阅相关业务文件。

知识拓展

2.4.2 现场监督

通常来说，商业银行的现场监督可以分为内部监督和外部检查两个方面。

1. 内部监督

商业银行的内部监督主要是由业务主管部门、合规管理部门和内部审计部门，通过定期和不定期现场检查相结合的方式对会计核算实施的监督，主要内容包括账务检查、业务检查和财务检查等。

(1) 账务检查。账务检查主要是检查会计核算的情况，要求做到合法、真实、准确、及时、完整地记载和反映各项业务活动，达到账账、账款、账据、账实、账表、内外账务六相符。

(2) 业务检查。业务检查主要是检查存贷款业务、联行结算业务、往来业务、现金出纳业务、代理业务等是否按照有关法规、制度办理，手续是否完备，会计内部控制制度是否完整，有无管理上的漏洞，有无违规违纪行为。

(3) 财务检查。财务检查主要是检查财务管理制度执行情况和财务收支计划完成情况。

经典案例

建行德州平原支行一名年仅 23 岁的营业室综合柜员，绕开银行内部各监管环节，于 2006 年 8 月 23 日至 10 月 10 日短短 49 天时间，盗用银行资金 2180 万元，用于购买体育彩票，并中得彩票奖金500万元。2006年10月13日，建行德州分行计划财务部监控资金头寸时，发现平原支行现金库存达2152万元(大部分为空存现金，即有账无款)，超过上级行核定现金库存200万元的近10倍。经突击检查，刁娜的案件才浮出水面。

【案例分析】刁娜的手法有二：一为空存现金，二为直接盗取现金。所谓“空存现金”，即在没有资金进入银行的情况下，通过更改账户信息，虚增存款。由于存单本身是真实的，所以尽管事实上并没有资金入账，但还是可以将虚增的“存款”提取或者转账出来，成为自己可以支配的资金。

为了获取资金购买彩票，刁娜向李顺刚(刁娜男友李顺峰之兄)、周会玲(德州卫校体彩投注站业主)、冯丽丽(德州保龙仓体彩投注站业主)三人开立的四个账户虚存资金52笔，共计2126万元。在实际操作中，刁娜将其中的1954万元分54次转入体彩中心账户，提现的172万元也均用于购买彩票。相对而言，直接盗取银行现金更为困难。因为银行每天下班前都要轧账。但由于管理漏洞重重，刁娜得以轻易得手。调查表明，刁娜在作案期间，多次直接拿出现金，或在中午闲暇时直接交给柜台外的男友李顺峰，或下班后自行夹带现金离开，或将现金交其他柜员存入李顺刚账户。如此这般，盗取现金总计54万元。

2006年9月17日，在刁娜购买彩票中得500万资金时，她选择以“空取现金”(与空存现金相反)的方式归还了部分库款，但最终留给建行1680万元的现金空库；扣除公安部门追缴冻结的资金74万元之后，建行涉案风险资金为1606万元。

从此案我们可以看出：由于建行德州分行、平原支行和营业室相关管理人员不认真履职甚至严重失职，使得刁娜轻松越过授权、查库、事后监督、库存现金限额管理控制和安全管理等“五道关口”和至少十二个业务环节的风险控制闸门，从容盗取银行资金，前后49天，历经例行检查未被发现。例如，营业室副主任尹光辉在刁娜作案期间查库六次，但每次都不实际盘查库款；刁娜作案期间的9月12日，德州分行会计业务检查组对平原支行营业室进行检查，刁娜仅以生病为由就逃避了库存的检查。刁娜案件的现金库存近两个月超出正常水平近8倍，但建行的数据集中系统未实现预警，只能通过事后的稽核系统才发现了问题。

【案例启示】银行应构建“人控”与“机控”双重防线，从制度层面和技术层面加强异常业务预警，强化业务的即时监控，使违规行为无处可藏。

2. 外部检查

我国商业银行的外部现场检查主要是由监管部门实施的监督、检查。目前，我国商业银行受中国银行保险监督管理委员会和中国人民银行监督管理。

监管部门遵循依法、公正和效率的原则，灵活运用各种检查技术和方法，依法开展对商业银行的现场检查、监督工作。对于检查中发现的问题，经商业银行确认，由监管部门出具《现场检查意见书》。商业银行必须根据意见书的要求，在一定期限内将书面整改方案报告监管部门，并根据执行整改方案的进度情况分阶段或一次性报送书面整改报告。

练　　习

一、单项单选题

1．柜员业务交接不包括以下(　　)情况。

A. 换班交接　　B. 强制交接　　C. 休假交接　　D. 调离交接

2．下列有关重要空白凭证说法错误的是(　　)。

A. 重要空白凭证应按号码顺序发售和使用，不得跳号

B. 属于银行签发的重要空白凭证，严禁由客户签发，并不得预先盖好印章备用，不得将银行签发的重要空白凭证带出营业场所签发

C. 重要空白凭证必须日结日清。当日领用、出售的要当日记账

D. 营业结束后，柜员应将重要空白凭证入库保管。营业时间如需临时离岗，可将重要空白凭证放于工位上妥善保管

3．重要空白凭证每次的领用量最高不超过(　　)的使用量。

A. 一个周　　B. 一个月　　C. 一个季度　　D. 一年

4．重要空白凭证的入库、出库、使用、出售、作废等一律纳入(　　)科目核算。存单、支票等以一份(　　)的假定价格记账。

A. 表外科目　0.1 元　　B. 表外科目　1 元

C. 表内科目　0.1 元　　D. 表内科目　1 元

5．下面不属于重要会计印章的是(　　)。

A. 财务专用章　　B. 结算专用章　　C. 汇票专用章　　D. 假币章

二、多项选择题

1．重要空白凭证主要包括(　　)。

A. 存款证明　　B. 存款开户证实书

C. 银行卡　　D. 信用证

2．重要空白凭证的保管要严格执行(　　)分管制度。

A. 印　　B. 账　　C. 押　　D. 证

3．商业银行会计印章的保管要遵循(　　)的原则。

A. 专人保管　　B. 双人保管　　C. 专人使用　　D. 专人负责

4．会计岗位人员的配置可以(　　)。

A. 一人一岗　　B. 一人多岗　　C. 一岗多人　　D. 专人专岗

5．商业银行内部监督、检查的主要内容包括(　　)。

A. 财务检查　　B. 制度检查　　C. 业务检查　　D. 账务检查

三、简答题

1．简述商业银行柜员的分级管理。

2．重要空白凭证主要包括什么？

3．重要空白凭证管理的八个主要环节是什么？

4．商业银行会计印章需要如何保管和使用？

5．简述商业银行的会计监督都包含哪些方面？

第 3 章　商业银行现金出纳业务核算

本章目标

■ 了解现金出纳的职责

■ 掌握现金出纳的工作原则

■ 掌握现金收付业务的办理

■ 掌握现金错款的处理

■ 了解自助设备的管理

■ 掌握自助设备的会计核算

■ 熟悉金库的管理

■ 理解现金出入库的核算

■ 掌握残损币的兑换

重点难点

重点：

◈ 现金出纳的工作原则

◈ 现金出纳业务

◈ 出纳错款的处理

◈ 金库的管理

◈ 残损币的兑换

难点：

◈ 出纳错款的处理

◈ 库存现金的日常管理

◈ 现金出入库的核算

案例导入

2013 年 11 月 4 日，北京东城区一家银行工作人员报警称保险柜内的 35 万元被盗。警方赶到现场，调取各楼层监控录像，意外发现事发时案发现场的监控探头被关闭了，据此分析作案的是熟知情况的银行内部人员。民警继续检查监控录像，发现员工刘某曾经到过监控室，而他并非在此办公区工作，此外他在案发期间的去向也与警方调查结果不符。经进一步调查，警方在刘某租住的房内发现了 30 多万元赃款。刘某见到赃款被查获后只得放弃抵抗认罪，并交待作案当天，他先到监控室把收银台附近的探头关闭，再到收银台后面打开保险柜取走现款，并在昌平区租房以作藏钱之所。刘某因涉嫌盗窃被刑事拘留。

商业银行作为经营货币的特殊金融企业，现金出纳业务是其服务于生产、商品流通，组织人民经济生活的重要手段，是加速资金周转、实现现金出纳计划的重要环节，是商业银行业务的重要组成部分。此外，现金出纳业务也是商业银行进行内部控制、防范操作风险、保障资金安全的重要内容，任何一个环节的差池都有可能导致银行资金的重大损失。

商业银行的现金出纳业务，主要涉及柜面现金出纳业务、自助设备管理、银行金库管理、人民币及反假币管理等内容。

3.1　商业银行柜面现金出纳业务

商业银行的现金出纳业务可以定义为：办理商业银行的现金结算、备用金额的缴存与支取、现金的保管与运送、金银和有价单证的保管与交售、外币兑换等工作的总称。换言之，商业银行的现金出纳业务既包括现钞的收付，也包括金银以及各种有价单证的收付业务。

柜面现金出纳业务(以下简称“现金出纳业务”)，是指银行柜员在商业银行日常运营中办理的各种现金收付业务，主要包括人民币及外币现钞的收付与兑换业务、内部资金调拨、差错处理等内容。

本节从现金出纳业务的工作任务、基本规定以及业务核算三个方面进行介绍。

3.1.1　现金出纳业务的工作任务

现金出纳业务是商业银行的一项基础性工作，担负着执行国家货币政策、落实货币发行和回笼计划、调剂市场流通票币的比例等重要工作。具体工作任务内容及其作用如下：

(1) 按照国家金融制度规定办理现金的收付、整点、调运以及损伤票币的回收兑换工作，做好现金供应和回笼。

(2) 调剂各种票币的市场流通比例，科学核定与调剂库存，保证现金支付，减少资金占压，提高经营效益。

(3) 保管现金、有价单证等重要物品，保证库款、有价单证等重要物品安全，做好库房管理工作。

(4) 宣传爱护人民币、反假货币和做好票样管理及反假、反破坏人民币的工作。

(5) 进行人民币收付、爱护人民币、反假货币等出纳业务知识培训工作。

(6) 加强柜面监督，揭露贪污盗窃、诈骗及投机违法活动。

(7) 负责业务信息的收集与反馈，为商业银行科学决策和强化管理提供依据。

(8) 加强服务，完善手段，为客户提供优质、文明、高效、安全的服务。

3.1.2 现金出纳业务基本规定

现金出纳业务是商业银行开展各项业务的基础，在商业银行柜面业务中占据很大的比重。由于现金出纳业务繁琐，服务占用时间长，同时还具有高风险的特点，因此，商业银行加强对现金出纳的管理，建立必要的内部控制规程，对规范出纳业务、防范和把控风险十分必要。

商业银行现金出纳业务的管理涉及现金柜员职责的界定和业务有关的基本规定。

1. 现金柜员的职责

现金柜员作为商业银行提供现金出纳柜面服务的主体，可以独立为客户办理现金、有价单证的收付、兑换、整点等一系列工作。其主要职责如下：

(1) 根据相关的法律法规和行内制度，负责办理本外币现金收付和结算等业务。

(2) 执行中国人民银行关于残损币兑换的相关要求，办理残损币的挑残、兑换、回收、上缴等工作。

(3) 根据中国人民银行的相关要求，履行爱护人民币和反假币的宣传、假币的鉴别和收缴等工作。

(4) 根据货币流通的需要，进行各种面额人民币的兑换。

(5) 落实存款实名制原则，不得违规为客户开立匿名账户和假名账户。

(6) 根据营业需要，按规定领用、保管、上缴现金，并合理匡算库存，保证营业支付。

(7) 办理重要空白凭证的领用、保管、使用、作废及上缴，并根据规定在相关登记簿上登记并签章。

(8) 按规定领用、使用各种业务印章和本人名章。

(9) 根据《中华人民共和国反洗钱法》的相关规定，按规定报送各种大额和可疑交易，履行反洗钱职责，对需要补录的敏感人员的相关信息，须及时补录。

(10) 根据个人结售汇的相关规定，办理个人结售汇的相关业务。

知识链接

根据《金融机构大额交易和可疑交易报告管理办法》，大额交易包括以下几项：

1. 单笔或者当日累计人民币交易20万元以上或者外币交易等值1万美元以上的现金缴存、现金支取、现金结售汇、现钞兑换、现金汇款、现金票据解付及其他形式的现金收支。

2. 法人、其他组织和个体工商户银行账户之间单笔或者当日累计人民币200万元以上或者外币等值20万美元以上的款项划转。

3. 自然人银行账户之间，以及自然人与法人、其他组织和个体工商户银行账户之间单笔或者当日累计人民币 50 万元以上或者外币等值 10 万美元以上的款项划转。

4. 交易一方为自然人、单笔或者当日累计等值 1 万美元以上的跨境交易。

累计交易金额以单一客户为单位，按资金收入或者付出的情况，单边累计计算并报告，中国人民银行另有规定的除外。

客户与证券公司、期货经纪公司、基金管理公司、保险公司、保险资产管理公司、信托投资公司、金融资产管理公司、财务公司、金融租赁公司、汽车金融公司、货币经纪公司等进行金融交易，通过银行账户划转款项的，由商业银行、城市信用合作社、农村信用合作社、邮政储汇机构、政策性银行按照前款的规定向中国反洗钱监测分析中心提交大额交易报告。

2. 现金出纳的基本规定

商业银行现金出纳主要办理现金收付业务。在办理现金收付的过程中，不仅要对现金进行清点和整理，还要准确识别假币，风险较大。现金出纳工作的基本规定包括：

(1) 现金业务必须坚持“当日核对、双人管库、双人守库、双人押运、离岗必须查库(箱)”的原则，做到内控严密、职责分明。实行复核制的，还应坚持“钱账分管、双人临柜、换人复核”。

(2) 经办现金出纳业务，必须坚持先收款后记账、先记账后付款的原则，做到手续清楚，数字准确。

扫一扫

【微思考】为什么在办理现金出纳业务时，强调坚持“先收款后记账，先记账后付款”的原则？试结合自己的理解进行分析。

(3) 现金柜台要按照规定设置，柜员办理所有现金收付业务都必须在有效监控和客户可视范围内进行，做到当面点准，一笔一清、一户一清，以便于风险防范。

(4) 现金收付，应按照规定的凭证办理，按券别收付。收付现金必须做到先点大数，后点细数，做到现金实物与记账凭证或现金调拨单核对相符。

(5) 大额现金收付坚持换人卡把，双人复核。

(6) 现金柜员必须坚持“一日三碰库(箱)”，及时核对库存，坚持日清日结，做到账款、账实相符。为防范风险，每日现金必须随款车入库，分、支行营业厅不得留存现金。

(7) 现金款项调拨或现金柜员交接，必须严格按照会计法的相关规定进行，同时需有权人监交，登记“箱包交接登记簿”，由交接双方签章。

(8) 严禁挪用库存现金，严禁白条抵库，坚持经常查库制度，消除各种不安全因素，做到账实相符。

(9) 现金必须进行二级清分整点才能对外支付，严禁对外支付不易流通的人民币和停止流通的人民币。

(10) 从事现金出纳业务的人员应及时取得《反假货币上岗资格证书》。未取得《反假货币上岗资格证书》的人员，不得对外办理现金收付业务，不得办理假币收缴、鉴定业务。

(11) 分、支行营业机构应根据本行业务实际，核定合理的网点现金限额，以加强现金管理，提高资金效益。

(12) 应加强对现金支付交易的监督管理，防范利用银行支付结算进行洗钱等违法犯罪活动。

3.1.3 现金出纳业务核算

现金出纳业务的核算主要是指个人或单位的现金收入、现金支出的核算，以及在核算过程中出现长短款的处理。由于现金业务本身的高风险性，在办理现金业务的过程中，必须遵守现金收付的工作原则，严格按照相应的工作流程办理。

商业银行反映现金收付的是“库存现金”科目。银行收入现金时记入该科目借方，支出现金时记入该科目贷方，余额在借方，反映库存现金的结存数。

1. 现金收入的核算

由于主体不同，现金收入可分为个人现金收入和单位现金收入。

1) 个人现金收入的核算

个人现金收入业务主要是指个人客户持现金存入银行卡、活期存折、定期一本通存折或新开存单等。办理个人现金收入业务的基本流程如图 3-1 所示。

图 3-1　个人现金收入业务的办理流程

经典案例

【例 3-1】ABC 银行受理 A 客户 50 000 元活期存款业务，已按规定办理各种手续。

ABC 银行网点柜员在受理 A 客户大额活期存款业务时，应按人民银行规定，要求 A 客户出具有效身份证明，并对其进行核实。核对一致的，留存身份证明复印件，在系统中做相应的存款业务操作，打印存款凭证，经由客户确认签字。此时，系统自动进行账务处理，会计分录为

借：库存现金　　50 000

　　贷：吸收存款——A 客户活期存款　　50 000

2) 单位现金收入的核算

单位现金收入是指单位的财务人员持现金存入单位结算账户。单位存入现金时，应填制一式两联的现金缴款单，连同现金一并交银行柜员。现金缴款单的格式如图 3-2 所示。

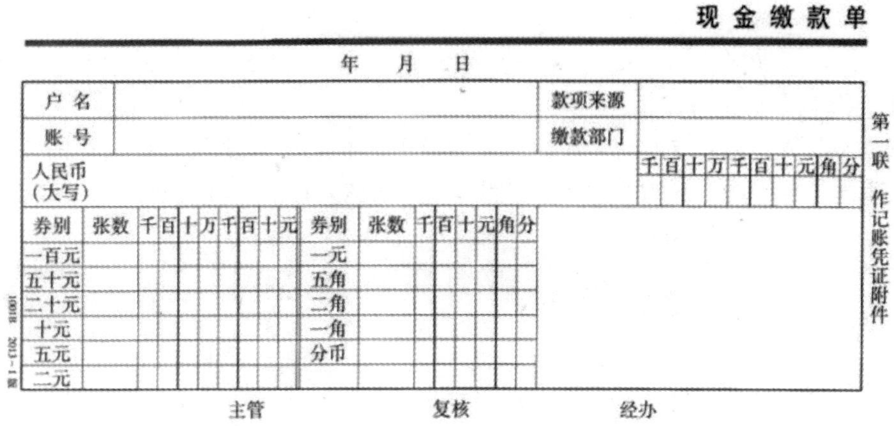
现金缴款单

年　月　日

户名		款项来源	
账号		缴款部门	
人民币（大写）			千 百 十 万 千 百 十 元 角 分

券别	张数	千	百	十	万	千	百	十	元	券别	张数	千	百	十	元	角	分
一百元										一元							
五十元										五角							
二十元										二角							
十元										一角							
五元										分币							
二元																	

第一联　作记账凭证附件

主管　　复核　　经办

图 3-2　××银行现金缴款单

办理单位现金收入业务时，基本流程与个人现金收入的办理流程大体相同，有略微差别，如图 3-3 所示。

图 3-3 单位现金收入业务的办理流程

现金收入业务尤其需要注意的是：现金清点需要在客户视线范围内进行，且未清点完毕时，客户不得离开柜台，也不得将款项与其他款项调换；一笔业务没有办理完毕时，尽量不要办理另外一笔业务，坚持一笔一清。

2．现金支出的核算

与现金收入业务相同，现金支出业务也可分为个人现金支出与单位现金支出。

1) 个人现金支出的核算

个人现金支出主要是指个人客户持银行卡、活期存折、定期一本通存折或存单等支取现金。办理个人现金支出业务的基本流程如图 3-4 所示。

图 3-4　个人现金支出业务的办理流程

现金支出时银行的会计分录为

借：吸收存款——××客户存款

　　贷：库存现金

2) 单位现金支出的核算

单位向其开户银行支取现金时，应在存款账户余额内签发现金支票(见图 3-5)，填明支取金额和款项用途，并加盖银行预留印鉴，由收款人背书后送交审核。

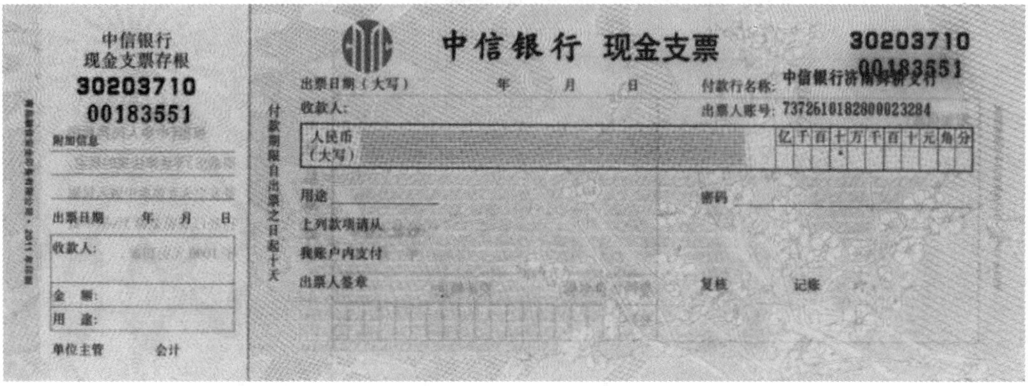
中信银行
现金支票存根
30203710
00183551
附加信息
出票日期　年　月　日
收款人：
金　额：
用　途：
单位主管　会计

付款期限自出票之日起十天

中信银行　现金支票　30203710 00183551
出票日期（大写）　年　月　日　付款行名称：
收款人：　出票人账号：7372610182800023284
人民币（大写）　亿 千 百 十 万 千 百 十 元 角 分
用途　密码
上列款项请从
我账户内支付
出票人签章　复核　记账

图 3-5　现金支票

办理单位现金支出业务的基本流程如图 3-6 所示。

图 3-6　单位现金支出业务的办理流程

经典案例

【例 3-2】甲单位出纳人员因日常业务开支需要，持现金支票到其开户银行 DEF 银行支取备用金 20 000 元。银行柜员经核对票据无误后进行了账务处理，已按规定办理各种手续。

DEF 银行账务处理会计分录为

借：吸收存款——活期存款(甲单位)　20 000

　　贷：库存现金　20 000

甲单位该笔取款业务的会计分录为

借：库存现金　20 000

　　贷：银行存款　20 000

现金支出业务尤其需要注意的是：账务处理完毕后再进行配款清点，且需要在客户视线范围内进行清点。未经本人点过的成把、成捆的款项，未点完不得将腰条丢掉。

3. 现金出纳错款

现金出纳业务涉及客户的现金，任何差错都有可能导致账实不符，从而产生出纳错款。提高现金出纳工作质量对维护银行的信誉有重要作用，掌握现金出纳错款的处理方法是现金出纳的必备岗位素质。下面从现金出纳错款的种类、出纳错款的处理两个方面进行介绍。

1) 现金出纳错款的种类

现金出纳错款的种类包括：出纳现金错款、自助设备错款、工作事故错款和舞弊现金损失四种，如图 3-7 所示。

现金出纳错款种类		
	出纳现金错款	对外营业机构在与外部客户的现金收付业务中，日终结账时所发生的现金溢出或现金短缺。其中，现金溢出称为长款，现金短缺称为短款。
	自助设备错款	自助设备账面金额与自助设备内实际金额不符，其差额为自助设备错款。
	工作事故错款	不涉及外部客户现金收付业务的现金溢出或现金短缺，如现金内部出入库或保管过程中所发生的错款。
	舞弊现金损失	银行内部工作人员利用职务之便，采用侵吞、窃取、骗取或其他手段非法占有客户资金或本行库存现金造成的现金损失。

图 3-7　商业银行现金出纳错款种类

商业银行发生出纳错款时，一般情况下，现金溢出称为长款，现金短缺称为短款。

2) 现金出纳错款的处理

一旦发生现金错款，不论何种原因，现金出纳应及时向分管领导汇报，及时组织查找。在现金出纳错款的处理过程中，必须遵循“长款不得寄库，短款不得空库，长短款不得相互抵补”“长款不得隐瞒不报、短款不得私补”的处理原则。

(1) 出纳长款的处理。当班出纳柜员日间点库或日终碰库时发现账实不符、发生长款时，应立即查找原因。出纳长款的处理方式如下：

① 若当天查明，则应立即退还原主。

② 若当天未能查找出长款原因，则需要按相应的规章制度，填制现金收入传票，交由会计主管审批；若金额过大，还需经分管会计的负责人审批。出纳长款通过“待处理财产损溢”科目列账待查。会计分录为

借：库存现金

　　贷：待处理财产损溢——待处理出纳长款

③ 若事后查明原因，属于客户多交或银行少付的，应及时联系客户予以退还，并根据相关的规章制度办理相应的账务处理。会计分录为

借：待处理财产损溢——待处理出纳长款

　　贷：库存现金

④ 若事后实在无法查明原因时，应该按规定的审批程序报批，列入“营业外收入”

科目，并根据相应的规章制度进行账务处理。会计分录为

借：待处理财产损溢——待处理出纳长款

贷：营业外收入——出纳长款收入

(2) 出纳短款处理。当班出纳柜员日间点库或日终碰库时发现账实不符、发生短款时，应立即查找原因，不能自己补上不报。

出纳短款的处理方式如下：

① 若当天查明，则应向相关人员追回短款。

② 若当天未能查出短款原因，则需要按相应的规章制度，填制现金付出传票，交会计主管、分管会计的负责人审批，通过“待处理财产损溢”科目列账待查。会计分录为

借：待处理财产损溢——待处理出纳短款

贷：库存现金

③ 若事后查明原因，属于客户少交或银行多付的，应及时向客户追回短款，并根据相关的规章制度办理相应的账务处理。会计分录为

借：库存现金

贷：待处理财产损溢——待处理出纳短款

④ 若事后实在无法查明原因，应该按规定的审批程序报损，列入“营业外支出”科目，并根据相应的规章制度进行账务处理。会计分录为

借：营业外支出——出纳短款支出

贷：待处理财产损溢——待处理出纳短款

发生出纳错款时，应严格按照出纳错款登记制度，在“出纳错款登记簿”上详细登记，并按规定报送总、分行会计管理部门。需要注意的是，现金出纳在现金收付过程中，未及时发现假币的，也按照出纳错款处理，故现金出纳人员应加强反假币技能。

3.2 商业银行自助设备管理

随着银行业信息化、电子化进程的不断加快，商业银行自助设备作为银行卡服务的载体，以其能够为广大客户提供全天候无间断的金融服务，逐渐成为商业银行分流客户、弥补营业网点不足、降低银行运营成本，以及提高服务质量和综合竞争力的重要手段。目前，世界上绝大多数国家仍然会将现金作为首要的支付手段，因此，作为存取现金的重要渠道，自助设备对于银行业的发展具有不可忽视的作用。

3.2.1 自助设备概述

商业银行自助设备，是指不受营业时间限制，可供客户 24 小时自行操作办理各类银行业务的设备。不同种类的自助设备，其功能也会有所区别。

1. 自助设备的分类

商业银行的自助设备按照不同标准，有不同的分类。

1) 按与营业网点的位置关系划分

商业银行的自助设备按照其与营业网点的位置关系，可以分为在行式自助设备和离行式自助设备。

在行式自助设备是指安装在营业网点内的，不设独立行部，由自助设备所在网点进行账务核算和日常管理的自助设备。离行式自助设备是指设立于营业网点以外的，以金库为依托实行集中管理，挂靠在金库所在行部的自助设备。

2) 按功能划分

商业银行的自助设备按设备功能划分，可以分为自动取款机(ATM)、自动存款机(CDM)、存取款一体机(CRS)、外币兑换机(XDM)、多媒体查询机(BSM)、自助缴费机、自助网银机以及智能柜台等。其中，自动取款机、自动存款机、存取款一体机以及外币兑换机均属于商业银行的现金类自助设备。

本节主要介绍自助取款机、自助存款机以及存取款一体机。

(1) 自动取款机(ATM)。ATM 是英文 Automatic Teller Machine 的缩写，一般称为自助柜员机，因多用于取款，因此又称为自动取款机。它是一种能够为客户提供自助服务的高度精密的电子化设备，利用磁性代码卡或者智能卡代替银行柜面人员操作，以实现自助金融交易，是银行柜面业务的延伸。

(2) 自动存款机(CDM)。CDM 是 Cash Deposit Machine 的缩写，意思是自动存款机，可办理存款和余额查询等业务。目前，许多银行的 CDM 兼具 ATM 的功能，既可自助存款，也可办理自助取款、转账等业务。

(3) 存取款一体机(CRS)。CRS 是 Cash Recycling System 的缩写，即存取款一体机。存取款一体机可进行自动取款和自动存款，而且可以实现存取款现金的自动循环功能：即把客户存进来的钱，即时作为刚要取款客户的取款现金。

2. 自助设备的功能

自助设备是商业银行优化客户服务、展示品牌形象、增强市场竞争力的重要载体，也是网点转型的重要助推器，因此被赋予了越来越多的功能。目前，我国商业银行上述三种自助设备的主要功能如图 3-8 所示。

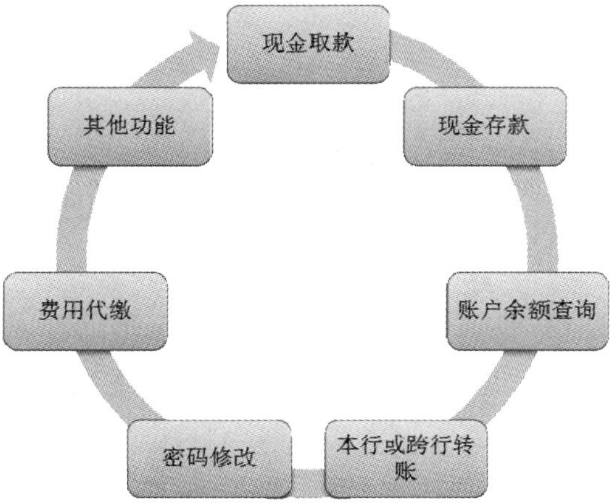

图 3-8　自助设备的主要功能

3.2.2 自助设备管理

近年来，各家商业银行纷纷加大对自助设备的资源投入力度，抢占优势的设备布局，有些银行甚至设立了全天候 24 小时的自助银行。在大力拓展自助设备的同时，除了科学选址、设备资源配置等，如何加强高效、有序的设备运营管理机制，将直接影响到自助设备的使用效率乃至银行的可持续发展。

自助设备的运营管理主要包括人员的管理、钞箱管理以及业务检查等。

1. 人员的管理

自助设备的管理人员必须忠于职守、廉洁奉公，具备很强的责任心和较高的业务素质。设备管理人员通常要保持相对稳定，负责辖属自助设备的日常维护和余额管理，主要包括：

(1) 随时检查机器内现钞余额，保证机内现钞充足。装取现钞必须双人操作，做到“同装、同取、同清点”。

(2) 保证钞箱票币质量。放入钞箱的现钞必须在监控下经过严格的挑选和清点，防止假钞、残钞和夹张放入钱箱内。

(3) 定时双人开启钞箱清点，保证账实相符。钞箱的启闭，必须做到“同开、同闭、同加锁”。

(4) 建立“自助设备管理簿”，记录自助设备有关事件，包括现金管理、钥匙交接、密码更改、清机情况、维护记录等方面情况，记录应真实、准确，不得有遗漏。

(5) 人员轮换时，轮换双方必须严格执行钞箱钥匙及密码的交接手续，并在交接登记簿上登记。

此外，自助设备管理员和网点负责人应对自助设备进行经常性的定时或不定时巡视，确保自助设备安全、高效、稳定运行。

经典案例

陈小姐持卡到南京西路某处的 ATM 取款机取款，在将卡插入 ATM 取款机后，ATM 取款机显示屏未出现提示语，卡也未自动吐出。陈小姐正一筹莫展时，发现机上有一张打印的告知条，内容大致为：“如果卡被吞，就打值班电话。”她就按告知条上提供的电话号码打电话联系，接电人自称是银行工作人员，询问了陈的姓名和卡的密码，告知她明天才能取卡。陈小姐回到单位取存折后，再到银行取款时，发现卡内已损失 4700 元，而原贴在 ATM 取款机上的告知条已被撕去。经查，告知条上的电话号码是街头公用电话号码。

【案例分析】

人为的塞卡是自助设备上一种最常见的犯罪形式。犯罪分子通常会事先用胶带贴附在读卡器口，或用细铁丝等塞入读卡器内，同时利用虚假告知条或微型摄像头等手段获取客户密码，在客户交易出现塞卡而离开后，趁机盗走银行卡并进行盗刷。

【防范措施】

1. 商业银行应加强对自助设备的日常维护和管理，强化巡查力度，坚持 24 小时对自助区等重点场所不间断地看守和通报制度，发现异常情况及时处置，切实保障自助设备安全运行，确保银行和客户资金安全。

2. 客户应加强风险防范意识，输密码时注意用手遮挡键盘，一旦发现可疑情况立即停止资金交易；谨慎识别机具上张贴的“故障”“升级”或要求转账的所谓“公告”；如果遇到自助设备吞卡或不吐钞时，不要轻易离开，直接在原地拨打 ATM 所属银行的客服热线求助。

2．钞箱管理

自助设备钞箱的管理可以进一步划分为钞箱密码、钥匙的管理和钞箱现金的管理。

1) 钞箱密码、钥匙的管理

自助设备钞箱密码、钥匙的管理必须严格按照商业银行内部制度和操作流程进行，具体包括：

(1) 密码、钥匙的保管和使用要坚持“分管分用，平行交接”的原则。

(2) 钥匙用毕入保险柜保管，不得随身携带。

(3) 备用钥匙、密码要封存，并交上级自助设备主管部门指定的专人入保险柜保管。

(4) 备用密码、钥匙启用必须经上级自助设备主管部门负责人审批，用后立即密封按原规定保管。

(5) 自助设备密码必须定期更换，每半年至少更换一次。

(6) 钞箱管理员输入密码时要遮挡，防止窥视；设备管理员加、取钞后，要打乱钞箱密码。

(7) 密码管理员工作变动，必须更换密码，短期休假或离职时也要更改密码。

2) 钞箱现金的管理

商业银行自助设备的现金管理应坚持“双人管机、双人操作、账实分管、交叉复核”的基本原则。

自助设备的加取钞，原则上采用整体更换钞箱的方法。整体更换钞箱时，需设备管理员双人在营业机构监控下清点余额；若采用补充现金加钞时，要清点账款相符并登记后方能加钞。

自助设备加钞时，柜员在前台系统中做加钞交易，经会计主管审批后，将现金由柜员尾箱调入自助设备钞箱。

自助设备管理员需定期进行清机操作，即对自助设备现金进行账务核对，以保证账实相符。自助设备的钞箱和回钞箱(废钞箱)必须在监控下分别进行清点，设备记录现金数量和钞箱实际现金数量核对一致后，现金入柜员现金箱。

3．业务检查

商业银行对自助设备钞箱的检查包括日常检查和不定期抽查。检查时必须查验清点钞箱和废钞箱现金，确保账实相符、账账相符。

对于在行式自助设备，营业网点会计主管人员要定期对加钞、取钞进行核查；针对离行式自助设备，挂靠营业机构会计主管人员或自助设备主管部门负责人要定期跟车以便对加钞、取钞进行核查。核查结果登记在“查库登记簿”上。

3.2.3 自助设备业务核算

商业银行自助设备的普及和应用，极大地方便了人们的生活和工作。尤其是现金类自助设备24小时全天候无间断的服务，使得人们可以不受银行员工上下班时间的限制，随时满足存、取现金需求。对于自助设备发生的现金流入或流出，商业银行需要进行相应的会计处理。

本节主要介绍自助设备存款业务、取款业务以及出纳错款的会计核算。

经典案例

1. 存款业务核算

自助设备存款业务是指客户将所持有的规定面额的现金通过自助设备自助存入指定账户的存款行为，通常可以分为有卡存款和无卡存款。目前，我国商业银行的自助设备大多只支持本行账户的存款业务，因此这里主要介绍本行账户的存款业务核算。

客户自助存款时，需按照自助设备提示，将持有现金存入其在本行指定的账户中。此时，系统自动进行账务处理。

借：库存现金——自助设备

　　贷：吸收存款——活期储蓄存款

2. 取款业务核算

自助设备取款是指客户利用自助设备从其指定的账户中支取现金的行为，通常可以分为有卡取款和无卡取款。无卡取款又可以分为预约取款、扫码取款、人脸识别技术取款以及指静脉识别取款等。

客户进行自助取款时，需根据是否持有银行卡，按照自助设备提示，进行现金支取的操作。一笔取现业务完成后，系统同时进行账务处理。

根据客户取款账户归属行的不同，取款业务可分为行内取款和跨行取款。

1) 行内取款

账务处理的会计分录为

借：吸收存款——活期储蓄存款

　　贷：库存现金——自助设备

2) 跨行取款

账务处理的会计分录为

借：其他代理业务——ATM代理账户

　　贷：库存现金——自助设备

知识链接

为了有效防范电信网络新型违法犯罪，切实保护人民群众财产安全和合法权益，中国人民银行于2016年9月30日发布了《关于加强支付结算管理防范新型违法犯罪有关事项的通知》。根据通知要求，自2016年12月1日起，同一个人在同一家银行只能开立一个I类户(全功能账户)。因此，为方便个人异地生产生活需要，央行要求商业银行取消本行行内异地存取现、转账等业务的手续费；收取异地手续费的，应当自 2016 年 9 月 30 日起三个月内实现免费。自此，我国取消了实行多年的同行异地存取款和转账手续费，对于大多数消费者来说是件好事，从此消费者便可以一张卡跑遍全国，再也不用因担心异地存取款手续费的问题而随身携带大量现金了。

不过，需要注意的是，央行此次的取消手续费规定是针对同行异地存取款和转账业务的，跨行业务手续费依然照常收取。

自助设备跨行交易，由银联产生清算数据，进行资金清算。资金的清算通常包括两种情况。

(1) 当本行代理他行业务资金多于他行代理本行时，资金清算的会计分录为

借：存放中央银行款项

　　贷：其他代理业务——ATM 代理账户

反之，则做相反会计处理。

(2) 当本行代理他行业务多于他行代理本行业务时，手续费的结算做如下会计处理。

借：存放中央银行款项

　　贷：手续费收入——ATM 手续费收入

反之，则借贷方相反。

知识链接

中国银联是经中国人民银行批准的、由八十多家国内金融机构共同发起设立的中国银行卡联合组织，属于股份制金融机构。通过银联跨行交易清算系统，可以实现商业银行系统间的互联互通和资源共享，保证银行卡跨行、跨地区和跨境的使用。目前，中国银联已与境内外两千多家机构展开广泛合作，银联网络遍布中国城乡，并已延伸至亚洲、欧洲、美洲、大洋洲、非洲等 160 多个国家和地区。

3．差错处理

商业银行客户服务中心或营业网点在接到客户的错账申报时，需要询问并记录清楚错款的机器、交易日期、卡号、差错金额以及联系方式，交给自助设备管理人员，由其负责查找。此外，自助设备发生机械故障，如卡钞、堵钞、钞箱损坏、出钞断电等，设备管理员应立即将设备转换到管理状态，认真检查机器传输通道、进钞口、出钞口等是否有钞票并进行相应处理。

自助设备管理员清机处理后，确实发现设备长短款时，登记设备工作日志，经会计主管人员审批后进行挂账处理。

若发生长款，会计分录为

借：库存现金——自助设备

　　贷：待处理财产损溢——待处理出纳长款——自助设备长款

若发生短款，账务处理为

借：待处理财产损溢——待处理出纳短款——自助设备短款

　　贷：库存现金——自助设备

自助设备管理员应于清机日起 3 个工作日内查明错账原因，积极进行处理，不得任其

拖延，久悬账上。查找时应结合客户投诉，核对同一会计周期自助设备交易流水日志和系统账务处理流水，并通过监控录像回放，找出发生长短款的具体交易。

对于已查实的长短款交易，应及时将差错的款项做长款或短款的账务处理。

1) 长款

自助设备发生的长款，可以分为本行卡长款和他行卡长款两种情况。

(1) 本行卡长款。属于本行卡长款的，商业银行营业网点经核实无误后将长款资金转账存入客户账户，并详细记录转账返回情况。会计分录为

借：待处理财产损溢——待处理出纳长款——自助设备长款

　　贷：吸收存款——活期储蓄存款

(2) 他行卡长款。属于他行卡长款的，营业网点需填制“特种转账传票”，对长款做如下会计处理：

借：待处理财产损溢——待处理出纳长款——自助设备长款

　　贷：其他代理业务——ATM 代理账户

此外，网点需持“特种转账传票”贷方一联将错款情况上报业务主管部门，主管部门负责在中国银联“互联网差错处理平台”上进行调账。

2) 短款

自助设备发生短款的，由设备供应商或维护商按照合同约定先行赔付。查明原因后，属于自助设备或设备系统原因的，由供应商或维护商承担。属于本行系统原因的，本行卡短款由行内负责协调和处理；他行卡短款则由本行业务主管部门负责向中国银联请款。

对于未查明长短款原因的，营业网点应逐级上报上级行主管部门协查，仍然无法查明原因的，按照资产损益的处置流程进行处理。

3.3 商业银行金库管理

金库的管理是商业银行出纳工作的重要内容之一，是加强内控管理的重要举措和防范银行风险的重要环节，也是商业银行会计管理工作的重要组成部分。

3.3.1 银行金库管理

金库，又称现金库房，是商业银行保管、配送本外币现钞、贵金属、有价单证、柜员现金箱、代保管物品的场所。金库管理是商业银行日常运营管理的一个重要方面，金库管理的工作质量直接关系着商业银行的资金安全和经营活动的开展。

经典案例

商业银行金库的管理原则主要有以下几点。

1) 符合安防标准

库房是保管银行现金的重要场所，其结构和设施必须符合规定的公共安全行业标准的要求，符合防火、防盗、防潮、防鼠、防水、防霉、防虫蛀等要求，且库房内不得放置与出纳工作无关的物品，尤其是易燃易爆品。库房内必须安装全方位的监控设备，库房内的

一切活动都必须全部可以监控。

2) 双人管库

库房必须坚持双人管库，即两名库管员要同开库、同进库、同在库、同出库、同锁库。严禁一人持两把钥匙开关库；或一人在库内清点票币，另一人却做其他工作。其他人员不得进入库房，因工作需要进入库房的，须会计主管人员或分管行长签批，在双库管员的陪同下方可入库。

3) 登记制度

库房的登记制度包括两个方面：

(1) 一切现金或实物的出入库必须实行登记制度，所有现金、重要空白凭证的出入库都必须由双库管员清点、相互复核，并进行相应的账务处理，以做到账实相符。

(2) 因工作需要，库管人员外的工作人员进入库房，须在相关人员签批通过以后，出示介绍信，由库管人员陪同进入库房。其出入库需要在出入库登记簿进行登记，详细记载出入库的时间、原因，并由入库人员签字确认。

4) 限额管理制度

金库应严格实行限额管理制度，合理安排库存限额，尽量减少非生息资产占用，超过规定上限要及时上缴上级金库、代理行或人民银行。

5) 交接制度

库管人员因岗位变动或临时请假，库房钥匙必须与指定人员进行交接。移交人和接交人必须在会计主管监交下，详细清点库房现金与实物的数量，与账存数核对无误后办理交接。移交人、接收人和监交人需要在会计交接登记簿上签章，交接未完成不得离岗。

6) 查库制度

营业机构必须坚持查库制度。每日营业开始和营业终了，双库管员必须清点库房内现金数量，确保账实相符。同时，营业机构应该按相应的频率，由有权人员定期或不定期进行查库。

知识链接

一般来说，查库主要核查的内容有：

(1) 库存现金是否账实相符，有无白条抵库。

(2) 有价单证、重要空白凭证等是否账实相符。

(3) 代保管物品是否账实相符。

(4) 库房内保管的现金与实物是否发生鼠咬、虫蛀等事故。

(5) 双人管库制度的执行情况是否合规。

(6) 库房钥匙的使用及保管是否合规。

(7) 库房管理的其他规定是否落实等。

查库过程中，双库管员必须陪同在场。查库人员必须亲自动手，不能监而不查。库房内若发生长短款，两名库管人员应负同等责任。

7) 轮岗和强制休假制度

金库各岗位应制定严格的上岗要求，且坚持轮岗和强制休假制度。

3.3.2 现金出入库

营业机构的现金库存实行限额管理制度。超出限额时，就需要现金出入库来进行调剂。当库存超过现金上限时，营业机构需要及时上缴上级行或当地人民银行发行库；当库存低于下限，不足以应付日常支付时，营业机构需要及时从上级行或当地人民银行发行库提取。

现金出入库业务，可以分为现金出库、现金入库以及柜员间现金调拨。

1. 现金出库

根据现金出库的主体不同，可以分为营业机构现金出库和柜员现金出库。

(1) 营业机构现金出库。营业机构根据用款需求，需填写现金出入库单据或现金支票，加盖预留印鉴，由会计主管或管理部门审核后，交由提款人提取现金。

现金提回入营业机构库时，库管双人需核对领入现金的数量、币种、券别等，无误后进行相应的账务处理。会计分录为

借：库存现金

　　贷：联行科目

(2) 柜员现金出库。现金柜员营业开始前或营业中库存现金不足支付时，可以申请出库。出库前需填写现金出入库单据，并在相关的领用人处签章，交由库管双人审核。

库管配款员需审核现金出入库单据的日期是否正确、签章是否齐全、币种填写是否准确，审核无误后，库管双人办理出库，相互复核，清点无误后交由领用柜员，并在现金出入库单据相应处签章，柜员进行相应账务处理。会计分录为

借：库存现金——现金柜员

　　贷：库存现金——机构库

2. 现金入库

根据入库的主体不同，可分为营业机构现金入库与柜员现金入库。

(1) 营业机构现金入库。营业机构库存现金超过核定的库存限额时，需要及时上缴上级行或当地人民银行发行库。上缴的现金必须经过清分，且粘贴封签。

出纳人员填写现金出入库相关单据，库管双人应核对上缴的现金券别、验捆卡把，并检查每把现金的腰条是否加盖经办人名章，现金出入库单据填明的金额与实际数额是否一致，无误后双人封箱，之后再进行相应的账务处理。会计分录为

借：联行科目

　　贷：库存现金

(2) 柜员现金入库。现金柜员营业中库存超过限额时，可以申请入库。入库前需填写现金出入库单据，并在相关的缴款人处签章，交由库管双人审核。

库管配款员需审核现金出入库单据的日期是否正确、签章是否齐全、币种填写是否准确，审核无误后，库管双人办理入库，相互复核。清点无误后入机构库，并在现金出入库

单据相应处签章，且进行相应的账务处理。会计分录为

借：库存现金——机构库

　　贷：库存现金——现金柜员

营业终了，柜员尾箱内现金须根据实际情况办理入库，具体可以采用“清零”与“不清零”两种方式。

① 采用“清零”方式的，柜员尾箱内现金全部上缴机构库，由机构库统一保管。

② 采用“不清零”方式的，柜员尾箱内现金的整把数全部上缴机构库，零钞和残损币等留在柜员尾箱中。此时，留在柜员尾箱中的现金数不应该超过核定的尾箱日终限额。

柜员上缴入库的整捆现金应符合中国人民银行“五好钱捆”的要求。中国人民银行“五好钱捆”管理标准如图 3-9 所示。

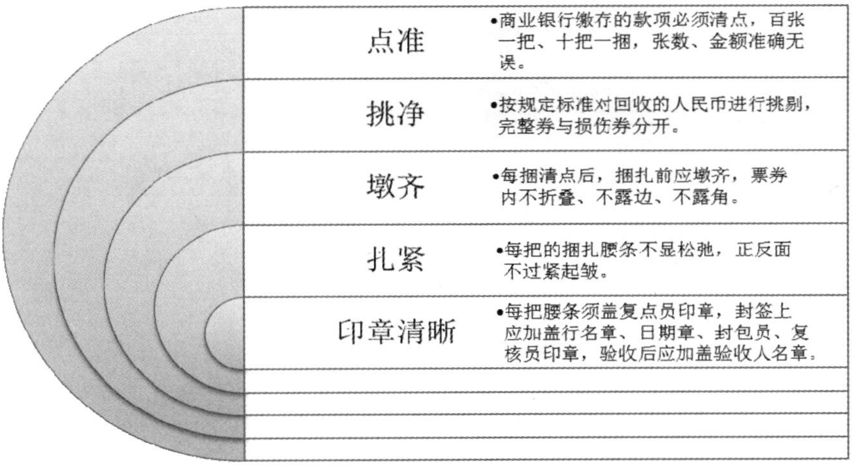
点准
•商业银行缴存的款项必须清点，百张一把、十把一捆，张数、金额准确无误。
挑净
•按规定标准对回收的人民币进行挑剔，完整券与损伤券分开。
墩齐
•每捆清点后，捆扎前应墩齐，票券内不折叠、不露边、不露角。
扎紧
•每把的捆扎腰条不显松弛，正反面不过紧起皱。
印章清晰
•每把腰条须盖复点员印章，封签上应加盖行名章、日期章、封包员、复核员印章，验收后应加盖验收人名章。

图 3-9　“五好钱捆”管理标准

3．柜员间现金调拨

现金柜员间也可以进行现金调拨。库存充足的现金柜员可以调出现金给库存不足的现金柜员，通常此交易需要由调出、调入柜员确认，并经授权人员授权后方可完成。

现金调拨时，也需要填写相应的现金调拨单据，由调入柜员、调出柜员在相应处签章，并由复核人员签章复核，调入柜员清点无误后收入现金。会计处理分录为

借：库存现金——调入柜员

　　贷：库存现金——调出柜员

需要注意的是，办理现金出入库或调拨时，实物交接与账务处理要同时完成，确保账实相符。

3.4　人民币及反假币管理

人民币管理是指中国人民银行对人民币纸币和硬币的发行、流通、销毁、反假等方面所作的一系列政策规定和建立的一整套监督执行机制。根据《中华人民共和国人民币管理》条例规定，商业银行应无偿为公众兑换残缺、污损的人民币，挑剔残缺、污损的

人民币，并将其交存当地中国人民银行。由此可以看出，商业银行人民币及反假币管理的工作主要包括挑剔不宜流通人民币、兑换残缺污损人民币和开展反假币工作。

3.4.1 不宜流通人民币挑剔标准

人民币在流通过程中难免会发生磨损或破损，为了提高流通人民币整洁度，维护人民币信誉，中国人民银行制定了《不宜流通人民币挑剔标准》，如图 3-10 所示。

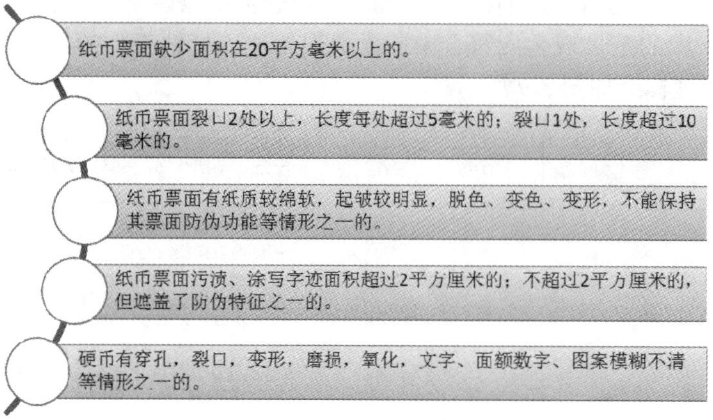
纸币票面缺少面积在20平方毫米以上的。
纸币票面裂口2处以上，长度每处超过5毫米的；裂口1处，长度超过10毫米的。
纸币票面有纸质较绵软，起皱较明显，脱色、变色、变形，不能保持其票面防伪功能等情形之一的。
纸币票面污渍、涂写字迹面积超过2平方厘米的；不超过2平方厘米的，但遮盖了防伪特征之一的。
硬币有穿孔，裂口，变形，磨损，氧化，文字、面额数字、图案模糊不清等情形之一的。

图 3-10 不宜流通人民币挑剔标准

《不宜流通人民币挑剔标准》的制定，突出了对人民币防伪功能的保护，使残票可以通过具体的量化标准从直观上进行确定，对规范商业银行的现金收兑工作，加强人民币的流通管理具有十分重要的意义。

3.4.2 残损币兑换

根据《中国人民银行残缺污损人民币兑换方法》的规定，“凡办理人民币存取款业务的金融机构应无偿为公众兑换残缺、污损人民币，不得拒绝兑换”。

1. 残损币的定义

残缺、污损人民币可以分为一般残缺、污损人民币和特殊残缺、污损人民币。

(1) 一般残缺、污损人民币是指票面撕裂、损缺，或因自然磨损、侵蚀，外观、质地受损，颜色变化，图案不清晰，防伪特征受损，不宜再继续流通使用的人民币。

(2) 特殊残缺、污损人民币是指票面因火灾、虫蛀、鼠咬、霉烂等特殊原因，造成外观、质地、防伪特征受损，纸张炭化、变形，图案不清晰，不宜再继续流通使用的人民币。特殊残缺、污损人民币剩余面积是指票面图案、文字、纸张能按原样连接的实物面积，包括与票面原样连接的炭化、变形部分。不能按原样连接的部分，不作为票面剩余面积计算。

2. 残缺、污损人民币的兑换标准

残缺、污损人民币兑换分“全额”“半额”两种情况，如表 3-1 所示。

表 3-1　残缺、污损人民币的兑换标准

残缺、污损人民币票面情形	兑换结果
能辨别面额，票面剩余四分之三(含四分之三)以上，其图案、文字能按原样连接的	全额兑换
能辨别面额，票面剩余二分之一(含二分之一)至四分之三以下，其图案、文字能按原样连接的	半额兑换
纸币呈正十字形缺少四分之一的	

需要指出的是，兑付额不足一分的，不予兑换；五分按半额兑换的，兑付二分。

3. 残缺、污损人民币兑换程序

残缺、污损人民币的兑换，要坚持“先收款后兑付”的原则。

一般残缺、污损人民币的兑换与特殊残缺、污损人民币的兑换程序略有不同。

1) 一般残缺、污损人民币兑换程序

一般残缺、污损人民币持有人可到办理人民币存取款业务的金融机构兑换残损币。金融机构在办理一般残缺、污损人民币兑换业务时，应当向残缺、污损人民币持有人说明认定的兑换结果。不予兑换的残缺、污损人民币，应退回原持有人。

一般残缺、污损人民币持有人同意金融机构认定结果的，残缺、污损人民币纸币和硬币分别按以下程序处理：

(1) 对于兑换的残缺、污损人民币纸币，金融机构应当面将带有本行行名的“全额”或“半额”戳记加盖在兑换的残缺、污损人民币纸币票面上。

(2) 对于兑换的残缺、污损人民币硬币，金融机构应当面使用专用袋密封保管，并在袋外封签上加盖“兑换”戳记。

一般残缺、污损人民币持有人对金融机构认定的结果有异议的，经持有人要求，金融机构应出具认定证明并退回该残缺、污损人民币。持有人可凭认定证明到当地中国人民银行分支机构申请鉴定。经中国人民银行鉴定后，持有人可持鉴定书及可兑换的残缺、污损人民币到出具认定书的金融机构进行兑换。

金融机构应按照中国人民银行的有关规定，将兑换的残缺、污损人民币交存当地中国人民银行分支机构。

2) 特殊残缺、污损人民币兑换程序

特殊残缺、污损人民币持有人可到金融机构特殊残缺、污损人民币指定网点办理相关的兑换业务。金融机构在办理特殊残缺、污损人民币时，应当参照一般残缺、污损人民币的兑换程序，向持有人办理特殊残缺、污损人民币兑换业务，并填制“金融机构特殊残缺、污损人民币兑换单”。

特殊残缺、污损人民币持有人对金融机构认定的结果有异议或金融机构难以正确把握兑换标准时，可以按以下程序处理：

(1) 经持有人要求，金融机构应出具认定证明并退回特殊残缺、污损人民币。

(2) 持有人可携带特殊残缺、污损人民币实物和金融机构出具的认定证明到中国人民银行当地分支机构申请鉴定。经人民银行鉴定后，持有人可持鉴定书及可兑换的残缺、污损人民币到出具认定书的金融机构进行兑换。

金融机构应定期或不定期将装有特殊残缺、污损人民币的专用密封袋和其他残损人民币一起交存人民银行当地发行库。

3.4.3 反假币工作

随着经济社会的快速发展，流通领域内的现金交易量大幅上升，假币在社会生活中的屡屡出现破坏了人民币的公共信用，扰乱了交易安全和金融管理秩序，严重危害着人民群众的正常生活。商业银行作为和人民生活息息相关的金融机构，做好反假币工作对维护人民币信誉，保护群众财产安全，稳定货币流通的正常秩序至关重要。

1. 假币概述

通常我们所说的假币，包括假人民币和假外币。人民币是指中国人民银行依法发行的货币，包括纸币和硬币；外币是指在我国境内(香港特别行政区、澳门特别行政区及台湾地区除外)可收兑的其他国家或地区的法定货币。

假币按照制假手段的不同，可以分为伪造币和变造币。伪造的货币是指仿照真币的图案、形状、色彩等，采用各种手段制作的假币。变造的货币是指在真币的基础上，利用挖补、揭层、涂改、拼凑、移位、重印等多种方法制作，改变真币原形态的假币。

2. 假币的收缴

商业银行临柜人员在办理业务过程中发现假币时，由营业网点两名以上持有《反假货币上岗资格证书》的业务人员对该假币当面予以收缴。收缴的假币，不得再交予持有人。

对假人民币纸币，收缴人员应当面加盖“假币”字样的戳记；对假外币纸币及各种假硬币，收缴人员应当面以统一格式的专用袋加封，封口处加盖“假币”字样戳记，并在专用袋上标明币种、券别、面额、张(枚)数、冠字号码、收缴人复核人名章等细项。同时，收缴单位向持有人出具中国人民银行统一印制的《假币收缴凭证》，并告知持有人如对被收缴的货币真伪有异议，可自收缴之日起 3 个工作日内，持《假币收缴凭证》向中国人民银行当地分支机构或中国人民银行授权的当地鉴定机构申请鉴定。

3. 假币的保管和处理

商业银行对收缴的假币实物实行单独管理，并建立假币收缴代保管登记簿。商业银行收缴的假币，应按照人民银行规定的时间和要求统一解缴到中国人民银行当地分支机构，由中国人民银行统一销毁，任何部门不得自行处理。

练　　习

一、单项选择题

1. 现金收款坚持(　　)的原则。

A. 先记账后收款　　　　B. 先收款后记账

C. 先记借后记贷　　　　D. 先收妥后抵用

2. 未经本人点过的成把、成捆的款项，未点完(　　)将腰条丢掉。

A. 可以　　B. 不可以　　C. 不确定　　D. 无影响

3．CRS 是以下(　　)自助设备的简称。

A. 自动存款机　　B. 自动取款机　　C. 存取款一体机　　D. 多媒体查询机

4．纸币呈正十字形缺少四分之一的，按原面额的(　　)兑换。

A. 全额　　B. 四分之三　　C. 半额　　D. 不予兑换

5．假币持有人如对被收缴的货币真伪有异议，可自收缴之日起(　　)内，持《假币收缴凭证》向中国人民银行当地分支机构或中国人民银行授权的当地鉴定机构申请鉴定。

A. 2 天　　B. 3 天　　C. 2 个工作日　　D. 3 个工作日

二、填空题

1．中国人民银行“五好钱捆”管理标准即__________、__________、__________、__________、__________。

2．现金出纳错款的处理过程中，必须遵循“长款不得_______，短款不得_______，长短款不得相互抵补”的处理原则。

3．一般残缺、污损人民币是指票面____________、__________，或因自然磨损、侵蚀，外观受损，颜色变化，图案不清晰，________受损，不宜再继续流通使用的人民币。

4．兑付额不足一分的，_________兑换；五分按半额兑换的，兑付_________。

5．双人管库原则要做到__________、__________、_________、__________。

三、简答题

1．简述现金出纳的工作原则。

2．客户王女士将 5000 元现金存在某商业银行的活期存折里，请写出银行柜员此笔业务的会计分录。

3．某现金柜员营业终了碰库发现短款 200 元人民币，原因未知，经会计主管批准后列账待查。后经多方查找，该短款为该柜员多付客户 200 元，后联系客户追回该款项。请列出该笔业务的会计分录。

4．农业银行自助设备管理员在对自助设备清机后发现长款 100 元人民币。次日，经反复查看监控，并结合客户投诉和自助设备系统日志记录，确定该笔长款属于中国银行张先生的，后联系客户通过转账的方式返还该款项。请简述该笔长款的处理流程并列出账务处理的会计分录。

5．简述一般残缺、污损人民币的兑换程序。

实践 1　货币兑换业务

实践指导

实践　货币兑换业务

通过本实践，掌握商业银行人民币券别调剂业务和残损币兑换业务。

【任务分析】

1. 登录中国人民银行官网，了解《中华人民共和国人民币管理条例》《中国人民银行残缺污损人民币兑换办法》。

2. 回顾商业银行现金出纳业务残损币兑换的相关知识。

3. 该实践的考核重点在于人民币券别调剂、残损币兑换的程序及残损币兑换标准的把握。

【参考解决方案】

1. 人民币券别调剂

根据《中华人民共和国人民币管理条例》第二十四条规定，办理人民币存取款业务的金融机构应当根据合理需要的原则，办理人民币券别调剂业务。这一规定要求商业银行在保证现金需求总量的同时，还要及时提供券别调剂业务，以满足客户不同券别的需要。

商业银行为社会公众提供的券别调剂业务主要包括小面额兑换大面额人民币以及大面额兑换小面额人民币。

1) 小面额兑换大面额人民币

客户需要将零钞兑换为整钞的，可持小面额人民币到就近的银行网点办理兑换。若客户零钞数量较大时，可能会产生零钞兑换手续费，具体收费标准参照各商业银行规定。

2) 大面额兑换小面额人民币

根据中国人民银行 2014 年出台的政策规定，公众个人单日办理 10 元和 5 元券 1000 元以内、1 元及以下券别 100 元以内的商业银行应即时办理兑换。同时，人民银行要求各家商业银行确定并上报一批营业网点，作为各自的小面额人民币主办网点，以保证客户在这些网点能够及时兑换到零钞。

此外，如果客户有特定要求，或是需要兑换数量较大的小面额人民币，各家银行应采取预约登记制度。客户按照银行规定的方式提交预约，明确兑换的券别、金额后，自受理之日起 3 个工作日内到约定的营业网点兑换。

目前，我国一些商业银行也推出了自助纸硬币兑换机，能够迅速、准确地办理硬币存取款业务，实现零兑整、整兑零以及纸币硬币的双向兑换，有效分流柜台现金业务，极大地方便了人民群众生活。

2．残损币的兑换

商业银行残损币的兑换工作按照《中华人民共和国人民币管理条例》《中国人民银行残缺污损人民币兑换方法》的规定执行，坚持“先收款后兑付”的原则。

残损币的兑换实行“首兑负责制”。客户兑换残损币到达的第一家办理人民币存取款业务的金融机构为首兑责任单位，必须无条件履行有关规定，承担起为客户无偿兑换的责任，不得找借口拒绝，不得相互推诿。

1) 兑换流程

残损币兑换流程如图 S1-1 所示。

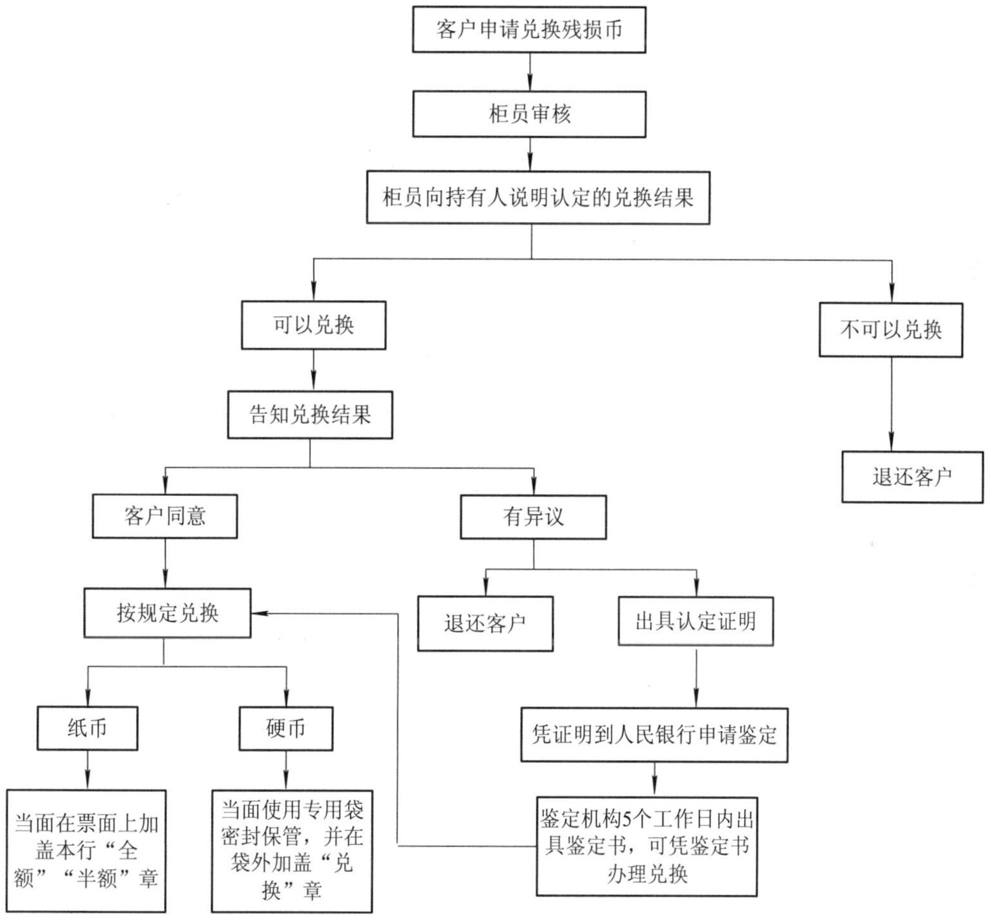

图 S1-1　残损币兑换流程

2) 兑换标准

(1) 能辨别面额，票面剩余四分之三(含四分之三)以上，其图案、文字能按原样连接的残缺、污损人民币，金融机构应向持有人按原面额全额兑换。

(2) 能辨别面额，票面剩余二分之一(含二分之一)至四分之三以下，其图案、文字能按原样连接的残缺、污损人民币，金融机构应向持有人按原面额的一半兑换。

(3) 能辨别面额，票面剩余二分之一以下的，不予兑换。

(4) 特殊残缺、污损人民币的兑换。特殊残缺、污损人民币的兑换不需加盖“全额”“半额”章。

3) 实践难点

残缺、污损人民币的兑换标准，尤其是对特殊残缺、污损人民币兑换标准的把握是此次实践的难点。

第4章　商业银行存款业务核算

本章目标

■ 熟悉商业银行存款业务的种类和管理规定

■ 掌握储蓄存款业务的种类和核算程序

■ 掌握单位存款业务的种类和核算程序

■ 熟悉个人存款账户的管理

■ 熟悉单位存款账户的管理

■ 掌握活期存款利息的计算方法

■ 掌握定期存款利息的计算方法

重点难点

重点：

◈ 结算账户的开立与管理

◈ 储蓄存款业务核算

◈ 单位存款业务核算

◈ 存款利息的计算

难点：

◈ 存款利息的计算

案例导入

受货币基金及理财产品冲击，定期存款利率2017年呈现总体上涨趋势。

通过对银行存款利率一年的监测，近期，融360发布了《2017年度银行存款利率报告》。报告显示，2017年四季度银行定期存款利率均值为2.29%，较第一季度上升1个百分点。其中，国有五大行从第三季度起中长期平均存款利率已经超过股份制商业银行，邮储银行四季度各期限存款利率都略有上升，尤其是三个月存款利率最高达到1.69%，较基准上浮53%。

根据融360数据显示，2017年四季度银行定期存款利率均值为2.29%，环比增长0.65%，较第一季度上升1个百分点，但比2016年四季度下降0.3个百分点。

从具体的银行来看，2017年国有五大行相比2016年，股份制银行存款利率一直高于国有银行的情况，2017年国有银行反超，一年、两年、三年期限利率最高均较基准利率上浮40%。

股份制商业银行存款利率中，广发银行和招商银行的存款利率整体较三季度上升较多，基本上各个期限利率都有所上涨，其中广发银行一年定期存款利率最高上浮50%。

对于城商行，相比较2016年年初存款利率最高上浮77.6%，到目前与股份制银行、国有银行存款利率相差不大，最高上浮50%左右。

值得注意的是，邮储银行四季度一年期限的存款利率最高上浮也达到了50%，三个月存款利率最高达到1.69%，较基准上浮53%，也是2017年以来邮储银行存款利率的最高值。

此外，不同地区银行存款利率差异较大，在二三线城市，城商行最低的存款利率与基准利率持平，而最高的较基准利率上浮50%以上。

资料来源：长江商报

存款业务是商业银行的一项传统业务和主要业务，是商业银行赖以生存和发展的基础，科学制定存款业务制度和正确组织存款业务核算，对促进商业银行的健康稳定发展与充分发挥其社会功用具有重要意义。

本章从商业银行存款业务概述、个人存款业务的核算、单位存款业务的核算以及存款利息的计算四个方面进行阐述。

4.1 商业银行存款业务概述

本节主要从存款的定义及分类、存款业务的核算要求以及存款业务会计科目设置三个方面，对商业银行的存款业务进行简要的介绍。

4.1.1 存款定义及分类

吸收存款是商业银行主要的负债业务，是其筹集信贷资金的主要来源，商业银行通过自身信用中介作用，把资金有计划地贷放给生产和流通部门，从而对社会生产和经济活动进行有效调节。同时，商业银行通过吸收客户存款，为其办理支付结算业务提供了基础和前提。商业银行在办理支付结算的过程中，又通过存款货币的流通，实现国民经济各部门、单位和个人之间的货币给付和资金清算，充分发挥其支付中介和信用中介的作用。

1. 定义

存款是商业银行以信用方式吸收国民经济各部门、单位和个人暂时闲置和待用的货币资金的筹资活动。

2. 分类

存款有多种分类形式，常见的有以下五种。

(1) 按存款来源划分，可以分为原始存款和派生存款。

原始存款是指存款人(客户)将自己的资金主动存入商业银行形成的存款。它包括公款存款(单位存款)、私人存款(储蓄存款)和银行之间的存款(同业存款)。派生存款是指由商业银行发放贷款、办理贴现或投资等业务而创造出来的存款，是相对于原始存款而言的一个对称概念，是原始存款的派生和扩大。这种存款的增加，会导致全社会货币供应量的增加。

(2) 按资金性质划分，可以分为一般性存款和财政性存款。

一般性存款是指商业银行吸收的各企事业单位、机关团体、部队和居民个人存入的，并可由其自行支配的资金形成的存款。财政性存款是指财政金库款项和政府财政拨付给机关单位的经费以及其他特种公款等，包括国库存款和其他财政存款。需要指出的是，财政性存款并不构成我国商业银行的资金来源，因为根据现行信贷资金管理体制，全部财政性存款均需划归中央银行支配，属于中央银行的资金来源，商业银行只是代办财政性存款业务。

(3) 按存款期限划分，可以分为活期存款和定期存款。

活期存款是指存期不确定、可以随时支取的存款，包括单位活期存款和活期储蓄存款。定期存款是事先约定存期，到期支取的存款，可以进一步划分为单位定期存款和定期储蓄存款。

(4) 按存款对象划分，可以分为单位存款和个人存款。

单位存款是指企事业单位、机关团体、军队等单位存入银行的资金。个人存款是指城镇、乡村居民个人存入银行的资金。

(5) 按照存款币种划分，可分为人民币存款和外币存款。

人民币存款是指单位或者个人存入款项以人民币形式体现的存款。外币存款是指单位或者个人存入款项以外币形式体现的存款。

为了对存款业务种类有一个直观的认识，现将分类通过图 4-1 进行展示。

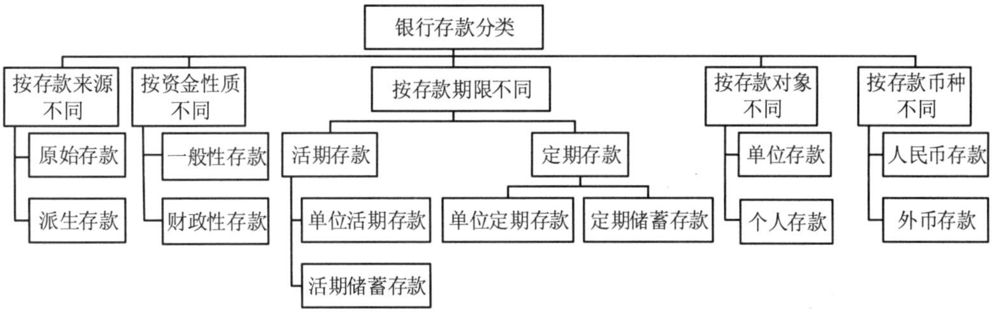

图 4-1　存款业务分类

表 4-1 所示为中国工商银行 2016 年与 2017 年的存款构成，可以较为客观地反映我国商业银行整体的存款业务构成情况(数据来源：中国工商银行 2017 年度财务报告)。

表 4-1　中国工商银行 2016 年与 2017 年存款构成

单位：人民币百万元(百分比除外)

存款	2017 年 12 月 31 日		2016 年 12 月 31 日	
	金额	占比(%)	金额	占比(%)
单位存款	10 557 689	54.9%	9 448 520	53%
定期	4 487 885	23.3%	4 176 834	23.4%
活期	6 069 804	31.6%	5 271 686	29.6%
个人存款	8 380 106	43.6%	8 140 281	45.7%
定期	4 559 714	23.7%	4 419 907	24.8%
活期	3 820 392	19.9%	3 720 374	20.9%
其他存款	288 554	1.5%	236 501	1.3%
合计	19 226 349	100%	17 825 302	100.00%

4.1.2　存款业务的核算要求

商业银行在对存款业务进行核算的过程中，必须严格遵守国家法律法规、规章制度的有关要求。具体来说，主要包括以下几个方面。

(1) 维护存款单位和个人的合法权益。银行应尊重单位和个人选择存款银行和存款种类的权利，坚持谁的钱进谁的账，由谁支配使用，切实维护存款人对存款的合法支配权。除按照国家法令和有关规定办理扣款外，谁也不得随便阻拦存款单位和个人支配自身存款。

扫一扫

【微思考】目前，我国哪些部门有权对存款人的账户进行查询、冻结、扣划？其各自权限如何？试通过资料查询和检索进行归纳总结。

(2) 正确使用账户，加强柜面监督。银行要经常检查账户使用情况，分析账户资金收付情况，加强柜面监督，严禁将账户出租、出借或转让给其他单位和个人使用。对于储蓄存款账户，银行也要加强管理，严防冒领、诈骗、盗窃，以确保储蓄存款的安全。

(3) 准确及时地进行核算，提高服务质量。银行办理各种存款和贷款，要做到手续简便，迅速及时，方便群众。

(4) 充分发挥银行反映和监督结算账户日常变动的职能，掌握资金运用情况。银行会计部门不仅要及时核算，准确、全面地反映资金运用情况，还要对企业的资金使用情况进行必要的监督，对于经营管理不善造成银行结算不能正常进行的，如签发空头支票等情况，应按规定对其处以罚款。

知识链接

空头支票，是指出票人签发的支票金额超过其付款时在付款人处实有的存款金额。

根据《票据管理实施办法》第三十一条规定："签发空头支票或者签发与其预留的签章不符的支票，不以骗取财物为目的的，由中国人民银行处以票面金额 5%但不低于 1000 元的罚款；持票人有权要求出票人赔偿支票金额的 2%的赔偿金。" 此外，对于屡次签发空头支票的出票人，银行有权停止为其办理支票或全部支付结算业务。

4.1.3　存款业务会计科目设置

商业银行办理存款业务，应该设置"库存现金""吸收存款""应付利息""利息支出"等科目进行核算。具体内容如表 4-2 所示。

表 4-2　存款业务主要会计科目设置

科目名称	核 算 内 容	科目性质
库存现金	用于核算商业银行库存现金的增减变动情况，金额的增加记借方，反之记贷方。商业银行应当设置"现金日记账"，每日营业终了计算当日库存现金收入合计额、现金支出合计额和结余额，将结余额与实际库存额核对，做到账款相符。该科目期末借方余额，反映商业银行持有的库存现金	资产类
吸收存款	用于核算商业银行吸收的除同业存放款项以外的其他各种存款的增减变动情况，金额的增加记贷方，反之记借方。该科目可按存款类别及存款单位，分别以"本金""利息调整"科目进行明细核算。该科目期末贷方余额，反映商业银行吸收的除同业存放款项以外的其他各项存款	负债类
应付利息	用于核算商业银行按照合同约定应支付的利息，包括一般性存款、长期借款、应付债券等应付未付的利息。该科目可按存款人或债权人进行明细核算，期末贷方余额，反映商业银行应付未付的利息。合同利率与实际利率差异较小的，也可以采用合同利率计算确定利息费用	
利息支出	用于核算商业银行在吸收存款及借款中所发生的利息支出，可按利息支出项目进行明细核算。该科目期末结转后无余额。实际利率与合同利率差异较小的，也可以采用合同利率计算确定利息费用	损益类

4.2　个人存款业务的核算

个人存款，又称储蓄存款，是城乡居民将货币收入的节余和待用部分存入银行或其他金融机构，把货币的使用权让渡给银行的一种信用行为。本节从个人存款业务概述、个人存款账户的开立、活期储蓄存款的核算、定期储蓄存款的核算、其他储蓄存款的核算以及个人存款账户的管理六个方面，系统地介绍个人存款业务的核算。

4.2.1 个人存款业务概述

个人存款是商业银行利用信用方式动员和吸收社会闲置资金，扩大信贷来源资金的重要手段。目前我国各商业银行开办的个人存款业务中，主要的存款品种有活期储蓄、定期储蓄、定活两便储蓄、专项储蓄以及个人通知存款等，具体情况如图 4-2 所示。

活期储蓄	定期储蓄	定活两便储蓄	专项储蓄	个人通知存款
•零星存入、随时存取，是目前一种基本的存款形式； •存取方便灵活，存期不受限制。	•储户在存款时约定存期，一次或在存期之内按期分次存入本金，整笔或分期、分次支取本金或利息的储蓄； •根据其不同的存取方法和付息方式又分为整存整取、零存整取、存本取息、整存零取四种。	•以存单为存取款凭证，存款时不确定存期，随时可以提取，利率随存期长短而变动的一种介于活期和定期之间的储蓄； •既有活期存款随时可取的灵活性，又具有达到一定期限可享有同档次定期储蓄一定折扣利率的优惠。	•一般采取零存整取的办法，积少成多，逐步积累，以达到实现某项消费和开支的愿望，如教育储蓄存款。	•一次存入本金，不约定存期，支取时需提前通知银行(提前一天或七天)，约定支取时间和金额，可一次或多次提取存款。

图 4-2 个人储蓄存款分类

需要注意的是，商业银行在办理个人储蓄存款业务时，必须遵守以下原则。

(1) 存款自愿。居民个人所持有的现金是个人财产，任何单位和个人均不得以各种方式强迫其存入或不让其存入储蓄机构。存款多少、存期长短、存入何处、选择何种储蓄都由储户自己决定。

(2) 取款自由。居民可根据其需要随时取出部分或全部存款，储蓄机构不得以任何理由拒绝付款。

(3) 存款有息。银行对储户的各种储蓄存款都应按规定支付相应利息。

(4) 为储户保密。储户的户名、账号、金额、期限、地址等均属于个人隐私，任何单位和个人没有合法的手续均不能向银行查询储户的存款，储蓄机构必须为储户保密。国家权力机关办案人员要查询个人账户情况的必须提供协助调查通知书备案，银行工作人员有擅自泄露储户隐私的，应视情节轻重追究相应责任。

(5) 存款实名制。居民在金融机构开户和办理储蓄业务时，必须出示个人法定身份证件(居民身份证等)，使用身份证件上的姓名，不得使用化名、笔名等，也不得不记名。银行等金融机构要按照规定进行核对，并登记身份证件上的姓名和号码。

4.2.2 个人存款账户的开立

所谓个人存款账户，是指个人在金融机构开立的人民币、外币存款账户，包括活期存款账户、定期存款账户、定活两便存款账户、通知存款账户以及其他形式的个人存款账户。

《人民币银行结算账户管理办法》实施后，个人存款账户按照账户功能，划分为个人银行结算账户和个人储蓄账户。个人银行结算账户用于办理个人转账收付和现金存取；个人储蓄账户除了存取现金外，只能办理本人名下的转账业务，既不能对他人或单位转账，也不能接受他人或单位的资金转入。

为保证个人存款账户的真实性，维护存款人的合法权益，个人存款账户的开立采用实名制。商业银行营业网点柜员受理客户账户开立申请时，应认真审核申请人有效身份证原件；由代理人申请开户的，需审核代理人及账户申请人的有效身份证件。这里所指的有效身份证件包括：居民身份证、临时居民身份证、户口簿、护照、军人(或武装警察)身份证件、港澳居民往来内地通行证、台湾居民往来大陆通行证或其他有效旅行证件(以上证件必须在有效期内)。经对身份证件的真实性、有效性和合规性审查无误后，银行柜员根据客户详细填写的开户申请书和存款凭证为客户开立账户并办理存款，人民币活期存款账户最低起存金额为 1 元。

知识链接

根据中国人民银行 2015 年 12 月 25 日发布的《中国人民银行关于改进个人银行账户服务 加强账户管理的通知》，商业银行应建立银行账户分类管理机制。在现有个人银行账户基础上，增加银行账户种类，将个人银行账户分为Ⅰ类银行账户、Ⅱ类银行账户和Ⅲ类银行账户(以下分别简称Ⅰ类户、Ⅱ类户和Ⅲ类户)。

银行可通过Ⅰ类户为存款人提供存款、购买投资理财产品等金融产品、转账、消费和缴费支付、支取现金等服务。

银行可通过Ⅱ类户为存款人提供存款、购买投资理财产品等金融产品、限定金额的消费和缴费支付等服务。

银行可通过Ⅲ类户为存款人提供限定金额的消费和缴费支付服务。

Ⅱ类和Ⅲ类账户不能独立存在，必须依附在Ⅰ类账户之上，银行不得通过Ⅱ类户和Ⅲ类户为存款人提供存取现金服务，不得为Ⅱ类户和Ⅲ类户发放实体介质。

此外，人民银行还对个人银行账户开户渠道进行了规范。

1. 柜面开户。通过柜面受理银行账户开户申请的，银行可为开户申请人开立Ⅰ类户、Ⅱ类户或Ⅲ类户。

2. 自助机具开户。通过远程视频柜员机和智能柜员机等自助机具受理银行账户开户申请，银行工作人员现场核验开户申请人身份信息的，银行可为其开立Ⅰ类户；银行工作人员未现场核验开户申请人身份信息的，银行可为其开立Ⅱ类户或Ⅲ类户。

3. 电子渠道开户。通过网上银行和手机银行等电子渠道受理银行账户开户申请的，银行可为开户申请人开立Ⅱ类户或Ⅲ类户。通过电子渠道开立的Ⅱ类户，存款人消费和缴费支付的单日累计支付限额最高额度不超过 10 000 元；通过电子渠道开立的Ⅲ类户，Ⅲ类户账户余额不得超过 1 000 元，账户剩余资金应原路返回同名Ⅰ类户。

2016 年 9 月 30 日，中国人民银行再次发布了《中国人民银行关于加强支付结算管理 防范电信网络新型违法犯罪有关事项的通知》，进一步对个人银行账户开立的数量进行了规范。通知规定：自 2016 年 12 月 1 日起，同一个人在同一家银行(以法人为单位，下同)只能开立一个Ⅰ类户，已开立Ⅰ类户，再新开户的，应当开立Ⅱ类户或Ⅲ类户。新规实施后，个人使用的银行结算账户将形成以Ⅰ类户为主，Ⅱ、Ⅲ类户为辅的账户体系。

4.2.3 活期储蓄存款的核算

个人活期储蓄存款是不约定存期，随时可以存取的一种储蓄存款，开户时 1 元起存，多存不限，具有存取灵活方便的优点。储户凭卡或折办理、凭密码支取。活期储蓄每季结息一次，利息于结息日的次日主动转存账户，中途需结清账户的，由银行计付利息。

1. 存入

储户开户存入活期储蓄存款时，应提交本人有效身份证件，填写个人真实信息，需要开通网上银行的还需要填写有关凭证，连同身份证原件和复印件、单证、现金一并交银行经办人员。

银行经办人员审查存款凭证和储户身份证件无误后，点收现金并将有关信息录入前台系统，系统按照自动生成的客户号开立账户，同时存入现金。凭密码支取的由储户预留密码办理转账，其会计分录为

借：库存现金

　　贷：吸收存款——个人活期储蓄存款——××户

经复核无误后，在活期储蓄存折上加盖业务章后，将存折或卡交给储户。

储户续存现金时，拿存折或卡、现金一并交银行经办人员，经办人员检验无误后，办理业务。会计处理与开户存入相同。

2. 支取

储户持活期储蓄存折或卡支取现金时，直接将折或卡交银行经办人员，根据提示输入预留密码，工作人员办理支取手续，其会计分录为

借：吸收存款——个人活期储蓄存款——××户

　　贷：库存现金

经复核无误后，将打印凭条交取款人签字确认，在回执上加盖业务章，将回执、现金和卡或折一并交给储户。

储户若要求取出全部存款，并无意保留账户时，应予以销户。银行工作人员在销户的同时要结计利息，会计分录为

借：吸收存款——个人活期储蓄存款——××户

　　利息支出

　　贷：库存现金

4.2.4 定期储蓄存款的核算

个人定期储蓄存款是储户在存款时约定存期，到期支取本金和利息的一种储蓄存款。根据存取本息的方式不同可分为整存整取、零存整取、整存零取、存本取息等。银行应在

"定期储蓄存款"科目下分别设置明细科目进行核算。这里主要讲述整存整取和零存整取的业务处理。

1. 整存整取的核算

整存整取定期储蓄存款是一次存入一定数额，约定存期，到期一次支取本息的储蓄存款。人民币 50 元起存，外汇整存整取存款起存金额为等值人民币 100 元。存期主要分为 3 个月、6 个月、1 年、2 年、3 年、5 年六个档期，不同存期对应不同的利率，期限越长利率越高。储户也可与银行约定，存款到期时自动转存，储户也可提前支取。

整存整取业务的会计核算可以分为以下几种情况，如图 4-3 所示。

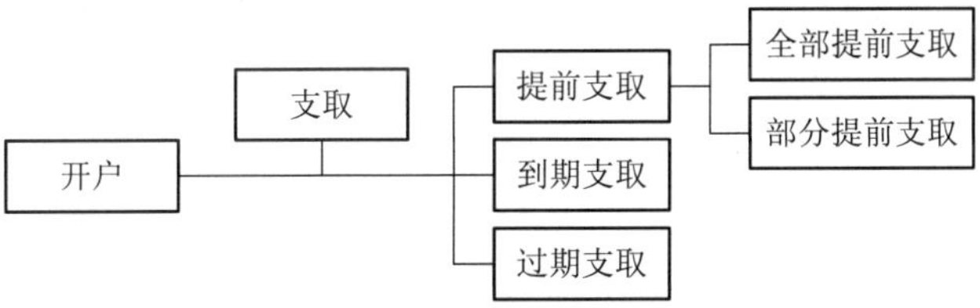

图 4-3　整存整取核算的几种情况

(1) 开户。储户来行开户时，应提交本人有效身份证件，填写有关凭证，连同现金一起交银行经办人员。银行经办人员收妥现金，审核储户身份证件、凭证无误后，开始办理业务。个人储蓄业务银行要求储户凭密码支取，由储户自设密码。其会计分录为

借：库存现金，

　　贷：吸收存款——个人定期储蓄存款——整存整取××户

经复核无误后，打印存单并加盖业务章后将存单交储户收执。

(2) 到期支取。存款到期，储户持存单来行支取存款，银行经办人员应根据储户提交的存单记账，经核对无误后，在存单上加盖支付日期和"结清"戳记。销记"开销户登记簿"，然后按规定计算应付利息，并填制一式两联的储蓄存款利息清单，以存单作转账借方传票。其会计分录为

借：吸收存款——个人定期储蓄存款——整存整取××户

　　应付利息

　　贷：库存现金

记账后，在存单、利息清单上加盖"现金清讫"戳记和经办人名章，将一联利息清单连同本息交给储户，另一联利息清单作为传票附件。

(3) 过期支取。按规定计算过期利息，其余手续与到期支取的手续相同。

(4) 全部提前支取。储户应提交本人身份证件，验证后将发证机关、证件名称及号码记录在存单背面，并由储户签章，然后在存单上加盖"提前支取"戳记，办理付款手续，并按提前支取的计息规定计付利息。

(5) 部分提前支取。应按满付实收的做法，更换新存单，即将原存单本金一次性全部付出，按规定计付支取部分利息，对未支取部分按原存单存入日期、期限、到期日、利率等另开新存单，并在原存单上注明"部分提前支取××元"，新存单上注明"由××号存单部分转存"字样，在"开销户登记簿"上也作相应的注明，其余手续与到期支取及存入时的手续相同。其会计分录为

借：吸收存款——个人定期储蓄存款——整存整取××户(原存单)

　　利息支出

　　贷：库存现金

同时，新开存单，会计分录为

借：库存现金

　　贷：吸收存款——个人定期储蓄存款——整存整取××户(新存单)

2．零存整取的核算

零存整取定期储蓄存款是每月存入固定数额的款项，约定存期，到期一次支取本息的储蓄存款，其存期分 1 年、3 年、5 年三个档期。每月按固定存款金额存入一次，中途如有漏存，可在次月补存，到期支取存款本息。零存整取 5 元起存，多存不限。

零存整取业务的会计核算可分为以下三个环节，如图 4-4 所示。

图 4-4　零存整取核算的三个环节

(1) 开户。储户开户时，应提交本人有效身份证件，填写有关凭证，将存款凭证连同现金一并交银行经办人员。银行经办人员审查储户身份证件、存款凭证，并与点收现金核对无误后，根据存款凭证记账并打印零存整取储蓄存折，登记“开销户登记簿”，存折经复核无误盖章后交储户收执。其会计分录为

借：库存现金

　　贷：吸收存款——个人定期储蓄存款——零存整取××户

(2) 续存。储户续存时，可在每月向银行存入约定金额。中途如有漏存，可在次月补齐，未补存或漏存次数超过一次的视为违约，对违约后存入的部分，支取时按活期存款利率计付利息。存期已满或存满应存次数，均不再办理续存手续。其会计分录为

借：库存现金

　　贷：吸收存款——个人定期储蓄存款——零存整取××户

(3) 支取。零存整取定期储蓄存款办理到期支取、提前支取(但不能办理部分提前支取)或逾期支取，其会计分录为

借：吸收存款——个人定期储蓄存款——零存整取××户

　　应付利息

　　贷：库存现金

3．整存零取的核算

整存零取定期储蓄是一次存入较大数额的本金，在存期内分次等额支取本金，到期一次支付利息的储蓄存款。其存期分 1 年、3 年、5 年三个档期，存期的档次、利率与零存整取定期储蓄存款相同。储户存入款项时由银行开立存单，以后凭存单分期支取本金，支取期分每 1 个月、3 个月、6 个月各一次，利息于到期结清时一次支付。整存零取定期储蓄一般为人民币 1000 元起存，其存入和支取的业务处理同整存整取。

4．存本取息的核算

存本取息定期储蓄存款是一次存入本金，分期支取利息，到期归还本金的一种定期储蓄方式。该存款通常以 5 000 元起存，多存不限，存期为 1 年、3 年、5 年三个档期。支取利息的期次可以是一月一次，也可是几个月一次，由储户选择。若储户在取息日未支取利息，以后可随时支取，但不计复利。其存入和支取的业务处理同整存整取业务。

知识链接

《储蓄管理条例》对定期存款提前支取、逾期支取和在存期内遇利息调整的计息做了如下规定：

第二十四条　未到期的定期储蓄存款，全部提前支取的，按支取日挂牌公告的活期储蓄存款利率计付利息；部分提前支取的，提前支取的部分按支取日挂牌公告的活期储蓄存款利率计付利息，其余部分到期时按存单开户日挂牌公告的定期储蓄存款利率计付利息。

第二十五条　逾期支取的定期储蓄存款，其超过原定存期的部分，除约定自动转存的外，按支取日挂牌公告的活期储蓄存款利率计付利息。

第二十六条　定期储蓄存款在存期内遇有利率调整，按存单开户日挂牌公告的相应的定期储蓄存款利率计付利息。

4.2.5　其他储蓄存款的核算

本小节主要介绍定活两便储蓄存款和个人通知存款的会计核算。

1．定活两便储蓄的核算

定活两便储蓄是一种存期不定，随时可取，按实际存期确定利率的储蓄存款方式。

定活两便储蓄采用定额存单形式，储户来行办理存款时开立存单，支取时凭存单办理。凡存期不足 3 个月的，按支取日挂牌的活期储蓄利率计付利息；存期 3 个月以上(含 3 个月)不满半年的，整个存期按支取日整存整取 3 个月利率打六折计息，打六折后低于活期储蓄存款利率的按活期存款利率计算；存期在半年以上(含半年)不满 1 年的，按支取日整存整取半年期利率打六折计息；存期在 1 年以上(含 1 年)，无论存期多长，一律按支取日整存整取 1 年期利率打六折计息。其账务处理与整存整取相同。

经典案例

【例 4-1】储户张甲为买房于 2014 年 6 月 2 日向当地建设银行开户存入定活两便储蓄存款 200 000 元，房产开发商于当年 12 月 10 日通知其缴纳房屋预售款 200 000 元，张甲遂于当日办理了支取手续，支取时整存整取半年期存款年利率为 3.25%。

1．存入的核算

借：库存现金　　　　　　　　　　　　200 000

　　贷：吸收存款——定活两便储蓄——张甲户　　　200 000

2．支取的核算

由于张甲该笔定活两便存款存期大于 6 个月小于 1 年，因此利率按照整存整取半年期

的存款利率打六折计算，存款利息的计算为

存款利息 =200 000 × 6 × (3.25% × 60% ÷ 12)+200 000 × 8 × (3.25% × 60% ÷ 360)
=2 036.67 (元)

借：吸收存款——定活两便存款——张甲户　　200 000
　　利息支出　　2 036.67
　　贷：库存现金　　202 036.67

2. 个人通知存款的核算

个人通知存款是一种不约定存期，支取时需提前通知银行，约定支取日期和金额方能支取的一种较大金额存款方式。

通知存款按存款人提前通知的期限长短划分为一天通知存款和七天通知存款两个品种。一天通知存款必须提前一天通知约定支取存款，七天通知存款则必须提前七天通知约定支取存款。

通知存款的起存金额为人民币 5 万元，须一次性存入，可存入个人银行卡内，也可开立存单。此外，通知存款可部分支取，每次支取剩余部分不得小于 5 万元，否则自动转为活期。剩余部分若超过 5 万，则按原存入日期计息。

知识链接

储蓄通知存款的利息计算规则

1. 个人通知存款在预约提款日如未及时支取，自预约提款日开始，支取部分不再计算通知存款利息。

2. 办理提款通知后，不支取或在预约提款日之前取消通知，则在通知期限内(一天或七天)，不计算存款利息。

3. 储户如急需资金，可提前支取通知存款，提前支取部分按支取日挂牌公告的活期存款利率计付利息。

4. 通知存款部分支取，留存部分高于最低起存金额的，从原开户日计算存期；留存部分低于起存金额的，按清户日挂牌公告的活期存款利率计息。

凭密码支取的通知存款，客户可在银行同城任一网点办理取款业务，但通知和取款手续必须在同一网点办理。

通知存款的核算主要分为开户和支取两个方面。

(1) 开户。通知存款开户手续同整存整取。会计分录为

借：库存现金
　　贷：吸收存款——个人通知存款——××户

存单开户的，经复核无误后，打印存单并加盖业务章后，将存单交储户收执。

(2) 支取。通知存款支取时，也采用利随本清的方式，会计分录为

借：吸收存款——个人通知存款——××户
　　利息支出——个人通知存款利息
　　贷：库存现金

扫一扫

【微思考】张先生在 ABC 银行购买的理财产品到期，该银行兑付其 101 250 元(其中本金 100 000 元，收益 1250 元)。张先生打算将其本金 100 000 元用于购买该银行的下期理财产品。假设该银行理财产品推出的时间间隔为三个月左右(具体时间不定)，张先生应如何选择存款储种，以使本金获取最大的利息收益？

4.2.6 个人存款账户的管理

近年来，电信网络新型违法犯罪严重危害人民群众的财产安全和合法权益，损害了社会诚信和社会秩序，成为当前影响群众安全和社会和谐稳定的一大公害。因此，中国人民银行在《中华人民共和国人民币银行结算账户管理办法》的基础上，自 2015 年起，先后发布了《中国人民银行关于改进个人银行账户服务 加强账户管理的通知》《中国人民银行关于加强支付结算管理 防范电信网络新型违法犯罪有关事项的通知》，不断加强个人存款账户的管理力度，切实保护人民群众的资金安全，保障社会经济秩序。

1. 存款账户的管理

现阶段，我国实行个人银行账户分类管理机制，即根据开户申请人身份信息核验方式和风险等级，将个人银行结算账户分为Ⅰ、Ⅱ、Ⅲ类。其中：Ⅰ类户为当前个人在银行柜面开立、现场核验身份的账户，具有全功能；Ⅱ、Ⅲ类户为通过银行柜面或者互联网等电子渠道开立的银行账户，具有有限功能，且必须与Ⅰ类户绑定使用。

根据中国人民银行 2018 年发布的《关于改进个人银行账户分类管理有关事项的通知》(银发〔2018〕16 号)要求，商业银行应以落实银行账户实名制和保护存款人合法权益为核心，兼顾安全和效率，按照鼓励创新与防范风险相协调的管理思路，从便利Ⅱ、Ⅲ类户开立和使用着手，重点推广应用Ⅲ类户，进一步发挥银行账户在小额支付领域的作用，以满足社会公众日益增长的多样化、个性化支付需求，推动Ⅱ、Ⅲ类户成为个人办理网上支付、移动支付等小额消费缴费的主要渠道，充分发挥个人银行账户分类制度隔离风险、保护社会公众资金安全的作用。

此外，商业银行在对个人银行账户进行管理的过程中，须贯彻落实《金融机构大额交易和可疑交易报告管理办法》《中华人民共和国反洗钱法》的规定，按照人民银行有关规定对客户银行账户开展交易监测分析、报告工作，认真执行客户身份识别制度及客户身份资料和交易记录保存制度，发现交易金额超过规定金额或者发现可疑交易时，应及时向反洗钱信息中心报告，以遏制洗钱犯罪及相关犯罪，防范金融风险。

知识链接

央行重庆开新年首张罚单 招行违反反洗钱法被罚 62 万

1 月 22 日消息，中国人民银行重庆营业管理部发出 9 张罚单，招商银行重庆分行领到了2018年1号、2号罚单，共计被罚62万元。

招商银行重庆分行因违反有关反洗钱规定的行为，被央行重庆营管部根据《中华人民共和国反洗钱法》第三十二条规定，处以罚款60万元，并对1名相关责任人员处以2万元罚款。

以下是行政处罚信息公示表：

行政处罚信息公示表

公示单位名称：中国人民银行重庆营业管理部　　　　渝银处罚公示〔2018〕1号

序号	企业名称	行政处罚决定书文号	违法行为类型	行政处罚内容	作出行政处罚决定机关名称	作出行政处罚决定日期（公文落款时间）	备注
1	招商银行股份有限公司重庆分行	渝银罚[2018]1号、2号	违反有关反洗钱规定的行为	根据《中华人民共和国反洗钱法》第三十二条规定，处以罚款60万元，并对1名相关责任人员处以2万元罚款。	中国人民银行重庆营业管理部	2018年1月12日	
2	中国人寿保险股份有限公司重庆市分公司	渝银罚[2018]3号、7号	违反有关反洗钱规定的行为	根据《中华人民共和国反洗钱法》第三十二条规定，处以罚款22万元，并对1名相关责任人员处以1万元罚款。	中国人民银行重庆营业管理部	2018年1月12日	
3	恒大人寿保险有限公司	渝银罚[2018]8号、9号	违反有关反洗钱规定的行为	根据《中华人民共和国反洗钱法》第三十二条规定，处以罚款49万元，并对1名相关责任人员处以2万元罚款。	中国人民银行重庆营业管理部	2018年1月12日	
4	重庆市钱宝科技服务有限公司	渝银罚[2018]4号、5号、6号	违反有关反洗钱规定的行为	根据《中华人民共和国反洗钱法》第三十二条规定，处以罚款190万元，并对2名相关责任人员分别处以2万、3万元罚款。	中国人民银行重庆营业管理部	2018年1月12日	

资料来源：中国经济网

2. 其他业务处理

个人银行存款账户除了发生上述开户、存取款等日常业务外，还有一些其他的业务，如客户遗忘密码、银行凭证丢失、客户信息变更等。为保证存款账户的正常使用，商业银行经办人员针对上述情形，应及时进行密码重置、挂失、客户信息修改等相应的操作。这里主要介绍客户信息修改业务和挂失业务的具体处理。

1) 客户信息修改

客户的基本信息对于客户办理银行业务有重要作用，如客户信息中的联系方式，是银行对业务发生进行电话核实的依据；客户地址信息，是银行邮寄对账单的收件人地址。因此，真实、准确的客户信息对于银行的客户关系管理有着重要的作用。当客户的信息发生变化时，须及时到银行进行相应的变更。

为了保证客户信息的真实性，办理客户信息的维护需要本人持本人有效身份证件到银行营业网点办理，并填写修改客户信息的相关申请书。客户信息的修改可以分为以下几种情况：

(1) 对于修改手机号码的，银行工作人员需要当场核实客户新手机号码。

(2) 对于变更有效身份证件的，客户需要持原有效身份证件和新有效身份证件原件。如无法提供原有效身份证件的，需提供相应的证明。

(3) 对于信用卡客户的信息维护，通常需要进一步核实客户的其他信息，以确保客户的账户安全。

(4) 对于更改其他客户信息的，则按相应的规定办理。

2) 挂失

银行挂失业务，即存款人在存单、存折、银行卡、预留印鉴等被盗或丢失时，为防范存款资金被盗取而向银行提出冻结存款和账户的申请。银行受理客户的挂失申请后应立即止付，最大程度保障资金安全。银行挂失业务分为临时挂失和正式挂失。这里以银行卡的挂失为例，对银行挂失业务进行详细介绍。

银行卡丢失后，持卡人须尽快对所丢失卡片做挂失处理。一般处理流程为：客户可先使用电话银行或者网上银行进行临时挂失，随后带上本人身份证等证明材料到银行柜台办理正式挂失。

(1) 临时挂失。临时挂失是银行为保障失卡人资金安全推出的应急解救办法。临时挂失通过临时冻结银行卡来防止他人窃取卡内资金，常见方式有电话挂失和网上银行挂失。

① 电话挂失。电话挂失又称口头挂失。失卡人通过拨打发卡银行客服电话，告知银行身份信息或银行卡账号(二选一)，进行口头挂失登记。有效期一般为 5 天，5 天后卡自动解挂，挂失失效。有的银行也推出续挂服务，失卡人须重新拨打银行客服电话进行挂失登记。

② 网上银行挂失。网上银行挂失是银行针对已开通网银的持卡客户推出的一项自助服务。失卡客户登录网上银行主界面，在自助服务栏下点击“挂失”选项，按提示进行操作后，提交保存即可。

(2) 正式挂失。正式挂失是指客户需在银行柜台申请办理的挂失。只要失卡人不主动解挂，正式挂失就永久有效，正式挂失也可到柜台办理解挂。正式挂失的办理程序如下：

① 客户提供存款日期、户名、金额、账号等有关信息并详细填写一式三联“挂失申请书”。

② 提供本人有效身份证件(代理挂失时，应同时提供代理人及存款人有效身份证件)，连同申请书、挂失手续费一并交银行柜员。个人居民身份证件丢失的，可凭临时身份证或户口簿和户籍证明办理。

③ 柜员审核客户提交的申请书的要素是否齐全，并通过联网核查系统核查客户有效身份证件是否真实、有效。

④ 根据客户提供的存款情况，选择相应的查询交易，确认存款未被支取。

⑤ 在柜台交易界面选择“银行卡挂失”交易，挂失方式选择“正式挂失”。B 级以上柜员审核无误后授权，打印挂失申请书，交客户签名确认，系统联动“银行卡收费”交易，收取挂失费用，打印收费凭证。账务处理的会计分录为

借：库存现金

　　贷：手续费收入——银行卡手续费收入——挂失手续费

⑥ 在三联挂失申请书加盖储蓄专用章及个人名章，两联收费凭证上加盖业务清讫章及个人名章。第一联挂失申请书、收费凭证当作当日凭证；第二联挂失申请书专夹保管；第三联挂失申请书、收费凭证第二联及有效身份证件交还客户。此外，经办柜员还应登记挂失申请登记簿。

挂失七天后，储户可凭申请书第二联和本人身份证原件到挂失银行办理补发新卡手续。营业机构核实无误后，受理新卡补发业务，登记挂失申请登记簿中有关补发信息，由客户签名确认。补发时，原银行卡账户余额及部分业务自动迁移到新卡中，收取新卡制卡费用。会计分录为

借：库存现金(或存款科目)

贷：其他营业收入

储户遗失印鉴申请挂失时，应提交本人身份证件，填写挂失申请书一式三联，经储蓄机构核实查明确未支取，即在账卡的印鉴栏注明“×年×月×日印鉴挂失字样”，将原印鉴注销。如储户仍要求凭印鉴支取，可重新预留印鉴。

经典案例

孔某于2005年7月14日在中国工商银行楚雄东路支行办理了定期一本通存折，2011年2月27日存入36万元，并办理了定期一年到期自动转存业务。2014年6月，孔某因购房需要欲支取此笔存款时，银行工作人员却告知孔某，该存折已被注销，存款已被取走。经核实才知存折于2013年2月19日被他人挂失注销并补办了新存折。孔某认为其从未申请过存折挂失注销及补办业务，工商银行违法办理其名下存折的挂失、补办业务致使其存款被他人取走，遂诉至法院要求工商银行赔偿其经济损失。

2014年7月10日楚雄市法院受理该案后，依被告银行申请追加了孔某的原儿媳周某为该案第三人参加诉讼。

庭审中，工商银行辩称，2013年2月19日，孔某与其儿子王某、儿媳周某，一同到工行楚雄北浦路支行对孔某名下的定期一本通存折办理挂失手续，并由周某代为办理了相关的挂失手续。第三人周某则陈述，2013年2月19日，由于要交纳房款，孔某邀约周某及其儿子一同到银行办理存折挂失、换折手续及取款业务，因原告不会填写单子，就将其身份证交给周某，由周某代为办理挂失的相关手续。原、被告双方针锋相对，各执一词，都声称对方所说全是谎言。

法院审理查明，周某与孔某之子王某于2012年2月登记结婚。2013年2月19日，周某到工商银行楚雄北浦路支行对孔某名下的定期一本通存折办理正式挂失业务，以孔某的名义填写了个人客户挂失业务申请书上的客户信息并签了孔某的名字，银行工作人员在处理结果部分填写了“本人以本人身份证办理换折手续，密码挂失”字样，并联网核查了孔某及周某的身份信息后办理了挂失业务。2013年2月27日，周某在特殊凭证上签署了孔某的名字后领取了新折，之后，周某办理了支取存款36万元及利息的手续，并将其中10万元转入与其有债务关系的张某名下，20万元续存在孔某名下，期限为12个月，其余款项以现金方式支取。2013年2月28日，周某将续存在孔某名下账户内的20万元款项转入其本人账户内。周某与王某于2013年9月29日离婚。

法院审理认为，工商银行的密码挂失不符合法律法规关于存折挂失的操作规范，未尽到谨慎审查注意义务，因此法院判令由被告银行支付原告孔某存款本金36万元及利息25776元。

资料来源：中国法院网

4.3 单位存款业务的核算

单位存款是商业银行以信用方式吸收的企事业单位的存款，是商业银行存款的重要来源之一，与个人储蓄存款相比，具有数额大、成本低、流动性强等特点，对商业银行的发展具有重要意义。本节主要从单位存款业务概述、单位存款账户的开立、单位活期存款业务核算、单位定期存款业务核算、单位通知存款的核算、单位存款账户的管理六个方面对单位存款业务进行介绍。

4.3.1 单位存款业务概述

单位存款即对公存款，是指企事业单位、机关团体、部队和个体经营者等在金融机构存入的款项。根据国家现金管理制度的规定，各单位暂时闲置的资金，除核定的库存现金和限额外，其余的现金应全部缴存银行。在各单位的经济往来中，除了在国家现金管理制度规定适用范围内可以支付现金外，其他款项的支付均应按规定通过各单位在银行开立的账户办理转账结算。

目前，我国商业银行办理的单位存款品种主要包括单位活期存款、单位定期存款、单位通知存款以及单位协定存款等。

1. 单位活期存款

单位活期存款是指单位有权随时支取或者用于结算的款项。

2. 单位定期存款

单位定期存款是指企业、事业、机关、团体等单位按有关规定将单位所拥有的暂时闲置不用的资金，按约定期限存入银行的整存整取存款。单位定期存款实行账户管理，存款的期限可以分为 3 个月、6 个月、1 年、2 年、3 年、5 年六个档次，起存金额 1 万元，多存不限。

3. 单位通知存款

单位通知存款是指存款单位在存入款项时不约定存期，支取时需提前通知银行，约定支取存款日期和金额方能支取的存款。单位通知存款的最低起存金额为 50 万元，最低支取金额为 10 万元。存款需一次性存入，取款可以一次或分次支取。

单位通知存款不论实际存期多长，按存款单位提前通知的期限长短分为一天通知存款和七天通知存款两个品种。一天通知存款必须提前一天通知约定支取存款，七天通知存款必须提前七天通知约定支取存款。

4. 单位协定存款

单位协定存款是指可以开立基本存款账户或一般存款账户的中华人民共和国境内的法人及其他组织(以下简称单位)与银行签订《协定存款合同书》，约定基本存款额度，对基本存款账户或一般存款账户中超过该额度的部分按协定存款利率单独计息的一种存款方式。协定存款在结算账户中进行核算，该账户下设两个积数，即活期存款积数和协定存款积数。

4.3.2 单位存款账户的开立

单位的银行存款账户可以分为人民币存款账户和外币存款账户，本节介绍的是人民币存款账户。根据我国有关规定，单位银行存款账户的存款人可以是机关、团体、部队、企业、事业单位、社会团体、民办非企业组织、异地常设机构、外国驻华机构和个体工商户。

本节将从单位存款账户分类和单位存款账户开立两个方面进行详细阐述。

1. 单位存款账户分类

单位存款账户按其用途分为基本存款账户、一般存款账户、临时存款账户、专用存款账户，具体情况如表 4-3 所示。

表 4-3 单位存款账户分类及用途

账户种类	定义	适用范围	特殊规定
基本存款账户	存款人因办理日常转账结算和现金收付需要开立的银行结算账户，是存款人的主办账户	日常经营活动的资金收付，工资、奖金和现金的支取	只能开立一个基本存款账户，不允许多头开户
一般存款账户	存款人因借款或其他结算需要，在基本存款账户以外的银行开立的银行结算账户	借款转存、借款归还和其他结算资金的收付	可以多头开户； 可以办理现金缴存，但不得办理现金支取
临时存款账户	存款人因临时经营需要并在规定期限内使用而开立的银行结算账户(通常包括设立临时机构、异地临时经营活动、注册验资等)	临时机构及存款人临时经营活动发生的资金收付	存在有效期，可申请延期，但最长不得超过 2 年
专用存款账户	存款人按照法律、行政法规和规章对其特定用途资金进行专项管理和使用而开立的银行结算账户	基本建设资金、更新改造资金、政策性房地产开发资金，以及同业存放资金等	专款专用、专项管理，可转账结算、按规定办理现金收付

2. 单位存款账户的开立

根据《人民币银行结算账户管理办法》《人民银行关于规范银行结算账户管理有关问题的通知》《中国人民银行关于加强支付结算 防范电信网络新型违法犯罪有关事项的通知》以及《关于进一步加强人民币银行结算账户开立、转账、现金支取业务管理的通知》等要求，商业银行开立人民币单位银行结算账户时，必须对存款人开户资料的真实性、完整性、合规性进行审查，同时，还应对存款人开户证明文件的原件进行审查。此外，商业银行还须建立单位开户审慎核实机制，遵循“了解你的客户”原则，加强对单位账户开立的管理。

下面以企业法人为例，介绍单位账户的开立流程。

1) 开立基本存款账户所需材料及办理流程

开立基本存款账户所需资料及办理流程如图 4-5 所示。

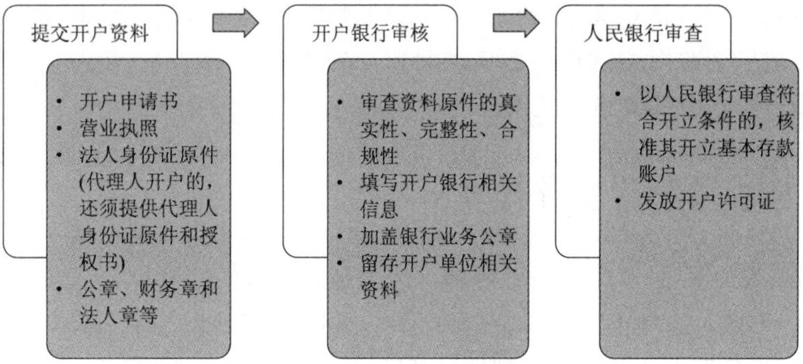

图4-5　基本存款账户开立所需资料及办理流程

2) 开立一般存款账户所需资料

单位开立基本存款账户之后，因借款或其他结算需要，需要重新开立存款账户的，可以开立一般存款账户。一般存款账户开立所需资料如下：

(1) 开户申请书。

(2) 开立基本户的所有证明资料。

(3) 基本户开户许可证。

(4) 有关结算证明文件。

一般存款账户实行备案制，由开户银行自行开立并在人民银行账户管理系统中进行备案。需要注意的是，一般存款账户与基本户不能开在同一机构。

3) 开立专用存款账户所需资料

单位若有需要开立专用存款账户的，需向银行提供以下资料：

(1) 开立基本存款账户规定的证明文件。

(2) 基本存款账户开户许可证。

(3) 有关专用属性证明文件。例如：基本建设资金、更新改造资金、政策性房地产开发资金，应出具主管部门批文。

4) 开立临时存款账户所需资料

单位开立的临时存款账户主要有异地企业临时户、注册验资临时户以及增资验资临时户等，其所需开户资料如图4-6所示。

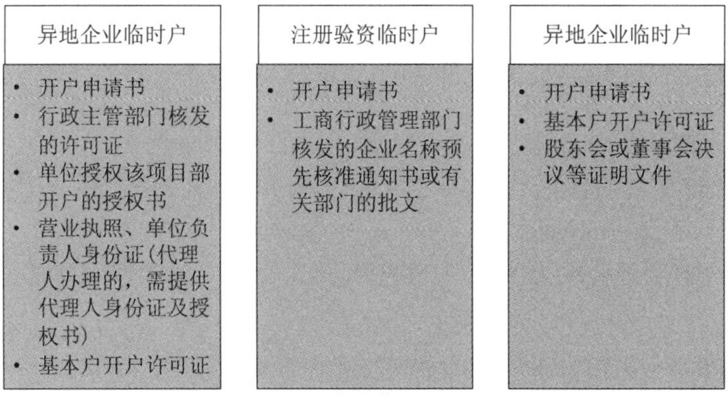

图4-6　临时存款账户开立所需资料

需要注意的是，异地企业临时户须由开户银行审核后报人民银行核准后开立，而注册验资临时户和增资验资临时户，则由开户银行自行开立并在人民银行账户管理系统中进行备案即可。

知识拓展

4.3.3 单位活期存款业务核算

单位活期存款的存取方式主要有两种，即现金存取和转账存取。其中现金存取款业务已在第 3 章出纳业务核算中进行了详细介绍，这里不再赘述；而转账存取款则主要通过各种结算方式和运用支付工具来实现的，关于支付结算业务的核算将在第 6 章进行详细介绍。

4.3.4 单位定期存款业务核算

单位定期存款存入方式可以是现金存入也可以是转账存入，支取方式只能以转账方式转入单位的基本存款账户。根据我国有关规定，财政拨款、预算内资金及银行贷款不得作为单位定期存款存入金融机构。

单位定期存款业务的会计核算过程分为存入和支取两个环节。

1. 存入

单位向银行申请办理定期存款时，要区分是现金存入还是转账存入方式。采取现金存入方式时，应填制单位定期存款缴款凭证，连同现金一起提交银行；采取转账存入方式时，应按存款金额签发转账支票，在支票用途栏填明“转存单位定期存款”字样，并注明存期后提交银行。银行按有关规定审查无误，并在收妥款项后，为存款单位开具一式三联“单位定期存款开户证实书”。经复核后，现金存入的，以单位定期存款缴存凭证第二联代现金收入传票；转账存入的，以证实书第一联代转账贷方传票，以转账支票代转账借方传票，办理转账。

根据《企业会计准则——应用指南》的规定，商业银行收到客户存入的款项时，应按实际收到的金额，借记“存放中央银行款项”“库存现金”等科目，贷记“吸收存款——单位定期存款”科目，如存在差额，借记或贷记“吸收存款——利息调整”科目。

在工作实务中，商业银行吸收客户存款实际收到的金额就是吸收存款的本金，且存款业务一般不会发生交易费用，因此，对于商业银行吸收的单位定期存款，其存入核算的会计分录如下所示。

(1) 现金存入时会计分录为

借：库存现金

　　贷：吸收存款——单位定期存款——××户

(2) 转账存入时会计分录为

借：吸收存款——单位活期存款——××户

　　贷：吸收存款——单位定期存款——××户

此外，证实书第二联加盖“单位定期存款专用章”和经办人员名章后，作为定期存款凭据交存款单位；第三联作定期存款卡片账留存，并据以登记开销户登记簿后，按顺序排列，专夹保管。证实书仅对存款单位开户证实，不得作为质押的权利凭证。

商业银行对单位定期存款实行账户管理(大额可转让定期存款除外)。因此，单位存入定期存款时，须预留银行印鉴，印鉴应包括单位财务专用章、单位法定代表人章(或主要负责人印章)和财会人员章。

单位持他行支票办理定期存款时，应按票据交换的要求提出交换，待收妥后，先转入单位活期存款账户，然后通知单位办理定期存款手续。定期存款办理手续和账务处理与上述转账存入方式相同。

2. 支取

单位定期存款的支取分为到期支取和提前支取两种情况。

(1) 到期支取。单位支取定期存款时，必须到开户行办理，填写单位定期存款支取凭证并加盖预留银行印鉴支取款项。经办行收回证实书，将证实书与留存联进行核对，同时审核单位定期支取凭证要素并核验印鉴，审核无误后，在系统中办理存款支取手续。系统按规定计付利息，打印利息清单，同时自动进行账务处理。账务处理完成后，柜员在证实书上加盖“结清”戳记，销记“开销户登记簿”。以单位定期存款支取凭证第二联作转账借方传票，证实书第二联、第三联、利息清单作借方凭证的附件，单位定期存款支取凭证第三联作贷方凭证办理转账。其会计分录为

借：吸收存款——单位定期存款——××户

应付利息

贷：吸收存款——单位活期存款——××户

知识链接

《人民币单位存款管理办法》对单位定期存款的存取形式与计息方法做了如下规定：

第十一条　存款单位支取定期存款只能以转账方式将存款转入其基本存款账户，不得将定期存款用于结算或从定期存款账户中提取现金。支取定期存款时，须出具证实书并提供预留印鉴，存款所在金融机构审核无误后为其办理支取手续，同时收回证实书。

第十二条　单位定期存款在存期内按存款存入日挂牌公告的定期存款利率计付利息，遇利率调整，不分段计息。

第十三条　单位定期存款可以全部或部分提前支取，但只能提前支取一次。全部提前支取的，按支取日挂牌公告的活期存款利率计息；部分提前支取的，提前支取的部分按支取日挂牌公告的活期存款利率计息，其余部分如不低于起存金额由金融机构按原存期开具新的证实书，按原存款开户日挂牌公告的同档次定期存款利率计息；不足起存金额则予以清户。

第十四条　单位定期存款到期不取，逾期部分按支取日挂牌公告的活期存款利率计付利息。

(2) 提前支取。提前支取包括全部或部分提前支取，若办理部分提前支取，则以一次为限。部分提前支取时，若剩余定期存款低于起存金额，银行根据全部提前支取的规定计算利息，并对该项定期存款予以清户。

① 全部提前支取。在办理单位定期存款全部提前支取时，银行应根据提前支取存款利息计算的有关规定，计算单位定期存款全部提前支取的利息，并在卡片账及审查无误的存单上加盖“提前支取”戳记后办理转账。其会计分录为

借：吸收存款——单位定期存款——××户

利息支出

贷：吸收存款——单位活期存款——××户

② 部分提前支取。在办理单位定期存款部分提前支取时，若剩余定期存款不低于起存金额，银行应根据提前支取存款利息计算的有关规定，计算单位定期存款部分提前支取利息，填制利息清单，并采取满付实收、更换新证实书的做法，即视同原开户证实书本金一次全部支取，对实际未支取部分按原存期、原利率和原到期日另开具新证实书一式三联，新证实书上注明“由××号证实书部分转存”字样与原存入日，在原证实书及卡片上注明“部分支取××元”字样，同时在开销户登记簿上作相应注明。其会计分录为

借：吸收存款——单位定期存款——××户(原)

利息支出　　　　　　(活期)

贷：吸收存款——单位活期存款——××户

同时，需要另做会计分录为

借：吸收存款——单位活期存款——××户

贷：吸收存款——单位定期存款——××户(新)

单位定期存款支取凭证第二联和利息清单借方传票联作借方凭证，原证实书第二联、第三联及新打印的证实书第一联作借方凭证附件；单位定期存款支取凭证第三联和利息清单贷方传票联作贷方凭证。新证实书第二联加盖业务专用章和经办人名章后交客户。新开户证实书第三联(卡片)专夹保管。

(3) 逾期支取。单位定期存款若逾期支取，银行除计算到期利息外，对逾期部分还应根据逾期的本金和逾期存期，按逾期支取存款利息计算的有关规定，计算逾期期间的利息。

借：吸收存款——单位定期存款——××户

应付利息　　　　　　(合同利息)

利息支出　　　　　　(逾期利息)

贷：吸收存款——单位活期存款——××户

经典案例

【例 4-2】A 公司于 2017 年 7 月 5 日转账存入一年期定期存款 500 000 元，年利率 3.5%，公司因业务经营需要于当年 11 月 3 日支取其中的 200 000 元，支取日挂牌公告的活期利率为 0.5%，其余存款到期支取(假设合同利率和实际利率相同)。

2017 年 7 月 5 日开户存入

借：吸收存款——单位活期存款——A 公司户　　　　500 000

贷：吸收存款——单位定期存款——A 公司户　　　　500 000

2017 年 11 月 3 日提前支取

提前支取的活期利息 $= 200\,000 \times 3 \times (0.5\% \div 12) + 200\,000 \times 29 \times (0.5\% \div 360) = 330.56$

借：吸收存款——单位定期存款——A 公司户　　500 000(原)
　　利息支出　　330.56
　　贷：吸收存款——单位活期存款——A 公司户　　500 330.56

同时，需要另做会计分录为

借：吸收存款——单位活期存款——A 公司户　　300 000
　　贷：吸收存款——单位定期存款——A 公司户　　300 000(新)

2018 年 7 月 5 日到期

应付利息 = 300 000 × 1 × 3.5% = 10 500

借：吸收存款——单位定期存款——A 公司户　　300 000
　　应付利息　　10 500
　　贷：吸收存款——单位活期存款——A 公司户　　310 500

接上例，如果 A 公司在 2018 年 7 月 10 日来行支取，其他相同，则逾期支取的会计分录为

逾期部分的利息 = 300 000 × 5 × 0.5% ÷ 360 = 20.83

借：吸收存款——单位定期存款——A 公司户　　300 000
　　应付利息　　10 500
　　利息支出　　20.83
　　贷：吸收存款——单位活期存款——A 公司户　　310 520.83

定期存款到期后，如果单位要求续存，则应结清旧户，并按开户手续另开新户，其办理手续和账务处理与前述定期存款的到期支取和存入相同。

4.3.5 单位通知存款的核算

单位通知存款为记名式存款，采用存款“证实书”的形式，证实书上应注明“通知存款”字样。存款凭证丧失时可向银行申请挂失。与单位定期存款不同的是，单位通知存款的业务流程主要包括存入、提前通知要求和支取三个环节。

1. 存入

单位存入通知存款时，应签发转账支票交银行会计部门，银行会计部门对凭证进行审核，审核无误后办理转账。其会计分录为

借：吸收存款——单位活期存款——××户
　　贷：吸收存款——单位通知存款——××户

2. 提前通知要求

存款人应按照通知存款的要求，在支取日前的规定时间内，采用传真、电话等方式将存款支取的时间和金额等需求提交开户银行。银行接到存款人的通知，应在证实书卡片联上或计算机系统中标识支取日期、金额等信息。

3. 支取

单位按约定的时间到银行办理通知存款的支取。其会计分录为

借：吸收存款——单位通知存款——××户

应付利息

贷：吸收存款——单位活期存款——××户

知识链接

通知存款采取利随本清的方式计算利息，具体规则如下：

(1) 单位按规定提前通知，并于通知期满支取确定金额的，其利息按支取日挂牌公告的相应档次的利率计息。

(2) 未提前通知而支取的、已办理通知手续而又提前支取的、支取金额低于最低支取金额的，按支取日挂牌公告的活期利率计息。

(3) 支取金额高于约定金额的，其超过部分按活期利率计息。

(4) 支取金额低于约定金额的，则实际支取的部分按通知存款利率计息，不足部分按通知存款利率减去活期利率计算出差额，再将实际支取的利息减去差额，支付给客户。

(5) 通知存款已办理通知手续而未支取，或在通知期限内取消通知的，通知期限内不计息。

4.3.6 单位存款账户的管理

商业银行对单位存款账户要加强管理，监督、检查存款人是否按规定正确使用账户，纠正违规开立和使用银行账户的行为，以保护存款人和银行的合法权益与资金安全。商业银行对单位存款账户的管理涉及单位账户使用过程中的许多方面，本节主要从银行对单位结算账户的管理原则、对账和销户三个方面介绍单位存款账户的管理。

1. 银行对单位存款账户的管理原则

银行对单位存款账户的管理原则包括以下几个方面：

(1) 一个单位只能在一家银行开立一个基本存款账户，不允许在多家银行开立基本存款账户。

(2) 实行开户许可证制。存款人在银行开立基本存款账户、临时存款账户(因注册验资和增资验资开立的除外)、预算单位专用存款账户以及合格境外机构投资者在境外从事证券投资开立的人民币特殊账户和人民币结算资金账户(简称“QFII 专用存款账户”)，实行由中国人民银行当地分支机构核发开户许可证制度，即经人行核准方可开立、使用账户。

(3) 存款人的账户只能办理存款人自己的业务，不得出借、出租银行结算账户，不得利用银行结算账户套取银行信用。

(4) 银行应按规定对银行结算账户的开立、撤销进行审查，严格执行开销户制度，建立银行结算账户管理档案，并应按规定与单位存款人定期核对账务。

(5) 银行应对已开立的单位银行结算账户实行年检制度，检查开立的银行结算账户的合规性，核实开户资料的真实性。银行在年检中，对不符合规定开立的单位银行结算账户，应予以撤销；对经核实的各类银行结算账户的资料变动情况，应及时办理变更手续，并报告中国人民银行当地分支行。同时，对超出 1 年未发生收付活动且未欠开户银行债务的单位银行结算账户，应通知其在 1 个月内办理销户，逾期视同自愿销户，未划款项列入专户管理。

(6) 存款人因被撤并、解散、宣告破产或关闭，或者因注销、被吊销营业执照等原因，需要撤销银行结算账户时，必须与开户银行核对银行结算账户存款余额，交回各种重要空白票据、结算凭证和开户许可证，银行核对无误后方可办理销户手续。存款人未按规定交回各种重要空白凭证、结算凭证的，应出具有关证明。由此造成损失的，由其自行承担。

2. 对账

银行与开户单位的经济往来，由于双方在记账时间上存在时间差以及发生技术性差错等原因，会导致双方产生未达账项，从而发生账务不相符的情况。为了及时清查未达账项，保证银行内外账务相符和存款安全，银行必须与开户单位经常进行账务核对。

银行与开户单位之间的对账，也称银企对账，是指银行和企业对当期发生的业务进行核对，调平双方账户，是商业银行内控的一项经常性工作，以防范金融风险。商业银行银企对账工作应坚持“工作岗位独立、突出重点账户、及时报告”的原则，对账工作方式分为银企余额对账单对账和分户账对账。

(1) 银企余额对账单对账。银企余额对账单对账是指商业银行通过邮局或直接由开户行向客户发出并收回银企余额对账单，再通过银企对账管理系统进行集中对账处理，及时查清存在未达账项账户的一系列工作。回收的银企对账单需加盖开户单位公章或预留银行全套印鉴，否则视为无效对账，需重新进行对账。开户单位核对后，如发现不符，应在对账单回单联注明未达账项及余额，以便双方查找处理。对于印章不符、账务不符的账户，银行在银企对账管理系统中作不符回收后，进行二次对账，直到对账成功。

(2) 分户账对账。分户账对账是由开户行向客户发出分户账和按存款人的要求发出分户账对账单，用于存款人随时勾兑账务，掌握未达款项。

知识链接

2016 年 7 月 25 日，经 B 省某汽车贸易公司法人刘某、无业人员张某介绍，B 省某房地产公司职员孙某和张某以及 A 省某酒类上市公司财务人员携带该上市公司《法人授权书》等开户资料，至某银行 B 省辖属 Z 支行开立一般存款结算账户。开户后，该酒类上市公司分 3 笔汇入 1.5 亿元，并于 7 月 31 日办理了 1.5 亿元一年期定期存款，Z 支行为其出具了《单位定期存款证实书》。2016 年 9 月，前述 B 省房地产公司出纳吕某持前述 A 省酒类上市公司《法人授权书》等相关资料到 Z 支行申请办理《单位定期存款证实书》挂失，并在当地媒体上进行公告，Z 支行办理了挂失手续。2016 年 9 月 19 日，吕某又到 Z 支行申请将 1.5 亿元定期存款提前支取，Z 支行从定期存款转入活期存款同名账户。随后，吕某将存款资金分 12 笔全部转出，其中 10 笔共 1.2 亿元转至 C 省的同名公司账户中。2016 年 10 月 17 日，酒类上市公司财务人员到 Z 支行进行账务核对，经办柜员告知其存款已被支取。财务人员虽然要求银行打印了账户交易明细，但未办理确认手续即离开，引起 Z 支行高度警惕，其省分行派专人赴该上市公司面对面对账，但公司极不配合，Z 支行随即向所在地警方报案。警方介入后，该上市公司称原《单位定期存款证实书》未丢失并向警方出示，同时称吕某、孙某等不是该公司财务人员。警方以涉嫌金融凭证诈骗罪立案侦查，对犯罪嫌疑人采取刑事强制措施，并带走Z支行行长协助调查。

【案例分析】

1. 账户准入管理存在薄弱环节。经调查证实，该酒类上市公司在异地开立一般存款账户，但银行未对开户资料进行有效验证。一方面，银行未核实开户手续，尤其是未核实存款人签署授权书的真实性；另一方面，开户申请材料中的预留印鉴为克隆印鉴。账户准入管理薄弱为犯罪团伙盗窃上市公司存款埋下祸根。

2. 挂失手续环节存在较多漏洞。从警方侦查情况看，《单位定期存款证实书》并未遗失，该上市公司及其授权经办人员不知晓挂失事宜，《存款证实书遗失公函》《法人授权书》、单位公章、全套印鉴章均系伪造。伪造印鉴需要印模，如果印模来源于该上市公司的财务人员，则财务人员涉嫌参与作案；如果印模来源于银行内部人员，则银行内部人员涉嫌参与作案。银行并没有核实挂失全套手续的真实性，导致假印鉴再次蒙混过关。

3. 账户密码管理需规范。按照银行账户管理密码发行流程，银行应在上市公司开户时将装有账户管理密码的信封交给上市公司的授权经办人。只有授权经办人在银行柜面输入账户管理密码才能购买对应账户的支付凭证。在密码管理方面，按照支付密码器发行流程，银行应在上市公司开户时将支付密码器发给公司授权经办人，唯有授权经办人才能编制16位支付密码。本案中，犯罪团伙轻易获得了账户的支付凭证和密码，说明银行在支付凭证管理方面不规范。

4. 账户对账不及时埋藏风险隐患。本案中，犯罪嫌疑人办理提前支取手续后，定期存款存入活期结算账户。对于账户大额资金变动，银行未进行核实和对账。同时，在短时间内，嫌疑人分12笔支取存款，银行仍然没有与上市公司开展对账工作，导致上市公司存款被盗取后银行未能及时发现。

【案件启示】

1. 账户风险排查工作应常态化。银行业金融机构普遍将单位定期存款定性为低风险类业务，在业务办理时经常存在放宽审核、违章操作、对账不严等行为。银行业金融机构应转变观念，重视大额单位定期存款的风险防控，将其纳入年度案件风险排查计划，开展定期排查，从账户开立、存入及支取、变更及挂失、授权管理、账务核对等方面开展全流程排查工作。

2. 账户市场准入环节应规范化。银行业金融机构应重视对公账户准入环节，坚持“当面办、交本人、不转手”，确保开户资料(包括但不限于授权书、印鉴、联系人以及对账地址等)的真实性、有效性和合法性。同时，也应加大对账户档案的管理力度，防止企业预留银行的印鉴卡、支付密码泄漏。

3. 重要支付凭证管理应制度化。银行业金融机构应要求开户单位指定专人购买重空凭证，坚持热线验证，确保将重要凭证、物品出售给真实存款人，避免犯罪分子冒充单位财务人员获取重要证物并违法支付。没有使用支付密码器的账户，应坚持执行大额走账“双线”验证制度。

4. 负债业务经营应长效化。坚持重点账户按月对账制度，对有瑕疵的对账回执应重新组织对账，强化存款业务的对账机制。对连续2个对账周期不配合银行对账的账户，开户银行应采取有效控制措施。同时，规范开展负债业务，严禁员工为完成存款任务而卷入不法利益链条中。

资料来源:《中国农村金融》2017 年第 8 期

3. 销户

当存款单位因迁移、合并、停产等原因不再使用原来存款账户时，应及时办理销户。

单位申请撤销银行存款账户时，应提交“撤销银行存款账户申请书”及单位有关资料。商业银行核对销户资料无误后，与销户单位核对存款账户余额，核对相符的，对应计算利息的存款账户，应一并结清利息。银行对于支票存款账户，应收回所有空白支票；对存折存款账户，应收回存折注销。单位申请撤销的账户为一般账户、专用账户、临时账户时，其本息应划转至同名基本存款账户；单位申请撤销的账户为基本存款账户的，应根据账户的具体情况按规定划转款项。

撤销后的账户应停止使用。

4.4 存款利息的计算

存款利息的计算包括活期存款利息的计算和定期存款利息的计算，两者又可以进一步划分为个人与单位两种形式。商业银行在计算利息时，尤其要注意分清是活期存款利息还是定期存款利息，同时弄清计息区间。

4.4.1 活期存款利息计算

活期存款利息是储户在办理活期存款业务后所产生的利息。由于活期存款是没有固定期限的，可以随时支取，因此活期存款对应的活期存款利率要低于同期定期存款利率。

本节从计息的基本规定、主要计息周期与结息日以及计息方法三个方面介绍活期存款利息的计算。

1. 计息基本规定

1) 计息范围

存款计息范围是由国家统一规定的，体现一定时期内国家的方针、政策。存款计息范围如下：

(1) 独立核算企业单位的流动资金存款以及个人存款均应计付利息。实行独立核算、有业务收入的预算单位的附属机构，如食堂、托儿所、招待所等，其存款应计付利息。

(2) 各单位存入的党费、团费、工会经费可按现行企业存款利率计付利息。

(3) 人民银行与商业银行之间以及商业银行之间的往来存款均应计付利息。

(4) 银行经办的财政预算内资金存款、集中待交财政的各种款项形成的存款等财政性存款不计付利息。

2) 活期存款计息的基本规定

(1) 计息本金以元为单位，元以下不计息，利息计算到分，分以下四舍五入。

(2) 存期的计算，采用“算头不算尾”的方法，即存款当天有息，取款当天无息，按实际天数计算。

知识链接

计息天数是指银行计算利息时所算的实际天数，一年按365天算，闰年是366天。而计息基数则是指银行计算利息时确定年利率所采用的基础天数。一年基数可采用365天也可采用360天，得出的结果会稍有偏差。具体采用哪一个公式计算，央行赋予了金融机构自主选择的权利。因此，当事人和金融机构可以就此在合同中约定。

根据《中国人民银行关于人民币存贷款计结息问题的通知》，银行可采用积数计息法和逐笔计息法计算利息。

积数计息法按实际天数每日累计账户余额，以累计积数乘以日利率计算利息。计息公式为：利息 = 累计计息积数 × 日利率。其中累计计息积数 = 每日余额合计数。

逐笔计息法按预先确定的计息公式逐笔计算利息。

计息期为整年(月)的，计息公式为：利息 = 本金 × 年(月)数 × 年(月)利率。

计息期有整年(月)又有零头天数的，计息公式为：利息 = 本金 × 年(月)数 × 年(月)利率 + 本金 × 零头天数 × 日利率。

同时，银行可选择将计息期全部化为实际天数计算利息，即每年为365天(闰年366天)，每月为当月公历实际天数，计息公式为：利息 = 本金 × 实际天数 × 日利率。

(3) 活期存款采用定期结息，即按季度结息，按日计息，每季末月20日为结息日，从上季末月21日起至本季末月20日止。每年有四个结息期，分别是12.21～3.20、3.21～6.20、6.21～9.20、9.21～12.20，结息期间“既算头又算尾”。

(4) 计息期间遇利率调整分段计息。

2．主要计息周期与结息日

计息周期是指每次结计利息的时间间隔。结息日是利息的结算日。单位活期存款一般按季结算利息，规定计算周期是从上季度末月21日至本季度末月20日。

个人活期存款自2005年9月起调整为按季结息，每季结息一次，规定计算周期是从上季度末月21日至本季度末月20日。每季末月20日为结息日，21日为实际计付利息日。

单位和个人活期存款如果在结息前销户，则于销户日计付利息。结计利息时，结息日当天应计算在本周期内，并应于次日办理转账。

3．计息方法

活期存款可以随时支取，所以其余额经常变化，利息计算一般采用积数法。公式为

利息 = 累计计息积数 × 日利率

月利率(‰) = 年利率 ÷ 12

日利率(0/000) = 月利率 ÷ 30

日利率(0/000) = 年利率 ÷ 360

其中，积数是计息期间每日存款余额相加之和，所以使用日利率，不是日利率的要进行换算。

个人与单位活期存款计息原理类似，下面仅介绍单位活期存款利息的计算方法。

目前，单位银行活期计息的方法主要有两种，分别是余额表计息和分户账页计息。

(1) 余额表计息法。所谓余额表计息法，就是在每日营业终了，将各计息分户账的最后余额填入余额表内，求得累计计息积数，并据此计算利息的一种方法。这种方法适用于单位存款余额变动较多的情况。

具体做法是：每日营业终了，系统自动按照单位或账户顺序逐户将账户当日余额分别抄入余额表(当日余额没有变动的，照上日余额抄列)，各日余额相加之和，即为计息积数，每旬、每月和结息期，应结出累计计息积数。如遇记账日期与起息日期不同，或错账冲正涉及利息的，应根据其发生额和天数，算出应加或应减积数，填入余额表相关栏内进行调整。每到结息日，以调整后的累计计息积数乘以日利率，计算出本季应付利息。

经典案例

【例 4-3】甲公司计息余额表具体数据如表 4-4 所示。2017 年 6 月 12 日银行工作人员审查甲公司账户，发现有两笔错账：一是同年 5 月 25 日乙公司的一笔转账收款，金额 200 000 元，误计入甲公司账户，银行对其进行了错账冲正；二是同年 6 月 2 日甲公司的一笔销货款，金额 100 000 元，未及时入账。

本季甲公司由于错账影响到了利息的准确性，需要对已有积数进行调整。积数调整如下：

第一，列为应付利息的应减积数为 5 月 25 日—5 月 31 日共计 7 天，则：

200 000×7=1 400 000

列为利息支出的应减积数为 6 月 1 日—6 月 12 日共计 11 天，则：

200 000×11=2 200 000

第二，列为利息支出的应加积数为 6 月 2 日—6 月 12 日共计 10 天，则：

100 000 × 10 = 1 000 000

表 4-4　××银行计息余额表

科目：2154　　2017 年 6 月　　利率：0.5%　　币种：人民币　　单位：元

账号 / 日期 / 户名	12201156360000245		
	甲公司		
上月底累计积数	9 650 000		
1	110 000		
2	96 000		
3	150 000		
10 天小计	756 000		
11	100 000		

20天小计	1 985 000		

续表

日期 \ 账号 / 户名	12201156360000245		
	甲公司		
21			
30			
月末合计			
应加积数	1 000 000		
应减积数	1 400 000 2 200 000		
本季计息积数(总)	10 686 629.55		

2017 年 5 月 31 日，甲公司的累计积数为 9 650 000，已列入应付利息的余额为 134.03 元(9 650 000 × 0.5% ÷ 360=134.03)。

6 月 12 日银行对甲公司账务进行错账冲正时，应调减的利息数为 19.44 元(1 400 000 × 0.5% ÷ 360=19.44)。此时，银行根据错账冲正传票进行账务处理，会计分录为

借：利息支出　　19.44　(红字)

　　贷：应付利息　　19.44　(红字)

错账冲正后，应付利息账面金额为 114.59 元(134.03－19.44=114.59)。

6 月 20 日计息日时，银行应补提利息的累计积数为 785 000 元(1 985 000+1 000 000－2 200 000=785 000)。此时，应补提的利息为 10.90 元(785 000 × 0.5% ÷ 360=10.90)。

甲公司 2017 年二季度的利息总额为 125.49 元(114.59+10.90=125.49)。

次日，银行根据利息清单等凭证编制转账传票进行转账，其会计分录为

借：应付利息　　114.59

　　利息支出　　10.90

　　贷：吸收存款——单位活期存款——甲公司户　　125.49

(2) 分户账页计息法。所谓分户账页计息是指在营业终了时，将存款账户的昨日账面余额乘以该余额再次变动前一天所延续的日数而计算求得积数，并据此计算利息的一种方法。这种方法适用于单位存款余额变动不多的情况。

采用分户账页计息，一般使用乙种账页(见 1.3.4 节的表 1-12)。在发生收付业务时，按之前最后一次余额乘以该余额的实存日数计算出积数，记入分户账的积数栏内。实存日数按“算头不算尾”的方法计算，但到结息日时，要包括结息日当天的日数。如遇错账冲正，应调整积数，然后以加减调整后的积数乘以日息率，得出本季度应付利息数。

经典案例

【例 4-4】乙公司计息分户账如表 4-5 所示。

表 4-5 ××银行分户账

账号：20110123　　户名：乙公司　　利率：0.5%　　单位：元

2018 年		摘要	凭证号	借方	贷方	借或贷	余额	日数	积数	复核盖章
月	日									
6	1	承前页				贷	560 000	72	50 656 700.02	
		转收			100 000	贷	660 000	6	3 960 000	
	7	汇出		200 000		贷	460 000	3	1 380 000	
	10	冲销 1 日 10 万元错账		100 000				9	−900 000	
		转付		100 000		贷	360 000	8	2 880 000	
	18	汇入			800 000	贷	1 160 000	3	3 480 000	
	21	利息转入			842.90	贷	1 220 842.90			

乙公司 5 月 31 日应付利息账面余额为 703.57 元(50 656 700.02 × 0.5% ÷ 360=703.57)。

6 月 1 日—6 月 20 日乙公司累计计息积数为 10 800 000 元(3 960 000+1 380 000−900 000+2 880 000+3 480 000=10 800 000)。

乙公司应补提的利息为 150 元(10 800 000 × 0.5% ÷ 360=150)。

次日，银行根据利息清单等凭证编制转账传票进行转账，其会计分录为

借：应付利息　　703.57
　　利息支出　　150
　　贷：吸收存款——单位活期存款——乙公司户　　853.57

4.4.2 定期存款利息计算

定期利息是指存款人以定期的形式将存款存放在银行获得的报酬。定期存款利息收益稳定，通常期限越长利率越高。

由于单位和个人在定期存款的形式上存在较大的差异，因此，本节从定期存款的计息规定、单位定期的计息方法、个人定期的计息方法三个方面介绍银行定期存款利息的计算。

1. 计息规定

定期存款计息方面的规定主要包括以下几点。

(1) 定期存款在原定存期内的利息，按存入日(开户日)挂牌公告的利率计息，存期内遇利率调整，不分段计息。

(2) 定期存款全部提前支取时，按支取日挂牌公告的活期存款利率利息，不分段

计息。

(3) 定期存款部分提前支取时，若剩余定期存款不低于起存金额，提前支取部分按支取日挂牌公告的活期存款利率计算利息(不分段计息)，未支取部分按原存期及到期日另开新存单，到期时按原存款开户日挂牌公告的利率计算利息；提前支取时，若剩余定期存款低于起存金额，则对该项定期存款予以清户，按支取日挂牌公告的活期存款利率计算利息(不分段计息)。

(4) 定期存款逾期支取时，逾期部分按支取日挂牌公告的活期存款利率计息(不分段计息)。

(5) 定期存款的到期日若为节假日，可于节假日前最后一个营业日办理支取手续，银行扣除提前支取天数后，按存入日挂牌公告的利率计算利息。节假日后支取的，按逾期支取计算利息。

(6) 定期存款按对年、对月、对日计算利息，月按 30 天、年按 360 天计算，零头天数按实际天数计算，算头不算尾。如果遇到定期存款提前支取和逾期支取计算天数时，方法同上。

2．单位定期的计息方法

按新会计准则规定，对于单位定期存款，由于金额较大，其利息计算采用实际利率法，即按照存款实际利率计算其摊余成本及各期费用的方法。摊余成本是指该存款的初始确认金额经下列调整后的结果：① 扣除已偿还本金；② 加上或减去采用实际利率法将该初始确认金额与到期日金额之间的差额进行摊销形成的累积摊销额。

按存款金额和合同利率计算的利息，贷记“应付利息”科目，按摊余成本和实际利率计算的利息，借记“利息支出”科目，按其差额，借记或贷记“吸收存款——利息调整”科目。

如果实际利率和合同利率相同或差异较小，可按照合同利率计算利息。

(1) 合同利率的计算方法。存款利率在存期内如果差异较小或者无变动，就可以按照合同利率计算利息而不是采用实际利率法。计算公式为

$$应付利息 = 本金 \times 存期 \times 合同利率$$

经典案例

【例 4-5】A 公司转账存入一笔 2 000 000 元的定期存款，期限 6 个月，年利率为 3.05%，存期内利率无变化，请计算其到期利息。

到期应付利息 = 2 000 000 × 6 × (3.05% ÷ 12)=30 500

A 公司于到期日支取该笔定期存款，此时银行账务处理的会计分录为

借：吸收存款——单位定期存款——A 公司户　　2 000 000

　　应付利息　　30 500

　　贷：吸收存款——单位活期存款——A 公司户　　2 030 500

(2) 实际利率的计算方法。存款在存期内如果利率变动较大，为了准确核算各会计期间的损益状况，按照准则的要求就要按实际利率法计算利息。

经典案例

【例 4-6】B 公司于 2018 年 3 月 1 日开户存入半年期定期存款 6 000 000 元，存入时合同利率为 3.05%，与实际利率相同，从第 3 个月开始，实际利率变为 2.8%，各报告期定期存款摊余成本及摊销额如表 4-6 所示。

表 4-6　B 公司各报告期定期存款摊余成本计算表

日期	期初确认金额(a)	实际利率	利息支出(b)	合同利率	应付利息(c)	期末摊余成本(d = a – f)	折余金额(f = c – b)
3.31	6 000 000	3.05%	152 50	3.05%	152 50	6 000 000	0
4.30	6 000 000	3.05%	152 50	3.05%	152 50	6 000 000	0
5.31	6 000 000	2.8%	14 000	3.05%	152 50	5 998 750	12 50
6.30	5 998 750	2.8%	13 997.08	3.05%	152 50	5 997 497.08	1 252.92
7.31	5 997 497.08	2.8%	13 994.16	3.05%	152 50	5 996 241.24	1 255.84
8.31	5 996 241.24	2.8%	13 991.23	3.05%	152 50	5 994 982.47	1 258.77
合计			86482.47		91 500		5 017.53

1. 各资产负债表日的利息计算(根据规定，应采用对年、对月、对日的方法计算利息)。

(1) 3 月 31 日确认利息。

应付利息 = 6 000 000 × 3.05% ÷ 12=15 250，其会计分录为

借：利息支出　　　　　　　　15 250
　　贷：应付利息　　　　　　　　15 250

(2) 4 月 30 日确认利息。

计算和会计核算同 3 月 31 日利息确认。

(3) 5 月 31 日确认利息。

由于利率发生变化，其利息确认和计算方法也发生了变化。

应付利息=6 000 000 × 3.05% ÷ 12=15 250

利息支出=6 000 000 × 2.8% ÷ 12=14 000

出现利息差(折余金额)1 250(15 250-14 000)，其会计分录为

借：利息支出　　　　　　　　14 000
　　吸收存款——利息调整　　　1 250
　　贷：应付利息　　　　　　　15 250

6 月至 8 月利息的确认和计算方法同(3)。

2. 存款到期支付本息的处理。根据题意，实际利率法计算的利息中 86 482.47 元已计入当期损益，但计入“利息调整”的 5017.53 元的折余金额还未确认损益，需要进行结转；银行到期实际应付 B 公司的利息为 915 000 元(6 000 000 × 3.05% ÷ 12 × 6=915 000)，经验证，86 482.47+5 017.53=915 000，二者金额相等。9 月 1 日结转本息，其会计分录为

借：吸收存款——单位定期存款——B 公司户　　6 000 000
　　应付利息　　　　　　　　　　　　　　　915 000
　　贷：吸收存款——单位活期存款——B 公司户　　6 915 000

同时，结转折余金额，其会计分录为

借：利息支出　　　　　　　　　　　　　　　　5 017.53
　　贷：吸收存款——利息调整　　　　　　　　　　5 017.53

3. 个人定期储蓄的计息方法

个人定期储蓄主要包括整存整取、零存整取、整存零取和存本取息四种，下面主要讲述前两种利息的计算方法。

1) 整存整取存款利息的计算

整存整取定期储蓄存款采用“利随本清”的计息方法，分为到期支取、提前支取和逾期支取三种情况，其计算公式为：应付利息=本金×存期×利率。

经典案例

【例 4-7】2015 年 8 月 5 日储户王林开户存入定期储蓄存款 100 000 元，期限 1 年，存入时 1 年期定期利率为 3.25%，活期利率为 0.5%。请根据以下几种情况分别计算其利息。

假设：(1) 王林于次年到期日来行办理取款手续。

(2) 王林于当年 10 月 10 日来行提前部分支取 20 000 元，假设支取时挂牌的活期利率不变；剩余本金王林于次年 9 月 12 日才来行支取本息，假设支取时挂牌的一年期定期存款利率为 3.5%，活期利率为 0.45%。

上面三种情况分别是到期支取、部分提前支取和逾期支取，其利息计算分别是

2015 年 8 月 5 日到期支取，则利息=100 000 × 3.25%=3 250

2015 年 10 月 10 日部分提前支取时，则提前支取的活期利息=20 000 × 2 × (0.5% ÷ 12)+20 000 × 5 × (0.5% ÷ 360)=18.06

2016 年 9 月 12 日逾期支取时，则利息=80 000 × 3.25%+80 000 × 1 × (0.45% ÷ 12)+80 000 × 7 × (0.45% ÷ 360)=2 637

2) 零存整取存款利息的计算

零存整取是指在存期内固定金额存入，因此存期属于等差数列，可以按等差数列求和的原理来计算其利息。一般来说，零存整取存款利息的计算方法主要有固定基数法、月积数法和日积数法三种。

(1) 固定基数法。该方法先计算出每元存款存满约定的期限，按规定利率计算出应支付的利息作为基数。到期支取时，以每元存款利息基数乘以最后的存款余额即得出应付利息。其计算公式如下：

$$应付利息 = 每元利息基数 \times 最后余额$$

$$每元利息基数 = \frac{1元 \times (1 + 存期月数)}{2} \times 月利率$$

根据零存整取定期储蓄存款的期限，银行事先计算每元本金的固定计息基数。办理计息时只需将计息基数乘以储蓄账户的最后余额即得应付利息额。

(2) 月积数法。该方法根据等差数列公式，将分户账上的每月余额计算累计余额积数，再乘以月利率，即为当期的应付利息。其计算公式如下：

$$应付利息 = \frac{(首次余额+最后余额)\times 存款次数}{2} \times 月利率$$

经典案例

【例 4-8】储户刘明在 2017 年 6 月 1 日开户办理了零存整取的定期储蓄存款，每月 9 号从其工资收入中拿出 1 000 元存入银行，存期 1 年，开户时年利率是 2.85%。假定中间无漏存，求其到期的利息。

方法一，固定基数法

$$每元利息基数=\frac{1元\times(1+12)}{2}\times 2.85\% \div 12 = 0.0154375$$

应付利息 = 0.015 437 5 × 12 000=185.25

方法二，月积数法

$$应付利息=\frac{(1000+12000)\times 12}{2}\times 2.85\% \div 12=185.25$$

(3) 日积数法。日积数法是以储户每次的存入发生额乘以业务发生日至存款到期日的天数即存期天数(算头不算尾)取得的计息积数累计之和，乘以零存整取存入日约定的日利率，即为零存整取到期应付的利息数。其计算公式如下：

利息=累计计息积数×日利率

其中，累计计息积数=Σ(每次存入发生额×存期天数)

练　　习

一、单项选择题

1．存款人因办理日常转账结算和现金收付需要而开立的银行结算账户是(　　)。

A. 基本存款账户　　B. 一般存款账户

C. 临时存款账户　　D. 专用存款账户

2．存款人因借款或其他结算需要，在基本存款账户开户银行以外的银行营业机构开立的银行结算账户是(　　)。

A. 基本存款账户　　B. 一般存款账户

C. 临时存款账户　　D. 专用存款账户

3．零存整取定期储蓄存款的金额起点为(　　)。

A. 1 元　　B. 5 元　　C. 50 元　　D. 5 000 元

4．单位定期存款的金额起点为(　　)。

A. 5 000 元　　B. 1 万元　　C. 5 万元　　D. 10 万元

5．关于单位通知存款，下列说法错误的是(　　)。

A. 起存金额为 50 万元

B. 每次支取的最低金额为 10 万元

C. 按实际存期长短划分为 1 天通知存款和 7 天通知存款两个品种

D. 按存款人提前通知的期限长短划分为 1 天通知存款和 7 天通知存款两个品种

6. 存款人的工资、奖金等款项的支取通过(　　)办理。

A. 基本存款账户　　B. 一般存款账户

C. 临时存款账户　　D. 专用存款账户

7. 一笔单位定期存款，金额 10 万元，2014 年 3 月 10 日存入，定期一年，存入时一年期存款利率为 3%，活期存款利率为 0.35%。该单位于 2015 年 3 月 20 日支取该笔存款本息，2015 年 3 月 1 日一年存款利率调整为 2.5%，利息计算时，按(　　)计息。

A. 存入日利率 3%

B. 存期内利率 3%，过期部分利率 2.5%

C. 存期内利率 2.5%，过期部分利率 0.35%

D. 存期内利率 3%，过期部分利率 0.35%

8. 活期储蓄存款利息不是逐笔计算，而是定期结算，下列说法正确的是(　　)。

A. 按年结息，每年 6 月 30 日为结息日

B. 按年结息，每年 12 月 31 日为结息日

C. 按季结息，每季末月 20 日为结息日

D. 按季结息，每季末日为结息日

9. 2015 年 6 月 9 日某储户持身份证和 2012 年 5 月 20 日存入的整存整取 3 年期的存单一张，要求全部支取本息，存款金额 5 000 元，存入时 3 年期存款利率 5%，活期存款利率 0.35%。2015 年 3 月 1 日三年期存款利率调整为 3.75%，两年期存款利率调整为 3.1%，该笔储蓄存款存期内部分按(　　)计算利息。

A. 5%　　B. 3.75%　　C. 3.1%　　D. 0.35%

10. 单位协定存款的管理方式有 (　　)。

A. 一个账户、两个余额、两个结息积数、两种利率

B. 两个账户、一个余额、一个结息积数、两种利率

C. 一个账户、一个余额、两个结息积数、两种利率

D. 两个账户、一个余额、两个结息积数、两种利率

二、多选题

1. 下列说法不正确的是(　　)。

A. 由于开户实行双向选择，因此，存款人可以选择多家银行开立基本存款账户

B. 一个单位可以选择一家商业银行的多个分支机构开立基本存款账户

C. 单位开立各种账户，应凭当地人民银行分支机构核发的开户登记证办理

D. 存款人的账户只能办理本身的业务，不允许出租和出借他人

2. 我国现行的定期存款期限有(　　)。

A. 1 年　　B. 2 年　　C. 3 年　　D. 5 年

E. 3 个月　　F. 半年

3. 个人开立银行账户时，以下属于有效身份证件的有 (　　)。

A. 居民临时身份证　　B. 港澳居民往来内地通行证　　C. 护照　　D. 驾驶证

E. 居民身份证　　F. 武装警察身份证

4．下面单位结算账户中，目前属于人民银行核准类账户的是(　　)。

A．基本存款账户　　B．一般存款账户

C．临时存款账户(因注册验资和增资验资开立的除外)　　D．QFII 专用存款账户

5．下列各类定期存款判断正确的是(　　)。

A．整存整取的起存金额是 100 元

B．零存整取每月存入一定金额，到期一次支取

C．整存零取是整笔存入固定期限多次支取

D．存本取息起存金额 10 000 元

三、简答题

1．2018 年 9 月份，某支行发生下列单位存款业务：

(1) 2018 年 9 月 3 日，丽天集团签发转账支票存入两年期定期存款 200 000 元。

(2) 2018 年 9 月 12 日，锦江宾馆一年期定期存款到期支取，本金金额 50 000 元，存入时一年定期挂牌利率为 3.25%，支取日一年定期挂牌利率为 3.3%。

(3) 2018 年 9 月 16 日，人民商场要求部分提前支取两年期定期存款 80 000 元，该笔存款于 2018 年 1 月 8 日存入，存入金额 200 000 元，存入时两年期定期存款利率为 3.75%，支取日银行挂牌活期存款利率为 0.35%。

要求：根据上述材料，编制银行有关会计分录。

2．比较个人通知存款与整存整取储蓄存款的产品特点，说明优势所在。

实践 2　单位存款业务

实践指导

实践　单位存款业务

通过本实践，掌握单位活期存款和定期存款的业务操作流程和会计核算。

实践案例　某商场银行存款业务核算

某商场财务人员于 2018 年 9 月 20 日到其开户银行办理 98 000 元营业款的缴存业务。银行柜员在清点该笔营业款的过程中发现了十张 100 元的假钞，因客户对货币的真伪存在质疑，在客户的坚持下柜员将钞票递还客户进行确认，经客户反复观察，认可这些钞票为假币后，表示配合经办人员进行假币收缴工作。经办柜员取回假币后立即为这些假币办理了收缴手续，并将审核无误的 97 000 元营业款缴存商场活期存款账户。

该商场计息分户账如表 S2-1 所示。

表 S2-1　××银行分户账

账号：12320120678200231　　户名：某商场　　利率：0.35%　　单位：元

2018 年		摘要	凭证号	借方	贷方	借或贷	余额	日数	积数	复核盖章
月	日									
9	1	承前页				贷	320 000	… 6	15 600 000 1 920 000	
	7	汇款		150 000		贷	170 000	5	850 000	
	12	汇入			100 000	贷	270 000	3	810 000	
	15	冲销 12 日错账		100 000				3	−300 000	
		汇入			150 000	贷	320 000	2	640 000	
	17	汇款		200 000		贷	120 000	3	360 000	
	20	存现			97 000	贷	217 000	1	217 000	
	21	利息转入			?	贷	?			

此外，该商场支取 2017 年 9 月 1 日存入的一年期定期存款 2 000 000 元，存入日银行挂牌一年期定期存款利率为 3.3%，与实际利率相同。从第四个月开始，实际利率变为 3%。支取日挂牌一年期定期存款利率为 3.2%，活期存款利率为 0.35%。要求：

1. 请指出银行柜员在办理商场营业款缴存业务的过程中是否合规。并编制银行账务处理的会计分录。

2. 请计算 9 月 21 日该商场活期存款应存入的利息和存款余额。

3. 请制作该商场各报告期定期存款摊余成本计算表，并编制定期存款核算的会计分录。

【任务分析】

(1) 回顾商业银行现金出纳业务的反假币工作相关知识。

(2) 回顾单位活期存款现金存入的流程和单位活期存款、定期存款利息核算方法。

(3) 该实践的考核重点在于单位活期存款现金收入的业务流程及存款利息的计算。

【参考解决方案】

1. 金融机构发现假人民币后的收缴流程

金融机构营业网点柜员在现金业务办理过程中如发现假币，应按图 S2-1 所示的流程对假币予以收缴并妥善保管。

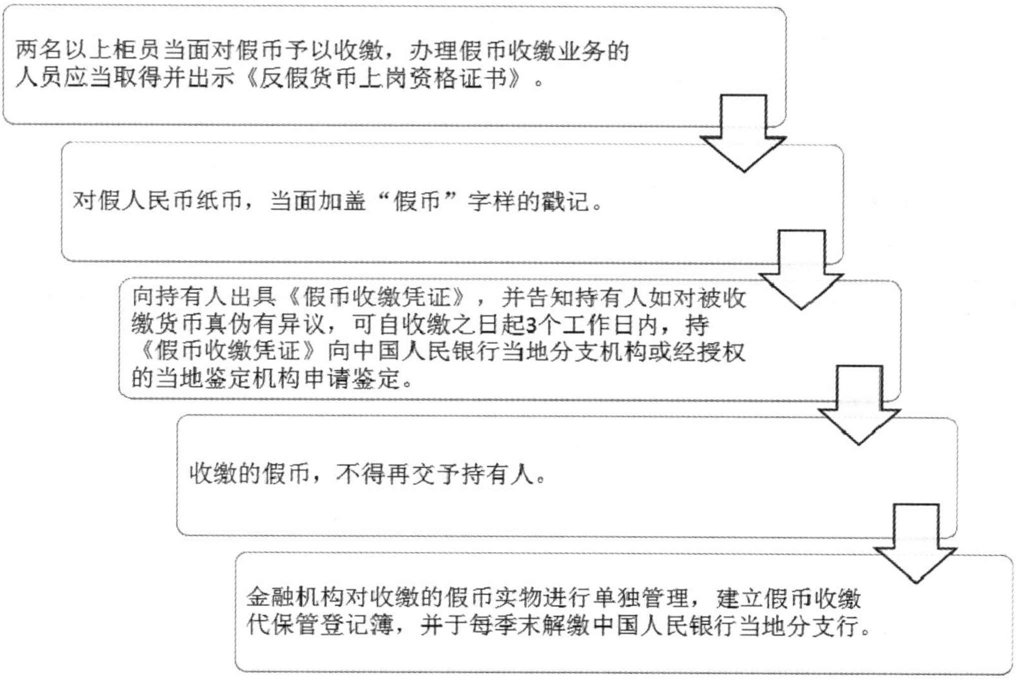

图 S2-1　金融机构假人民币收缴流程

由上述流程中可以看出，柜员在办理商场现金业务时，对假人民币的收缴存在两处违规行为：

(1) 收缴的假币，不得再交予持有人。案例中，“因客户对货币的真伪存在质疑，在客户的坚持下柜员将钞票递还客户进行确认”的行为，违法了《中国人民银行假币收缴、鉴定管理办法》等相关法规规定，增加了假币再次流通、危害人民生活的风险。

(2) 两名以上业务人员对假币当面予以收缴，办理假币收缴业务的人员应当取得、出示《反假货币上岗资格证书》。案例中，“经办柜员取回假币后立即为该假币办理了收缴手续”，没有会同其他持有《反假货币上岗资格证》的柜员一起进行假币收缴工作，导致了假币收缴的流程不合理、不合规。

2．商业银行对商场活期存款的会计核算和活期存款利息的计算

9 月 20 日商场缴存的营业款为 98 000 元(含 100 元假币一张)，实存现金 97 000 元。柜员审核无误后进行账务处理。

(1) 缴存营业款的会计核算。柜员根据审核无误的现金和现金缴款单，在前台系统中进行相应处理，系统自动记账。会计分录为

借：库存现金　　　　　　97 000

　　贷：吸收存款——单位活期存款——某商场户　　　97 000

(2) 9 月 20 日计息日活期存款利息的计算。根据表 S2-1 某商场活期存款分户账，可以得出：

该商场 8 月 31 日应付利息账面余额为 151.67 元(15 600 000 × 0.35% ÷ 360 =151.67)。

9 月 1 日～9 月 20 日商场累计计息积数为 4 497 000 元(1 920 000 + 850 000 + 810 000 − 300 000 + 640 000 + 360 000 + 217 000 = 4 497 000)。

银行应补提的利息为 43.72 元(4 497 000 × 0.35% ÷ 360 =43.72)。

次日，银行根据利息清单等凭证编制转账传票进行转账，其会计分录为

借：应付利息　　　　　　　　　　151.67

　　利息支出　　　　　　　　　　 43.72

　　贷：吸收存款——单位活期存款——乙公司户　　　195.39

因此，9 月 21 日该商场的利息收入为 195.39 元，余额为 217 195.39 元(217 000 + 195.39 = 217 195.39)。

3．商业银行对商场定期存款的会计核算

商场各报告期定期存款摊余成本计算表如表 S2-2 所示。

表 S2-2　商场各报告期定期存款摊余成本计算表

日期	期初确认金额(a)	实际利率	利息支出(b)	合同利率	应付利息(c)	期末摊余成本($d = a - f$)	折余金额($f = c - b$)
9.30	2 000 000	3.3%	5 500	3.3%	5 500	2 000 000	0
10.31	2 000 000	3.3%	5 500	3.3%	5 500	2 000 000	0
11.30	2 000 000	3.3%	5 500	3.3%	5 500	2 000 000	0
12.31	2 000 000	3%	5 000	3.3%	5 500	1999 500	500
1.31	1 999 500	3%	4 998.75	3.3%	5 500	1 998 998.75	501.25
2.28	1 998 998.75	3%	4 997.50	3.3%	5 500	1 998 496.25	502.5

续表

日期	期初确认金额(a)	实际利率	利息支出(b)	合同利率	应付利息(c)	期末摊余成本($d=a-f$)	折余金额($f=c-b$)
3.31	1 998 496.25	3%	4 996.24	3.3%	5 500	1 997 992.49	503.76
4.30	1 997 992.49	3%	4 994.98	3.3%	5 500	1 997 487.47	505.02
5.31	1 997 487.47	3%	4 993.72	3.3%	5 500	1 996 981.19	506.28
6.30	1 996 981.19	3%	4 992.45	3.3%	5 500	1 996 473.64	507.55
7.31	1 996 473.64	3%	4 991.18	3.3%	5 500	1 995 964.82	508.82
8.31	1 995 964.82	3%	4 989.91	3.3%	5 500	1 995 454.73	510.09
合计			61 454.73		66 000		4 545.27

1) 各资产负债表日的利息计算(根据规定，应采用对年、对月、对日的方法计算利息)。

(1) 9 月 30 日确认利息。应付利息 $=2\ 000\ 000\times3.3\%\div12=5\ 500$，其会计分录为

借：利息支出　　　　5 500

　　贷：应付利息　　　　5 500

(2) 10 月 31 日、11 月 30 日确认利息。计算和会计核算同 9 月 30 日利息确认。

(3) 12 月 31 日确认利息。由于利率发生变化，其利息确认和计算方法也发生了变化。

$$应付利息=2\ 000\ 000\times3.3\%\div12=5\ 500$$

$$利息支出=2\ 000\ 000\times3\%\div12=5\ 000$$

出现利息差(折余金额) 500 (5 500 – 5 000)，其会计分录为

借：利息支出　　　　5 000

　　吸收存款——利息调整　　　　500

　　贷：应付利息　　　　5 500

1 月至 8 月利息的确认和计算方法同(3)。

2) 存款逾期支取的处理

根据题意，实际利率法计算的利息中的 61 454.73 元已计入当期损益，但计入“利息调整”的 4545.27 元的折余金额还未确认损益，需要进行结转；银行到期实际应付该商场的利息为 66 000 元($2\ 000\ 000\times1\times3.3\%=66\ 000$)，经验证，$61\ 454.73+4545.27=66\ 000$，二者金额相等。

商场于 9 月 20 日支取该笔定期存款，属于逾期支取。根据国家有关规定，单位定期存款到期不取，逾期部分按支取日挂牌公告的活期存款利率计付利息。

商场逾期支取部分利息计算为

$$逾期利息=2\ 000\ 000\times19\times0.35\%\div360=369.44$$

银行账务处理的会计分录为

借：吸收存款——单位定期存款——商场户　　　　2 000 000

　　应付利息　　　　66 000

　　利息支出　　　　　　　　　　　　　　　　　　369.44

　　贷：吸收存款——单位活期存款——商场户　　　2 066 369.44

同时，结转折余金额，其会计分录为

借：利息支出　　　　　　　　　　　　4 545.27

　　贷：吸收存款——利息调整　　　　　　　4 545.27

第5章　贷款与贴现业务核算

本章目标

- ■ 理解贷款的含义及种类
- ■ 掌握信用贷款和抵押贷款的核算方法
- ■ 掌握贷款利息的核算方法
- ■ 掌握商业汇票贴现的核算方法

重点难点

重点：

◈ 信用贷款的核算

◈ 抵押贷款的核算

◈ 商业银行贴现业务的核算

◈ 汇票到期收回贴现款的核算

难点：

◈ 抵押贷款的贷款收回核算

◈ 汇票到期收回贴现款的核算

案例导入

目前，银监会公布了近期开出的巨额罚单。公告称，浦发银行成都分行因掩盖不良贷款等问题被罚 4.62 亿。这是继广发银行被罚 7.22 亿之后，银监系统再次开出的过亿级巨额罚单。浦发银行对此回应称，4.62 亿处罚金额已全额计入 2017 年度公司损益，对公司的业务开展及持续经营无重大不利影响。

19 日，银监会发布公告称，通过监管检查和按照监管要求进行的内部核查发现，浦发银行成都分行为掩盖不良贷款，通过编造虚假用途、分拆授信、越权审批等手法，违规办理信贷、同业、理财、信用证和保理等业务，向 1 493 个空壳企业授信 775 亿，换取相关企业出资承担浦发银行成都分行不良贷款。

“这是一起浦发银行成都分行主导的有组织的造假案件，涉案金额巨大，手段隐蔽，性质恶劣，教训深刻。”银监会相关负责人表示，此案暴露出浦发银行成都分行存在诸多问题，一是内控严重失效。二是片面追求业务规模的超高速发展。三是合规意识淡薄。此外，该案也反映出浦发银行总行对分行长期不良贷款为零等异常情况失察、考核激励机制不当、轮岗制度执行不力、对监管部门提示的风险重视不够等问题。

截至 2017 年 9 月末，浦发银行成都分行已基本完成违规业务的整改。针对该案，四川银监局依法对浦发银行成都分行罚款 4.62 亿；对浦发银行成都分行原行长、2 名副行长、1 名部门负责人和 1 名支行行长分别给予禁止终身从事银行业工作、取消高级管理人员任职资格、警告及罚款。目前，相关涉案人员已被依法移交司法机关处理。

银监会同时强调，将坚持“监管姓监”，勇于负责，敢于亮剑，进一步深化整治银行业市场乱象工作，打好防范化解重大金融风险攻坚战。

对于银监会发出的处罚公告，浦发银行 20 日发公告回应此事。公告称，公司高度重视，目前，成都分行已按监管要求完成了整改。4.62 亿处罚金额已全额计入 2017 年度公司损益，对公司的业务开展及持续经营无重大不利影响。

业内专家表示，罚款和问责不是目的，推动银行加强和改进内控，真正把银行发展好、经营好，才是处罚的最终目的。商业银行需要从过去片面追求高速增长转向追求高质量发展，最大限度地保护金融消费者的合法权益。

资料来源：人民网(2018 年 01 月 22 日)

目前，贷款是我国商业银行的主要生息资产，是商业银行利润的主要来源。因此，做好贷款业务的核算工作，对保证国家产业政策和信贷政策的贯彻执行、调节市场货币资金供求、促进经济发展、增加银行收入、保证银行资金安全都有重要的意义。广义的贷款是指贷款、贴现、透支等贷出资金的总称，本章所指的贷款业务的核算主要是贷款业务的核算和贴现业务的核算。

5.1 贷款业务的核算

商业银行不同种类的贷款，在业务流程、核算方法上会存在一定的差异性。本章主要从贷款业务概述、贷款业务的核算原则、贷款业务的会计科目设置、信用贷款的核算、抵押贷款的核算、质押贷款的核算以及贷款利息的核算这七个方面进行详细阐述。

5.1.1　贷款业务概述

贷款是商业银行主要的资产业务之一，也是商业银行资金运用的主要途径和取得利息收入形成盈利的重要渠道。商业银行通过发放贷款，将一定数量的资金进行循环使用，可以充分发挥资金的使用价值，满足社会再生产过程中对资金的需求，促进国民经济的健康发展。

这里从贷款的含义和分类两个方面对商业银行的贷款业务进行简单的概述。

1．商业银行贷款的含义

商业银行贷款，是商业银行作为贷款人，按照一定的贷款原则和政策，以还本付息为条件，将一定数量的货币资金提供给借款人使用的一种借贷行为。

商业银行发放贷款遵循“三性原则”，即安全性、流动性和效益性。

知识链接

三 性 原 则

安全性、流动性、效益性即通常所指的“三性原则”，这是商业银行贷款类业务经营的根本原则。《中华人民共和国商业银行法》第 4 条规定：“商业银行以安全性、流动性、效益性为经营原则，实行自主经营、自担风险、自负盈亏、自我约束。”

1．贷款与贴现业务的安全是商业银行面临的首要问题。

2．流动性是指能够按预定期限回收贷款或票据资金，或在无损失状态下迅速变现的能力，满足客户随时提取存款的需要。

3．效益性则是银行持续经营的基础。

例如发放长期贷款，其利率高于短期贷款，效益性好，但贷款期限长了就会导致风险加大，安全性降低，流动性也变弱。因此，“三性”之间要和谐，贷款才能不出问题。

2．商业银行贷款的分类

按照不同标准，可将商业银行贷款业务分为以下几类。

1) 按贷款的期限划分

商业银行的贷款按贷款的期限，可以分为活期贷款、定期贷款和透支。其中，定期贷款又可以分为短期贷款、中期贷款和长期贷款。

2) 按贷款的保障程度划分

商业银行的贷款按贷款的保障程度，可以分为信用贷款和担保贷款。按还款保证的不同，担保贷款又可以分为抵押贷款、质押贷款和保证贷款。

3) 按贷款的偿还方式划分

商业银行贷款按贷款的偿还方式，可以分为一次性偿还贷款和分期偿还贷款。中长期贷款采用分期偿还的方式。

4) 按贷款的质量或风险程度划分

按贷款的质量或风险程度，可以将商业银行贷款划分为正常贷款、关注贷款、次级贷款、可疑贷款、损失贷款五类，如图 5-1 所示。

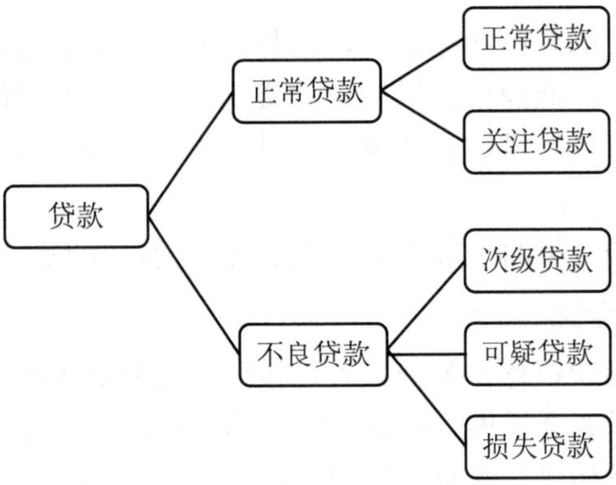

图 5-1　贷款五级分类

到目前为止，该类划分标准已被国内各商业银行普遍采用。

此外，商业银行贷款还有一些其他的分类标准和分类方式。比如，按银行发放贷款的自主程度，商业银行贷款可以划分为自营贷款、委托贷款和特定贷款等。

5.1.2　贷款业务的核算原则

通常，银行在对短期贷款进行核算时，短期贷款本金按实际贷出的贷款金额入账，期末，按照贷款本金和约定的利率计算应收利息。

中长期贷款的核算，主要遵循四个“分别核算”的原则。

1．本息分别核算

商业银行发放的中长期贷款，应当按照实际贷出的贷款金额入账。期末，应当按照贷款本金和适用的利率计算应收的利息，分别对贷款本金和利息进行核算。

2．商业贷款与政策性贷款分别核算

政策性贷款发放受国家特定时期的政策导向影响很大，在利率执行上也有一定优惠，所以在核算上也要与一般商业贷款区别对待，分开核算。

3．自营贷款和委托贷款分别核算

自营贷款是指商业银行以合法方式筹集资金自主发放的贷款，其风险由金融企业承担，并由金融企业收取本金和利息。委托贷款是指委托人提供资金，由商业银行(受托人)根据委托人确定的贷款对象、用途、金额、期限、利率等代理发放、监督使用并协助收回的贷款，其风险由委托人承担。商业银行发放委托贷款时，只收取手续费，不得代垫资金。

4．应计贷款和非应计贷款分别核算

应计贷款是指非应计贷款以外的贷款。非应计贷款是指贷款本金或利息逾期 90 天没有收回的贷款。当贷款的本金或利息逾期 90 天时，应单独核算。应计贷款转为非应计贷款时，应将已入账的利息收入和应收利息予以冲销；之后收到该笔贷款的还款时，应首先冲减贷款本金；全部本金收回后，再收到的还款则确认为当期利息收入。

商业银行发放的贷款应当按会计制度规定计提贷款损失准备。

5.1.3　贷款业务的会计科目设置

商业银行办理贷款业务，应设置“贷款”“利息收入”“应收利息”“贷款损失准备”“资产减值损失”等会计科目进行核算。主要会计科目如表 5-1 所示。

表 5-1　贷款业务会计科目设置

会计科目	核算内容	科目性质
贷款	用于核算商业银行按规定发放的各种客户贷款，可按贷款类别及客户，分“本金”“利息调整”“已减值”等项目进行明细核算。该科目金额的增加记借方，反之记贷方。期末该科目的借方余额反映商业银行按规定发放而尚未收回贷款的摊余成本	资产类
应收利息	用于核算商业银行交易性金融资产、发放贷款、存放中央银行款项、拆出资金、买入返售金融资产等应收的利息，可按借款人或被投资单位进行明细核算。该科目期末余额在借方，反映商业银行尚未收回的利息	
贷款损失准备	用于核算商业银行贷款的减值准备，是“贷款”科目的备抵科目。该科目可按计提贷款损失准备的资产类别进行明细核算。该科目期末余额在贷方，反映商业银行已计提但尚未转销的贷款损失准备	
抵债资产	用于核算商业银行依法取得并准备按有关规定进行处置的实物和非实物(不含股权投资)抵债资产的成本。该科目可按抵债资产类别及借款人进行明细核算。期末该科目的借方余额，反映商业银行取得的尚未处置的抵债资产的成本	
利息收入	用于核算商业银行确认的利息收入，该科目可按业务类别进行明细核算。期末该科目余额结转“本年利润”科目，结转后该科目无余额	损益类
资产减值损失	用于核算商业银行计提各项资产减值准备所形成的损失。该科目可按资产减值损失的项目进行明细核算。期末，应将科目余额转入“本年利润”科目，结转后该科目无余额	

5.1.4　信用贷款的核算

信用贷款是商业银行仅凭借款人的信誉就可发放，不需要借款人提供担保的贷款。信用贷款适用于具有良好信用等级的客户。通常情况下，信用贷款的核算包括贷款发放、资产负债表日利息核算、贷款收回三个环节，但若贷款发生了减值或逾期，还要进行贷款逾期、贷款减值的核算。

1. 贷款发放

借款人申请贷款时，经办行客户经理负责接待客户并受理客户贷款申请。贷款经办行客户经理对申请人所提供的资料进行初审，认为基本可行的则进行贷款的调查。调查结果符合贷款要求的，信贷部门根据贷款金额进行差别化的审核批准后，双方签订借款合同或协议，约定贷款的金额、利率、期限、用途及违约责任等。借款合同一经签订，具有法律效力，银行和借款人必须共同遵守、履行。

借款合同生效后，当借款单位用款时，填制一式五联的借款凭证(也称借据)，送信贷部门审批。经信贷部门审查同意后，送会计部门凭以办理放款手续。会计部门收到借款凭证，应认真审查信贷部门的审批意见，审核凭证各项目内容填写是否正确、完整，大小写金额是否一致，印鉴是否相符。审核无误后，办理转账。会计分录为

借：贷款——××贷款——借款人户 (本金)

　　贷：吸收存款——单位活期存款——借款人户(实际支付的金额)

按照差额，借记或者贷记“贷款——利息调整”。

会计部门在转账手续办妥后，根据借据留存联登记贷款台账，按到期日的时间顺序排列，专夹保管，据以监督借款单位按期还款情况；将回单联送信贷部门作为放款记录留存备查，据以监督贷款的发放和收回。

知识链接

我国商业银行发放的信用贷款多采用逐笔核贷的贷款核算方式。这种核算方式的特点是：

(1) 由借款单位根据借款合同，逐笔填写借据，经银行信贷部门逐笔审核，确定贷款利率，一次发放，定期收回。

(2) 发放的贷款应一次转入借款单位的结算存款户后使用，不能在贷款户中直接支付。

(3) 收回时，由借款单位开具支票，从基本账户中办理归还手续，或由银行主动扣收。

(4) 贷款利息一般由银行按季计收或利随本清。

2. 资产负债表日利息的核算

按照权责发生制的原则，银行会计部门应于每个资产负债日计提利息，按照合同本金和利率计算应收利息，按照摊余成本和实际利率计算利息收入，二者的差额计入利息调整。会计分录为

借：应收利息——××贷款——借款人户

　　贷：利息收入——××贷款——借款人户

按照差额，借记或贷记“贷款——利息调整”科目。

3. 贷款收回

能否按时收回贷款不仅关系到商业银行信贷资产质量的高低，更影响到其效益的提高和整体的发展。银行会计部门应经常查看贷款借据的到期情况，在贷款快到期时，与信贷部门联系，通常提前 3 天通知借款单位准备资金，以便到期时按期还款。贷款到期，借款单位归还贷款可以分为以下几种情况。

1) 贷款到期，借款单位主动归还贷款

借款单位应签发转账支票，填制有关还款凭证办理还款手续。银行会计部门收到借款人提交的支付凭证后，还应与贷款台账进行核对，按照借款单位所填的原借款凭证上的要素，核对无误后，于贷款到期日办理收回贷款的转账手续。

(1) 对到期日应收利息和现有利息余额之间的差额进行补提，会计分录为

借：应收利息——××贷款——借款人户

　　贷款——××贷款——借款人户(利息调整)

　　贷：利息收入——××贷款——借款人户

(2) 收回本息的会计分录为

借：吸收存款——××贷款——借款人户(活期存款)

　　贷：应收利息——××贷款——借款人户

　　　　贷款——××贷款——借款人户(本金)

若借款分次归还，则应在原借据上做分次还款记录。

2) 贷款到期，借款人未主动归还

贷款到期，借款人未主动归还贷款的，按照借款合同约定，银行有权从借款人的账户余额中直接扣收。此时，会计部门应与信贷部门联系，征得同意后，由信贷部门填制“贷款收回通知单”，加盖信贷部门业务公章交会计部门，会计部门据以办理相关交易收回贷款，打印贷款还款记账凭证，还款记账凭证回单联交借款人。会计分录同上。

知识链接

根据《借款合同条例》规定，借款方不按期归还贷款的，贷款方有权追回贷款，并按银行的规定加收罚息。

此外，若借款人提前归还贷款，应当与贷款人协商。由于贷款人的资金来源和运用的管理有严格计划，如果借款人提前归还贷款，那么在提前的这一段时间内，贷款人就要承担因资金闲置在自己账户上而导致的利息损失。所以，借款人提前归还贷款，应当与贷款人协商，确保借贷双方的合法利益不受损害。

3) 贷款展期

若贷款到期后由于客观情况发生变化，借款人经过努力仍不能还清贷款的，短期贷款必须于到期日十日前，中长期贷款必须于到期日的一个月前，由借款人向银行提出贷款展期书面申请，写明展期原因，信贷审批部门视风险水平决定借款人的展期申请能否予以通过。对于同意展期的贷款，应在展期申请书上签署意见，然后将展期申请书交给会计部门。每笔贷款只能展期一次，短期贷款展期不能超过原贷款期限；中期贷款展期不得超过原贷款期限的一半；长期贷款展期期限累计不得超过三年。

会计部门收到展期申请书审核无误后，在贷款分户账及到期卡上批注展期还款利率及还款日期，同时将一联贷款展期书加盖业务公章后交借款单位收执，另一联贷款展期申请书附在原借据后，按展期后的还款日期排列，贷款展期无需办理转账手续。

知识链接

银行会计部门收到展期申请书时，应主要审查以下内容:

(1) 信贷部门是否批准，有无会签。

(2) 展期贷款金额与借款凭证上的金额是否一致。

(3) 展期时间是否超过规定期限。

(4) 展期利率确定是否正确。

4. 贷款逾期

贷款到期后，若借款单位事先未向银行办理展期手续，或申请展期未获得批准，或者已经办理展期，但展期到期日仍未能归还贷款的，于贷款到期日次日作为逾期贷款处理，按规定计收罚息。银行会计部门与信贷部门联系后，办理相关交易，将该贷款转入单位的逾期贷款账户。账务处理的会计分录为

借：逾期贷款——借款人逾期贷款专户

　　贷：贷款——借款人贷款户

贷款本金或利息逾期 90 天没有收回，或贷款虽未逾期或逾期未超过 90 天但借款人生产经营已停止、项目已停建的自营贷款，应作为非应计贷款管理，通过“非应计贷款”科目核算。本科目按照贷款种类设置一级科目，再按照借款人设专户进行明细核算。期末借方余额反映银行按规定发放的客户贷款余额。

当应计贷款转为非应计贷款时，会计分录为

借：非应计贷款

　　贷：逾期贷款——信用贷款——借款人户

同时，冲减利息收入，会计分录为

借：利息收入

　　贷：应收利息(已计提未收回的应收利息和以后计提的应收利息，均应在表外进行登记)

收回客户贷款本息时，按实际收到的金额，会计分录为

借：吸收存款——活期存款——借款人户

　　贷：非应计贷款　　　　　　(按客户贷款本金)

　　　　利息收入　　　　　　　(差额)

同时，注销表外应收利息。

经典案例

【例 5-1】2018 年 1 月 1 日，ABC 银行金水支行向其开户单位甲公司发放了一笔短期贷款，合同本金为 2 000 000 元，合同年利率为 12%，每月付息一次，到期一次性还本。假设合同利率与实际利率相同，且 ABC 银行于每月月末计提利息，到期收回本金。

(1) 发放贷款时账务处理的会计分录为

借：贷款——短期贷款——甲公司 (本金)　　　　2 000 000

　　贷：吸收存款——活期存款——甲公司　　　　2 000 000

(2) 1 月—12 月每月末计提和扣收利息。

①月末计提利息时的会计分录为

借：应收利息——短期贷款——甲公司　　20 000

　　贷：利息收入——短期贷款——甲公司　　20 000

② 月末扣收利息时的会计分录为

借：吸收存款——活期存款——甲公司　　20 000

　　贷：应收利息——短期贷款——甲公司　　20 000

(3) 银行到期收回本金时会计处理分录为

借：吸收存款——活期存款——甲公司　　2 000 000

　　贷：贷款——短期贷款——甲公司(本金)　　2 000 000

5. 贷款减值的核算

商业银行应当按照谨慎性的原则，在资产负债表日对各项贷款的账面价值进行检查。如有客观证据表明该贷款发生减值的，应当计提减值准备。

(1) 贷款发生减值时的核算。对于减值贷款按应减记的金额计提减值准备，会计分录为

借：资产减值损失

　　贷：贷款损失准备

借：贷款——已减值

　　贷：贷款——本金　　(账面价值)

　　　　贷款——利息调整　　(账面价值)

同时，对于已减值贷款，应按贷款的摊余成本和实际利率计算确定的利息收入金额。会计分录为

借：贷款损失准备

　　贷：利息收入

银行还需将按合同本金和合同约定的名义利率计算的应收利息金额进行表外核算：

收：应收未收利息——借款人户

(2) 减值贷款价值恢复的核算。已计提贷款损失准备的贷款，如有客观证据表明该贷款的价值已恢复，且客观上与确认该减值损失发生的事项有关，应在原已计提的范围内对减值资产的价值进行恢复。会计分录为

借：贷款损失准备

　　贷：资产减值损失

(3) 收回减值贷款的核算。收回减值贷款时，应按照“本金、表外应收利息”的顺序进行收回。其会计分录为

借：吸收存款——借款人户　　(实际收到的金额)

　　贷款损失准备　　(贷款损失准备余额)

　　贷：贷款——××贷款——已减值　　(账面余额)

　　　　利息收入(已收回的表外应收利息余额)

(或借)资产减值损失　　(借贷方差额)

同时，销记表外登记的应收未收利息。

付：应收未收利息——借款人户

经典案例

【例 5-2】ABC 银行重庆路支行于 20×7 年 12 月 31 日向方特公司提供一笔一年期流动信用贷款 2 000 000 元，合同利率为 9.6%(年利率)，到期一次性还本付息，同时发生贷款咨询费用 5 000 元，由 ABC 银行支付给在本行开户的 G 咨询公司。20×8 年 6 月 30 日有客观证据表明方特公司发生严重财务困难，ABC 银行重庆路支行据此认定对方特公司的贷款发生了减值，并预期将于 20×9 年 4 月 30 日收到现金 1 200 000 元。20×9 年 4 月 30 日 ABC 银行重庆路支行收到方特公司归还的贷款，金额为 1 500 000 元。

假设 ABC 银行于每月末计提利息，不考虑其他因素。

该笔贷款的初始确认金额为 2 005 000 元(2 000 000+5 000=2 005 000)。

设贷款的实际月利率为 IRR，则：

$$2\,005\,000=\frac{2\,000\,000\times(1+9.6\%)}{(1+\text{IRR})^{12}}$$

由此可以算出月利率 IRR = 0.7459%。

采用实际利率计算贷款利息收入和贷款摊余成本的计算如表 5-2 所示。

表 5-2　实际利率法计算利息收入和贷款摊余成本表

时间	期初摊余成本 a	利息收入 b(a×0.7459%)	现金流入 c	贷款减值损失 d	期末摊余成本 e(a+b−c−d)	利息调整
20×7.12.31	2 005 000				2 005 000	借 5000
20×8.01.31	2 005 000	14 955.30	0		20 19 955.30	贷 1044.70
20×8.02.28	2 019 955.30	15 066.85	0		2 035 022.15	贷 933.15
20×8.03.31	2 035 022.15	15 179.23	0		2 050 201.38	贷 820.77
20×8.04.30	2 050 201.38	15 292.45	0		2 065 493.83	贷 707.55
20×8.05.31	2 065 493.83	15 406.52	0		2 080 900.35	贷 593.48
20×8.06.30	2 080 900.35	15 521.44	0	982364.73	1 114 057.06	贷 900.35
20×8.07.31	1 114 057.06	8309.75	0		1 122 366.81	/
20×8.08.31	1 122 366.81	8371.73	0		1 130 738.54	/
20×8.09.30	1 130 738.54	8434.18	0		1 139 172.72	/
20×8.10.31	1 139 172.72	8497.09	0		1 147 669.81	/
20×8.11.30	1 147 669.81	8560.47	0		1 156 230.28	/
20×8.12.31	1 156 230.28	8624.32	0		1 164 854.6	/
20×9.01.31	1 164 854.6	8688.65	0		1 173 543.25	/
20×9.02.28	1 173 543.25	8753.46	0		1 182 296.71	/
20×9.03.31	1 182 296.71	8818.75	0		1 191 115.46	/
20×9.04.30	1 191 115.46	8884.54 *	1 200 000		0	/
合计		177 364.73		982364.73		余额 0

注：考虑了小数点尾差，8884.54 为倒挤求出(1 200 000−1 191 115.46 = 8884.54)，与

8884.53(119 115.46 × 0.007459 = 8 884.53)存在 0.01 的小数点尾差。

银行的会计处理如下：

(1) 20 × 7 年 12 月 31 日贷款发放。

借：贷款——信用贷款——方特公司(本金)　　2 000 000
　　　　　　　　　——方特公司(利息调整)　　5 000
　贷：吸收存款——活期存款 ——方特公司(本金)　　2 000 000
　　　吸收存款——活期存款 ——G 公司　　5 000

(2) 20 × 8 年 1 月 31 日贷款计提利息收入。

借：应收利息——信用贷款——方特公司　　16 000
　贷：利息收入　　14 955.30
　　　贷款——信用贷款——方特公司(利息调整)　　1 044.70

(3) 20 × 8 年 2 月 28 日、3 月 31 日、4 月 30 日、5 月 31 日计提贷款利息收入方法同(2)。

(4) 20 × 8 年 6 月 30 日计提贷款利息。

借：应收利息——信用贷款——方特公司　　16 000
　贷：利息收入　　15 521.44
　　　贷款——信用贷款——方特公司(利息调整)　　478.56

(5) 20 × 8 年 6 月 30 日确认贷款减值损失。

确认减值损失前贷款的摊余成本 = 2 080 900.35 + 15 521.44 = 2 096 421.79(元)

新预计未来现金流量现值 = 1 200 000/(1 + 0.007 459)^{10} = 1 114 057.06(元)

确认贷款减值损失=未确认减值损失前贷款的摊余成本–新预计未来现金流量现值
=2 096 421.79–1 114 057.06
=982 364.73(元)

借：资产减值损失——信用贷款——方特公司　　982 364.73
　贷：贷款损失准备 ——信用贷款——方特公司　　982 364.73

借：贷款——信用贷款——方特公司(已减值)　　2 096 421.79
　贷：贷款——信用贷款——方特公司(本金)　　2 000 000
　　　　　　　　　　——方特公司(利息调整)　　421.79
　　　应收利息——信用贷款——方特公司　　96 000

(6) 20 × 8 年 7 月 31 日，确认减值贷款利息收入。

借：贷款损失准备——信用贷款——方特公司　　8 309.75
　贷：利息收入　　8 309.75

收：应收未收利息　　16 000

(7) 20 × 8 年 8 月 31 日、9 月 30 日、10 月 31 日、11 月 30 日、12 月 31 日，20 × 9 年 1 月 31 日、2 月 28 日、3 月 31 日确认减值贷款利息收入方法同(6)。

(8) 20 × 9 年 4 月 30 日，确认减值贷款利息收入。

借：贷款损失准备——信用贷款——方特公司　　8 884.54
　贷：利息收入　　8 884.54

收：应收未收利息　　16 000

(9) 20 × 9 年 4 月 30 日，方特公司归还贷款的核算。

借：吸收存款——活期存款——方特公司　　1 500 000
　　贷款损失准备　　896 421.79
　　贷：贷款——信用贷款——方特公司(已减值)　　2 096 421.79
　　　　资产减值损失　　300 000
付：应收未收利息　　192 000

5.1.5 抵押贷款的核算

抵押贷款是担保贷款的一种，是银行要求借款人以一定财产作为抵押而发放的贷款。借款人到期不能归还贷款本息时，银行有权依法处置贷款抵押物，并从所得收益中优先收回贷款本息，或以该抵押物折价冲抵贷款本息。

一般来说，抵押贷款的核算可分为贷款发放、贷款收回两个环节，但若贷款逾期尚未归还，还要进行贷款逾期、抵债资产处置的核算。

1．贷款发放

借款人办理抵押贷款，向银行提出申请并提交“抵押贷款申请书”，写明借款用途、金额、还款日期以及抵押品名称、数量、价值、存放地点等有关事项，同时提交有权处分人同意抵押的证明或保证人同意保证的相关文件。

商业银行办理抵押贷款，首先应确认抵押物的所有权或经营权，债务人除拥有对财产的所有权外，还应具有最终的处分权，才能作为抵押人向银行申请抵押担保贷款。商业银行选择的抵押物必须是合法取得的、可以流通、易于变现和处分。抵押物的使用期必须长于借款期，贷款到期后，抵押物的变现价值应大于借款本金。

知识链接

依据《担保法》第三十四条规定，下列财产可以作为抵押物：

✧ 抵押人所有的房屋和其他地上定着物；
✧ 抵押人所有的机器、交通运输工具和其他财产；
✧ 抵押人依法有权处分的国有土地使用权、房屋和其他地上定着物；
✧ 抵押人依法有权处分的国有机器、交通运输工具和其他财产；
✧ 抵押人依法承包并经发包方同意抵押的荒山、荒沟、荒丘、荒滩等荒地的土地使用权；
✧ 依法可以抵押的其他财产。

依据《担保法》第三十六条规定，须注意以下特别事项：

✧ 以依法取得的国有土地上的房屋抵押的，该房屋占用范围内的国有土地使用权同时抵押。
✧ 以出让方式取得的国有土地使用权抵押的，应当将抵押时该国有土地上的房屋同时抵押。
✧ 乡(镇)、村企业的土地使用权不得单独抵押。以乡(镇)、村企业的厂房等建筑物抵押的，其占用范围内的土地使用权同时抵押。

依据《担保法》第三十七条规定，下列财产不能作为抵押物：

- ✧ 土地所有权；
- ✧ 耕地、宅基地、自留地、自留山等集体所有的土地使用权，但抵押人依法承包并经发包方同意抵押的荒地的土地使用权除外、第三十六条第三款规定的除外；
- ✧ 学校、幼儿园、医院等以公益为目的的事业单位、社会团体的教育设施、医疗卫生设施和其他社会公益设施；
- ✧ 所有权、使用权不明或者有争议的财产；
- ✧ 依法被查封、扣押、监管的财产；
- ✧ 依法不得抵押的其他财产。

抵押贷款经银行信贷部门审查同意后，由借款人与银行签订抵押贷款合同，并将抵押品或抵押品产权证明移交银行。若银行认为有必要进行公证的合同及有关资料，应由公证机关对其真实性、合法性进行公证。对于易受自然灾害侵害的抵押物，借款方应办理财产保险，并将保单交银行保管。若发生损失，银行可从保险赔偿中收回抵押贷款。

对于被抵押品，银行方面需要办理抵押品入库手续，签发“抵(质)押品代保管凭证”一式两联，一联交借款人，另一联由银行留存，并登记代保管有价值品登记簿。同时记录表外科目如下：

收：代保管有价值品

在抵押贷款中，流动资金贷款最长不超过 1 年，固定资金贷款一般为 1～3 年，最长不超过 5 年。

抵押贷款通常是按照抵押品价值的一定比例而非抵押品价值全额贷放的。这个比率通常被称为抵押率，抵押率的计算公式如下：

$$\text{抵押率} = 1 - \frac{\text{抵押物预计贬值额}}{\text{抵押物现值}} \times 100\%$$

通常来说，贷款风险与抵押率成正向变化。抵押率越高，风险越大；抵押率越低，风险越小。所以贷款人对风险大的贷款，采用降低抵押率来减少风险；风险小的，抵押率可高些。我国商业银行在办理抵押贷款时，抵押率一般控制在 50%～70%之间。

借款合同签订后，借款人用款时贷款发放的程序与信用贷款类似，这里不再赘述。其会计处理分录为

借：贷款——抵押贷款——借款人贷款户

　　贷：吸收存款——活期存款——借款人存款户

抵押贷款资产负债表日利息的核算方法同信用贷款。

此外，商业银行应当在资产负债表日对各项贷款的账面价值进行检查。如有客观证据表明该贷款发生减值的，应当计提减值准备。贷款减值的会计核算方法同信用贷款。

2．贷款收回

抵押贷款到期借款人主动归还，应将还款凭证，连同银行出具的抵押品代保管收据一并提交商业银行，银行为其办理还款手续。其会计分录为

借：吸收存款——活期存款——借款人存款户

　　贷：贷款——抵押贷款——借款人贷款户

利息收入——抵押贷款收入户

同时销记表外科目，办理抵押品出库手续，原抵押申请书作为表外科目付出传票的附件。

付：代保管有价值品

若贷款到期后由于客观情况发生变化，借款人经过努力仍不能还清贷款的，借款人可以提前向借款银行申请贷款展期。具体实施办法与信用贷款展期类似。

3．贷款逾期

抵押贷款到期，借款单位如不能归还贷款利息，银行应将其贷款转入逾期贷款科目核算，并按规定计收罚息，贷款转入逾期贷款的核算方法同信用贷款。

逾期贷款利率为借款合同载明的贷款利率水平的 1.3～1.5 倍。出现下列情况银行有权依法处理抵押物：

(1) 借款合同履行期满，借款人未按期偿还贷款本息，又未同银行签订展期协议或申请展期未批准的。

(2) 抵押期间，借款人死亡、无继承人或受遗赠人的。

(3) 借款人的继承人拒绝偿还本息或继承人放弃继承的。

(4) 借款人被解散、宣布破产或依法撤销的。

(5) 其他可以依法处分抵押物的情形。

知识链接

《担保法》第五十三条规定，债务履行期届满抵押权人未受清偿的，可以与抵押人协议以抵押物折价或者以拍卖、变卖该抵押物所得价款受偿；协议不成的，抵押权人可以向人民法院提起诉讼。

4．抵债资产处置

金融企业发放抵押贷款不能收回时，可依法取得并按有关规定处置抵债资产。处置的主要形式包括拍卖、变卖抵押物或提起诉讼。

(1) 取得抵债资产。银行按抵债资产的公允价值入账，会计分录为

借：抵债资产　　　　　　　　(公允价值)
　　贷款损失准备　　　　　　(已计提的减值准备)
　　营业外支出　　　　　　　(贷方大于借方的差额)
　　贷：贷款——抵押贷款——借款人户　　　　(账面余额)
　　　　应交税费(获得抵债资产应支付的税费)
　　　　资产减值损失(借方大于贷方的差额)

同时，销记表外登记的应收未收利息。

付：应收未收利息——借款人户

(2) 抵债资产保管期间取得的收入和发生的直接费用，应分别计入“其他业务收入”“其他业务成本”科目。

① 取得收入，会计分录为

借：库存现金(或其他科目)

　　贷：其他业务收入

② 发生直接费用时，会计分录为

借：其他业务成本

　　贷：库存现金(或其他科目)

(3) 处置抵债资产。

借：库存现金或存放中央银行款项　　(实际收到的金额)

　　资产处置损益　　(贷方大于借方的差额)

　　贷：应交税费　　(处置抵债资产应支付的税费)

　　　　抵押资产　　(账面价值)

　　　　资产处置损益　　(借方大于贷方的差额)

(4) 取得的抵债资产转为金融资产给企业自用。

借：固定资产

　　贷：抵债资产

抵债资产发生减值的，应计提“抵债资产减值准备”，该账户的余额应于处置或转为自用时与“抵债资产”账户的余额一并转出。

经典案例

【例 5-3】ABC 银行济南分行于 20×4 年 1 月 1 日向方特公司提供抵押贷款 100000 元，该贷款定于 20×9 年 1 月 1 日还本付息，合同年利率为 10%，抵押物为企业的机器，已办理手续。20×8 年，方特公司发生严重的财务困难，导致 20×9 年 1 月 1 日无法偿还到期贷款。20×9 年 1 月 1 日，银行收到方特公司的公允价值为 160000 元的抵押物，发生相关税费 12 000 元。假设不考虑其他因素。

(1) ABC 银行济南分行收到抵债资产时的会计处理为

借：抵债资产　　160 000

　　营业外支出　　2 000

　　贷：贷款——抵押贷款——方特公司　　100 000

　　　　应收利息　　50 000

　　　　应交税费　　12 000

(2) 20×9 年 1 月 10 日用现金支付抵押物的维修费 2 000 元。

借：其他业务成本　　2 000

　　贷：库存现金　　2 000

(3) 20×9 年 1 月 20 日出租抵押物，取得现金收入 5 000 元。

借：库存现金　　5 000

　　贷：其他业务收入　　5 000

(4) 20×9 年 1 月 30 日以 185 000 元的价格将抵押物拍卖，发生相关税费 15 000 元。

借：存放中央银行款项　　185 000

贷：抵债资产	160 000
应交税费	15 000
资产处置损益	10 000

5.1.6　质押贷款的核算

质押贷款是指贷款人按《中华人民共和国担保法》规定的质押方式以借款人或第三人的动产或权利为质押物发放的贷款。可作为质押的质物包括借款人或第三人的动产或国库券(国家有特殊规定的除外)、国家重点建设债券、金融债券、AAA 级企业债券、储蓄存单等权利凭证。

这里主要从质押贷款的基本规定和质押贷款的核算两个方面进行介绍。

1．质押贷款的基本规定

质押贷款的基本规定主要包括以下几个方面。

(1) 作为质物的动产或权利必须符合《中华人民共和国担保法》的有关规定，出质人必须依法享有对质物的所有权或处分权，并向银行书面承诺为借款人提供质押担保。

(2) 以银行汇票、银行承兑汇票、支票、本票、存款单、国库券等有价证券质押的，质押率最高不得超过 90%；以动产、依法可以转让的股份(股票)、商业承兑汇票、仓单、提单等质押的，质押率最高不得超过 70%；以其他动产或权利质押的，质押率最高不得超过 50%。

(3) 采取质押方式的，出质人和质权人必须签订书面质押合同，质押合同至借款人还清全部贷款本息时终止；对设定的质物，出质人应移交贷款人，在质押期届满之前，贷款人不得擅自处分。质押期间，质物如有损害、遗失，贷款人应承担责任并负责赔偿。

知识链接

可以办理质押的权利主要包括：
(1) 汇票、支票、本票、债券、存款单、仓单、提单；
(2) 依法可以转让的股份、股票；
(3) 依法可以转让的商标权、专利权、著作权中的财产权；
(4) 依法可以质押的其他权利。

2．质押贷款核算

质押贷款的具体核算，可以比照抵押贷款的核算手续进行。

经典案例

5.1.7　贷款利息的核算

银行发放的各种贷款，除国家有特殊规定和财政补贴外，均应按规定计收利息。本节主要介绍贷款利息的计算方法和贷款利息的核算。

1. 贷款利息计算方法

贷款利息的计算分为定期收息和利随本清两种。

(1) 定期收息。对于定期收息的贷款，银行于每季度末 20 日营业终了时以余额表或分户账页计算累计计息积数，计算公式为

$$应收利息 = 计息日积数 \times (月利率 \div 30)$$

(2) 利随本清。利随本清也称为逐笔核算。贷款到期，借款人还款时，应计算自放款日起至还款日前一天截止的贷款天数，计算公式为

$$应收利息 = 还款金额 \times 日数 \times (月利率 \div 30)$$

2. 贷款利息的核算

商业银行通过“应收利息”科目核算发放贷款、存放同业、拆出资金产生的当期应收利息。按期计提贷款应收利息时，商业银行应编制“计收利息清单”一式三联，其中第一联为借方凭证，第二联为支取通知，第三联为贷方凭证。其会计分录为

借：应收利息

　　贷：利息收入

收到利息时，会计分录为

借：吸收存款——借款人存款户

　　贷：应收利息

贷款利息自结息日起，逾期 90 天(含 90 天)以内的应收未收利息，应继续计入当期损益；贷款利息逾期 90 天以上，无论该贷款本金是否逾期，其应计利息停止计入当期利息收入，纳入表外核算；已计提的贷款应收利息，在贷款到期 90 天后仍未收回的，或在应收利息逾期 90 天后仍未收到的，冲减原已计入损益的利息收入，转作表外核算。

收到已转入表外核算的应收利息时，应按以下原则处理：

(1) 本金未逾期，且有客观证据表明借款人将会履行未来还款义务的，应将收到的该部分利息确认为利息收入。收到该部分利息时，会计分录为

借：吸收存款——借款人户

　　贷：利息收入

(2) 本金未逾期或逾期未超过 90 天，且无客观证据表明借款人将会履行未来还款义务的，以及本金已逾期的应将收到的该部分利息确认为贷款本金的收回。收到该部分利息时会计分录为

借：吸收存款——借款人存款户

　　贷：贷款——借款人贷款户

拆出资金到期(含展期)90 天后仍未收回的，或者拆出资金尚未到期而已计提应收利息逾期 90 天后仍未收回的，也应将原已计入损益的利息收入予以冲销，与其后发生的应计利息一并纳入表外核算。

此外，按照《人民币利率管理规定》和《关于人民币贷款利率有关问题的通知》规定，借款人未按约定期限归还贷款的，须支付逾期利息，即由逾期贷款造成的罚息；对不能按时支付的利息，按罚息利率计收复利。罚息利率按照合同载明的贷款利率水平加收 30%～50%。逾期利息的会计处理与计提应收利息相同，表外核算方法也与应收未收利息

逾期核算方法相同。

5.2 贴现业务的核算

贴现是一项票据转让行为，又是一项融通资金的业务。贴现和发放贷款都是银行的资产业务，都是为客户融通资金，对调节市场货币资金供求、促进经济发展、增加银行收入、保证银行资金安全都具有重要意义。下面将从贴现业务概述和票据贴现的核算两个方面对贴现业务进行介绍。

5.2.1 贴现业务概述

贴现是指资金的需求者将自己手中未到期的商业票据、银行承兑票据或短期债券向银行或贴现公司要求变成现款，银行或贴现公司(融资公司)收进这些未到期的票据或短期债券，按票面金额扣除贴现日至到期日的利息后付给现款，到票据到期时再向出票人收款。

票据贴现可分为三种，分别是贴现、转贴现和再贴现。

(1) 贴现是指客户(持票人)将没有到期的票据出卖给贴现银行，以便提前取得现款。一般工商企业向银行办理的票据贴现就属于这一种。

(2) 转贴现是指银行以贴现购得的没有到期的票据向其他商业银行所作的票据转让，转贴现一般是商业银行间相互拆借资金的一种方式。

(3) 再贴现是指贴现银行持未到期的已贴现汇票向人民银行的贴现，通过转让汇票取得人民银行再贷款的行为。再贴现是中央银行的一种信用业务，是中央银行为执行货币政策而运用的一种货币政策工具。

【微思考】结合上节所学知识，试分析票据贴现与贷款业务有哪些异同点？

扫一扫

通常情况下，票据贴现利率比贷款利率低，且贴现办理手续比贷款简单。客户可以通过票据贴现预先得到银行垫付的融资款项，加速公司资金周转，提高资金利用效率。

知识链接

电子商业汇票贴现

产品说明

电子商业汇票贴现业务是指电子商业汇票的持票人在汇票到期日前，为了取得资金，贴付一定利息，通过人民银行电子商业汇票系统将票据权利转让给金融机构的融资行为，是金融机构向持票人融通资金的一种方式。其最大的特性是贴现申请、背书转让依靠网络和计算机技术，以数据电文形式完成。

产品特点

1. 增加企业融资渠道，降低企业融资成本。
2. 提高企业资产流动性，加快资金周转，提高资金使用率，提高客户资产周转率。
3. 增加企业现金流，降低客户资产负债率，提高资本充足率。
4. 节约企业财务费用，避免资金积压。
5. 杜绝传统纸质商业汇票的假票风险。
6. 缩短票据和资金在途时间，降低交易成本，提高支付效率。

利率

以 3 个月期限 SHIBOR 利率基础上加点生成。

期限

最长期限 1 年。

适用客户

具有短期融资需求的企业法人以及其他组织。

申请条件

1. 在中国境内经合法注册经营并持有有效贷款卡的企业或其他组织。
2. 能证明其票据合法取得、具有真实贸易背景。
3. 在银行开立存款账户。
4. 与出票人或其前手之间具有真实的交易关系和债权债务关系。

提交材料

1. 贴现凭证(代贴现申请书)，其中第一联加盖申请人在银行的预留印鉴。
2. 申请贴现时，应向贴入人提供用以证明其与前手真实交易关系或债权债务关系的合同、发票等其他材料。
3. 通过人民银行电子商业汇票系统向被申请机构发起的电子商业汇票贴现申请。

办理流程

1. 贴现申请人通过人民银行电子商业汇票系统提出贴现申请后，业务人员对贴现申请人进行资格审查、真实贸易背景材料审查；业务经办、贸易背景审核人员、业务授权审批人员等分别在业务审批表中填写业务信息，贸易背景资料审核意见、业务审批意见，并在审批表中签章，审批表须归档备查。
2. 票据融资业务部门完成行内审批程序，与客户签订电子商业汇票融资业务协议。
3. 系统业务复核柜员对系统中的相应业务进行复核。
4. 放款至贴现申请人账户，并将贴现档案整理归档。

5.2.2　票据贴现的核算

票据贴现的核算按贴现业务的办理流程，可以划分为办理贴现的核算和到期收回贴现款的核算。

1. 办理贴现的核算

持票人持未到期的商业汇票到开户银行申请贴现时，应填写贴现申请书，提供与交易相关的合同、交易发票，并填制一式五联贴现凭证，如图 5-2 所示。第一联作贴现借方凭证，第二联作收款户贷方凭证，第三联作利息收入贷方凭证，第四联为银行给持票人的回单，第五联作票据贴现到期卡。持票人在第一联上加盖预留印鉴后，连同汇票送交银行。

贴现凭证(代申请书) 1

填写日期：　　年　月　日　　　　第　　号

贴现汇票	种类		号码		申请人	名称	
贴现汇票	出票日	年　月　日			申请人	账号	
贴现汇票	到期日	年　月　日			申请人	开户银行	
汇票承兑人(或银行)	名称		账号		开户银行	
汇票金额	人民币(大写)					千 百 十 万 千 百 十 元 角 分
贴现率　　%	贴现利息	千 百 十 万 千 百 十 元 角 分	实付贴现金额			千 百 十 万 千 百 十 元 角 分
附送承兑汇票申请贴现，请审核。此致 贴现银行 申请人签章		银行审批	负责人		信贷员	

复核　　　　　　　　记账

此联银行作贴现借方凭证

图 5-2　贴现凭证

贴现申请人在第一联凭证上按规定签章后，将凭证及汇票一并送交银行信贷部门。信贷部门根据信贷管理办法及结算规定进行贴现审查后，填写汇票贴现审批书，注明审查意见并按照相应的贷款审批权限逐级上报审批。待审批通过后，信贷部门将已签注“同意”字样并加盖有关人员名章的贴现凭证送交会计部门。

会计部门接到贴现凭证及商业汇票后，对贴现凭证和商业汇票的票面要素进行审核，审核无误后，按照规定的贴现利率计算、扣收贴现利息后，办理转账手续。贴现利息及实付贴现金额计算方法如下：

贴现利息=汇票金额×贴现天数×月贴现利率÷30

实付贴现金额=汇票金额−贴现利息

其中，贴现天数是从贴现之日起至汇票到期日止，按实际天数计算，算头不算尾。需要注意的是，票据到期日如遇法定节假日应顺延至下一工作日。此外，若承兑行在异地的，贴现天数应另加 3 天划款期。

商业银行通过“贴现资产”科目核算办理商业票据的贴现、转贴现和再贴现业务的款项。贴现行的会计分录为

借：贴现资产——商业承兑汇票(或银行承兑汇票)贴现——贴现申请人户(面值)

　　贷：吸收存款——活期存款——贴现申请人户

　　　　贴现资产——商业承兑汇票(或银行承兑汇票)贴现——贴现申请人户(利息调整)

同时登记表外科目。其会计分录为

收：代保管有价值品

在资产负债表日，银行应按实际利率计算贴现利息收入的金额。其会计分录为

借：贴现资产——商业承兑汇票(或银行承兑汇票)贴现——贴现申请人户(利息调整)

　　贷：利息收入

实际利率与合同约定的名义利率差异不大的，也可以采用合同约定的名义利率计算利息收入。

经典案例

【例 5-4】20×8 年 3 月 1 日，ABC 银行济南分行收到华泰公司提交的同城银行承兑汇票，金额为 500 000 元，到期日为 20×8 年 6 月 1 日，华泰公司申请贴现，ABC 银行济南分行审定后同意按 3.1%的贴现率进行贴现。

贴现天数 ＝92 天

贴现利息 ＝500 000×92×3.1%÷360=3 961.11(元)

实付贴现金额=500 000-3 961.11= 496 038.89(元)

会计分录为

借：贴现资产——银行承兑汇票贴现——华泰公司(面值)　　500 000

　　贷：吸收存款——活期存款——华泰公司　　496 038.89

　　　　贴现资产——华泰公司(利息调整)　　3 961.11

2．到期收回贴现款的核算

贴现银行应经常查看已贴现汇票的到期情况，对已到期的贴现汇票应及时收回票款。一般情况下，商业银行办理贴现的汇票主要有商业承兑汇票和银行承兑汇票两种。由于我国目前使用的商业汇票以信用度较高的银行承兑汇票为主，因此这里主要介绍银行承兑汇票到期收回贴现款的核算。

银行承兑汇票的承兑人是付款人开户银行，所以信用可靠，一般不会发生退票情况。贴现银行在汇票到期前，应以自己为收款人填制托收凭证，向对方银行收取贴现款。由于在该笔业务中承兑人和收款人均为银行，因此需要区分承兑银行的会计核算和贴现银行的会计核算两种不同的情况。

(1) 承兑银行的会计核算。银行承兑汇票到期日，承兑银行应向承兑申请人收取足额票款，并转入承兑保证金专户，会计分录为

借：吸收存款——活期存款——承兑申请人

　　贷：吸收存款——应解汇款——承兑申请人

待收到贴现银行寄来的托收凭证及汇票等资料时，于汇票到期日或到期日后见票当天将票款划出，会计分录为

借：吸收存款——应解汇款——承兑申请人

　　贷：清算资金往来

知识链接

银行承兑汇票出票人于票据到期日存款账户不足支付票款时，商业银行应根据银行承兑担保协议的规定，在承兑汇票到期日营业终了将差额部分转入承兑垫款专户，按日万分

之五计收罚息，并随时从出票人或保证人的存款账户中扣收本息。

银行承兑汇票发生垫款后，形成垫款的部分将视为商业银行新增不良贷款进行管理。

(2) 贴现银行的会计核算。银行承兑汇票到期，贴现银行应按有关规定，将银行承兑汇票和托收凭证一并送交承兑银行提示其付款。此时，需销记表外科目如下：

付：代保管有价值品

贴现银行收到划回的票款，在系统内进行相应的账务处理。其会计分录为

借：清算资金往来

  贷：贴现资产——银行承兑汇票贴现——贴现申请人户(面值)

借：贴现资产——银行承兑汇票贴现——贴现申请人户(利息调整)

  贷：利息收入

经典案例

【例 5-5】接【例 5-4】若银行承兑汇票到期，ABC 银行济南分行于到期日向承兑银行发出托收凭证和汇票，随即收到划回的汇票款项。

ABC 银行济南分行的会计分录为

借：清算资金往来　　500 000

  贷：贴现资产——银行承兑汇票贴现——华泰公司(面值)　　500 000

借：贴现资产——银行承兑汇票贴现——华泰公司(利息调整)　　3 961.11

  贷：利息收入　　3 961.11

  同时销记表外科目如下：

付：代保管有价值品

期末，贴现银行应对贴现资产进行全面检查，并合理计提贷款损失准备。对于不能收回的贴现款应查明原因。确实无法收回的，经批准作为呆账损失的，应冲销提取的贷款损失准备。其会计分录为

借：贷款损失准备

  贷：贴现资产——银行承兑汇票贴现——贴现申请人户

经典案例

练　　习

一、单项选择题

1. 票据贴现是商业银行的一项(　　)业务。

A. 资产　　B. 负债　　C. 中间　　D. 表外

2. (　　)类贷款指借款人无法保证足额偿还本息，即使执行抵押或担保，也肯定要造成一部分损失。

A. 关注　　B. 次级　　C. 可疑　　D. 损失

3. 本金未逾期，应收利息已超过(　　)天未收回的贷款应计入非应计贷款。

A. 60　　B. 90　　C. 180　　D. 1 年

4．短期贷款是指贷款期限在(　　)的贷款。

A. 1 年以内　　　　B. 1 年以上 3 年以下

C. 3 年以上 5 年以下　　　　D. 5 年以上

5．(　　)是指银行完全凭借客户信誉而无须提供抵押物或第三者保证发放的贷款。

A. 担保贷款　　B. 抵押贷款　　C. 质押贷款　　D. 信用贷款

6．(　　)是指贷款人以购买未到期商业票据的方式发放的贷款。

A. 票据贴现　　B. 抵押贷款　　C. 质押贷款　　D. 信用贷款

二、多项选择题

1．按保障程度不同划分，银行贷款可分为(　　)。

A. 抵押贷款　　B. 担保贷款　　C. 票据贴现　　D. 信用贷款

2．担保贷款按还款保证不同划分，贷款可分为(　　)。

A. 信用贷款　　B. 保证贷款　　C. 抵押贷款　　D. 质押贴现

3．贴现业务与贷款业务的区别包括(　　)。

A. 涉及的当事人不同　　　　B. 期限不同

C. 利息扣收方式不同　　　　D. 资金周转率不同

4．已贴现的商业承兑汇票到期时，如果付款人存款账户余额不足，则将(　　)。

A. 凭证退回贴现银行

B. 由付款人开户行执行强制扣款

C. 由付款人开户行转入付款人逾期贷款账户

D. 由贴现银行向贴现申请人收取票款

5．贷款利息计算方法有(　　)。

A. 定期结息　　B. 活期结息　　C. 利随本清　　D. 逐笔计息

6．按贷款五级分类法，(　　)贷款称为不良贷款。

A. 关注　　B. 可疑　　C. 次级　　D. 损失

三、简答题

DEF 银行烟台某支行 20×7 年 7 月发生的业务节选如下：

(1) 7 月 7 日，立东包装厂向该支行归还 2 月 7 日借入的短期贷款 50 000 元，月利率为 5.5‰，贷款本息一并归还。

(2) 7 月 8 日，该支行收到借款人红星乳品厂的转账支票，归还质押贷款 150 000 元，以及利息 8 500 元。同日，借款人李甲日前申请的短期贷款 20 000 元，经银行审查批准后进行放款。

(3) 7 月 13 日，借款人王刚以现金支付信用贷款本金 50 000 元，利息 2 300 元。

(4) 7 月 16 日，开户单位通信公司持银行承兑汇票申请办理贴现，汇票金额为 350 000 元，汇票到期日为 11 月 4 日，经信贷部门审查后予以办理(月贴现率为 6‰)。

(5) 7 月 20 日，收到异地 ABC 银行划回的商业承兑汇票贴现款 75 000 元。

试根据以上经济活动，编写会计分录。

实践 3　小企业生产经营性贷款

实践指导

通过本实践，掌握小企业生产经营性贷款的相关概念和发放流程等基本业务要领。

【任务分析】

(1) 登录多个银行官网，了解小企业生产经营性贷款业务的办理方式。

(2) 回顾商业银行贷款与贴现业务核算中贷款的相关知识。

(3) 该实践的考核重点在于流程设计与结果分析是否完备、合理。

【参考解决方案】

1. 实践知识

1) 小企业生产经营性贷款的含义

小企业生产经营性贷款，是指银行对以法人名义申请，用于解决从事生产经营的资金需求的贷款。

2) 基本规定

(1) 贷款对象。小企业生产经营性贷款的贷款对象为从事合法生产经营的企业、事业法人。

(2) 贷款额度。目前，各个商业银行对小企业生产经营性贷款的授权额度存在一些差异，但总体来说，小企业生产经营性贷款的贷款额度是由经办银行根据借款人的信用状况、经营状况、还本付息能力、实际资金需求、担保方式等因素综合确定的。

(3) 贷款期限。小企业生产经营性贷款的贷款期限根据企业的生产经营周期、还款能力确定，但最长不得超过 3 年(不含展期)。

(4) 贷款利率。小企业生产经营性贷款的贷款利率、逾期贷款罚息利率按人民银行和经办银行的有关规定执行；浮动比例应根据借款人的信用状况、还款实力、担保状况、贷款用途、综合贡献度等因素合理确定，具体标准按贷款银行相关定价规定执行。

(5) 贷款的使用范围。小企业借款人要严格按照约定的贷款用途使用贷款资金。借款人未得到贷款银行同意，擅自改变贷款用途的，属于违约行为，贷款银行可以按照借款合同约定停止发放借款、提前收回借款或者解除合同。

小企业生产经营性贷款的使用范围如图 S3-1 所示。

可用于	不得用于
• 小企业生产经营活动中临时性、季节性流动资金周转； • 购置(维修)有关设备、装潢经营场所等。	• 投资证券市场(包括股票、权证及基金买卖)、期货交易、外汇买卖和委托理财等金融投资； • 股本权益性投资； • 房地产项目开发以及国家明令禁止或限制的生产经营活动等。

图 S3-1　小企业生产经营性贷款的使用范围

(6) 贷款的担保方式。借款人申请小企业生产经营性贷款必须具备银行认可的一项或多项有效担保，担保方式一般有保证、抵押和质押。采用第三方保证方式的，保证人须具有保证资格和与借款金额相应的担保能力，并对贷款承担连带保证责任；采用抵、质押担保方式的，必须提供足额的、真实有效的抵、质押物，并办理相关手续。

3) 贷款流程

小企业生产经营性贷款业务流程如图 S3-2 所示。

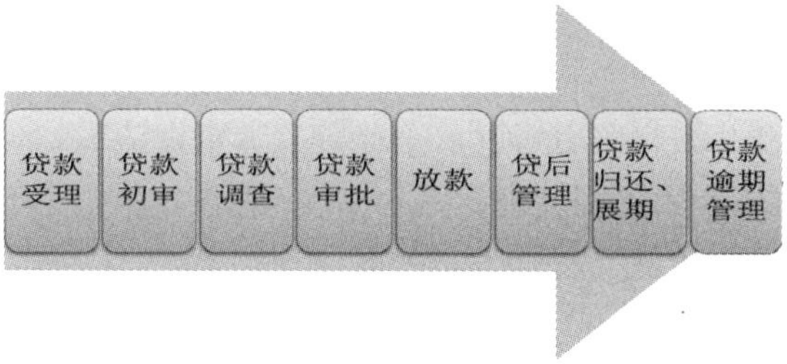

图 S3-2　小企业生产经营性贷款业务流程

(1) 贷款受理。经办行客户经理负责受理客户贷款申请，向客户介绍贷款的申请条件、利率、期限、担保、还款方式、办理程序、违约处理及需要借款人承担的各项费用等，解释小企业生产经营性贷款的有关规定，明确告知借款人应当在经办行进行小企业资信调查时给予协助。借款人申请小企业生产经营性贷款需要提供的主要证明材料如图 S3-3 所示。

贷款申请证明资料				
营业执照、贷款卡等资料原件及复印件	公司验资报告、公司章程、财务报告等	抵质押担保的：抵(质)押物清单及权属证明文件、同意抵质押的书面文件、抵(质)押物估价报告	保证担保的：保证人同意担保的书面文件、担保能力的证明资料、等同于借款企业的基本资料(保证人为企业)	银行认为必要的其他资料

图 S3-3　小企业生产经营性贷款申请证明资料

(2) 贷款初审。经办行客户经理对借款人的借款申请进行初审，认为基本可行的则进行贷款的调查。

(3) 贷款调查。对于客户的贷款申请，商业银行应实行双人实地调查。为提高工作效率，贷款调查和审查可同时进行。调查完成后调查人在审批表上签署意见。贷款调查可采用非现场调查、实地现场调查和侧面调查等形式，落实借款人的还款能力、还款意愿及担保人的担保资格和担保能力。

现场调查即实地调查，一般从与借款人及相关人员正面会谈接触、查看住所、经营场所、物资仓库等方面开展。调查内容包括借款人的基本情况、借款原因、用途调查、财务情况、非财务情况调查等。实地调查要求调查人应采取交叉检验的方法核实客户提供的信息，可自编有关小企业的资产负债表和现金流量表，作为分析客户财务状况和偿还能力的主要依据。

侧面调查主要核实借款人有关正面调查事项是否属实，通过向调查对象内部关系人、担保人、借款人同行、邻里、其他关系人以及中介、政府部门、曾有贷款业务的金融机构等核查，了解调查对象各方面情况的真实性。

调查完毕依据资料文本格式填写调查资料，并对贷款提出客观合理的评价。调查资料的内容包括但不限于：

① 借款人基本情况；

② 借款人社会信誉、银行信用情况，企业贷款卡查询情况，企业法人代表、负责人个人信用信息基础数据库个人信用情况；

③ 经营单位管理经营状况，产供销和内部控制状况；

④ 借款具体用途；

⑤ 单位财务状况，应重点分析企业的财务状况、现金流量和盈利能力；

⑥ 根据经营情况对借款人的还款来源和能力分析，对还款意愿做出合理判断；

⑦ 企业所处行业的环境依据事实和资料进行分析，对企业在行业的状况做出判断；

⑧ 对借款人提供的担保情况分析，包括抵(质)押物的合法性、价值稳定性、变现能力，以及对保证人的资信状况、担保资格、担保能力进行调查和评价；

⑨ 对贷款存在的风险因素进行分析；

⑩ 对借款合同所涉及的贷款额度、有效期限、贷款利率、还本方式、还息方式等提出具体意见。

调查人把审批表、文本和相关的资料移交贷款审查岗进行审查，审查岗审查贷款的合规合法性、完整性和真实性，审查后在审批表上签署意见。

(4) 贷款审批。经办银行在具体的审批授权范围内，按照规定的程序和管理要求办理贷款审批。超授权、未授权的上报上级有关部门审批，上级部门相关审查人员根据授权权限逐级进行审批，经审批同意贷款的，贷款经办行应及时通知借款人，签订贷款合同，办理抵、质押品入库登记手续。贷款合同及担保合同生效后，借款人签订借据，发放贷款。

(5) 贷款发放。经办银行会计部门依据客户签订的借据和信贷部门经办客户经理提供的出账通知书，经审核无误并核验预留印鉴后，按照银行贷款业务操作规程，在计算机系统中做“贷款发放”处理。属于受托支付方式的，经办柜员应依据出账通知书记载，将贷款转做约定用途。贷款经办行在办理最高额抵(质)押业务的分期放款时，要在办理出账手续当天首先向最高额抵(质)押登记机构查询抵(质)押物是否被查封、冻结，确认抵(质)押物未被查封冻结的，方可按正常手续办理业务。

(6) 贷后管理。贷后管理是指从贷款发放后或其他信贷业务发生后直到本息收回或信用结束的全过程的信贷管理，包括信贷资金合规使用的监控、资金账户监管、现场检查与日常跟踪管理、风险分类、档案管理、风险预警与处置、到期的催收、逾期的处置、信贷资金收回等。商业银行通过贷后管理，可以有效防范和控制信贷业务风险，确保信贷资金安全，提高经营效益。

经办贷款业务的调查岗和审查岗客户经理负责分管客户的具体贷后检查工作，并实时监控，定期撰写、审查贷后检查报告。

贷后管理工作应遵循的原则如图 S3-4 所示。

分层管理、责任到人	贷后管理各岗位要职责明确、分级负责、分层管理，考核到位。
双人检查、真实全面	调查人和审查人或审批人进行双人检查，全面了解、掌握借款人的经营管理活动情况。
定期检查、动态跟踪	正常管理的信贷业务进行定期检查，发现预警信息或突发事件时进行动态跟踪、实时监控、快速处理。
及时识别、有效控制	及时识别、监控信贷业务风险，采取有效处置措施，控制风险、减少损失。

图 S3-4　贷后管理工作原则

贷后检查的工作内容主要包括对客户基本情况检查、信贷资金用途检查、重大经营管理事项检查、财务经营状况或项目进展情况检查、结算往来情况检查、担保情况检查等。

按检查方式的不同，贷后检查可以分为现场检查和非现场检查。现场检查要实地走访客户，通过与法定代表人或财务负责人等高级管理人员面谈、检查经营场所、进行财务查账、盘点库存等方式发现问题。同时，贷后检查人员要妥善保存各种影像、视频资料等检查证据，作为贷后检查报告附件备查。非现场检查是利用客户报送的各种数据、监管部门(税务、工商及征信机构等)的信息系统、电话、网络、媒体等工具或渠道进行信息收集、信贷分析。

按检查时间划分，贷后检查又可分为首次检查、定期检查和动态跟踪检查。根据贷款风险和质量的不同，不同贷款贷后检查的频率也会有所差别，同一客户有多笔贷款且风险分类不同的，按照最高频率进行贷后检查。

此外，贷款发放后 3 个工作日内，由经办客户经理负责将借款人申请资料、借款合同等贷款资料移交档案管理部门或人员，建立贷款档案。

(7) 贷后归还、展期。借款人应按合同约定的期限按时还款，如果确实无法按照计划偿还贷款，可以申请贷款展期。借款人须提前提出贷款展期的申请，且贷款只能展期一次。借款人存在以下情形的，不得申请贷款展期：

① 贷款逾期，本金尚未归还；

② 借款人不能结清之前所欠的利息；

③ 不能提供出质人、抵押人同意延长贷款期限的书面证明；

④ 延长贷款期限可能造成更大的风险。

贷款归还时，借款人须提前将足额资金转至贷款行活期存款账户，签发转账支票，填制相关会计凭证。银行经办柜员根据审核无误后的凭证办理贷款偿还手续。贷款归还后，对借款人之前入库登记、管理的抵、质押品办理出库手续。

(8) 贷款逾期管理。贷款逾期的管理方法如图 S3-5 所示。

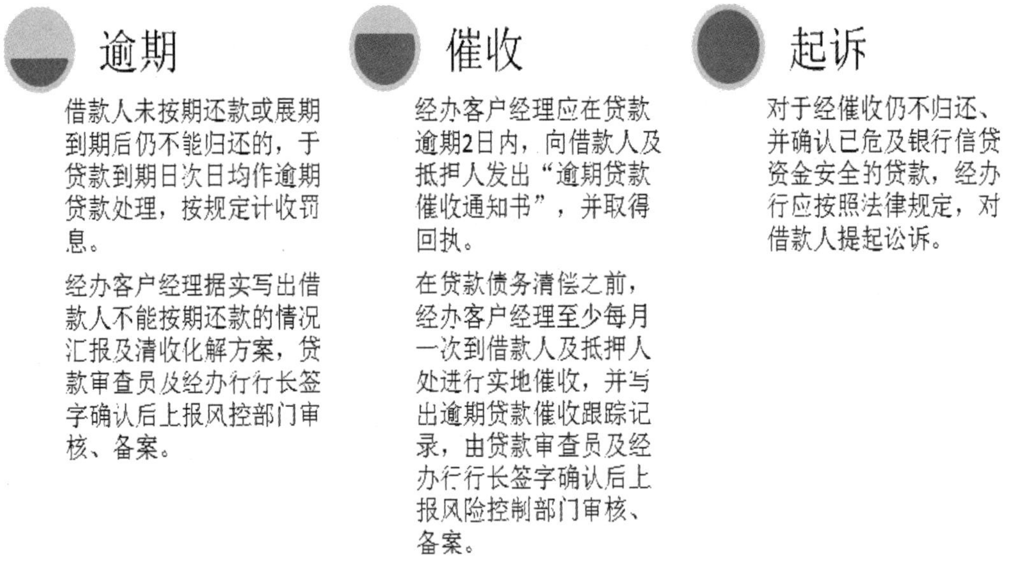
逾期
借款人未按期还款或展期到期后仍不能归还的，于贷款到期日次日均作逾期贷款处理，按规定计收罚息。
经办客户经理据实写出借款人不能按期还款的情况汇报及清收化解方案，贷款审查员及经办行行长签字确认后上报风控部门审核、备案。
催收
经办客户经理应在贷款逾期2日内，向借款人及抵押人发出“逾期贷款催收通知书”，并取得回执。
在贷款债务清偿之前，经办客户经理至少每月一次到借款人及抵押人处进行实地催收，并写出逾期贷款催收跟踪记录，由贷款审查员及经办行行长签字确认后上报风险控制部门审核、备案。
起诉
对于经催收仍不归还、并确认已危及银行信贷资金安全的贷款，经办行应按照法律规定，对借款人提起诉讼。

图 S3-5　贷款逾期管理

2．实践流程

综上所述，小企业生产经营性贷款业务的操作流程如图 S3-6 所示。

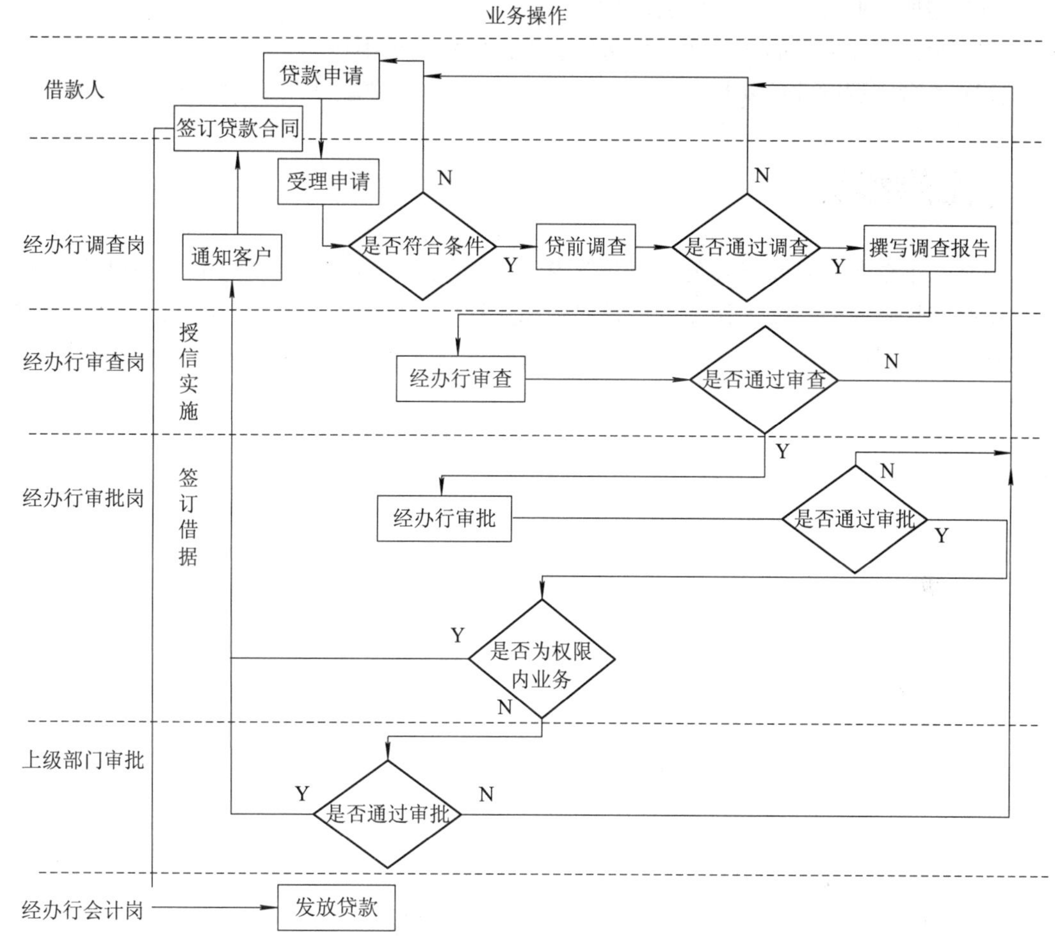

图 S3-6　小企业生产经营性贷款业务操作流程图

3. 实践难点

小企业生产经营性贷款业务实践难点在于流程各个环节的风险把控，尤其是贷前调查及贷后管理，保证贷款可以按约归还，保证贷款资金安全。

贷前调查作为小企业生产经营性贷款业务实施的最初关键性环节，必须要严格把控风险，注意识别骗贷。识别骗贷要注意以下危险信号：

(1) 无标志牌、未投入生产的厂房。

(2) 闲置、随意搁置的机器设备。

(3) 办公场所不适合从事的业务。

(4) 经销商办公室无样品、报价单。

(5) 新签订的合同、格式异样的合同。

(6) 客户不熟悉业务、不能准确说出所售产品的价格。

(7) 无法提供各种书面资料，有不明身份的其他人员。

(8) 员工异样的表情。

(9) 客流稀少、气氛低沉的商场或市场。

(10) 与所述业务不匹配的经营环境。

(11) 无主营业务产品的库房、厂房的钥匙，库管人员不在。

(12) 不合常理的业务安排。

拓展练习

现有一小企业新时代有限公司到 DEF 银行青岛某支行申请一年期生产经营性贷款 300 万，由新文化有限公司提供保证。假设你是该支行信贷部门的一名客户经理，请你试根据新时代有限公司的情况，从一名银行信贷人员的角度向其提供相应咨询并详细设计其贷款业务的完整流程。

第6章　中间业务的会计核算

本章目标

- 理解商业银行中间业务的定义和分类
- 掌握支付结算的业务处理及会计核算
- 掌握银行卡的业务处理及会计核算
- 掌握代理业务的种类及会计处理
- 熟悉咨询顾问类中间业务的核算
- 熟悉保管箱业务的处理

重点难点

重点：

◈ 支付结算工具及会计处理

◈ 银行卡业务及会计处理

◈ 保管箱业务的会计核算

难点：

◈ 支付结算业务的会计核算

◈ 代理国债、基金业务的会计核算

◈ 委托贷款的会计核算

◈ 保管箱业务的会计核算

案例导入

银监会依法查处邮储银行甘肃武威文昌路支行违规票据案件

近日，经过立案、调查、审理、审议、告知、陈述申辩意见复核等一系列法定程序，银监会统筹协调相关银监局依法查处了邮储银行甘肃武威文昌路支行违规票据案件，对涉及该案的12家银行业金融机构共计罚没2.95亿元。

2016年12月末，邮储银行甘肃省分行对武威文昌路支行核查中发现，吉林蛟河农商行购买该支行理财的资金被挪用，由此暴露出该支行原行长以邮储银行武威市分行名义，违法违规套取票据资金的案件，涉案票据票面金额79亿元，其中非法套取挪用理财资金30亿元。

案发后，银监会高度重视，立即启动重大案件查处工作机制，多次召开专题会议，指导相关银监局摸清风险底数，及时堵塞漏洞，稳妥处置风险。同时，启动立案调查，依法查处违法违规行为，不仅处罚案发机构，而且处罚违规购买理财的机构和其他相关违规交易机构，坚决打击市场乱象，切实净化市场环境。一是对案发机构邮储银行武威市分行罚款9050万元，分别取消该行原主持工作的副行长及其他3名班子成员2～5年高管任职资格，终身禁止文昌路支行原行长从事银行业工作，并依法移送司法机关；对邮储银行甘肃省分行原行长、1名副行长分别给予警告。二是对违规购买理财的机构吉林蛟河农商行罚没7744万元，分别取消该行董事长、行长2年高管任职资格，对监事长给予警告，分别禁止资金运营官、金融市场部总经理2年从事银行业工作。三是对绍兴银行、南京银行镇江分行、厦门银行、河北银行、长城华西银行、湖南衡阳衡州农商行、河北定州农商行、广东南粤银行、邯郸银行、乾安县农村信用联社等10家违规交易机构共计罚款12750万元，对33名相关责任人作出行政处罚，其中，取消3人高管任职资格，禁止1人从事银行业工作。

这是一起银行内部员工与外部不法分子内外勾结、私刻公章、伪造证照合同、违法违规办理同业理财和票据贴现业务、非法套取和挪用资金的重大案件，牵涉机构众多，情节十分恶劣，严重破坏了市场秩序。一是内控管理缺失。案发机构岗位制约机制失衡，印章、合同、账户、营业场所等管理混乱，大额异常交易监测失效，为不法分子提供了可乘之机。二是合规意识淡薄。涉及该案的相关机构有一些员工违规参与票据中介或资金掮客的交易，个别人甚至突破法律底线，与不法分子串通作案，谋取私利。三是严重违规经营。涉及该案的相关机构肆意妄为，不具备资质开展非标理财产品投资，违规接受第三方金融机构信用担保，违规通过签订显性或隐性回购条款、“倒打款”甚至“不见票”“不背书”开展票据交易，项目投前调查不尽职、投后检查不到位，丧失合规操作的底线。

下一步，银监会将认真贯彻落实党的十九大和中央经济工作会议精神，进一步深化整治银行业市场乱象，依法查处银行业大要案，坚持违法必究、纠查必严，坚决打好防范化解重大金融风险攻坚战。

资料来源：中国银监会网站(2018.01.27)

中间业务，是指商业银行代理客户办理收款、付款和其他委托事项而收取手续费的业务；是银行不需动用自己的资金，依托业务、技术、机构、信誉和人才等优势，以中间人的身份代理客户承办收付和其他委托事项，提供各种金融服务并据以收取手续费的业务。银行经营中间业务无须占用自己的资金，是在银行的资产负债信用业务的基础上产生的，并可以促使银行信用业务的发展和扩大。近年来，利率市场化使得贷款业务利差缩窄，利息收入稳定性降低；劳动力和和经营成本的快速上升，导致银行服务成本同步增加。为了促进银行的长期可持续经营，通过适度的“有偿服务”，在满足消费者的金融需求的同时，覆盖银行的正常业务成本，实现银行与客户的互利共赢，成为商业银行的共同选择。因此，从国际层面上看，各商业银行不断创新金融服务、发展中间业务，使得中间业务与资产业务、负债业务共同构成商业银行的三大业务类型。

商业银行的中间业务范围广泛，根据不同的标准存在不同的分类。按照商业银行中间业务功能和形式的不同，一般可以分为结算类中间业务、担保型中间业务、融资型中间业务、管理型中间业务、衍生金融工具业务以及其他中间业务六类，具体业务范围涵盖结算、汇兑、银行卡、代理、担保、信托、租赁、咨询顾问、代保管业务等。本章将主要介绍商业银行日常经营活动中常见的几种中间业务，主要包括支付结算业务、银行卡业务、代理业务、咨询顾问类业务以及代保管业务的会计核算。

6.1 支付结算业务核算

近年来，随着我国经济突飞猛进的发展以及支付结算系统的不断完善，支付结算已经演变为货币给付的主要形式。在以银行为绝对主体的支付结算体系中，除少数按照现金管理制度的规定可以使用现金进行支付的情况外，大量的支付结算活动都必须通过银行的票据结算和支付结算方式完成。这样既可以简化结算手续、缩短结算过程、减少货币发行、降低交易费用、加速资金周转，又有利于集中社会闲散资金，稳定和扩大信贷资金来源。

6.1.1 支付结算业务概述

在社会经济生活中，不论何种经济往来关系，都必然伴随资金的给付和清偿，这就是货币结算，简称结算。换言之，任何单位、个人之间由于商品交易、劳务供应、债务清偿以及资金调拨等引起的资金收付都需要通过结算来实现。

本节主要从支付结算的概念、原则与纪律以及支付结算方式三个方面，对支付结算业务进行简单的介绍。

1. 支付结算的概念

支付结算是指单位、个人在社会经济活动中使用合法有效的支付工具进行货币给付及资金清算的行为。结算按支付方式的不同分为现金结算、票据转让和转账结算。

(1) 现金结算是收、付款双方直接以现金进行清算，是货币作为流通手段的表现。

(2) 票据转让是指持票人在《票据法》允许的范围内可以将票据权利转让给他人或者将一定的票据权利授予他人行使，是常见的债权转让形式。

(3) 转账结算则是指通过银行将款项从付款户划转到收款户的资金转移，是支付手段的实现形式。

支付结算与货币结算的相互关系如图 6-1 所示。

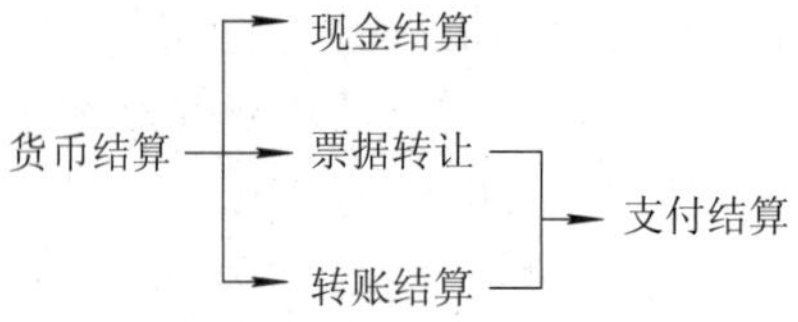

图 6-1　支付结算与货币结算的关系

2. 支付结算的原则与纪律

1) 支付结算的原则

支付结算的原则是由结算性质决定的，是收付双方和银行在办理结算业务时应共同遵守的基本准则。我国《支付结算办法》规定，银行、单位和个人办理支付结算都必须遵守下列结算原则。

(1) 恪守信用，履约付款。该原则是对办理支付结算业务双方当事人的约束，是维护经济秩序和保障当事人权利的重要原则。该原则要求任何单位和个人办理结算时必须共同遵守合同规定，履行各自的职责。具体来说，付款方必须按照规定的付款条件履行款项的支付，不得任意拖欠款项和无理由拒付款项；收款方应按照合同约定履行自己的义务。

(2) 谁的钱进谁的账，由谁支配。此原则是在支付结算过程中维护存款人权益的具体体现。银行作为资金清算中介，在办理结算时必须按照委托人的要求收款和付款。这条原则既保护了存款人对其资金的自主支配权，又明确了银行办理结算的责任。

(3) 银行不垫款。此原则旨在划清银行资金和存款人资金的界限，保证银行资金安全。银行在支付结算活动中处于中介地位，只是接受客户的委托进行资金的划拨，而不承担垫款的责任。为此，银行必须坚持“先付后收、收妥抵用”的原则。同时，客户在支用款项时，不能超出银行存款账户余额。

2) 支付结算的纪律

支付结算纪律明确了单位、个人和银行等不同主体之间在办理支付结算业务时，必须禁止从事的支付结算行为。

(1) 单位和个人。单位和个人办理支付结算，不准签发没有资金保证的票据或远期支票，套取银行信用；不准签发、取得和转让没有真实交易和债权债务的票据，套取银行和他人资金；不准无理拒绝付款，任意占用他人资金；不准违反规定开立和使用账户。

(2) 银行办理支付结算。银行在办理支付结算业务时，不准以任何理由压票、任意退票、截留挪用客户和他行资金；不准无理拒绝支付应由银行支付的票据款项；不准受理无理拒付、不扣少扣滞纳金；不准违章签发、承兑、贴现票据，套取银行资金；不准签发空头银行汇票、银行本票和办理空头汇款；不准在支付结算制度之外规定附加条件，影响汇路畅通；不准违反规定为单位和个人开立账户；不准拒绝受理、代理他行正常结算业务；不准放弃对企事业单位和个人违反结算纪律的制裁；不准逃避向人民银行转汇大额汇划款项。

3. 支付结算方式

根据使用的工具不同，依据中国人民银行《支付结算办法》，支付结算分为票据结算和非票据结算。票据结算是以汇票、本票或支票作为支付工具来结清货币收付双方的债权债务关系的行为；非票据结算是客户间以结算凭证为依据来结清债权债务关系的行为，如信用卡、汇兑、托收承付、委托收款和信用证结算等，即“三票一卡一证三方式”。

(1) “三票”是指支票、汇票和银行本票，其中汇票又分为银行汇票和商业汇票。

(2) “一卡”是指信用卡。这里的信用卡，是指商业银行向个人和单位发行的，凭以向特约单位购物、消费和向银行存取现金，且具有消费信用的特制载体卡片。

(3) “一证”是指信用证。这里的信用证是指国内信用证，是银行按照申请人的申请开立的、对相符交单予以付款的承诺，是一种仅适用于国内贸易的支付结算方式。国内信用证在国内尤其是北方地区认可度比较低，受交易习惯和接受程度所限，在我国使用较少。此外，由于国内信用证和国际信用证业务办理流程和核算的基本原理类似，国际信用证业务的核算将在本书第 8 章进行详细的介绍，因此这里对国内信用证业务的会计核算不作赘述。

(4) “三方式”是指汇兑、托收承付和委托收款三种结算方式。

按使用的区域范围不同，支付结算方式分为同城使用的结算方式、异地使用的结算方式和同城异地都可使用的结算方式。

同城使用的结算方式包括银行本票。

异地使用的结算方式包括银行汇票、托收承付和国内信用证。

同城异地均可使用的结算方式包括商业汇票、支票、汇兑、委托收款和信用卡。

综合来看，我国支付结算方式的具体分类如图 6-2 所示。

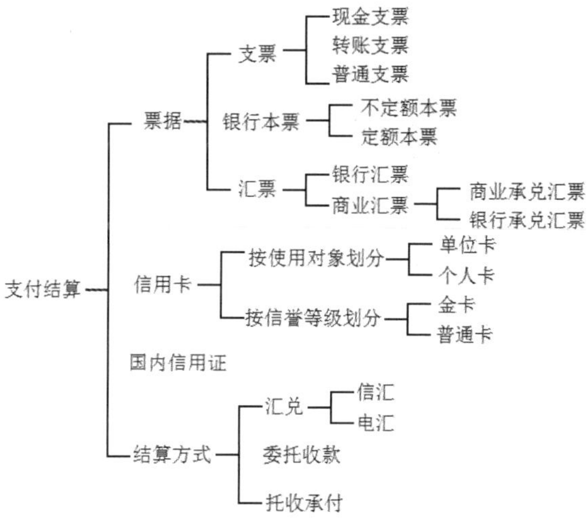

知识拓展

图 6-2　支付结算方式的分类

本节主要介绍票据结算业务和结算方式的会计核算。信用卡业务的核算将在下节银行卡业务核算中进行详细阐述。

6.1.2　票据结算业务的核算

票据是出票人签发的由出票人自己或委托他人在见票时，或在票据到期日无条件支付确定的金额给收款人或持票人的有价证券。广义的票据包括各种有价证券和商业凭证。狭义的票据是指《票据法》规定的票据，即指支票、银行本票、银行汇票和商业汇票。

知识链接

票据当事人

出票人：出票人指签发票据并将票据交付收款人，从而创设票据的人。根据票据的不同，出票人承担的责任也不同。

付款人：付款人指由汇票和支票的出票人记载的，将来可能对票据金额付款的人。

收款人：收款人指出票人在票据上明确记载的权利人，即记名票据上最初的持票人。

背书人：背书人指在票据背面或粘单上记载一定事项，从而将票据转让给他人或者将票据权利授予他人行使的人。背书人在做出背书行为后，对被背书人票据权利的实现承担担保义务。

承兑人：承兑人指在商业汇票上记载一定事项，表示在票据到期日无条件支付票据金额的人。

保证人：保证人指在票据上记载一定事项，以担保某一票据债务人履行票据义务的人。

其中，出票人、收款人、付款人称为基本当事人。需要注意的是，并非所有的票据当事人一定要出现在同一张票据上，除基本当事人外，非基本当事人是否存在，完全取决于票据行为是否发生。不同票据上出现的票据当事人也可能不同。

1．支票

1) 支票的概述

支票是出票人签发的，委托办理支票存款业务的银行或者其他金融机构在见票时无条件支付确定的金额给收款人或者持票人的票据。

支票可分为现金支票、转账支票和普通支票。票面上印有“现金”字样的为现金支票(如图 6-3 所示)，现金支票只能用于支取现金；票面上印有“转账”字样的为转账支票(如图 6-4 所示)，转账支票只能用于转账；票面上未印有“现金”或“转账”字样的为普通支票，普通支票既可以用于支取现金，也可以用于转账。在普通支票左上角画两条平行线的，为划线支票。划线支票只能用于转账，不得支取现金。

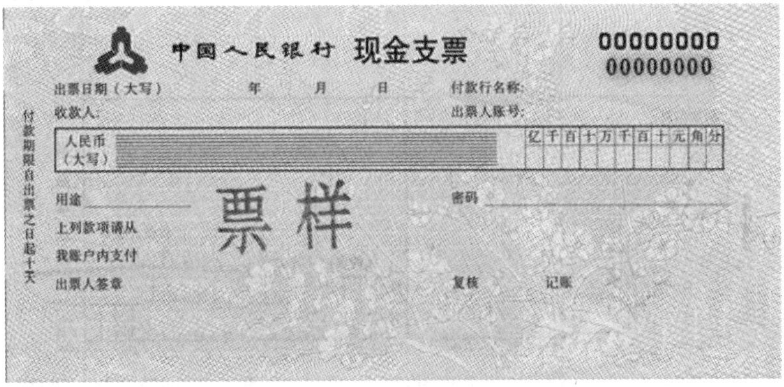

图 6-3　现金支票

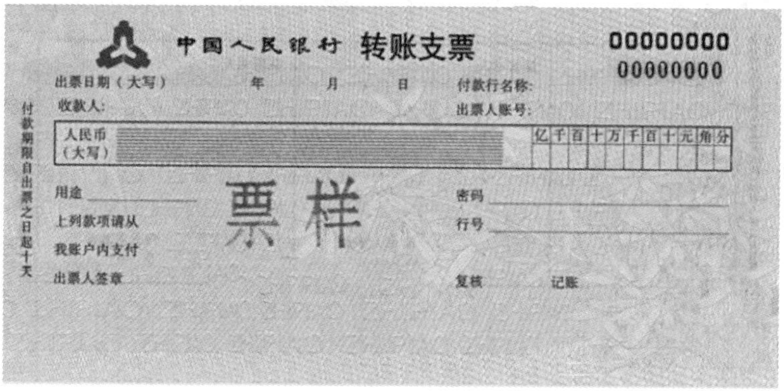

图 6-4　转账支票

知识链接

支票的基本规定

(1) 单位之间在同一票据交换区域内各种款项的结算，均可使用支票。支票于 2007 年 7 月起可以全国通用，异地使用单笔金额上限为 50 万元。

(2) 支票的出票人为在经中国人民银行当地分支行批准办理支票业务的银行机构开立支票存款账户的单位和个人；支票的付款人为支票上记载的出票人开户银行。

(3) 支票上记载的大小写金额、日期和收款人名称不能涂改，否则无效。

(4) 支票无金额起点限制，提示付款期为 10 天，自出票之日算起。超过提示付款期限的，持票人开户银行不予受理，付款人不予付款。

(5) 转账支票可以背书转让，现金支票和普通支票不能背书转让。

(6) 持票人可以委托开户银行收款或直接向付款人提示付款。用于支取现金的支票仅限于收款人向付款人提示付款。

(7) 出票人签发空头支票、签章与预留银行签章不符的支票、支付密码错误的支票，银行应予以退票，并按票面金额处以 5% 但不低于 1000 元的罚款；持票人有权要求出票人赔偿支票金额 2% 的赔偿金。

2)支票的核算

支票的流程如图 6-5 与图 6-6 所示。

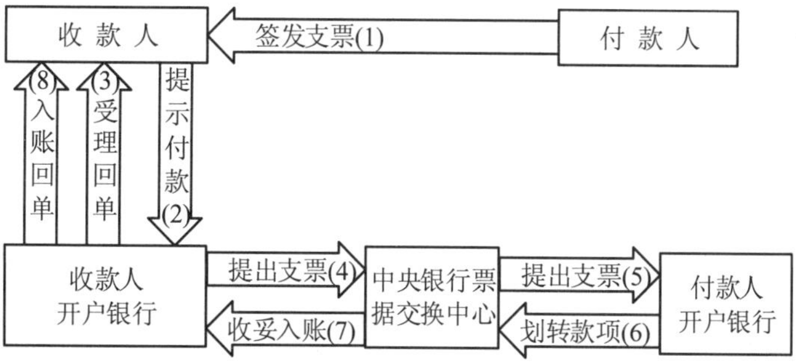

图 6-5　收款人开户行受理支票流程图

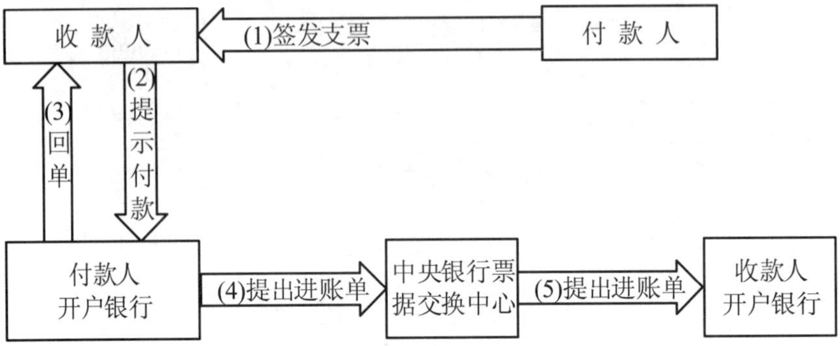

图 6-6　付款人开户行受理支票流程图

(1) 持票人、出票人在同一银行机构开户的处理。银行接到持票人送来的支票和进账单，经审查无误后，支票作借方凭证，第二联进账单作贷方凭证，办理转账。会计分录为

借：吸收存款——单位活期存款——出票人户

　　贷：吸收存款——单位活期存款——持票人户

经典案例

【例 6-1】 ABC 银行文登支行收到龙发公司交来在本行开户的荣欣工厂签发的 70 000 元转账支票连同填写的进账单各一份，银行审查无误转账。

会计分录为

借：吸收存款——单位活期存款——荣欣工厂　　70 000

　　贷：吸收存款——单位活期存款——龙发公司　　70 000

(2) 持票人、出票人不在同一银行机构开户的处理。

① 持票人、出票人在同一银行不同机构开户的处理。持票人开户行接到持票人送来的支票和进账单，经审查无误后，在进账单上加盖受理凭证专用章，通过行内电子汇划系统进行账务处理。

② 持票人、出票人在不同银行营业机构开户的处理。持票人开户行接到持票人送来的转账支票和进账单，经审核无误后，在进账单上加盖受理凭证专用章，支票按照票据交换的规定及时提出交换或直接通过人民银行支付清算系统进行结算。

具体核算方法将在第 7 章联行往来和支付清算业务核算中进行详细介绍。

2．银行本票

1) 银行本票概述

银行本票是由银行签发的，承诺在见票时无条件支付确定的金额给收款人或者持票人的票据(如图 6-7 所示)。银行本票签发主体是银行，保证兑付且见票即付，因此信用高、支付功能强。

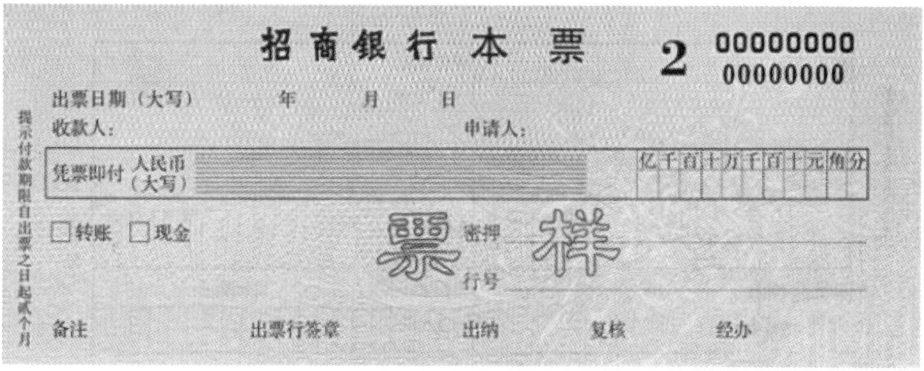

图 6-7　银行本票

知识链接

银行本票的基本规定

(1) 单位和个人在同一票据交换区域内需要支付各种款项时，均可使用银行本票。

(2) 银行本票的出票人为经人民银行当地分支行批准办理银行本票业务的银行机构。

(3) 银行本票的提示付款期限自出票日起最长不得超过 2 个月，否则代理付款人不予受理。银行本票的代理付款人是代理出票银行支付本票款项的银行。

(4) 银行本票无金额起点，注明“转账”字样的银行本票可以背书转让。

(5) 申请人和收款人均为个人且需要支取现金的，可以申请现金本票；申请人或收款人为单位的，不得申请签发现金本票。

(6) 银行本票见票即付，但是注明“现金”字样的银行本票持票人只能到出票行支取现金。

(7) 银行本票丧失，失票人可以凭人民法院出具的其享有票据权利的证明，向出票银行请求付款或退款。

2) 银行本票的核算

银行本票的业务流程如图 6-8 所示。

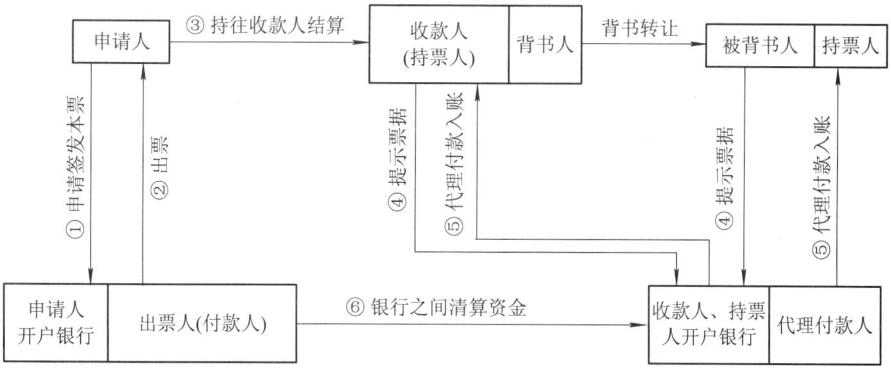

图 6-8　银行本票业务流程图

(1) 出票的处理。申请人需要使用银行本票时，应向银行填写“银行本票申请书”。申请书一式三联：第一联存根，第二联借方凭证，第三联贷方凭证。交现金办理本票的，第二联注销。

银行受理申请人提交的第二、三联申请书，审查是否有误。

转账交付的，以第二联申请书作借方凭证，第三联作贷方凭证，办理转账。会计分录为

借：吸收存款——活期存款——申请人户

　　贷：吸收存款——银行本票

现金交付的，以第三联申请书作贷方凭证记账。会计分录为

借：库存现金

　　贷：吸收存款——银行本票

柜员办理转账或收妥款项后，签发银行本票。银行本票一式两联：第一联为卡片，第二联为本票联。

同时登记重要空白凭证登记簿，销记表外科目。

经典案例

【例 6-2】ABC 银行兰山支行收到信诚公司递交的银行本票申请书，申请签发银行本票 90 000 元。审查无误后，款项从其存款户收取，当即签发本票 90 000 元，交付该公司。

会计分录为

借：吸收存款——单位活期存款——信诚公司　　90 000

　　贷：吸收存款——银行本票　　90 000

(2) 付款的处理。代理付款行接到在本行开户的持票人直接交来的本票和进账单，经审查无误后，即可办理兑付手续。这里可以分为两种情况。

① 持票人与申请人都在本行开户时，代理付款行以第二联进账单作贷方凭证办理转账。会计分录为

借：吸收存款——银行本票

　　贷：吸收存款——活期存款——持票人户

如果是现金支付的，以本票作借方凭证，本票卡片或存根作附件记账。会计分录为

借：吸收存款——银行本票

　　贷：库存现金

经典案例

【例 6-3】ABC 银行龙口支行收到大新商厦交来的进账单和由本行签发的本票各一份，金额为 90 000 元。经审查无误后，办理转账。

会计分录为

借：吸收存款——银行本票　　90 000

　　贷：吸收存款——单位活期存款——大新商厦　　90 000

② 持票人与申请人不在同一银行开户时，代理付款行以第二联进账单作贷方凭证通过支付清算系统或同城票据交换办理转账。会计分录为

借：存放中央银行款项(或清算资金往来)

　　贷：吸收存款——活期存款——持票人户

(3) 结清的处理。银行本票结清的处理，同样可以分为两种情况。

① 出票行收到持票人交来的本行签发的银行本票，兑付即已结清。

② 出票行收到票据交换提入的本票，经核对无误后，以本票作借方凭证，本票卡片或存根作附件，办理转账。会计分录为

借：吸收存款——银行本票

　　贷：清算资金往来

经典案例

【例 6-4】5 月 2 日，宗兴公司向 DEF 银行城东支行申请办理转账银行本票，金额为 10 000 元，收款人为红星家具公司，其开户行为 ABC 银行城中支行。5 月 6 日，红星家具公司向开户行申请兑付该本票，经审核 ABC 银行城中支行办理了转账，并将本票提出交换。

5 月 2 日，DEF 银行城东支行签发本票，会计分录为

借：吸收存款——单位活期存款——宗兴公司　　10 000

　　贷：吸收存款——银行本票　　10 000

5 月 6 日 ABC 银行城中支行兑付本票，会计分录为

借：清算资金往来　　10 000

　　贷：吸收存款——单位活期存款——红星家具公司户　　10 000

DEF 银行城东支行从票据交换所提回本票：

借：吸收存款——银行本票　　10 000

　　贷：清算资金往来　　10 000

(4) 银行本票退款、超提示付款期限付款的处理。

① 申请人因银行本票超过付款期限或其他原因要求退款时，应填写一式两联进账单，连同本票及有关证明交出票银行(如个人申请现金本票退款的，免填进账单)。

银行经核对无误后，在本票上注明“未用退回”字样，以进账单作贷方凭证，本票作借方凭证，本票卡片或存根联作附件，办理退款。会计分录为

借：吸收存款——银行本票

　　贷：吸收存款——活期存款——申请人户(或库存现金)

经典案例

【例 6-5】假设例 6-2 中信诚公司申请签发银行本票 90 000 元，因持有的本票超过期限，信诚公司到 ABC 银行兰山支行办理退款手续，银行予以退回本票款。

会计分录为：

借：吸收存款——银行本票　　90 000

　　贷：吸收存款——单位活期存款——信诚公司　　90 000

② 持票人超过提示付款期限未获付款的，在票据权利时效内请求付款时，应将本票交出票行。出票行经核对无误后，即在本票上注明“逾期付款”字样，办理付款手续。

持票人在本行开立账户的，应填制进账单，连同本票交出票行。如持票人以现金本票要求付款，则免填进账单。出票行审核无误后，以进账单作贷方传票，本票作借方传票，本票卡片或存根联作附件，办理付款。会计分录为

借：吸收存款——银行本票

　　贷：吸收存款——活期存款——持票人户(或库存现金)

持票人未在本行开户的，应根据本票填写进账单，连同本票交出票行，出票行经核对无误后，办理付款。会计分录为

借：吸收存款——银行本票

　　贷：清算资金往来

持票人开户行收到票据交换转来的进账单，以进账单第二联作贷方传票，办理收账。会计分录为

借：清算资金往来

　　贷：吸收存款——活期存款——持票人户

3. 银行汇票

1) 银行汇票概述

银行汇票是由出票银行签发的、由其在见票时，按照实际结算金额无条件支付给收款人或者持票人的票据(如图 6-9 所示)。银行汇票使用范围广泛，票随人到，使用灵活，兑现性较强，是目前使用较为广泛的票据结算工具。

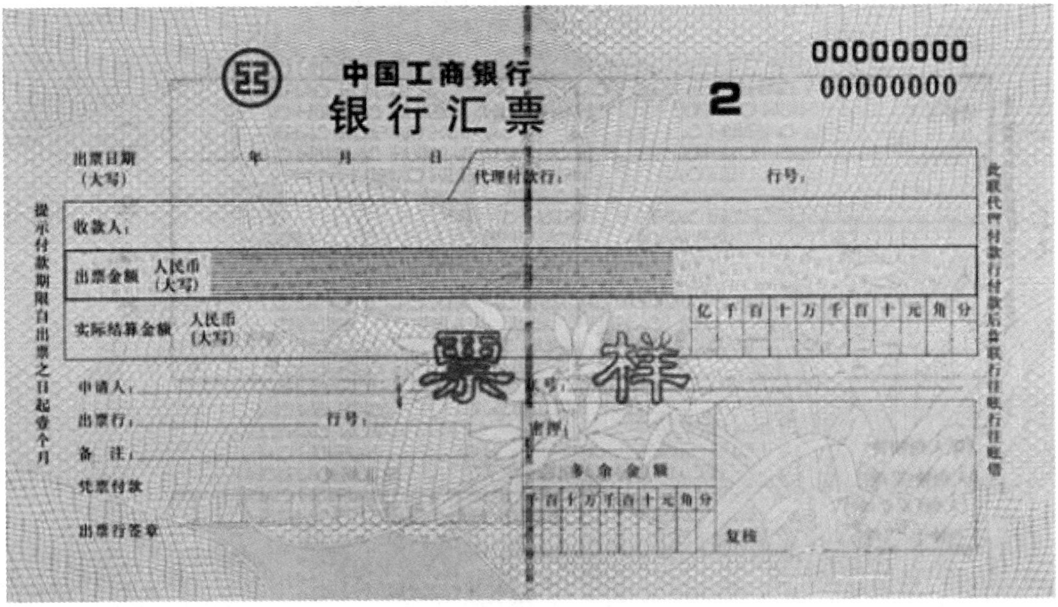
中国工商银行
银行汇票 2
00000000
00000000
出票日期（大写） 年 月 日
代理付款行： 行号：
收款人：
出票金额 人民币（大写）
实际结算金额 人民币（大写）
亿 千 百 十 万 千 百 十 元 角 分
申请人： 账号：
出票行： 行号： 密押：
备 注：
凭票付款 多余金额
千 百 十 万 千 百 十 元 角 分
出票行签章 复核
提示付款期限自出票之日起壹个月
此联代理付款行付款后作联行往账借方凭证附件

图 6-9　银行汇票

知识链接

银行汇票的基本规定

(1) 银行汇票主要适用于单位和个人异地间各种款项的结算。

(2) 银行汇票必须记载的事项包括：标明“银行汇票”字样、无条件支付的承诺、出票金额、收款人名称、出票日期和出票人签章。

(3) 银行汇票的提示付款期限自出票日起 1 个月，逾期代理付款行不予受理。

(4) 填明“现金”字样的银行汇票，可以用于支取现金，但申请人和收款人都必须是个人。申请人或者收款人为单位的，银行不得为其签发现金汇票。

(5) 银行汇票的实际结算金额不得更改，否则银行汇票无效。

(6) 持票人向银行提示付款时，必须同时提交银行汇票联和解讫通知联，缺少任何一联，银行不予受理。

(7) 银行汇票允许背书转让，但仅限于转账汇票。银行汇票的背书转让，以不超过出票金额的实际结算金额为准。

(8) 银行汇票丧失的，失票人可以凭人民法院出具的其享有票据权利的证明，向出票银行请求付款或退款。

2) 银行汇票的核算

银行汇票的业务流程如图 6-10 所示。

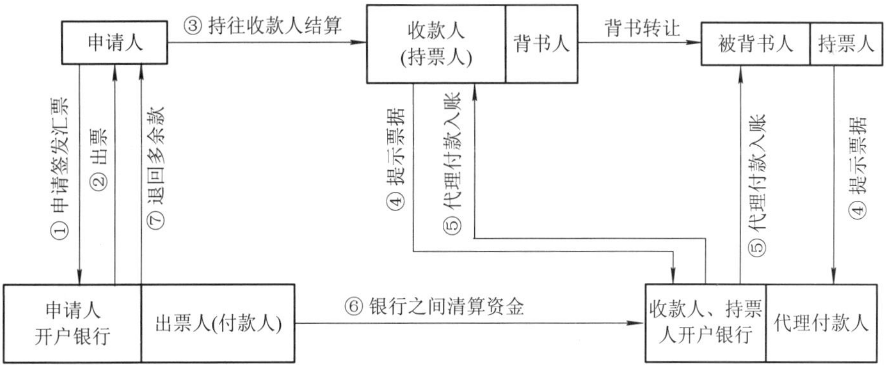

图 6-10　银行汇票业务流程图

一般来说，银行汇票的业务核算包括出票、付款和结清三个环节。

(1) 出票的处理。申请人需要使用银行汇票时，应向银行填写“银行汇票申请书”，申请书一式三联，出票行受理申请人提交的第二、三联申请书，经审查无误后，才能受理其签发银行汇票的申请。其业务处理如下：

① 转账支付的，以第二联申请书作借方凭证，第三联作贷方凭证，办理转账。会计分录为

借：吸收存款——活期存款——申请人户

　　贷：吸收存款——汇出汇款——银行汇票

② 现金交付的，以第三联申请书作贷方凭证记账。会计分录为

借：库存现金

　　贷：吸收存款——汇出汇款——银行汇票

出票行办好转账或收妥现金后，签发银行汇票。银行汇票一式四联：第一联卡片，第二联汇票联，第三联解讫通知，第四联余款收账通知。

(2) 付款的处理。代理付款行付款的处理可以分为以下两种情况。

① 代理付款行接到在本行开户的持票人直接交来的汇票联、解讫通知联和进账单，经审查无误后，第二联进账单作贷方凭证办理转账。会计分录为

借：清算资金往来(或存放中央银行款项)

　　贷：吸收存款——活期存款——持票人户

汇票和解讫通知联加盖转讫章随联行借方报单寄出票行。

② 代理付款行接到未在本行开户的个人持票人交来的汇票联、解讫通知联和两联进账单，经审查无误后，以持票人姓名开立应解汇款账户，第二联进账单作贷方凭证办理转账。会计分录为

借：清算资金往来(或存放中央银行款项)

　　贷：吸收存款——应解汇款——持票人户

应解汇款账户只付不收，付完清户，不计利息。

原持票人需要一次或分次办理转账的，应由其填制支付凭证，并向银行交验本人身份证件。会计分录为

借：吸收存款——应解汇款——持票人户

　　贷：吸收存款——活期存款(或清算资金往来)

原持票人需要支取现金的，代理付款行审查汇票上填写的申请人和收款人确为个人，并填明“现金”字样的，可办理现金支付手续；未填明“现金”字样，需要支取现金的，由代理付款行按照现金管理规定审查支付。会计分录为

借：吸收存款——应解汇款——持票人户

　　贷：库存现金

持票人超过汇票期限，则不能向代理付款行提示付款，持票人需要在票据权利时效内向出票银行做出说明，并提供本人身份证件或单位证明，持银行汇票和解讫通知向出票行请求付款。出票行将汇票款从“汇出款项”科目转入“应解汇款”科目，再由持票人通过重新办理申请汇票手续(或办理汇兑结算方式)将款项汇出。

(3) 结清的处理。出票行收到代理付款行寄来的联行报单、汇票联及解讫通知联，抽出原专夹保管的汇票卡片，经核对确属本行出票，借方报单与实际结算金额相符，多余金额结记正确无误后，按不同情况做如下处理：

① 汇票全额解付的，会计分录为

借：吸收存款——汇出汇款——银行汇票

　　贷：清算资金往来(或存放中央银行款项)

同时销记汇出汇款账。

② 汇票有多余款的，会计分录为

借：吸收存款——汇出汇款——银行汇票

　　贷：清算资金往来(或存放中央银行款项)

　　　　吸收存款——活期存款——申请人户

同时销记汇出汇款账户，在多余款收账通知的多余金额栏填写多余金额，加盖转讫章，通知申请人。

③ 申请人未在出票行开户的，应将多余金额先转入“其他应付款”，会计分录为

借：吸收存款——汇出汇款——银行汇票

　　贷：清算资金往来(或存放中央银行款项)

　　　　其他应付款——申请人户

同时销记汇出汇款账，并通知申请人持申请书存根及本人身份证件来行办理领取手续。领取时以多余款收账通知代其他应付款科目借方凭证，会计分录为

借：其他应付款——申请人户

　　贷：库存现金

经典案例

【例 6-6】201×年 8 月 7 日，新南药店向开户行 ABC 银行东海办事处申请办理银行汇票，金额 20 000 元，收款人为在 ABC 银行兰山支行开户的三星制药厂，款项从其存款账户中付出。8 月 13 日，三星制药厂持汇票到开户行兑付，汇票实际结算金额为 18 000 元，经审核收入三星制药厂账户。

ABC 银行东海办事处签发汇票，会计分录为

借：吸收存款——单位活期存款——新南药店户　　20 000

　　贷：吸收存款——汇出汇款——银行汇票　　20 000

ABC 银行兰山支行兑付汇票，会计分录为

借：清算资金往来　　18 000

　　贷：吸收存款——单位活期存款——三星制药厂　　18 000

ABC 银行东海办事处结清汇票，会计分录为

借：吸收存款——汇出汇款——银行汇票　　20 000

　　贷：清算资金往来　　18 000

　　　　吸收存款——单位活期存款——新南药店　　2000

4．商业汇票

1) 商业汇票概述

商业汇票是由出票人签发的，委托付款人在指定日期无条件支付确定的金额给收款人或者持票人的票据。商业汇票可分为商业承兑汇票(如图 6-11 所示)和银行承兑汇票(如图 6-12 所示)。商业承兑汇票由银行以外的付款人承兑，银行承兑汇票由银行承兑。商业汇票的付款人即为承兑人。

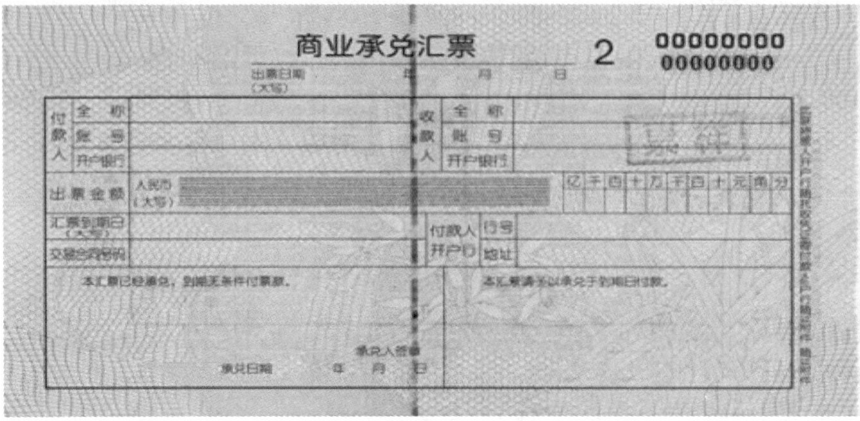
商业承兑汇票　2　00000000 00000000
出票日期（大写）　年　月　日
付款人　全称　账号　开户银行
收款人　全称　账号　开户银行
出票金额　人民币（大写）　亿 千 百 十 万 千 百 十 元 角 分
汇票到期日（大写）
付款人开户行　行号　地址
交易合同号码
本汇票已经承兑，到期无条件付票款。
承兑人签章
承兑日期　年　月　日
本汇票请予以承兑于到期日付款。

图 6-11　商业承兑汇票

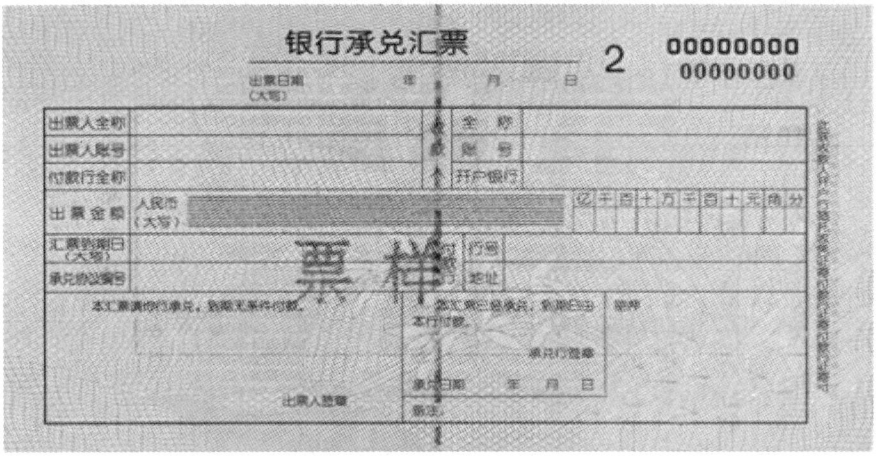
银行承兑汇票　2　00000000 00000000
出票日期（大写）　年　月　日
出票人全称
出票人账号
付款行全称
收款人　全称　账号　开户银行
出票金额　人民币（大写）　亿 千 百 十 万 千 百 十 元 角 分
汇票到期日（大写）
付款行　行号　地址
承兑协议编号
本汇票请你行承兑，到期无条件付款。
本汇票已经承兑，到期日由本行付款。
承兑行签章
承兑日期　年　月　日
备注：
出票人签章
密押
票样

图 6-12　银行承兑汇票

商业汇票的基本规定

(1) 商业汇票的使用必须是在银行开立存款账户的法人以及其他组织之间，必须具有真实的交易关系或债权债务关系。出票人不得签发无对价的汇票，用以骗取银行或者票据当事人的资金。

(2) 签发汇票必须记载的事项包括：“银行承兑汇票”或“商业承兑汇票”字样、无条件支付的委托、确定的金额、付款人名称、收款人名称、出票日期以及出票人签章。

(3) 商业汇票的付款期限，最长不得超过 6 个月；提示付款期限自汇票到期日起 10 日；持票人超过提示付款期限提示付款的，开户行不予受理。

(4) 商业汇票允许贴现，并允许背书转让。

(5) 商业承兑汇票的付款人应在接到开户银行付款通知的当日通知银行付款。付款人在接到通知的次日起 3 日内未通知银行付款的，视同付款人承诺付款，银行应于第 4 日上午开始营业时，将票款划给持票人。付款人若提前收到由其承兑的汇票，并同意付款的，银行应于汇票到期日将票款划给持票人。商业承兑汇票到期日付款人账户资金不足或无款支付时，开户行退票并按票面金额对付款人处以 5%但不低于 50 元的罚款。

(6) 银行承兑汇票的出票人应于汇票到期前将票款足额交存开户银行，承兑银行应在汇票到期日或到期日后的见票当日支付票款。银行承兑汇票的出票人于汇票到期日未能足额交存票款的，承兑银行除凭票向持票人无条件付款外，对出票人尚未支付的汇票金额按照每天 0.5‰计收罚息。银行承兑汇票的承兑行在办理承兑时，应按票面金额向出票人收取 0.5‰的手续费。

2) 商业承兑汇票的核算

商业承兑汇票的业务流程如图 6-13 所示。

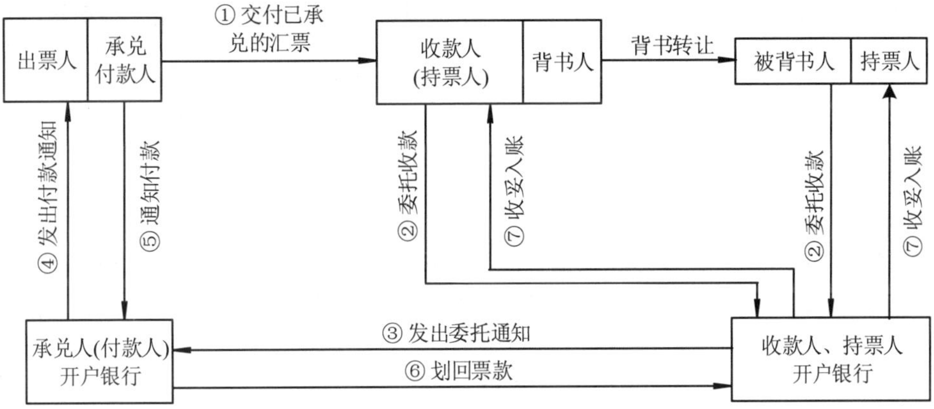

图 6-13　商业承兑汇票的业务流程图

由图 6-13 可以看出，商业承兑汇票业务处理的过程主要包括持票人开户行受理汇票的处理、付款人开户行收到汇票的处理以及持票人开户行收到划回票款或退回凭证的处理。

(1) 持票人开户行受理汇票的处理。持票人在提示付款期限内委托开户银行收取商业承兑汇票款时，应填制一式五联委托收款凭证，并在“委托收款凭据名称”栏注明“商业承兑汇票”及汇票号码，连同汇票一起交开户银行。

银行经审查无误后，在委托收款凭证各联上加盖“商业承兑汇票”戳记，第一联委托收款凭证加盖业务公章作回单退给持票人，第二联登记“发出委托收款凭证登记簿”后专夹保管；第三联加盖结算专用章后连同第四、五联和商业承兑汇票一并寄交付款人开户行。

(2) 付款人开户行收到汇票的处理。付款人开户行收到持票人开户行寄来的委托收款凭证及汇票，经审查无误后，将第三、四联委托收款凭证登记“收到委托收款凭证登记簿”后专夹保管，第五联交给付款人并签收。付款人开户行在规定的划款日期，分别按照下列情况进行处理：

① 付款人存款账户有足额资金支付票款的，以第三联委托收款凭证作借方凭证，汇票加盖转讫章作附件，办理转账。会计分录为

借：吸收存款——单位活期存款——付款人户

　　贷：清算资金往来(或存放中央银行款项)

同时销记收到委托收款凭证登记簿。

② 付款人存款账户不足支付的，银行在委托收款凭证和登记簿上注明退回日期和

“无款支付”字样，并填制三联“付款人未付票款通知书”，将通知书、委托收款凭证连同汇票一并寄回持票人开户行。

③ 银行在付款人接到通知次日起 3 日内收到付款人的拒绝付款证明时，经核对无误后，在委托收款凭证和登记簿上注明“拒绝付款”字样，将有关拒付证明连同委托收款凭证及汇票一起寄回持票人开户行。

(3) 持票人开户行收到划回票款或退回凭证的处理。

① 持票人开户行收到付款人开户行寄来的联行报单和委托收款凭证，经核对无误后，在第二联委托收款凭证上填注转账日期，并以该联凭证作贷方凭证，办理转账。会计分录为

借：清算资金往来(或存放中央银行款项)

　　贷：吸收存款——单位活期存款——持票人户

同时销记发出委托收款凭证登记簿。

② 持票人开户行收到付款人开户行发来的付款人未付票款通知书或拒付证明以及退回的汇票和委托收款凭证，经核对无误后，在第二联委托收款凭证和登记簿上作相应记载后，将委托收款凭证、汇票及未付票款通知书或拒绝付款证明退给持票人，并由持票人签收。

经典案例

【例 6-7】ABC 银行日照支行收到同行济南支行寄来委托收款凭证和商业承兑汇票各一份，系日照五交化公司支付济南五金厂的账款 22 000 元，审查无误后，予以支付。

会计分录为

借：吸收存款——单位活期存款——日照五交化公司　　22 000

　　贷：清算资金往来　　22 000

济南支行收到日照支行寄来的委托收款第四联收账通知一张，系济南五金厂的托收款，金额为 22 000 元，审查无误后，予以入账。

借：清算资金往来　　22 000

　　贷：吸收存款——单位活期存款——济南五金厂　　22 000

3) 银行承兑汇票的核算

银行承兑汇票的业务流程如图 6-14 所示。

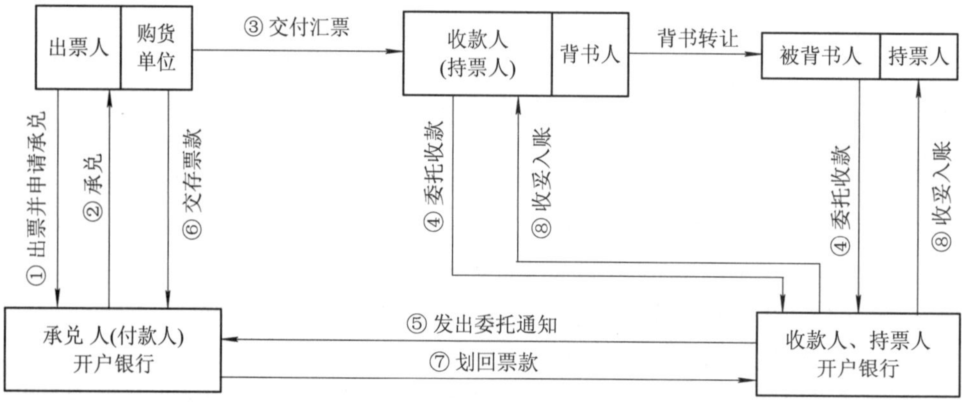

图 6-14　银行承兑汇票的业务流程图

银行承兑汇票业务处理的过程包括承兑银行办理汇票承兑的处理，持票人开户行受理汇票的处理，承兑银行到期收取、支付票款的处理以及持票人开户行收到汇票款项的处理等环节。

(1) 承兑银行办理汇票承兑的处理。银行承兑汇票签发后，由出票人或者持票人持票向承兑银行申请承兑。银行信贷部门审查同意后，与出票人签署银行承兑协议，将协议副本和第一、二联汇票交会计部门。会计部门经审核无误后，按票面金额 0.5‰向出票人收取承兑手续费。会计分录为

借：吸收存款——单位活期存款——承兑申请人户

　　贷：手续费及佣金收入

同时登记银行承兑汇票表外科目登记簿。

(2) 持票人开户行受理汇票的处理。持票人开户行受理汇票的业务流程与商业承兑汇票的业务流程基本相同。

(3) 承兑银行到期收取票款的处理。承兑银行对到期的汇票，应于到期日向出票人收取票款。其会计分录为

借：吸收存款——单位活期存款——出票人户

　　贷：吸收存款——应解汇款——出票人户

出票人账户无款支付的，需由承兑银行先行垫付款项，会计分录为

借：贷款——逾期贷款——出票人户

　　贷：吸收存款——应解汇款——出票人户

出票人账户不足支付的，不足部分由承兑银行先行垫付，会计分录为

借：吸收存款——单位活期存款——出票人户

　　贷款——逾期贷款——出票人户

　　贷：吸收存款——应解汇款——出票人户

(4) 承兑银行支付票款的处理。承兑银行收到持票人开户行寄来的委托收款凭证和汇票，经审查无误后，应于汇票到期日或到期日之后的见票当日，解付票款。其会计分录为

借：吸收存款——应解汇款——出票人户

　　贷：清算资金往来(或存放中央银行款项)

同时销记银行承兑汇票表外科目登记簿。

(5) 持票人开户行收到汇票款项的处理。持票人开户行收到汇票款项的业务流程与商业承兑汇票的业务流程相同。

经典案例

【例 6-8】ABC 银行明湖支行为出票人济南自行车厂承兑银行承兑汇票一张，金额为 100 000 元，已经到期，向出票人收取票款。

借：吸收存款——单位活期存款——济南自行车厂　　100 000

　　贷：吸收存款——应解汇款——济南自行车厂　　100 000

【例 6-9】ABC 银行明湖支行三个月前为出票人大明商厦承兑银行承兑汇票一张，金额为 80 000 元，已经到期。大明商厦账户余额为 55000 元，予以收取，不足款项转入逾

期贷款户。

借：吸收存款——单位活期存款——大明商厦　　55 000
　　贷款——逾期贷款——大明商厦　　25 000
　　贷：吸收存款——应解汇款——大明商厦　　80 000

6.1.3　结算方式的核算

结算方式结算是指单位或个人填写结算凭证，直接提交银行委托收款或付款的结算手段。《支付结算办法》所称的结算方式是指汇兑、托收承付和委托收款。

1. 汇兑

汇兑是指汇款人委托银行将款项汇给收款人的一种结算方式。汇兑结算适用范围广泛，便于汇款人向收款人主动付款，适用于单位、个体工商户和个人之间的款项结算。

汇兑按其凭证寄递方式的不同，分为信汇和电汇两种。信汇是汇款人委托银行以邮寄凭证的方式，通知汇入行解付汇款的一种结算方式。电汇是汇款人委托银行以发送电子汇划信息的方式，通知汇入行解付汇款的一种结算方式。

知识链接

汇兑的基本规定

(1) 单位和个人异地间各种款项的结算，均可使用汇兑结算方式。

(2) 汇兑分为信汇和电汇两种，由汇款人选择使用。

(3) 汇兑款项可以直接转入收款人账户，也可留行待取、分次支取、转汇。汇款人和收款人均为个人且在汇兑凭证上注明“现金”字样的，还可支取现金。

(4) 汇款人确定不得转汇的，应在汇兑凭证备注栏注明“不得转汇”字样。

(5) 汇款人对汇出银行尚未汇出的款项可以申请撤消，对汇出银行已经汇出的款项可以申请退汇。转汇银行不得受理汇款人或汇出银行对汇款的撤消或退汇申请。

(6) 汇入银行对于收款人拒绝接受的汇款，应立即办理退汇；汇入银行对于向收款人发出取款通知，经过2个月无法交付的汇款，应主动办理退汇。

汇兑的流程如图6-15所示。

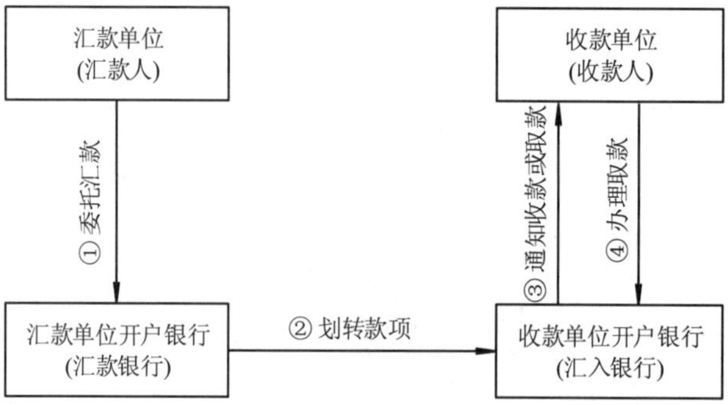

图6-15　汇兑流程图

与信汇相比，电汇是目前使用较多的一种汇款方式。因此，这里以电汇为例来介绍汇兑业务的核算。

电汇业务的核算包括汇出款项的核算以及发生退汇的核算。

1) 汇出款项的核算

(1) 汇出行的处理。汇款人委托银行办理电汇时，应填制一式三联的电汇凭证(如图 6-16 所示)交银行。

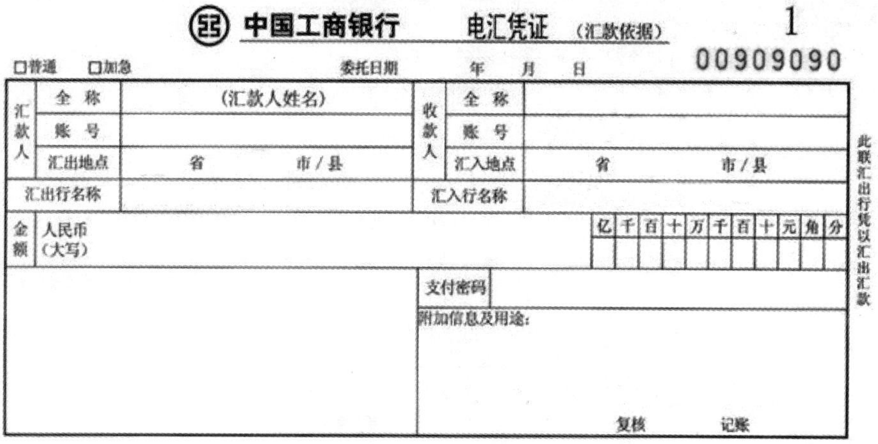
中国工商银行　电汇凭证（汇款依据）　1

□普通　□加急　委托日期　年　月　日　00909090

汇款人	全　称	（汇款人姓名）	收款人	全　称	
	账　号			账　号	
	汇出地点	省　市／县		汇入地点	省　市／县
汇出行名称			汇入行名称		
金额	人民币（大写）				亿 千 百 十 万 千 百 十 元 角 分
			支付密码		
			附加信息及用途：		
				复核　记账	

此联汇出行凭以汇出汇款

图 6-16　电汇凭证

汇出行经审查无误后办理资金汇划，会计分录为

借：吸收存款——活期存款——汇款人户

　　贷：清算资金往来(或存放中央银行款项)

汇款人以现金交付的，会计分录为

借：库存现金

　　贷：吸收存款——应解汇款——汇款人户

借：吸收存款——应解汇款——汇款人户

　　贷：清算资金往来(或存放中央银行款项)

(2) 汇入行的处理。汇入行收到汇出行通过资金汇划系统汇来的款项，经核对无误后，进行账务处理，会计分录为

借：清算资金往来(或存放中央银行款项)

　　贷：吸收存款——活期存款——收款人户

汇款不直接收账的，会计分录为

借：清算资金往来(或存放中央银行款项)

　　贷：吸收存款——应解汇款——收款人户

然后登记应解汇款登记簿，另以便条通知收款人来行办理取款手续。收款人持便条来行办理取款，银行经审核无误后，办理付款手续，分以下三种情况：

需要支取现金的，电汇凭证上填明“现金”字样的，应一次办理现金支付手续；未填明“现金”字样，由汇入行按照现金管理规定审查支付。其会计分录为

借：吸收存款——应解汇款——收款人户

贷：库存现金

需要分次支付的，银行审核收款人填制的支款凭证、预留签章和身份证件无误后，办理分次支付手续。

2) 退汇的核算

退汇是将已经汇出但尚未解付的汇款退还原汇款人。退汇的原因主要有汇款人因故退汇、收款人拒收汇款以及超过规定的期限无法支付的汇款。通常表现为汇款人申请退汇和汇入行主动退汇两种情况。

(1) 汇款人申请退汇的核算。

① 汇出行。汇出行接到退汇的函件或身份证件及回单，填制“退汇通知书”寄汇入行。

② 汇入行。汇入行接到“退汇通知书”，若该笔款项已经解付，应在退汇通知书上注明解付日期，并通知汇出行；若该笔款项仍在“应解汇款”科目尚未解付的，应立即与收款人联系索回便条，办理退汇。其会计分录为

借：吸收存款——应解汇款——收款人户

　　贷：清算资金往来(或存放中央银行款项)

③ 汇出行收到退汇的处理。汇出行收到汇入行发来的退汇信息时，根据本行清算中心转来的记账凭证转账处理。其会计分录为

借：清算资金往来

　　贷：吸收存款——活期存款——原汇款人户

如汇款人未在银行开立账户，会计分录为

借：清算资金往来

　　贷：其他应付款——原汇款人户

同时，电话通知或填便条通知汇款人来行领款。其会计分录为

借：其他应付款——原汇款人户

　　贷：库存现金

(2) 汇入行主动退汇的核算。

① 汇入行的处理。汇入行收到汇款后，在规定的时间内发出通知，汇款超过两个月收款人尚未办理取款手续或其他原因使该笔汇款无人领受时，汇入行应主动办理退汇。其会计分录为

借：吸收存款——应解汇款——收款人户

　　贷：清算资金往来

② 原汇出行的处理。原汇出行接到本行清算中心转来的退汇信息和电子划收款专用凭证后，进行转账处理。其会计分录为

借：清算资金往来

　　贷：吸收存款——活期存款——原汇款人户

2．托收承付

托收承付又称异地托收承付，是收款人根据购销合同发货后，委托银行向异地付款人收取款项，由付款人验货或验单后向银行承认付款的结算方式。款项划回分为邮划和电

划，结算方式的选择由收付双方协商确定。

知识链接

托收承付的基本规定

(1) 使用托收承付结算方式的单位，必须是国有企业、供销合作社以及经营管理较好并经开户银行审查同意的城乡集体所有制工业企业。

(2) 办理托收承付结算的款项，必须是商品交易以及因商品交易而产生的劳务供应款项。代销、寄销和赊销商品的款项，不得办理托收承付结算。

(3) 收付双方使用托收承付结算必须签有符合《合同法》规定的购销合同，并在合同上注明使用托收承付结算方式。

(4) 托收承付结算每笔金额起点为 10 000 元，特别是新华书店购销系统每笔金额起点为 1000 元。

(5) 付款人承付贷款分为验单付款和验货付款两种。验单付款的承付期为 3 天，从付款人开户银行发出承付通知的次日算起；验货付款的承付期为 10 天，从运输部门向付款人发出提货通知的次日算起。对收付双方在合同中明确规定，并在托收凭证上注明验货付款期限的，银行从其规定。

(6) 付款人在承付期内，未向银行提出异议，银行即视作同意付款，并在承付期满的次日上午营业开始时，主动将款项从付款人账户划给收款人。

(7) 付款人在承付期满日银行营业终了时，如无足够资金支付贷款，其不足部分，即为逾期付款。付款人开户银行对逾期支付的款项，应当根据逾期付款金额和逾期天数，每天按 0.5‰计算逾期付款赔偿金给收款人。

(8) 付款人开户银行对逾期未付的托收凭证，负责扣款的期限为 3 个月(从承付期满日算起)。期满时，付款人仍无足够资金支付未付清的欠款，银行应于次日通知付款人将有关交易单证在 2 日内退回银行。付款人逾期不退回单证的，银行于发出通知的第 3 天起，按照尚未付清欠款的金额，每天处以 0.5‰但不低于 50 元的罚款，并暂停其向外办理结算业务，直至退回单证时止。

托收承付的流程图如图 6-17 所示。

对于异地托收承付结算来说，其处理过程通常包括四个阶段：收款人开户行受理并发出托收凭证；付款人开户行通知承付；付款人开户行划款；收款人开户行收账。

1) 收款人开户行受理托收承付的核算

收款人办理托收时，应填制一式五联邮划或电划托收承付凭证：第一联回单，第二联贷方凭证，第三联借方凭证，第四联收账通知，第五联付款通知。托收凭证按要求的内容填妥并在第二联凭证上加盖单位章后，连同发运单证或其他符合托收承付结算的有关证明和交易单证(所附单证

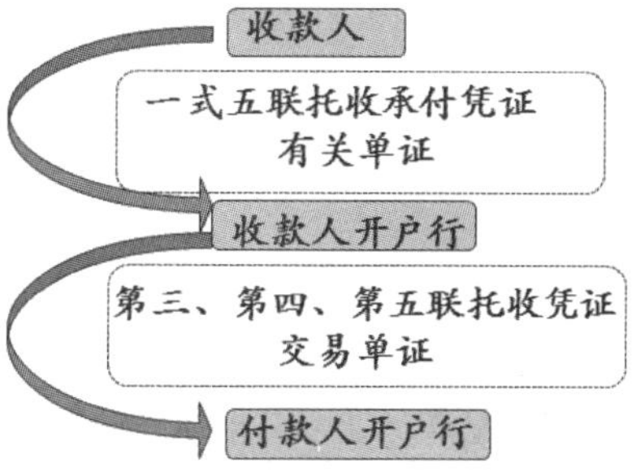

图 6-17　托收承付流程图

的张数应在托收凭证右下角附注)一并送交银行。收款人如需取回发运证件，银行应在托收凭证上加盖“已验发运单证”戳记。

开户银行收到托收凭证及其附件后，审查托收凭证的各个要素，必要时还应查验收、付款人签订的购销合同，审查时间最长不得超过次日。开户银行经审核无误后，托收凭证第一联加盖业务公章后退收款人，根据第二联托收凭证登记“发出托收结算凭证登记簿”并留存保管，托收凭证的第三联、第四联、第五联连同所附单证一并寄交付款人开户行。如果是电划方式，托收凭证第四联为发电依据。

2) 付款人开户行的核算

付款人开户行接到收款人开户行寄来的托收凭证和所附单证，经审查无误后，在各联凭证上填注收到日期和承付期限，第三、四联托收凭证按承付到期日顺序保管，登记“定期代收托收结算凭证登记簿”后专夹保管。第五联凭证加盖业务公章后，连同交易单证一并及时送交付款人，通知其准备到期付款。

承付货款分为验单付款和验货付款两种。由收付款双方商量选用，须在合同中明确约定。验单付款的承付期为 3 天，从付款人开户银行发出承付通知的次日算起(承付期内遇法定节假日顺延)。验货付款的承付期为 10 天，从运输部门向付款人发出提货通知的次日算起。

付款人开户行在进行核算时，要区分以下几种情况。

(1) 全额付款的处理。付款人在承付期内没有任何异议，并且承付期满时其开户行账户上有足够资金时，付款人开户行应于承付期满次日上午主动将托收款项从付款人账户付出，划往收款人开户行，以第三联托收凭证作借方传票办理转账，会计分录为

借：吸收存款——单位活期存款——付款人户

　　贷：清算资金往来(或存放中央银行款项)

付款人开户行在第四联托收凭证上填注支付日期，并在“定期代收结算凭证登记簿”的销账日期栏登记日期，凭证随同联行贷方报单寄收款人开户行，在电划方式下，付款人开户行应向收款人开户行拍发电报。汇划后销记登记簿，并以第四联托收凭证作资金汇划发报凭证。

(2) 提前承付和多承付的处理。付款人在承付期满前通知银行提前付款，银行划款的手续同全额付款的处理程序，但应在托收凭证和登记簿上分别注明“提前承付”字样。

付款人因商品价格、数量或金额变动等原因，要求对本笔托收多承付的款项一并划出时，付款人应填写四联“多承付理由书”提交开户行。

银行审查后，在托收凭证和登记簿上注明多承付的金额，以第二联多承付理由书代借方凭证，第三联托收凭证作附件，办理转账。然后将第一联多承付理由书加盖转讫章作支款通知交给付款人，第三、四联多承付理由书寄收款人开户行。会计分录与全额付款处理的会计分录相同。

(3) 逾期付款的处理。付款人在承付期满银行营业终了前，账户无款支付或不足支付的，其未付部分即为逾期未付款项，按逾期付款处理。付款人开户行应在托收凭证和登记簿上分别注明“逾期付款”或“部分付款”字样，并填制三联“托收承付结算到期未收通知书”，将第一、二联通知书寄收款人开户行，第三联通知书与第三、四联托收凭证一并

保管。

待付款人账户有款可以一次或分次扣款时，将逾期支付的款项和赔偿金一并划给收款人，并销记登记簿。赔偿金实行定期扣付，每月计算一次，于次月 3 日内单独划给收款人。其计算公式为

$$赔偿金 = 逾期付款金额 \times 逾期天数 \times 0.5‰$$

逾期付款期满，付款人账户不能全额或部分支付托收款项，银行应向付款人发出索回单证通知，付款人于通知次日起两天内必须将全部单证退回银行。银行经核对无误后，在托收凭证和登记簿上注明单证退回日期和“无款支付”字样，并填制三联“应付款项证明单”，将一联证明单和第三联托收凭证一并留存备查，将两联证明单连同第四、五联托收凭证及有关交易单证一并寄收款人开户行。

(4) 拒绝付款的处理。付款人在承付期内提出拒绝付款的，应填写四联拒绝付款理由书，连同有关拒付证明、第五联托收凭证及所附单证交开户行。银行经审查后，不同意拒付的，实行强制扣款。对无理拒付而增加审查时间的，银行应按规定扣收赔偿金。

同意部分或全部拒付的，在托收凭证和登记簿上注明“全部拒付”或“部分拒付”字样。如果是部分拒付的，除办理部分付款外，应将拒付理由书连同拒付证明及拒付商品清单一起邮寄收款人开户行；如果是全部拒付的，应将拒付理由书连同拒付证明和有关单证一并寄收款人开户行。

3) 收款人开户行划回款项的核算

(1) 全额划回的处理。收款人开户行收到付款人开户行通过资金汇划系统划来的款项，具体表现为联行报单及所附第四联托收凭证，经核对无误后，在第二联托收凭证注明转账日期，代贷方传票办理转账。其会计分录为

借：清算资金往来(或存放中央银行款项)

　　贷：吸收存款——单位活期存款——收款人户

同时销记发出托收结算凭证登记簿。

(2) 多承付款项划回的处理。收款人开户行收到付款人开户行划来多承付款项及第三、四联多承付理由书，经核对无误后，在第二联托收凭证和登记簿上注明多承付金额，为收款人及时入账，并将一联多承付理由书交收款人，其余手续与全额划回相同。

(3) 部分划回款项的处理。收款人开户行收到付款人开户行部分划回的款项，在第二联托收凭证和登记簿上注明部分划回的金额，为收款人及时入账。其余手续与全额划回相同。

(4) 逾期划回、无款支付退回凭证或单独划回赔偿金的处理。收款人开户行收到第一、二联到期未收通知书后，应在第二联托收凭证上注明“逾期付款”字样及日期，然后将第二联通知书交收款人，第一联通知书与第二联托收凭证一并保管。待收到一次、分次划款或单独划回的赔偿金时，比照部分划回的有关手续处理。

收款人开户行在逾期付款期满后接到第四、五联托收凭证及两联无款支付通知书和有关单证，经核对无误后，抽出第二联托收凭证注明“无款支付”字样，销记登记簿，然后将其余托收凭证、无款支付通知书及有关单证退交收款人。

(5) 拒绝付款的处理。收款人开户行收到付款人开户行寄来的托收凭证、拒付理由

书、拒付证明及有关单证，经核对无误后，抽出第二联托收凭证注明“全部拒付”或“部分拒付”字样，并销记登记簿。然后将托收凭证、拒付理由书、拒付证明及有关单证一并退给收款人。部分拒付的，对划回款项还要办理收款入账手续。

3．委托收款

委托收款是收款人向银行提供收款依据，委托银行向付款人收取款项的结算方式。

知识链接

委托收款的基本规定

(1) 单位和个人凭已承兑汇票、债券、存单等付款人债务证明办理商品交易、劳务款项和其他应收款项的结算，均可使用委托收款结算方式。

(2) 委托收款不受金额起点限制，同城、异地均可以使用。

(3) 委托收款结算款项的划回方式，分邮寄和电报两种，由收款人选用。

(4) 委托收款以银行为付款人的，银行应在当日主动将款项支付给收款人；以单位为付款人的，银行应及时通知付款人，并将有关债务证明交给付款人签收。付款人应于接到通知当日书面通知银行付款，付款人在接到通知的次日起 3 日内未通知银行付款的，视同付款人同意付款，银行应于第 4 日上午营业开始时，将款项划给收款人。付款人提前收到由其付款的债务证明并同意付款的，银行应于债务证明的到期日付款。

(5) 银行在办理划款时，付款人存款账户不足支付的，应通过被委托银行向收款人发出未付款项通知书并连同有关债务证明一起交收款人。付款人审查有关债务证明后，对收款人委托收取的款项需要拒绝付款的，可以在接到付款通知日的次日起 3 日内办理拒绝付款。

(6) 同城范围内收款人收取公用事业费或根据国务院规定，可以办理同城特约委托收款。

委托收款的业务流程如图 6-18 所示。

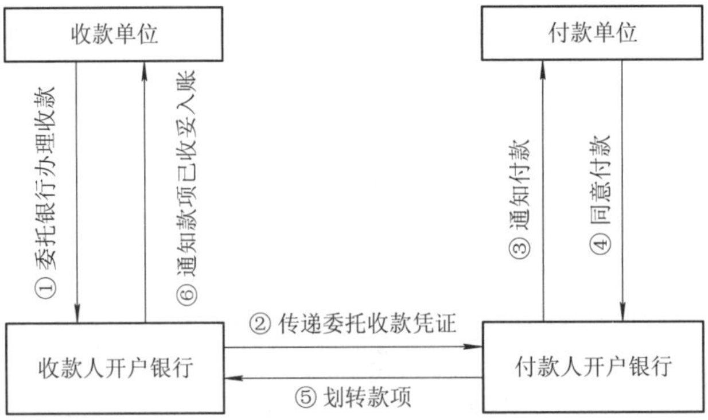

图 6-18　委托收款业务流程图

委托收款业务可分为收款人开户行受理委托收款的处理、付款人开户行的处理和收款人开户行收回款项的处理三个环节。

1) 收款人开户行受理委托收款的处理

收款人办理委托收款时，应填制邮划或电划委托收款凭证一式五联(每联的用途与托收承付方式下的相同)，将委托收款凭证和债务证明提交开户银行。

收款人开户行收到上述凭证后的业务流程与托收承付方式基本相同。

2) 付款人开户行的处理

付款人开户行接到收款人开户行寄来的第三、四、五联委托收款凭证及有关债务证明，经审查无误后，在凭证上填写收到日期，登记收到委托收款凭证登记簿，并分别按照下列情况处理：

(1) 付款人为银行的，银行按规定付款时，会计分录为

借：吸收存款——应解汇款——付款人户

　　贷：清算资金往来(或存放中央银行款项)

转账后销记登记簿，以第四联委托收款凭证作资金汇划发报凭证。

(2) 付款人为单位的，分为付款人同意且有款支付、付款人无款支付(不足支付即视为无款支付)、付款人拒绝付款等情况处理，具体业务流程与托收承付方式的情况相同。当付款人拒绝付款时，银行不审查拒绝付款理由、不强制扣款；付款人无款支付时，银行不扣收赔偿金、不分期扣款。

(3) 付款人同意付款且其账户资金充足的，会计分录为

借：吸收存款——单位活期存款——付款人户

　　贷：清算资金往来(或存放中央银行款项)

3) 收款人开户行收回款项的处理

收款人开户行收到划回的款项、收到无款支付或拒绝付款退回的凭证，业务流程与托收承付方式的情况相同。

4．委托收款与托收承付的区别与联系

委托收款与托收承付都是收款人委托银行向付款人收取款项的结算方式，其核算程序、使用凭证的联次与用途、资金划转方式及会计分录等方面基本相同。两者的区别主要有以下几方面：

(1) 适用范围不同。委托收款不仅同城异地通用，而且可用于劳务供应款项的结算；托收承付只适用于异地符合条件的单位与单位之间因商品交易以及由于商品交易而产生的劳务供应款项的结算。

(2) 收款依据不同。办理委托收款，不强调合同和发运证件，只要有合法的债务证明即可；办理托收承付，必须有合同、发运证件并且信用较好。

(3) 货款承付方式不同。托收承付方式下，货款承付分验单承付和验货承付两种方式，由收付双方商定并在托收承付凭证和合同上载明；而委托收款没有此规定。

(4) 金额起点不同。委托收款结算无金额起点限制；托收承付结算的金额起点为10 000 元(新华书店系统为 1000 元)。

(5) 银行承担的责任不同。委托收款时，银行不审查拒付理由，不办理分期扣款；托收承付时，付款人开户行在付款人账户余额不足支付时有责任分期代扣款项，并对付款人罚款，对付款人提出的拒付理由有按规定进行审查的责任，对无理拒付实行强制扣款。

(6) 凭证和登记簿名称不同。托收承付方式下，收款人开户行使用“发出托收结算凭证登记簿”，付款人开户行使用“定期代收托收结算凭证登记簿”；委托收款方式下，收款人

开户行使用“发出委托收款凭证登记簿”，付款人开户行使用“收到委托收款凭证登记簿”。

6.2 银行卡业务核算

近年来，银行卡已发展成为居民经济生活中必不可少的工具之一。银行卡的广泛使用，有效地减少了现金的使用，节约了货币流通费用和社会劳动，在一定程度上增强了客户的资金安全，对促进商品销售、刺激社会需求、推动经济发展发挥了不容忽视的作用。

本节从银行卡概述、借记卡业务的核算和信用卡业务的核算三个方面进行详细介绍。

6.2.1 银行卡概述

《银行卡业务管理办法》中指出银行卡是由商业银行(含邮政金融机构)向社会发行的具有消费信用、转账结算、存取现金等全部或部分功能的信用支付工具。商业银行未经中国人民银行批准不得发行银行卡。

银行卡按照不同的标准有不同的分类，不同种类的银行卡在功能上也会有所差异。

1. 银行卡的分类

比较常见的银行卡分类有以下几种。

(1) 按是否给予持卡人授信额度分为借记卡、贷记卡、准贷记卡。

借记卡(Debit Card)可以在网络、POS 机消费或者通过 ATM 转账和提款，不能透支，卡内的金额按活期存款计付利息。消费或提款时资金直接从储蓄账户划出。借记卡按等级可分为普通卡、金卡和白金卡；按功能不同可分为转账卡、专用卡、储值卡；按使用范围可分为国内卡和国际卡。贷记卡(Credit Card)通称信用卡，是指发卡银行给予持卡人一定的信用额度，持卡人可在信用额度内先消费、后还款的银行卡。它具有先消费后还款、享有免息缴款期、设有最低还款额、客户出现透支可自主分期还款的特点。信用卡客户需向申请的银行交付一定金额的年费。准贷记卡(SemiCredit Card)是指持卡人须先按发卡银行的要求交存一定金额的备用金，当备用金账户余额不足支付时，可在发卡银行规定的信用额度内透支的银行卡。准贷记卡中存入的资金是有利息的，利率按照央行规定的活期利率执行。

(2) 按信息载体不同分为磁条卡和芯片卡。

磁条卡是利用磁性载体记录字符与数字信息的交易介质。由于磁条容易复制，持卡人用卡安全存在很大漏洞，因此各金融系统不再增发，磁条卡会逐渐被淘汰。芯片卡通过先进的芯片加密技术，并支持非接触的脱机交易方式，能够有效降低银行卡被复制等金融欺诈事件，使用户用卡更加安全、放心；除了可以实现银行卡的全部金融功能，芯片卡还可以同时支持多个行业的应用，例如商户会员、电子票务、电子礼券等，不同行业的应用在卡片中独立存在，互不干扰，并可以根据需要随时增减行业应用种类及数量，真正实现一卡多用。

(3) 按发行主体是否在境内分为境内卡和境外卡。

境内卡是指由境内商业银行发行的，既可以在境内使用，也可以在境外使用的银行卡。境外卡是指由境外设立的外资金融系统或外资非金融系统发行的，可以在境外，也可以在境内使用的银行卡。香港、台湾、澳门等地区发行的银行卡属于境外卡。

(4) 按发行对象不同分为单位卡和个人卡。

单位卡账户的资金一律从其基本存款账户转账存入，不得存取现金，不得将营业收入存入单位卡账户，不得透支办理商品交易、劳务款项的结算。销户时，单位卡账户资金应转入其基本存款账户。个人卡账户的资金可以其持有的现金存入或以其工资性款项及属于个人的合法的劳务报酬、投资回报等收入转账存入。

(5) 按账户币种不同分为人民币卡、外币卡和双币种卡。

人民币卡是指存款、信用额度均为人民币，并且应当以人民币偿还的银行卡。外币卡是指存款、信用额度均以外币计量，并以外币偿还透支金额的银行卡。双币种卡是指兼具人民币和美元结算功能的银行卡，在国内通过银联可以实现人民币结算，出国后可以在支持 VISA 或者 MasterCard 的商户和银行取款机消费和取现，以美元结算。

知识链接

金融 IC 卡替代原有磁条式银行卡

中国人民银行于 2014 年 11 月 3 日发出《关于进一步做好金融 IC 卡应用工作的通知》，就下一步金融 IC 卡(芯片银行卡)应用工作提出了具体时间表。

央行通知明确：自 2015 年 4 月 1 日起，各发卡银行新发行的芯片银行卡应符合 PBOC3.0 规范；2015 年底，110 个芯片银行卡公共服务领域应用城市，POS 终端非接触式受理(类似公交刷卡)比例同比至少增加 20 个百分点；自 2016 年 1 月 1 日起，发卡银行、银行卡清算系统等开展的移动金融服务，应以基于芯片银行卡芯片的有卡交易方式为主。

根据央行此前部署，2015 年 8 月底前全国 ATM 机、10 月底前 POS 机均已关闭芯片银行卡降级交易，今后芯片银行卡只能插芯片而不再刷磁条交易，原有磁条银行卡照常使用。央行此前还提出，2015 年起，在经济发达地区及重点行业领域新发行的、以人民币为结算账户的银行卡应为芯片卡。

2. 银行卡的功能

1) 存取款功能

持卡人凭卡可以在发卡行或与其签约代理行的营业系统办理通存通兑现金业务。这是银行储蓄功能的拓展。发卡行利用银行卡的存取款功能，吸收了存款，方便了银行卡持卡人及时还付款项和避免携带大额现金的不便，增加了资金来源，同时也增加了手续费收入。同时，银行对于信用卡以外的活期存款应按照活期储蓄存款利率计付利息，对于在银行卡上开立的定期账户，按照国家规定以相应档次的利率支付利息。

2) 消费支付功能

持卡人凭借银行发行的银行卡，可以在发卡行与信息结算中心合作的全部或部分指定特约商户(国际卡可在所加入国际组织的特约商户处)直接购物消费。即客户在购物、用餐、住宿、旅游等进行账务结算时，可以凭银行卡在特约商户处直接刷卡结算，而无需支付现金。特约商户事后凭单向发卡银行或收单银行收取结算金额，并按规定的手续费率向银行支付消费结算的手续费。

根据中国人民银行的规定，借记卡不许透支，因此，其消费时的最大消费额不得(当然也不可能)超出其存款额；而准贷记卡在客户的存款支付消费金额完毕后，可酌情给予一定的消费透支；贷记卡则规定持卡人必须在限定的信用消费额度内使用。根据国际银行卡使用惯例，银行卡持卡人消费时，特约商户不得向持卡人收取消费金额以外的手续费，对持卡人来说其不应支付消费金额以外的手续费用。也就是说，付给银行的回佣收入，买单的应该是特约商户。

3) 转账结算功能

持卡人凭借银行发行的银行卡可以在特约商户处办理大额购货转账结算，也可以在发卡行的营业系统办理同城转账、异地电汇等业务。持卡人通过办理转账结算业务，减少了携带现金办理业务的不便，有效地支持了商品流通和商品交换，方便了持卡人与特约商户。根据中国人民银行的规定，在办理转账结算业务时，转账金额应为其实际存款额，并可根据中国人民银行规定的转账结算收费标准收取一定的手续费和工本费。

4) 代收付功能

银行为了拓展业务领域，扩大银行卡的服务范围，纷纷开办了利用银行卡为企事业单位员工办理代发工资、代发奖金业务；为满足持卡人缴纳电话费、水电费等日常生活需要而开办代缴费业务；利用银行卡作为结算账户为客户办理的股票转账交易结算业务等。这些崭新的中间业务实际上是银行转账结算功能的延伸。银行卡通过办理代收付业务，拓展了自身的服务领域和范畴，扩大了客户群，还可以增加一定的代办手续费收入，可谓是一举多得。

5) 消费信贷功能

信用卡由于事先对客户进行了信用评估，因此能给予客户一定的透支消费额度，甚至可以取现，以满足持卡人的不时之需。信用卡透支实际上是一种短期信贷业务。

6) 自助服务功能

目前国内绝大多数银行都具有自助柜员机业务，通过银联的数据交互，各银行发行的转账卡均可以在带有银联标识的 ATM 机上存取现金。部分银行也开放了信用卡在自助柜员机存取款服务的功能。自助柜员机的使用方便了客户 24 小时办理现金业务。持卡人凭卡就可以在自助柜员机上自行操作，办理现金存取、转账、查询余额、更改密码等业务。

此外，银行卡自助服务的范畴不断扩大，从金融领域不断向便民服务领域拓展延伸。随着各种银行自助机具的发展，自助缴费机和电话银行服务日渐普及，使银行卡具备了主动缴费和查询交易明细的功能。而银行卡与其他移动通信工具结合起来，催生了移动理财、家居理财服务等更新、更全的自助服务功能。

7) 网上支付功能

随着金融业的发展和金融新产品的不断产生，银行卡的功能也在不断发展和完善。网上支付功能就是随着互联网技术的发展应运而生的。网上支付是电子支付的一种形式，它可以通过非银行支付机构网络支付清算平台进行即时的支付。客户和商家之间可采用借记卡、信用卡、电子钱包、电子支票和电子现金等多种电子支付方式进行网上支付。采用网上电子支付的方式节省了客户交易的开销。

【微思考】结合本节所学内容，请对自己持有的银行卡进行分类，并总结归纳借记卡和贷记卡功能上的异同点。

扫一扫

6.2.2　借记卡业务的核算

目前我国银行卡的使用中，借记卡拥有最广泛的使用群体和最大的业务体量，因此借记卡业务是银行卡业务中最主要的组成部分。

通常情况下，借记卡业务包括开卡、存取款与转账、签约管理和结清销户等不同环节。

1. 开卡

开卡是客户因日常结算需要与银行发生业务关系，选择银行卡作为交易介质，开立结算账户的金融活动。开卡形式有两种：不带折开卡与带折开卡。二者的区别在于带不带存折，存折可代替卡做交易，并可于折页中打印交易记录。存折不被鼓励发行，已逐渐退出市场。

银行卡开卡的业务流程如图 6-19 所示。

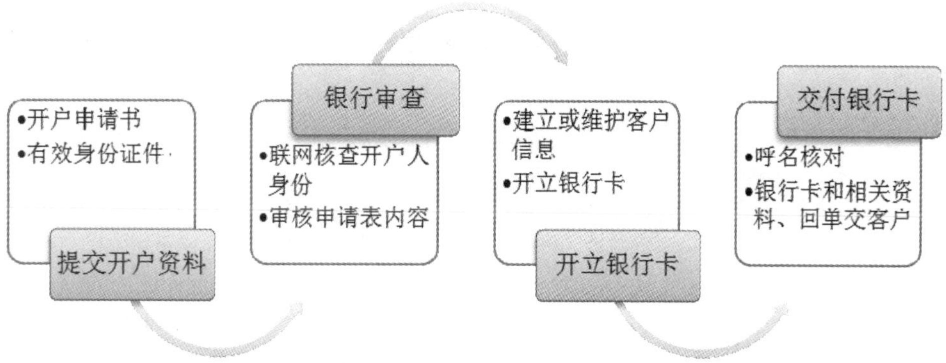

图 6-19　银行卡开卡的业务流程

开卡后，系统自动做账，按规定需要收取借记卡工本费、年费时，打印收费凭证。其会计分录为

借：库存现金(或其他科目)

　　贷：其他业务收入

　　　　手续费及佣金收入——银行卡业务收入

同时须手工销记表外科目：

付：重要空白凭证——银行卡

需要注意的是，柜员操作界面“带折标志”选项的勾选，若经核实客户需要卡带折的须勾选，否则不选。

知识链接

根据《中国银监会关于银行业打击治理电信网络新型违法犯罪有关工作事项的通知》的规定，自 2016 年 1 月 1 日起，“同一代理人在同一商业银行代理开卡原则上不得超过 3 张”。

2. 存取款与转账

1) 存款

存款是指储户把资金存入银行的金融活动，分为现金存入与转账存入。这里主要介绍转账存入的处理。

银行卡转账存入的办理，可以分为两个步骤。

(1) 柜员收到客户交来的转账支票、进账单或银行卡，审核转账支票和进账单的相关信息无误后，登录“电脑验印系统”，验印成功后，选择转账交易依次输入相关信息；同一持有人名下卡对卡转账存入的，按要求填制转款凭证，金额较大的还需核验转出卡持有人身份，选择转账交易依次输入相关信息。金额超出经办柜员权限的，由有权授权人员审核无误后授权，提交成功后打印转账凭证，交客户签名确认。

(2) 审核无误后，在转账凭证上加盖业务清讫章作当日传票，在转账支票、进账单上加盖业务清讫章和个人名章，按顺序归位作当日凭证。呼名核对，将银行卡及客户回单交客户。

知识链接

电子验印系统功能简介

电子验印系统使用平板扫描仪作为票据(印鉴)图像录入设备，结合模式识别、神经网络、光电子和图像处理技术，通过严密的计算自动判别印鉴真伪。

验印系统通过资料录入模块可以把预留印鉴卡片上的信息输入计算机，并通过海量储存技术进行储存与归类，对印鉴库实现电子化管理。在应用时，只需要键入票据的账号，就可以轻松地调出相关的预留印鉴卡片资料，既可以进行验印，也可以实现查询。此外，验印系统还可以实现对公业务的通存通兑业务批量验印。

2) 取款

取款是指储户把存在银行的资金提取出来的金融活动，其处理过程在第 3 章中有详细介绍，这里不再赘述。

3) 转账

转账是指不直接使用现金，而是通过银行将款项从付款账户划转到收款账户，从而完成货币收付的一种银行货币结算方式。其处理过程如下：

(1) 客户办理银行卡活期转账，须将填写好的收款人账号、户名、种类、存期、金额的转账凭证与银行卡一并交柜员。

(2) 柜员审核转账凭证填写的要素是否齐全、正确。

(3) 选择“银行卡转账”交易，依次输入相关信息，金额超出经办柜员权限的，由有权人员审核无误后授权，提交成功，打印转账凭证后交客户签名确认。

(4) 审核无误后，在转账凭证上加盖业务清讫章后作当日凭证，将银行卡与客户回单交给客户。

银行卡办理转账时，应根据不同的情况进行处理。

① 收款人是本行账户的，根据央行最新规定，免收手续费。其会计分录为

借：吸收存款——活期存款——付款人户

　　贷：吸收存款——活期存款——收款人户(或其他科目)

② 收款人是他行账户的，按规定收取汇款手续费。其会计分录为

借：吸收存款——活期存款——付款人户

　　贷：清算资金往来(或其他科目)

　　　　手续费及佣金收入——银行卡业务收入

3. 签约管理

签约是指双方当事人对拟定的合同条款进行履责的一种约束，享有权利和义务以及其他事项。银行卡签约管理是指对短信通知、网上银行、手机银行等银行业务的签约、解约以及改约业务。

1) 短信通业务

短信通业务服务方式分为两种：一是客户发起类，客户通过手机发送短信交易指令，银行电脑系统接收后自动完成交易并实时更新账户资料，再由系统将有关交易信息发送至客户手机。客户可以随时通过短信查询账户情况、存贷款利率、外汇牌价、各类代缴费信息、余额变动等信息。二是银行发起类，银行根据客户事先设定的信息发送条件，当预设的条件发生时，短信银行系统立即向客户提供金融信息提醒服务，包括账户余额变动提醒、账户定期账务通知、银行公告、股市信息提醒、汇市信息提醒、债市信息提醒等。某银行的短信通知业务如图 6-20 所示。

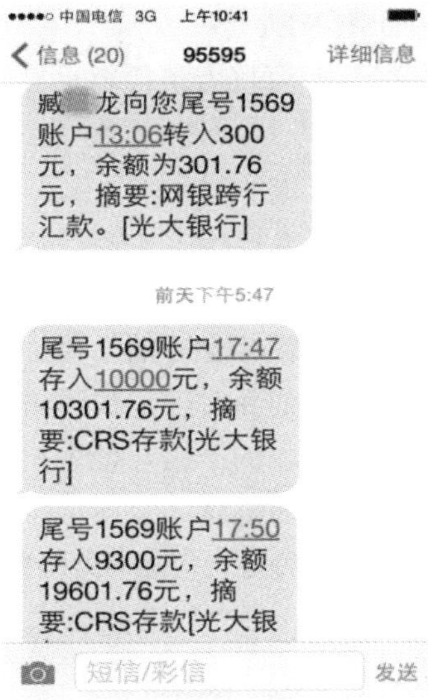

图 6-20　某银行短信通知业务界面

短信通业务的开通主要包括以下几种方式。

(1) 柜台开通：需持本人有效身份证件和签约账户介质 (本外币活期一本通、储蓄卡、理财卡、准贷记卡)到任意营业网点填写短信开通业务申请书，交由柜员在核心系统中输入签约指令办理签约，签约成功后打印业务申请书，交由客户签字确认，第二联交由客户，第一联归档留存。

(2) 发送短信开通：个人客户可通过编辑银行给出的短信指令，发送至指定通讯号码开通短信服务。

(3) 网站开通：个人客户可通过登录部分银行网站，在网站首页，选择“开通、注销短信金融服务”，进入短信服务开通页面，阅读服务协议，填写个人基本信息和账户信息，确认提交后完成开通。

2) 网上银行业务

目前，我国主流商业银行的网上银行业务系统分为个人网上银行业务系统、企业网上银行业务系统和内部网银管理子系统三部分，其中个人客户持银行卡开立的网上银行系统归属个人网上银行业务系统。开通网银的客户可通过登录网银系统享受账户信息查询、转账交易、跨行汇款、贷记卡还款、网上缴费、理财服务、代发工资、信息查询、股票交易、外汇交易、债券交易、贵金属交易等服务。

网上银行业务包括个人客户网上银行业务和企业客户网上银行业务，这里以个人客户网上银行业务为例介绍网上银行业务开通的处理流程。

个人客户网上银行业务开通的处理流程如下。

(1) 开立账户：非本行客户需携带有效身份证件前往银行网点开立个人银行结算账户。

(2) 申请网上银行：客户需持本人有效身份证件和签约账户介质 (本外币活期一本通、储蓄卡、理财卡、准贷记卡)到任意营业网点填写《电子银行业务申请表(个人)》，签署《电子银行服务协议》，出示有效身份证件和需要注册的账户原始凭证交由柜员。

(3) 柜员接过材料后，将客户基本信息录入电子银行管理系统，根据客户需要勾选数字证书、USB-KEY 或数字证书+USB-KEY。

(4) 柜员点击“个人证书下载”，经有权人员授权后结束下载，完成证书安装。

客户在柜台办理网银开通业务后，首次使用网上银行时，需要自行修改网银登录密码，完成账户激活。

企业客户网上银行开通的业务处理流程与个人客户类似，在此不再赘述。

3) 手机银行业务

手机银行是客户利用手机办理相关银行业务的简称。作为一种结合了货币电子化与移动通信的新兴服务，手机银行可以使人们随时随地处理多种金融业务，极大地拓展了银行服务的内涵，特别是智能手机银行客户端的应用，使手机银行几乎具备了网上银行的所有功能，成为公众参与金融活动极为便捷的工具。

手机银行的业务处理参照网上银行办理，二者的区分在于开立手机银行时，柜员申请业务种类一项勾选“手机银行”。

短信通知、网上银行、手机银行等电子银行业务的核算，与其所对应的柜台业务核算相同。

电子银行业务创新日益成为银行个人业务改革的行动指南，今后越来越多的传统个人银行业务会由客户通过电子银行渠道自助办理。但是，电子银行业务在给客户带来方便的同时，其资金与交易的安全必须引起足够重视。

【微思考】网上银行、手机银行等电子银行在给人们日常生活带来便利的同时，也会存在一些支付风险。试结合自己身边的案例或新闻报道，思考电子银行都具有哪些风险？应如何防范？

扫一扫

知识链接

电子银行安全防护措施

因电子设备易受到病毒及电脑黑客的威胁，要保护电子银行的安全就要确保电脑、电话、手机硬件及软件的安全。对于电子银行使用者来说须留意以下几点：

1. 下载并安装由银行提供的用于保护客户端安全的控件，保护卡号和密码不被窃取。
2. 定期下载安装最新的操作系统和浏览器安全程序或补丁。
3. 将计算机中的 hosts 文件修改为只读。
4. 安装个人防火墙，防止黑客入侵计算机。
5. 安装并及时更新杀毒软件。养成定期更新杀毒软件的习惯，防止新型病毒入侵。
6. 不要开启不明来历的电子邮件。
7. 不要点击来历不明的链接，不要扫描来历不明的二维码，不要随意下载安装软件。

4. 结清销户

银行卡长期不用或者客户不打算继续使用时，可到银行申请销户。一般来说，销户的办理流程可以分为结清和销户两个环节。

(1) 结清。办理程序如下：

① 客户将本人填写的现金取款凭证、银行卡和有效身份证件等销户所需资料交银行柜员(代理结清时，应同时出示代理人有效身份证件，并告知结清和销户)。

② 柜员通过联网核查系统，对客户提供的有效身份证件进行核查。

③ 柜员通过“银行卡结清”交易，功能选择“正常结清”或“挂失结清”，交易类别选择“现金”或“转账”。有权人员审核无误后授权，提交成功后打印现金取款凭证或转账凭证、储蓄计息清单，并交客户确认。

④ 审核无误后，在现金取款凭证或者转账凭证、储蓄计息清单上加盖业务清讫章作当日凭证。

需要注意的是，人民币活期账户结清前，需要检查该账户是否有理财账户和自动转账签约，如果有签约业务必须先解除；结清时若有相关联的存折，须先通过“收折”交易收

折。此外，结清时需要把卡内定期账户全部结清后，再做活期账户的结清。结息过程中会发生计付存款利息的核算，会计分录为

借：利息支出——活期存款利息支出

　　贷：吸收存款——活期储蓄存款

(2) 销户。办理程序如下：

① 柜员选择“银行卡销户”交易，功能选“结清”、“正常销户”或“挂失销户”，如果选择“结清”则系统往往会联动“银行卡结清”交易。经有权人员审核授权，提交成功后打印通用凭证。经办柜员将凭证交客户签名确认后，加盖业务清讫章后作当日传票。销户后的银行卡剪角作废，定期上缴有关业务部门集中保管、定期销毁。

② 柜员根据结清金额配款，呼名核对无误后，将现金、客户回单、储蓄计息清单和有效身份证件交还客户。

需要注意的是，经办柜员在销户前应检查客户的银行卡是否有电话银行签约和短信签约，如有签约业务必须先解除；挂失结清和挂失销户必须挂失满 7 天，无需补卡可直接结清和销户。结清销户核算的会计分录为

借：吸收存款——活期储蓄存款

　　贷：库存现金(或其他科目)

同时登记表外科目：

收：待销毁作废银行卡

6.2.3 信用卡业务的核算

信用卡是由银行或信用卡公司根据用户的信用度与财力发给持卡人的银行卡，持卡人持信用卡消费时无须支付现金，待账单发出后的最后还款日前进行还款。

信用卡被广泛运用于商品经济的支付与结算，具有“电子货币”的功能。一般情况下，信用卡业务通常包括发卡业务、消费业务、支取现金业务、存入现金业务。

信用卡的基本规定

(1) 凡在中国境内金融系统开立基本存款账户的单位可申领单位卡。凡年满 18 周岁且不超出规定年龄上限、具有完全民事行为能力的公民可申领个人卡。

(2) 单位卡账户的资金一律从其基本存款账户转账存入，不得交存现金，不得将销货收入的款项存入其账户。单位卡一律不得支取现金，不得用于 10 万元以上商品交易、劳务供应款项的结算。

(3) 个人卡账户的资金以其持有的现金存入或以其工资性款项及属于个人的劳务报酬收入转账存入。严禁将单位的款项存入个人卡账户。

(4) 信用卡只限于合法持卡人本人使用，持卡人不得出租或转借信用卡。

(5) 个人信用卡的透支额度，普卡和金卡一般不超过 50 000 元。贷记卡透支可享受免息还款期待遇。根据 2016 年发布的《中国人民银行关于信用卡业务有关事项的通知》的规定，持卡人透支消费享受免息还款期和最低还款额待遇的条件和标准等，由发卡机构自

主确定。

(6) 持卡人使用信用卡不得发生恶意透支。恶意透支是指持卡人超过规定限额或规定期限，并且经发卡银行催收无效的透支行为。对于持卡人违约逾期未还款的行为，发卡机构应与持卡人通过协议约定是否收取违约金，以及相关收取方式和标准。

(7) 发卡机构对持卡人收取的违约金和年费、取现手续费、货币兑换费等服务费用不得计收利息。

1. 信用卡发卡业务

信用卡发卡业务分为单位卡发卡业务和个人卡发卡业务。

1) 单位卡发卡的处理

单位申请使用信用卡，应按规定填写申请表交发卡行，发卡行经审查同意后，应及时通知申请人前来办理领卡手续，并按规定向其收取备用金和手续费。申请人从其基本存款账户支付以上款项，具体分为以下两种情况。

(1) 申请人已在发卡行开户。单位卡申请人填制转账支票及三联进账单，交发卡行经办人员。经办人审查无误后，支票作为借方凭证，第二联进账单作为贷方凭证办理转账，同时收取手续费。其会计分录为

借：吸收存款——单位活期存款——××单位户

　　贷：吸收存款——单位活期存款——××单位信用卡户

　　　　手续费及佣金收入

银行经办人员将第一联进账单加盖转讫章后作为回单交给申请单位。

(2) 申请人未在发卡行开户。单位卡申请人应填制支票及进账单，交发卡行经办人员。经办人审查无误后，在进账单上按票据交换的规定及时提出交换。待退票时间过后，将第二联进账单作为贷方凭证，同时收取手续费，会计分录为

借：存放中央银行款项(或清算资金往来)

　　贷：吸收存款——单位活期存款——××单位信用卡户

　　　　手续费及佣金收入

2) 个人卡发卡的处理

个人申请信用卡时，应按银行规定提交有关身份证明、资信证明资料，银行审核通过后，进行制卡并办理发卡。对于需要交付一定备用金开卡的信用卡，收取备用金和手续费的方式如下：

(1) 个人卡申请人交存现金开卡的，银行收妥后，发给其信用卡。其会计分录为

借：库存现金

　　贷：吸收存款——个人活期存款——××信用卡户

　　　　手续费及佣金收入

(2) 申请人转账存入的，银行接到申请人交来的支票及进账单，审核其个人资金来源无误后，比照单位卡的有关手续处理。

发卡银行在办理信用卡发卡手续时，应登记信用卡账户开销户登记簿和发卡清单，并在发卡单上记载领卡人身份证号码，由领卡人签收。

知识链接

个人信用卡申请条件：

1. 年满 18 周岁。
2. 持有有效身份证。
3. 无不良信用记录。
4. 有固定工作证明。
5. 盖有单位财务章的收入证明。
6. 其他财力证明，如房产、汽车、股票、债券等。
7. 社保证明材料。
8. 提供两名本市联系人。

前 3 个条件必须具备，4～7 条证明材料会提高办卡成功率和信用额度，尽可能提供。

2．信用卡消费业务

直接消费是信用卡的最主要功能，持卡人凭信用卡在同城或异地直接刷卡消费(基本流程如图 6-21 所示)，无需支付现金。由于银行为特约单位介绍了客户，所以特约单位要向银行支付一定比例的结算手续费。

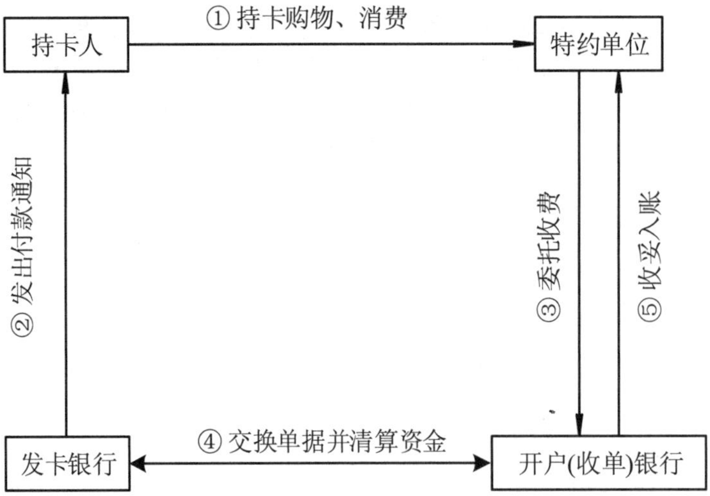

图 6-21　信用卡刷卡结算的基本流程图

特约单位受理客户信用卡成功后，POS 机将交易信息自动打印至签购单。营业终了，特约单位应将当日受理的签购单汇总，并按规定比率计算手续费，扣减得出净额，据此填制汇计单。

签购单(如图 6-22 所示)一式四联：第一联回单，第二联借方凭证，第三联贷方凭证附件，第四联存根。汇计单(如图 6-23 所示)一式三联：第一联交费收据，第二联贷方凭证附件，第三联存根。

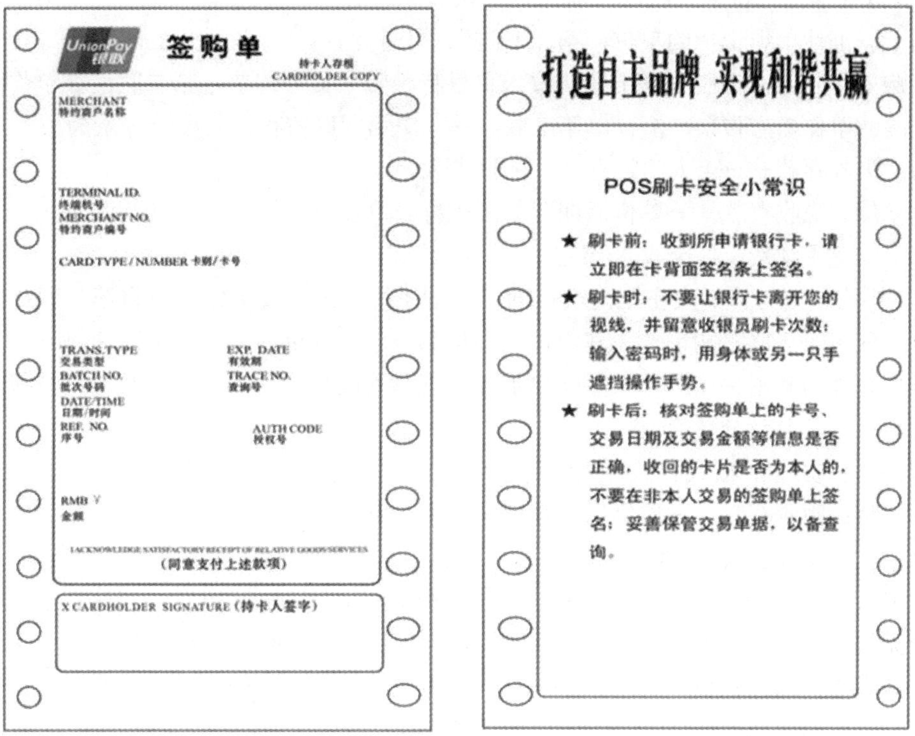

图 6-22　POS 特约单位签购单(正/反)

××银行

××卡　　　　　　　　　　　　　　　　日期

汇计单　　　　　　　　　　　　　　　签购单总份数________份

特约单位名称、代号

总计金额(￥)________________

手续费(￥)________________

图 6-23　POS 特约单位汇计单

特约单位开户行收到特约单位送来的两联进账单、三联汇计单及第二、三联签购单，经审查无误后，分下列情况进行处理。

(1) 特约单位与持卡人在同一城市不同银行系统开户。收单银行应将第二联进账单作为贷方凭证，第三联签购单作为其附件，并根据第二联汇计单的手续费金额填制一联特种转账贷方凭证；然后，收单银行将第二联签购单加盖业务公章，连同第三联汇计单向持卡人开户银行提出票据交换。其会计分录为

借：存放中央银行款项(或清算资金往来)

　　贷：吸收存款——单位活期存款——特约单位户

　　　　手续费及佣金收入

(2) 特约单位与持卡人在同一城市同一银行系统开户。特约单位开户行将第一联进账单与第一联汇计单退交特约单位；第二联进账单作特约单位存款账户的转账贷方传票，第三联签购单作附件；填制一联手续费收入科目特种转账贷方传票，第二联汇计单作附件；第二联签购单作借方传票；汇计单第三联、签购单第四联留存。其会计分录为

借：吸收存款——个人活期存款——持卡人户

贷：吸收存款——单位活期存款——特约单位户

手续费及佣金收入

(3) 特约单位与持卡人在不同城市同一银行系统开户。收单银行应将第二联进账单作为贷方凭证，第三联签购单作为其附件，根据第二联汇计单的手续费金额填制一联特种转账贷方凭证作为其附件；第二联签购单加盖转讫章连同第三联汇计单随联行借方报单寄持卡人开户行。其会计分录为

借：清算资金往来(或存放中央银行款项)

贷：吸收存款——单位活期存款——特约单位户

手续费及佣金收入

发卡银行收到联行寄来的报单及第二联签购单和第三联汇计单时，应认真进行审查。经审查无误后，发卡银行将第二联签购单作借方凭证，第三联汇计单留存。其会计分录为

借：吸收存款——个人活期存款——持卡人户

贷：清算资金往来(或存放中央银行款项)

(4) 信用卡异地跨银行系统发行。特约单位开户行应向所在地的跨系统发卡行的通汇行提出票据交换，由通汇行转入持卡人开户行。会计分录同(1)。

通汇行接到收单银行交换来的签购单和汇计单，随联行借方报单寄持卡人开户行。其会计分录为

借：清算资金往来

贷：存放中央银行款项

发卡银行收到联行寄来的第二联签购单和第三联汇计单，应认真进行审查。经审查无误后，发卡银行将第二联签购单作为借方凭证，第三联汇计单留存。其会计分录为

借：吸收存款——个人活期存款——持卡人户

贷：清算资金往来(或存放中央银行款项)

经典案例

刷卡消费的完整流程实例

客户 A 和 B 分别在农业银行和建设银行的济南分行开户，并持有银行卡。某日，A 和 B 同去某超市购物并用银行卡结算，各自的购物金额为 1000 元和 2000 元。假定该日此超市无其他顾客采用银行卡结算方式，则该日客户、商户和银行之间的结算流程如图 6-24 所示。

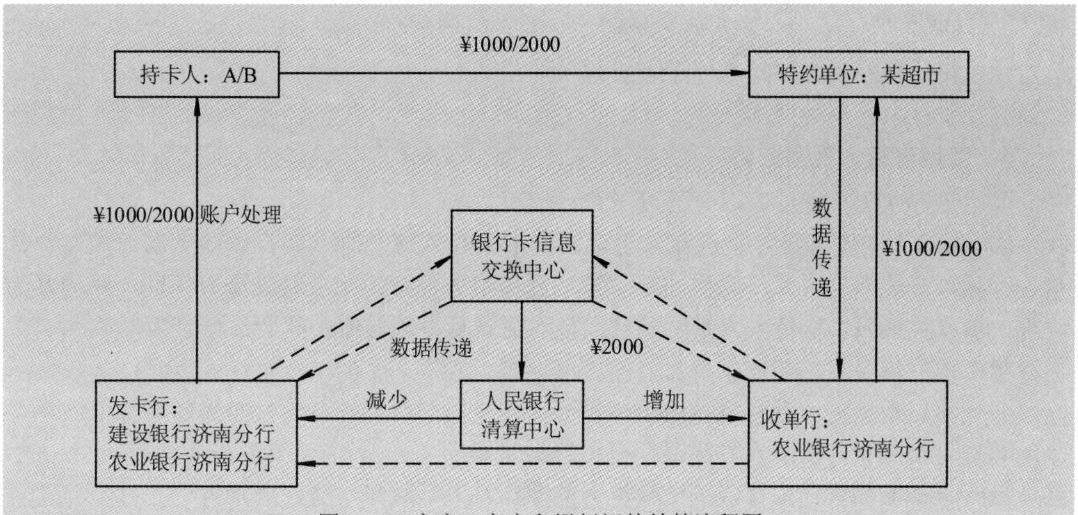

图 6-24　客户、商户和银行间的结算流程图

3. 信用卡支取现金业务

个人持卡人在银行支取现金时，应填制四联取现单(取现单第一联回单、第二联借方凭证、第三联贷方凭证附件、第四联存根)连同信用卡、身份证等一并交银行。银行经审查无误后，分下列情况进行处理。

(1) 对同一城市其他银行系统发行的信用卡支取现金的，第二联取现单加盖业务公章向持卡人开户行提出票据交换。其会计分录为

借：存放中央银行款项(或清算资金往来)

　　贷：吸收存款——应解汇款——持卡人户

支付现金时，会计分录为

借：吸收存款——应解汇款——持卡人户

　　贷：库存现金

　　　　手续费及佣金收入

(2) 对异地联行发行的信用卡支取现金的，比照同一城市支取现金的有关手续处理，并将第二联取现单加盖转讫章随联行借方报单寄持卡人开户行，收取手续费。其会计分录为

借：清算资金往来(或存放中央银行款项)

　　贷：吸收存款——应解汇款——持卡人户

借：吸收存款——应解汇款——持卡人户

　　贷：库存现金

　　　　手续费及佣金收入

(3) 如果信用卡是异地跨银行系统发行的，应向本地跨系统发卡行的通汇行提出票据交换，由通汇行转入持卡人开户行。持卡人开户行收到联行寄来的第二联取现单，经审核无误后，办理转账。其会计分录为

借：吸收存款——单位活期存款——××单位信用卡户

(或吸收存款——个人活期存款——××信用卡户)

贷：存放中央银行款项(或清算资金往来)

手续费及佣金收入

4．信用卡存入现金业务

信用卡存入现金业务可以分为以下几种情况。

(1) 持卡人同城跨银行系统存入现金。持卡人存入现金时，银行审核无误后填制存款单，存款单一式四联，第一联为回单，第二联为贷方凭证，第三联为借方凭证，第四联为存根。填妥凭证后，交持卡人签字确认，核对无误后办理转账。其会计分录为

借：库存现金

贷：存放中央银行款项(或清算资金往来)

该银行应当日向持卡人开户银行提出票据交换。

持卡人的同城开户银行收到交换提入的票据后办理转账，会计分录为

借：存放中央银行款项(或清算资金往来)

贷：吸收存款——活期存款——××信用卡户

(2) 持卡人在异地同一银行系统存入现金。异地系统内银行收到持卡人存入现金，经审核无误后办理转账。其会计分录为

借：库存现金

贷：清算资金往来

该银行通过本行内部资金清算系统清算资金。

持卡人开户银行受理系统内银行转来报单信息后办理转账，会计分录为

借：清算资金往来

贷：吸收存款——活期存款——××信用卡户

6.3 代理业务核算

代理业务是指商业银行接受单位或个人的委托，以代理人的身份代表委托人办理一些经双方议定的经济事务的业务。银行代理业务有两个特点：一是综合性的服务业务，具有代客服务的性质；二是以收取手续费为收益来源。银行一般不动用自己的资产，不为客户垫款，不参与收益分配，只收取代理费，是一种较低风险的业务，也是银行中间业务的重要组成部分。

近年来，商业银行发挥网点多、业务系统发达的优势，大力开展代理业务，不断进行产品创新，不但极大地方便了居民的生活，同时还对提高银行的盈利能力、扩展业务范围、分散经营风险发挥了重要作用。目前，我国商业银行的代理业务主要包括代理政策性银行业务、代理中国人民银行业务、代理商业银行业务、代收代付业务、代理证券业务、代理保险业务以及其他代理业务。本节主要以代理国债业务、代理基金业务、委托贷款业务以及代收代付业务为例，介绍商业银行代理业务的核算。

6.3.1　代理国债业务核算

代理国债业务是指商业银行利用自身债券柜台系统，为投资者提供的国债认购、付息、兑付等服务。这里所称的国债，是指财政部在中国境内发行，通过取得国债承销资格的商业银行面向投资者销售的以电子、凭证方式记录债券的不可流通的人民币债券。银行客户可以通过银行营业网点购买、兑付、查询凭证式国债、储蓄国债(电子式)以及柜台记账式国债，柜台交易实行债券和资金的实时交割结算。目前，我国通过银行柜台面向个人发行的国债主要包括凭证式国债和储蓄国债(电子式)。

凭证式国债，是指财政部在中华人民共和国境内发行，通过凭证式国债承销团，以凭证式国债收款凭证方式(或电子方式)记录债权的不可流通的人民币债券。储蓄国债(电子式)，是指财政部在中华人民共和国境内发行，通过代销机构面向个人投资者销售的、以电子方式记录债券的不可流通的人民币债券。通常，客户办理国债业务前，需要办理理财类业务签约或国债托管账户。国债面值以人民币“元”为单位，交易金额为百元的整数倍，资金清算单位为“元”，保留两位小数。

一般来说，代理国债业务包括代理发行国债和代理兑付国债两个环节。

1. 代理发行国债业务的核算

代理发行国债业务包括国债的领入、代理国债发行。

1) 总行领入国债业务的核算

代理行总行在接受国家委托后，应签订承购包销合同或委托书，并领入国家债券。各代理行领入国债后，应编制表外科目收入传票，记载表外科目分户账，严格入库管理。同时记载表外科目分户账如下：

收入：未发行债券

2) 代理国债发行的核算

商业银行各分支机构应在自身分配的额度范围内出售国债。个人及单位购买凭证式国债时，代理行审核客户的有效身份证件与开户申请书等证明。审核无误后，办理国债发行业务，由系统发起交易，实时从客户结算账户中扣款。其会计分录为

借：吸收存款——活期存款——个人(或单位)活期存款

　　贷：代理承销证券款——国债

“代理承销证券款”属于负债类科目，用于核算商业银行接受委托，采用余额承购包销或代销方式发行证券所形成的应付发行人的承销资金。期末余额在贷方，反映尚未支付给委托人的款项。

同时登记表外科目分户账如下：

付出：未发行债券

3) 总行交付国债发行款的核算

在缴款日，总行将国债发行款通过清算业务系统划到财政部指定的账户中，会计分录为

借：代理承销证券款——国债

　　贷：清算资金往来(或存放中央银行款项)

2. 代理兑付国债业务的核算

代理国债业务的兑付包括提前兑付和到期兑付两种情况。

1) 提前兑付

提前兑付包括发行期提前兑付再售、持有期提前兑付、兑付期提前兑付。

(1) 发行期提前兑付。客户在债券发行期内要求提前兑付的，代理行对其进行审核无误后，应打印国债收购凭证并加盖清讫章，同时收取兑取本金的 0.1%作为提前兑付业务的手续费。在发行期内，国债是不计息的，此时会计分录为

借：代理兑付证券款——国债本金

　　贷：手续费及佣金收入——兑付国债手续费

　　　　吸收存款——活期存款——个人(或单位)活期存款

“代理兑付证券款”属于负债类科目，用于核算银行接受委托代理兑付证券业务而收到的兑付资金。期末余额在贷方，反映尚未兑付的款项。

同时登记表外科目分户账如下：

收入：未发行债券

(2) 客户持有期内提前兑付。客户在国债持有期内提前兑付，按照持有时间计付国债利息，同时收取提前兑付手续费。其会计分录为

借：代理兑付证券款——国债本金

　　代理兑付证券款——国债利息

　　贷：手续费及佣金收入——兑付国债手续费

　　　　吸收存款——活期存款——个人(或单位)活期存款

同时登记表外科目分户账如下：

收入：未发行债券

代理行办理了客户的提前兑付后，可以使用这部分增加的额度继续发行国债，其处理与债券发行相同。

2) 到期兑付

国债到期，财政部将国家债券的本息款划转到各代理行总行的账户上，商业银行随即与客户结算到期国债款。

(1) 总行收到财政部划来的到期国债兑付款，会计分录为

借：清算资金往来(或存放中央银行款项)

　　贷：代理兑付证券款——债权本金户

　　　　代理兑付证券款——债券利息户

(2) 总行下拨到期国债兑付款。总行收到财政部划来的兑付款项，应按照分配兑付计划将债券兑付本息逐级下拨，会计分录为

借：代理兑付证券款——债权本金户

　　代理兑付证券款——债券利息户

　　贷：存放中央银行款项(或系统内款项存放)

(3) 分行收到总行拨付的国库款及利息时，会计分录为

借：存放中央银行款项(或上存系统内款项)

　　贷：代理兑付证券款——债权本金户

代理兑付证券款——债券利息户

(4) 银行与客户结算资金，转入客户结算账户，会计分录为

借：代理兑付证券款——债权本金户

代理兑付证券款——债券利息户

贷：吸收存款——活期存款——个人(或单位)活期存款

3) 债券承销手续费的核算

(1) 财政部划付总行代理国债业务的承销手续费，总行会计分录为

借：清算资金往来

贷：其他应付款——待分配手续费——代理国债业务手续费

(2) 手续费的确认。手续费收入的确认模式一般有两种。

① 总行全部确认手续费收入，会计分录为

借：其他应付款——待分配手续费——代理国债买卖业务手续费

贷：手续费及佣金收入——代理证券买卖业务收入——代理国债买卖业务收入

总行划付二次分配收入。扣缴相应税金后，将手续费划拨到各参与分配机构的手续费账户，会计分录为

借：内部转移支出——代理国债业务手续费(总行)

贷：内部转移收入——代理国债买卖业务收入(收入确认机构)

“内部转移支出”“内部转移收入”主要用来核算总行与分支行之间以及各分支行之间的资金(存、欠)往来。

② 各机构各自确认手续费收入，会计分录为

借：其他应付款——待分配手续费——代理国债业务手续费(总行)

贷：手续费及佣金收入——代理证券买卖业务收入——代理国债买卖业务收入(收入确认机构)

6.3.2 代理基金业务核算

代理基金业务，是指商业银行接受基金公司的委托，签订书面代销协议后，代为销售相关产品，受理投资者相关交易申请，同时提供配套服务并依法收取相关手续费的一项代理业务。

知识链接

商业银行开展代理基金业务时，虽然基金产品的设计、投资、管理等均由基金公司全权负责，但是商业银行作为代理销售机构，有责任做好销售环节的各项事宜，包括销售人员培训及持证上岗、投资者风险承受能力评估、合理销售、避免销售误导、配合基金公司为投资者提供良好的后续服务。

商业银行代理基金业务的核算包括以下几个环节。

1. 申购、认购基金的核算

个人或单位办理基金申购、认购业务时，银行柜员应对客户的身份证件及申请资料、

相关单据进行审核。审核无误后，录入相关信息提交系统处理。首次申购、认购基金的客户，需要建立客户资料并开立基金 TA 账户。需要注意的是，此项业务必须由客户本人办理，不得代办。

基金申购、认购业务办理成功后，商业银行前台系统实时从客户结算账户中扣款，会计分录为

借：吸收存款——活期存款——个人(或单位)活期存款

　　贷：代理业务负债——代理基金业务

“代理业务负债”属于负债类科目，用于核算商业银行接受客户委托办理不承担风险的代理业务中事先收到的款项。期末余额在贷方，反映尚未划回的款项。

2. 银行与基金公司结算发行款

商业银行代理基金业务进行款项结算时，通常采取总行对全部基金公司的总对总模式。此外，客户在进行认购、申购时会产生相应的手续费，由银行进行收取，扣划在总行的汇总本金户中。在拨付基金公司申购、认购款时，银行将手续费剔除后的余额直接拨付给基金公司。

缴款日，总行将基金发行款划转基金公司账户时，会计分录为

借：代理业务负债——代理基金业务

　　贷：清算资金往来(或存放中央银行款项)

手续费款项则直接转入待分配手续费分户中，会计分录为

借：代理业务负债——代理基金业务

　　贷：其他应付款——待分配手续费——代理基金

3. 代理基金分红或者赎回

客户因资金需求要求赎回基金时，需填写基金赎回申请提交银行柜员。经办柜员审核客户身份证件及单据无误后，在系统中录入有关信息和数据，提交基金赎回申请。总行收到赎回款时进行账务处理，会计分录为

借：清算资金往来(或存放中央银行款项)

　　贷：代理业务负债——代理基金业务

交收日，客户资金从总行的基金赎回资金中划付到结算账户，会计分录为

借：代理业务负债——代理基金业务

　　贷：吸收存款——活期存款——个人(或单位)活期存款

基金分红的会计核算与基金赎回业务会计处理类似，这里不再赘述。

4. 代理基金手续费的核算

基金公司定期将代理基金的各项手续费(如客户服务费、营销手续费、尾随佣金等)，划转至代理银行总行开立的待分配手续费分户中。总行会计处理的分录为

借：清算资金往来(或存放中央银行款项)

　　贷：其他应付款——待分配手续费——代理基金业务

手续费的分配核算方法同债券承销手续费的分配核算方法相同。

近年来，随着商业银行代理销售业务的快速发展，银行代销业务出现了一系列问题。对此，我国银监会于 2016 年发布了《中国银监会关于规范商业银行代理销售业务的通

知》，从代销业务基本原则、内部管理、合作机构管理、代销产品准入管理、销售管理、信息披露与保密管理以及监督管理等方面对代销业务进行了规范，进而保护投资者合法权益，促进代理销售业务健康有序发展。

6.3.3　委托贷款业务核算

根据中国银监会 2018 年 1 月发布的《商业银行委托贷款管理方法》，商业银行委托贷款是指由政府部门、企事业单位及个人等委托人提供资金，由商业银行(即受托人)根据委托人确定的贷款对象、用途、金额、期限、利率等代为发放、监督使用并协助收回的贷款，不包括现金管理项下委托贷款和住房公积金项下委托贷款，商业银行(即受托人)只收取手续费，不承担贷款风险。商业银行开办委托贷款业务，应当遵循依法合规、平等自愿、责利匹配、审慎经营的原则。

中国人民银行对商业银行开办委托贷款业务实行备案制。商业银行开办委托贷款业务，必须制订严格的内部控制制度，严格隔离委托贷款业务与自营业务的风险，实行分级授权管理。商业银行分支机构办理此项业务，需持其总行的批准文件及其他有关材料，向人民银行当地分支机构备案。

知识链接

商业银行依法开展委托贷款业务，严禁以下行为：

1. 代委托人确定借款人；
2. 参与委托人的贷款决策；
3. 代委托人垫付资金、发放委托贷款；
4. 代借款人确定担保人；
5. 代借款人垫付资金归还贷款，或者用信贷、理财资金直接或间接承接委托贷款；
6. 为委托贷款提供各种形式的担保；
7. 签订改变委托贷款业务性质的其他合同或协议；
8. 其他代为承担风险的行为。

商业银行委托贷款业务的核算包括以下几个环节。

1. 委托贷款资金划入的核算

商业银行信贷或有关业务部门与委托贷款单位签订委托贷款协议，并与委托方、借款方签订委托贷款单项协议后，将总协议和单项协议副本送交会计部门。会计部门据以在“委托贷款”科目下开立“存款户”，并掌握、监督委托贷款资金的划入与相应发放的贷款。

委托方签发转账支票，将资金从其存款账户转入委托贷款项下的“存款户”。其会计分录为

借：吸收存款——活期存款——委托方单位活期存款

　　贷：代理业务负债——委托存款——委托人存款户

存款户按活期存款利率计付利息。

2. 委托贷款发放的核算

商业银行将贷款发放至借款人账户时，会计分录为

借：代理业务资产——委托贷款——委托人户

　　贷：吸收存款——活期存款——借款人户

"代理业务资产"属于资产类科目，用来核算商业银行接受客户委托办理不承担风险的代理业务形成的资产。期末余额在借方，反映尚未收回的委托贷款。

3. 委托贷款收回的核算

委托贷款合同约定的借款期限到期时，借款人应填制转账支票，按合同约定还本付息。其会计分录为

借：吸收存款——活期存款——借款方单位活期存款

　　贷：代理业务资产——委托贷款——委托人户(本金)

　　　　暂收款项——其他应付款——待划转委托贷款利息

4. 委托贷款手续费的核算

委托贷款手续费按委托方与银行签订的委托贷款总协议中约定的手续费率在"待划转委托贷款利息"中划收。其会计分录为

借：暂收款项——其他应付款——待划转委托贷款利息

　　贷：代理业务负债——委托贷款手续费收入

　　　　手续费及佣金收入——委托贷款手续费收入

5. 终止委托贷款业务的核算

委托人终止委托贷款业务时，银行按规定归还委托方的本息款，会计分录为

借：代理业务负债——委托存款——委托人存款户(本金)

　　代理业务负债——委托贷款手续费收入

　　贷：吸收存款——活期存款——委托方单位活期存款

6.3.4 代收代付业务核算

代收代付业务是指商业银行利用自身的清算功能和结算网络，接受客户的委托向第三方代为办理指定款项收转、支付的业务。商业银行代收代付业务服务对象为与银行签订代收代付合作协议的委托单位及个人。商业银行应按照规定，取得业务授权后方可与委托单位及个人签订银行与客户双方协议书或委托单位、银行、客户多方协议书。协议书需经银行法律事务部审核同意，明确双方责任及可能出现问题的解决方式等内容，在不负责处理收付双方任何经济纠纷的原则下，加强与客户的业务合作，互惠互利、共同发展。

知识链接

商业银行代收代付业务分为代收类业务和代付类业务。其中，代收类业务，主要包括代收水费、电费、燃气费、暖气费、广电信息费、行政事业性收费、居民医保、移动话费、联通话费、代理信用卡还款、公交 IC 卡充值及受签约单位委托代收的其他款项等。代付类业务则主要包括代发工资、委托代付款项等。

代收代付业务结算遵循银行不垫款的原则，即业务主办行在进行代收业务时，须先向个人客户收款或扣账、后给委托单位进账；进行代付业务时，须先从委托单位收妥款项、后给个人客户进账。代收代付业务的办理以及账务核对，须以客户提供的数据为依据，业务办理产生的相关明细、汇总、成功与不成功等业务报表，由专人详细核对，按成功部分向委托人进行资金结算；对不成功部分，应及时查找原因妥善解决。

商业银行必须严格按照与委托人签订的代收代付协议约定的内容开展代收代付业务，不得推诿、拒办，不得办理协议约定内容以外项目的代收代付业务。本节主要介绍代理缴费业务和代发工资业务的核算。

1. 代理缴费业务的核算

代理缴费业务，顾名思义，是银行代理收费单位向用户收取费用的一种结算业务。目前商业银行代缴费内容已经扩展到了电费、水费、燃气费、暖气费、有线电视费、电话费、物业费、学费、医保卡费用、交通违章罚款等一系列与生活息息相关的领域，极大地便利了居民的生活，提高了人们的生活质量。

银行代理缴费业务可以分为代理收费单位收费和与委托单位进行资金结算两个步骤。

1) 银行代理收费单位收费的核算

银行代理收费单位收取客户各项费用资金时，会计分录为

借：库存现金(或存放中央银行款项)

　　贷：其他代理业务——代收各种费用——代收××费

2) 银行与委托单位进行资金结算的核算

商业银行开办代收代付业务时，应按照代收代付金额或笔数向委托单位收取一定比例的费用。代收代付业务发生的所有手续费收入必须按照协议的约定全额计入手续费收入科目。结算日，银行进行资金结算的会计分录为

借：其他代理业务——代收各种费用——代收××费

　　贷：清算资金往来

　　　　手续费及佣金收入——代理业务手续费收入——其他代理业务手续费收入

2. 代发工资业务的核算

代发工资业务是指商业银行接受行政、企事业、社会团体等单位委托，根据其提供的清单数据，使用本行活期存折、存单或储蓄卡，在委托范围内代其发放职工工资、薪金的业务。商业银行代发工资业务必须与委托人签订代发工资协议，银行在委托范围内代委托人办理指定委托事项，银行不垫付资金，不承担任何由于工资发放单位劳资纠纷而产生的法律责任。委托单位在委托行办理的代发工资款项及结算账户管理必须符合《人民币银行结算账户管理办法》所规定的内容。

委托单位首次委托银行为其办理代发工资业务，应出示单位负责人、授权经办人及委托单位员工的有效身份证件，签订代发工资协议，并确定双方代发工资负责人。同时委托单位还需提供加盖单位公章或财务专用章的员工开户资料明细清单及电子明细清单(磁介质明细清单)，员工开户资料明细清单应至少包括员工有效身份证件中记载的姓名、身份证件类型、证件号码三项内容。委托单位每月应于委托代发工资发放日前，将代发资金从单位基本户划转到委托行开立的批量代付资金账户内，并由专人负责将加盖有委托单位公

章或财务专用章的代发明细清单(含电子明细清单)，与委托行进行妥善交接，并办理交接登记。委托经办行根据委托单位提供的书面代发工资明细在代理业务操作界面进行录入或通过电子数据导入，并换人复核，在确认数据无误后，先对代发工资转账支票进行账务处理，然后再提交代发工资明细。

1) 使用转账支票进行代发工资款项划转

借：吸收存款——活期存款——单位活期存款

　　贷：其他代理业务——代付各种费用——代发工资

2) 代发员工工资

在工资发放日，银行将款项划转至员工账户。

借：其他代理业务——代付各种费用——代发工资

　　贷：吸收存款——活期存款——个人活期存款

业务经办行在代发工资完成后，将代发工资成功的明细清单及代发失败的明细清单与委托单位进行交接并登记，告知委托单位进行核对。

6.4 咨询顾问类业务核算

咨询顾问类业务是指商业银行依靠自身在信息、人才、信誉等方面的优势，收集和整理有关信息，并通过对这些信息以及银行和客户资金运动的记录和分析，并形成系统的资料和方案，提供给客户，以满足其业务经营管理或发展的需要的服务活动。

知识链接

商业银行咨询顾问类业务主要包括企业信息咨询业务、资产管理顾问业务、财务顾问业务以及现金管理业务。企业信息咨询业务，包括项目评估、企业信用等级评估、验证企业注册资金、资信证明、企业管理咨询等。资产管理顾问业务，是指为机构投资者或个人投资者提供全面的资产管理服务，包括投资组合建议、投资分析、税务服务、信息提供、风险控制等。财务顾问业务，包括大型建设项目财务顾问业务和企业并购顾问业务。大型建设项目财务顾问业务指商业银行为大型建设项目的融资结构、融资安排提出专业性方案；企业并购顾问业务指商业银行为企业的兼并和收购双方提供的财务顾问业务，银行不仅参与企业兼并与收购的过程，而且作为企业的持续发展顾问，参与公司结构调整、资本充实和重新核定、破产和困境公司的重组等策划和操作过程。现金管理业务，指商业银行协助企业，科学合理地管理现金账户头寸及活期存款余额，以达到提高资金流动性和使用效益的目的。

本节以存款证明业务和银行询证函两项证明类业务为例，介绍此类中间业务的核算。

6.4.1 存款证明业务

存款证明业务是指银行为存款人出具证明，证明存款人在前某个时点的存款余额或某个时期的存款发生额(即时点证明)，和证明存款人在银行有在以后某个时点前不可动用的存款余额(即时段证明)。存款证明按申请主体的不同，可分为个人存款证明和单位存款证明。通常情况下，个人存款证明以时段证明为主；单位存款证明则主要为时点证明。存款证明不具备质押、担保作用，任何人不得将存款证明用作担保、质押。

个人申请开立存款证明可以到开户银行任一营业网点办理；单位存款户申请开立存款证明，则必须到其开户行办理。客户要求开立存款证明时，必须提交有效身份证件或营业执照原件及复印件、授权书、代理人有效身份证件等资料，填写“存款证明申请表”并签名或加盖客户预留银行的印鉴，提交银行柜员。经办柜员在收到申请人提交的申请资料后，应认真审核资料，经审核无误后，如系申请开具活期存款时段存款证明的，经办柜员应要求申请人将活期存款转为定期存款，并开具定期存单等存款凭证。存款证明申请经审批后，经办柜员在综合业务系统中凭会计系统显示的账户余额及定期存单等存款凭证进行有关处理，经主管会计授权复核，打印存款证明并加盖业务专用章后，在业务登记簿上详细登记并由客户确认签字。存款证明为一式两联式，按重要空白凭证管理，列入日常检查范围。银行对外出具的单位存款证明，一联交客户，一联由网点留存，留存联专夹保管备查。客户的存款证明一旦遗失，银行不挂失、不退还手续费。

存款证明只能按实际存款人、存款时间、存款金额等如实开具，存款证明的金额不得高于客户提供的存款凭证金额。银行必须按客户实际账面的币种开具存款证明，不得折算成另一种货币开具存款证明。在存款证明书有效期内，因有权机关依法冻结、扣划而导致存款证明书项下的金额与实际存款金额不符而产生的纠纷，银行不承担责任。

存款证明手续办妥后，经办柜员将存款证明交付申请人，并向申请人收取手续费，出具收费凭证。收取手续费的会计分录为

借：库存现金(或吸收存款科目)

　　贷：手续费及佣金收入——其他手续费收入

经典案例

中行海口椰树门支行成功堵截伪造单位存款证明书诈骗案件

2014 年 5 月 27 日，中行海口椰树门支行营业部成功堵截一起利用伪造单位存款证明书骗取客户进行土地买卖交易的诈骗案件。

27 日下午，椰树门支行营业部负责人收到某客户的短信，表示其收到一份中国银行开具的单位存款证明书，金额将近 3 亿元，请该行工作人员协助核实。该行柜台人员根据短信内容分析，觉得此张证明书与以往开具的内容形式不符，存在诸多疑点。考虑到该存款证明涉及金额巨大，且与该名客户日前正在洽谈的一桩三亚当地的土地买卖交易有重大关系，为保障客户利益和资金安全，维护海南中行品牌声誉，该行营业部负责人遂请客户携带证明书前来柜台进行进一步核实。经过柜台人员的仔细辨识，发现证明书上账号栏位和银行业务章异常，在辨认出印章上的银行名称后，该行立刻致电三亚分行进行确认，该行三亚分行表示并未为该司出具过该份单位存款证明书，由此断定该证明书系伪造。柜台人员立即将辨别结果告知客户，避免客户掉入诈骗的圈套，客户对该行工作人员认真专业的态度表示赞赏。

资料来源：中国人民银行网站

6.4.2 银行询证函业务

银行询证函是指会计师(审计)事务所在执行审计过程中，以被审计企业名义向银行发出的，用以验证该企业的银行存款与借款、投资人(股东)出资情况以及担保、承诺、信用证、保函等其他事项是否真实、合法、完整的询证性书面文件。完整的银行询证函一般包括：存款、借款、销户情况、委托存款、委托贷款、担保、承兑汇票、贴现票据、托收票据、信用证、外汇合约、存托证券及其他重大事项。银行询证函工作是商业银行金融服务的内在组成部分，关系到金融安全的维护与保障，对夯实市场主体会计信息质量、防范金融风险、维护金融秩序以及银行加强内部控制、降低风险有着不容忽视的作用。

银行询证函业务可分为直接询证和邮寄询证两种。柜员在受理询证函业务时，对于直接在银行柜面办理银行询证函业务的，应要求经办人提供有效身份证件，提交加盖被函证单位公章或印鉴章的“银行询证函”；对于邮寄收到的“银行询证函”，应验证询证函上是否有被函证单位的公章或印鉴章(如为验资户，应为其拟定法定代表人的签章或签字)。经办柜员按要求审核经办人有效身份证件，校验询证函上加盖的被函证单位公章或预留印鉴，确定其与被函证单位预留印鉴一致无误后，方可办理回函业务。

经办柜员填写询证函回函时，应根据原始业务记录进行填写，注意核查询证函内容及格式。询证函所载信息与银行信息不相符时，应在回函上按照要求列明不符事项。经会计主管授权复核后，经办柜员在询证函原件上签字并加盖业务专用章和骑缝章，登记有关业务登记簿，对于直接在银行柜面办理询证的，经办人须在登记簿上签字确认。此外，经办银行须留存相关回函复印件或影像文件，按回函时间顺序归档保管备查。

知识链接

根据 2016 年《财政部 银监会关于进一步规范银行函证及回函工作的通知》，各银行应严格规范银行函证回函工作。商业银行原则上应当在被函证单位签署的银行询证函原件上确认、填写相关信息并签章；如不在询证函原件上回复而采用银行系统自动生成的相关报告并签章作为回复的，应对询证函列示的全部项目作出回应。商业银行应对回函信息的真实性和准确性负责。

银行回复询证函后，向企业收取一定的手续费，会计分录为

借：库存现金(或吸收存款科目)

　　贷：手续费及佣金收入——其他手续费收入

银行办妥询证函业务后，对于客户到柜面直接办理询证的，回函可交由经办人处理。对于邮寄办理的询证函，应于收到询证函之日起 10 个工作日内，按照询证函所载致送的会计师事务所地址，将回函直接寄往会计师事务所。

知识拓展

6.5 代保管业务核算

代保管业务主要是指保管箱业务，是指银行接受客户的委托，按照业务章程和约定的

条件，以出租保管箱的形式代客保管贵重物品、有价证券及文件等财物的服务项目。这里主要从保管箱业务概述和业务核算两个方面介绍银行保管箱业务的核算。

6.5.1 保管箱业务概述

保管箱业务是银行接受客户的委托，以出租保管箱的形式代客户保管贵重物品的一项服务。保管箱业务的服务对象是自然人或企事业单位、机关及社会团体法人。根据《金融机构客户身份识别和客户身份资料及交易记录保存管理办法》第九条规定：金融机构提供保管箱服务时，应了解保管箱的实际使用人。

随着我国法制的不断健全，保管箱业务的推出顺应了时代的发展要求。各商业银行在保管箱业务推介过程中，都把安全保障和隐私保护放在第一位，不论从保管箱库房的硬件设施及选址，还是从保管箱业务的流程严密度来看，保管箱确实能实现保障客户财产安全、保护客户隐私的目的。银行为客户提供保管箱服务，按照“服务、保密、效益、安全”的原则，规范租箱、开箱、续租、退租等业务处理手续，保障客户财产安全，为客户承担保密义务，同时收取相关费用。

6.5.2 保管箱业务核算

保管箱业务的会计核算主要包括保管箱租用、续租、退租、挂失和破箱等业务的核算。

1. 保管箱租用的核算

客户申请租用保管箱，须持合法有效身份证件，填写“个人(单位)租用保管箱申请表”，提交有关资料。客户授权委托他人或单位授权代理人代理保管箱业务，应在租箱申请表中写明，并填制“授权委托书”确定授权代理人，明确授权范围和授权期限。租箱时授权代理人须同时到场出示合法有效证件，并预留个人资料。两人联名租用保管箱，双方都须持合法有效身份证件，填写租箱申请表，预留个人资料，所有手续均须双方同时到场办理。银行业务经办人员认真审验个人或单位租用人填写的租箱申请表、“授权委托书”及其提交的身份证、单位公函等证明资料，符合规定后，在申请表上签字盖章，并换人复核。复核员核实无误后在申请表上签字盖章，并交经办人员记录客户资料、建立客户档案。“个人(单位)租用保管箱申请表”和“授权委托书”归档永久保管。

业务经办人员根据出租保管箱的规格、租期，向租用人收取租金、保证金，并开具收费凭证一式两联。款项收妥后，在收费凭证上加盖“收讫”章确认，一联交租用人、一联留存，同时记录相关账目。其会计分录为

借：库存现金(或吸收存款科目)

　　贷：手续费及佣金收入——保管箱业务收入

　　　　其他应付款——保管箱保证金

同时，登记“保管箱租箱、退箱登记簿”，填制表外科目收入凭证，登记表外科目明细账。其会计分录为

收：代保管有价值品

保管箱租期内，租金一般按年计算，可按年续租。租金一律预交，第一年租金应在租

箱时交纳，每年到期前交纳下一年租金。租金、保证金等项目收费如有调整，按交费时标准收取。

2. 保管箱续租的核算

租用人续租时，经保管箱柜台经办人审核受理、取出原资料卡加盖“续租”戳记续用，另填制保管箱租金收据向租用人收取续租租金。续租时租用人不再缴存保证金。其会计分录为

借：库存现金(或吸收存款科目)

　　贷：手续费及佣金收入——保管箱业务收入

3. 保管箱退租的核算

租用人可以自由退租。租箱期满，租用人持客钥匙和保证金等收费凭证，到银行申请退租。业务经办人员鉴定客户资格无误后，办理退租手续。租用人清理完箱内物品，银行经核实后收回客钥匙和保证金收费凭证，登记“保管箱租箱、退箱登记簿”，并释放所退箱号，将该客户资料移档保存。在办妥退租手续后，银行凭客户提交的保证金收费凭证，将保证金连本带息退还租用人，会计分录为

借：其他应付款——保管箱保证金

　　贷：库存现金(或吸收存款科目)

如停止租用时，租用人有租金或其他费用未付清，银行可在保证金中予以扣除，会计分录为

借：其他应付款——保管箱保证金

　　贷：手续费及佣金收入——保管箱业务收入

　　　　库存现金(或吸收存款科目)

同时，销记表外科目如下：

付：代保管有价值品

租用人(不含代理人)中途退租，应填写“中途退租申请书”，经银行审验无误后办理退租手续。已交本期租金不予退还；保证金和已预交以后租期租金，银行凭租用人提交的收费凭证全额退还。

4. 挂失业务的核算

租用人或代理人印鉴遗失、钥匙遗失或密码遗忘、泄露，应主动持有效证件到银行申请挂失，填写“挂失申请书”，交纳挂失手续费及有关费用。其会计分录为

借：库存现金(或吸收存款科目)

　　贷：手续费及佣金收入——保险箱业务收入

挂失生效 7 天内，银行暂停开箱；挂失生效 7 天后，银行予以解挂，为客户更换印鉴，或由客户重新设置密码后，按正常程序开箱。租用人或代理人所持客钥匙遗失的，如遗失 1 把钥匙，银行应予以换锁；如遗失 2 把钥匙，租用人需同时填写“破箱申请书”，银行予以破箱。破箱时租用人或代理人必须在场，并在破箱记录上签章确认。由此产生的费用及损失由租用人或代理人承担。

此外，租用人或代理人身份证件遗失或更换的，应及时通知银行，银行登记备案。

5. 破箱业务的核算

银行保管箱发生以下两种情形时，通常需要进行破箱操作。

1) 租用人或代理人因客钥匙遗失需要破箱或换锁

此时，租用人需要缴纳专用锁成本和换锁费用，会计分录为

借：库存现金(或吸收存款科目)

　　贷：手续费及佣金收入——保管箱业务收入

　　　　低值易耗品

2) 租用人或代理人逾期未办理续租、退租手续

租用人或代理人逾期仍未办理续租、退租手续的，银行有权向司法机关申请公证破箱，箱内物品由公证部门登记、开列清单，银行移存保管。由此形成的费用和损失，由租用人承担。其会计分录为

借：其他应付款——保管箱保证金

　　贷：手续费及佣金收入——保管箱业务收入

　　　　低值易耗品

　　　　吸收存款(或其他科目)

经公证破箱满 6 个月，银行再次限期催告客户，如仍未提取，银行将依业务章程和租用协议处理存放物品以偿付一切费用及损失，如有盈余暂列“其他应付款”科目，待自处理之日起 2 年后划入银行收益。

练　　习

一、单项选择题

1．下面不属于商业银行中间业务的是(　　)。

A. 支票结算业务　　B. 银行承兑汇票业务

C. 代理证券业务　　D. 票据贴现业务

2．银行办理支付结算业务，必须坚持(　　)。

A. 存款自愿，取款自由　　B. 先付后收，收妥抵用

C. 先收款，后记账　　D. 先记账，后付款

3．通常代理人代别人开卡需要提供的证件有(　　)。

A. 代理人身份证件 + 被代理人身份证件

B. 代理人身份证件

C. 被代理人身份证件

D. 被代理人身份证件 + 被代理人直系亲属身份证件

4．办理下列哪项业务时，银行不要求客户提供有效身份证件(　　)。

A. 存入现金 10 万元

B. 支取现金 5 万元

C. 代理人支取到期定期存款 3 万元

D. 提前支取定期存款 1000 元

5．对柜员办理单位网上银行业务的下列分步骤排序正确的是(　　)。

① 安装数字证书和驱动程序

② 开立账户

③ 申请网上银行

④ 获得授权码和参考号

A. ③①②④　　B. ③②①④　　C. ②③④①　　D. ③②④①

二、多项选择题

1. 商业银行支付结算的原则有(　　)。

A. 恪守信用，履约付款　　B. 谁的钱进谁的账，由谁支配

C. 先付后收，收妥抵用　　D. 银行不垫款

2. 下面可以用于异地结算使用的有(　　)。

A. 支票　　B. 银行本票

C. 商业汇票　　D. 汇兑

3. 收单行与发卡行不是同一银行系统的信用卡 POS 机刷卡消费，清算过程涉及的系统有(　　)。

A. 票据交换系统　　B. 人民银行清算中心

C. 发卡行清算中心　　D. 收单行清算中心

4. 商业银行开办委托贷款业务，应当遵循(　　)的原则。

A. 依法合规　　B. 平等自愿

C. 责利匹配　　D. 审慎经营

5. 下面有关单位存款证明，说法不正确的是(　　)。

A. 单位存款证明可以用来担保、质押

B. 企业单位可以选择就近的银行营业网点办理单位存款证明业务

C. 单位存款证明只能按实际存款人、存款时间、存款金额等如实开具，存款证明的金额不得高于客户提供的存款凭证金额

D. 单位存款证明如果丢失，可以到开户行挂失

三、简答题

1. 什么是银行承兑汇票？简述银行承兑汇票的办理流程及核算。

2. 简述网上银行业务办理的步骤和流程。

3. 商业银行代理业务包括哪些？代理基金类业务应如何核算？

4. 银行询证函业务的办理有哪些规定？需要注意什么？

5. 20×7 年 6 月 12 日，李明向交通银行申请租赁保管箱，同时交纳了 50 000 元的年租金和 5000 元的保证金。20×8 年 6 月 12 日，李明申请了续租业务，并交纳了 50 000 元的年租金，银行受理成功。20×9 年 6 月 12 日，保管箱续租业务到期后，李明办理了退租手续，终止了该项业务。

要求：根据上述经济业务，编制会计分录。

实践 4　信用卡业务

实践指导

实践　信用卡业务

通过本实践，掌握信用卡的基本概念、种类及其运用，学会办理信用卡申请受理、信用审核、额度管理、收款还息等主要业务，理解其中的规则和操作要点，全面掌握信用卡业务的流程。

【任务分析】

(1) 登录浦发银行网站，了解信用卡业务办理方式。

(2) 查阅相关业务的办理流程。

(3) 本实践的考核重点在于流程设计与结果分析是否完备、合理。

【参考解决方案】

1．信用卡申领(以浦发银行为例)

1) 申领条件

浦发银行信用卡的申领条件包括但不限于以下两点：

(1) 境内人士(提供身份证件号码)：年龄 18～60 岁。

(2) 具有稳定的职业收入，有良好的信用和按时还款付息的能力。

2) 申领方式

(1) 线上申请。登录浦发银行信用卡中心网站，在线填写申请表。

(2) 线下申请。在浦发银行各营业网点领取申请表。通过官方网站自助下载申请表。

3) 申领流程

(1) 登录浦发银行官网信用卡在线申请：http://www.spdbccc.com.cn/zh/service/service2_2.htm。点击“立即申请信用卡”选项，选择自己喜爱的卡种，如图 S4-1 所示。

仔细阅读信用卡章程和领用合约，在线填写详细信息，如图 S4-2 所示。

图 S4-1　信用卡卡种选择

图 S4-2　信用卡申请信息登记

信息登记完善后提交，在线申请提交成功的界面如图 S4-3 所示。浦发银行审核预约信息一般在 7 个工作日内告知处理结果。

图 S4-3　在线申请提交成功界面

(2) 填写书面申请表。书面申请表的样式如图 S4-4 所示。

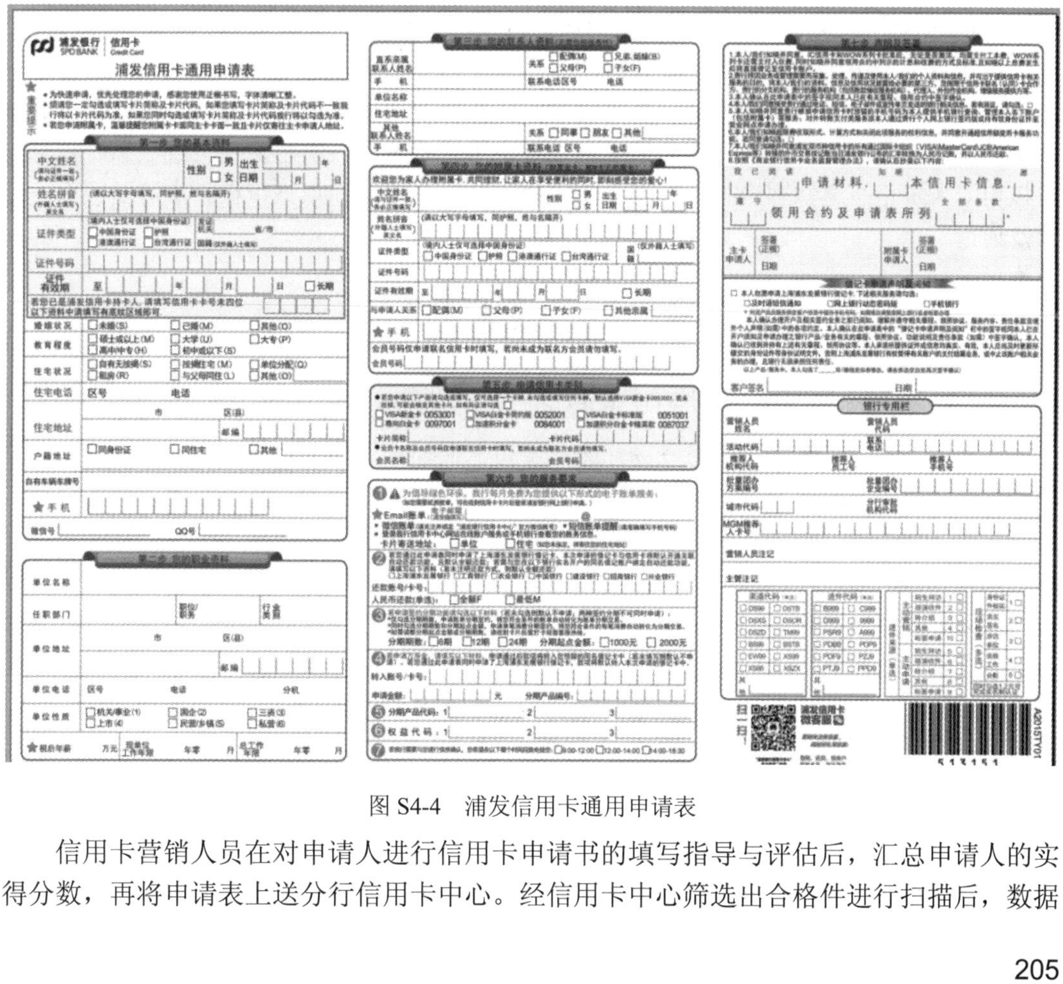

图 S4-4　浦发信用卡通用申请表

信用卡营销人员在对申请人进行信用卡申请书的填写指导与评估后，汇总申请人的实得分数，再将申请表上送分行信用卡中心。经信用卡中心筛选出合格件进行扫描后，数据上报总行，由总行信用卡中心核准后予以发卡。

2．信用卡的信用评分

接到信用卡申领信息后，发卡银行会根据诸如职业、年龄、资产、信用状况等不同因素针对每一位信用卡申请人按照一定的标准予以评分，最后汇总成为信用累积分数，并依此作为是否同意申请及信用卡授信额度的高低标准。

1) 信用标准

信用累积分数一般由发卡银行根据既定的目标客户群设定，经由特殊的审核模型科学计算得出。不同的银行由于经营规模、企业文化、营销理念、目标客户的不同，其信用标准也不尽相同。一般而言，主要参考以下内容：

(1) 保障支持类。有无住房、住房隶属何种类型、有无抵押担保等是银行考虑的重点。

(2) 经济支持类。个人收入是否长期稳定、收入增长是否有长期性、能否提供详细的收入证明等是直接决定个人信用等级的关键因素。

(3) 个人背景类。年龄、户籍、婚姻状况、教育程度、技术职称等个人因素可以从侧面反映其风险程度。一般认为，已婚且夫妻关系融洽的申请人稳定性高于未婚申请者。而拥有教授、工程师、经济师等技术职称的申请人也优于其他申请者。

(4) 信用历史类。申请者是否在发卡银行开有账户且账户往来情况良好，申请者个人的征信记录良好，无恶意透支等不良记录是发卡银行考察的重中之重。

2) 信用卡受理审核流程

一般银行信用卡申请受理的审核流程如下：查核个人信用报告→查核身份信息→查核社保等缴费情况→查核发卡行存款情况→查核信用信息→查核所附文件→查核系统信息→审核申请人资格→通知客户补件→产生初审授信结果→伪冒提报→审核新申请及额度→复核及通过。

知识链接

信用卡评分标准说明

信用卡个人信用额度等级基础分评分标准由三大部分、14 个一级分类指标、65 个二级指标组成。评分指标分值的分配原则是根据指标因素的稳定性和风险程度来确定分值的高低。最高分值满分为 200 分，第一部分为自然情况，权重 33%；第二部分为职业情况，权重 51%；第三部分为与银行关系，权重 16%。资料来源主要有申请表、资信调查资料和发卡银行保留的存款、贷款记录。

调整分为发卡行根据主观调整因素对评估对象的评分，占基础分满分的 ±10%，最高为 20 分，最低为 −20 分。主要考虑申请人/持卡人所从事行业的变化趋向对收入的影响，户口所在地情况，申请表填写情况，与申请人/持卡人电话/面谈情况等因素对个人信用的正负面影响，在基础分的基础上，按总体印象主观给定一个正或负的调整分。二者加总，得出综合分。

基础分评分标准指标分值设定情况如下(未回答一律视为其他)：

1. 自然情况(权重 33%)

(1) 年龄：权重 7.5%。此项对个人信用情况影响较大。根据不同年龄段人口收入、职业稳定性等因素划分为不同区间。

18～22 岁，分值 2 分。这一区间的申请人/持卡人，年龄小，无固定职业和职业不稳定，收入偏低，风险度较高。

23～34 岁，分值 3～14 分。这一区间的申请人/持卡人，收入逐步稳定，风险度减低，分值提高。在评分时，年龄每增加 1 岁，得分相应增加 1 分。

35～40 岁，分值 15 分。相对而言，这一区间的申请人/持卡人获得高收入的可能性最大，分值取最高。

41～60 岁，分值 14～5 分。这一区间的申请人/持卡人，职业、收入相对稳定，但收入绝对值低于前一区间。随着年龄增加，收入呈减少趋势。在评分时，年龄每增加 2 岁，得分相应减少 1 分。

61 岁以上，分值 3 分。这一区间的申请人/持卡人的收入下降，银行盈利率低，分值下降。

(2) 性别：权重 1.5%。男性风险度高于女性，女性分值取高为 3 分，男性为 1 分。

(3) 婚姻状况：权重 7.5%。此项对个人信用情况影响较大。类别分为已婚有子女、已婚无子女和未婚，其风险度依次升高。已婚有子女为 15 分，已婚无子女为 10 分，未婚为 8 分。

(4) 文化程度：权重 4.5%。分值按学历由高向低下降。研究生以上取最高值 9 分，大学本科 8 分，大专 6 分，高中、中专 4 分，其他 1 分。

(5) 住宅性质：权重 12%。在自然情况各要素中，此项最能反映个人偿还能力的高低。

商业按揭购房，取最高值 24 分。有不良记录的在第三部分贷款历史中对应取值，并在调整分中酌情调减。

公积金按揭购房，分值 14 分。这部分申请人/持卡人的收入较稳定，但收入不是很高，分值相应较低。

组合按揭购房，分值取以上两种方式得分的中值 18 分。

自有，分值 10～16 分。由于我国目前房屋市场尚不健全，自有房屋的来源情况较复杂，而信用资料较少。在评分时，可根据房屋的实际获得手段(如遗产、自置商品房、房改房等)确定申请人/持卡人的得分。

租用，分值 6～12 分。因信用关系不在银行发生，分值调减。具体得分视其租用房屋的性质及租金的高低而定。

其他方式，分值 5 分。以其他方式取得住房的，表明经济实力一般，不稳定因素增加，分值下降。

2. 职业情况(权重 51%)

(1) 职业：权重 7%。按所从事行业的稳定性，分值依次下降，教师、医生 14 分，律师、金融从业人员 12 分，公务员 10 分，军人、记者 9 分，企业主(含个体户)、职员 1～12 分(具体得分视企业规模、性质等而定)，其他 5 分。

此处职业类型未能穷尽，对于未列出的职业类型，在评分时可参考以上各职业的分值确定其得分。

(2) 在现单位年限：权重 7%。此项是反映申请人/持卡人职业、收入稳定性的重要指标，按不同时间段设定分值。

1 年(含)以下，分值 7 分。稳定性最差，收入一般不高。

1～5 年(含)，分值 8～11 分。稳定性逐步加强，收入逐步提高，得分每年递增 1 分。

5～8 年(含)，分值 14 分。职业稳定性最强，收入稳定，分值最高。

8～10 年(含)，分值 13 分。职业稳定性强，但收入相对下降，分值调低。

10 年以上，分值 12 分。收入来源稳定，但收入数量继续下降。

(3) 职务：权重 12%。按事业单位(含机关团体)、企业单位中职务的高低设定分值。

事业单位(机关团体)：厅局级以上 24 分，处级 20 分，科级 15 分，一般干部 10 分，其他 5 分。

企业单位(包括各种所有制形式)：总经理级 15～24 分，部门经理 10～20 分，一般干部 5～10 分，其他 5 分。具体得分视企业规模、性质而定。

(4) 职称：权重 10%。有专业技术职称的人员素质相对较高，按职称级别由高向低依次下降。高级职称 20 分，中级 15 分，初级 10 分，其他 8 分。

(5) 年收入：权重 15%。年收入是反映申请人/持卡人偿还能力的最重要的指标。收入越高，偿还能力越强，分值越高。具体参考如下：

年收入在 10 万元以上，分值 30 分；10 万～5 万元，分值 29～25 分；5 万～3 万元，分值 24～21 分；3 万～1 万元，分值 20～11 分；1 万元以下，分值 8 分。

3. 与银行关系(权重 16%)

(1) 本行账户：权重 1.5%。指申请人/持卡人在发卡行开立账户的情况，分为贷款、存款两种。有贷款账户取最高值 3 分，有储蓄账户 2 分，既有贷款又有存款时，取高值，无账户为 0 分。

(2) 贷款历史：权重 5%。指申请人/持卡人在银行发生的贷款或现有的贷款情况。

无贷款历史，分值 0 分。按其他指标考察情况，在调整分中修正。

有拖欠记录，分值 −10 分，表示信用有一定问题，分值予以调减。

正常还款，分值 10 分，表示信用较好。

(3) 持卡情况：权重 6.5%。指持有本行、他行准贷记卡或贷记卡的情况。只要有信用卡即有基本信用，作为加分因素，分值 13 分；无卡即无基本信用资料，分值 0 分。

(4) 月还款/月收入：权重 3%。指贷款平均月还款本息加现有信用卡月平均使用信用额度之和占月总收入的比例。月偿还额比例高于 50%时，风险度较高，取值为 0；比例为 30%～50%(含)时，盈利率一般高于风险度，取最高值 6 分；10%～30%(含)盈利率较低，分值下降为 5 分；10%(含)以下(含无贷款)盈利率最低，分值 4 分。

3) 信用卡个人卡发卡标准

信用卡个人卡发卡标准如表 S4-1、表 S4-2 所示。

表 S4-1　普通卡发卡标准

系统处理结果	申请计分	
	从	至
建议拒绝	1	125
建议参考	126	150
建议批准	151	180
自动批准	181	200

S4-2　金卡发卡标准

系统处理结果	申请计分	
	从	至
建议拒绝	1	160
建议参考	161	180
建议批准	181	200

3．信用卡的利息

到期还款日前全额还款的，免于征收利息。

到期还款日前未全额还款的，全部结欠金额将按日息一定比率的利率计收利息，并按月计收复利，利息由交易记账之日起以实际欠款金额计算，至还清全部欠款为止。现金类交易一般不享受免息还款待遇，从记账日起至还款日止按日息的一定比率收取利息。

全部应还款额是指截至当前账单日，持卡人累计已记账但未偿还的交易本金以及利息、费用等的总和。

最低还款额是指发卡机构规定的持卡人应该偿还的最低金额，包括信用额度内的消费金额和取现交易本金的一定比例，所有费用、利息、超过账户信用额度的欠款金额，发卡机构规定的持卡人应偿还的其他欠款金额以及以前月份最低还款额未还部分的总额。

最低还款额计算公式如下：

最低还款额 = 信用额度内的消费金额 × 10% + 预借现金交易金额
　　+ 前期最低还款额未还部分 + 超过信用额度的消费金额
　　+ 所有费用 + 所有利息

免息还款期是指持卡人在到期还款日(含)之前偿还全部应还款额的前提下，可享受免息待遇的非现金类交易自银行记账日至到期还款日之间的时间段。

超限费是指当持卡人累计未还交易金额超过发卡机构为其核定的账户信用额度时，按规定应向发卡机构支付的费用。

滞纳金是指当持卡人在到期还款日(含)前还款金额不足最低还款额时，按规定应向发卡机构支付的费用。

滞纳金的计算公式如下：

滞纳金 = (最低还款额 − 已还款金额) × 5%

4．信用卡还款方式

银行信用卡还款的途径主要有三种，包括发卡行还款、跨行还款以及网络还款，其中，网络还款途径深受年轻人的欢迎。下面以浦发银行为例介绍信用卡还款途径。

(1) 发卡行内还款。主要包括发卡行柜台、ATM、网上银行、自动转账、电话银行还款等方式。还款后，信用卡额度即时恢复，款项一般在当天系统处理后即可入账。

(2) 跨行转账/汇款还款。主要分为同城跨行、异地跨行两种方式。无论是何种方式进行转账或者汇款，汇出行将收取一定的费用，同时款项在到账的时间和还款便捷程度上都不如同行内还款、网络还款、便利店还款等方式。

(3) 网络还款。国内比较常见的网络平台有银联在线、快钱、财付通、支付宝等。选择不同的平台和银行，收费标准和款项具体到账时间均有所不同。

5. 实践难点

信用卡还款计算中涉及交易日、记账日、账单日、实际还款日和到期还款日等，如表S4-3 所示。掌握各种日期的准确含义是顺利完成还款计算的前提之一。

表 S4-3　信用卡利息计算相关日期概念的归纳

相关日期	相 关 内 涵
交易日	持卡人实际消费、存取现金、转账交易或与相关机构实际发生交易的日期
记账日	发卡机构在持卡人发生交易后将交易款项记入其信用卡账户，或根据规定将费用、利息等记入其信用卡账户的日期
账单日	发卡机构每月对持卡人的累计未还交易本金、取现交易本金和费用等进行汇总，结计利息，并计算出持卡人应还款额的日期
实际还款日	持卡人以存现、转账等方式向发卡机构偿还其欠款的日期，以发卡机构收到客户还款资金的实际日期为准
到期还款日	发卡机构规定的持卡人应该偿还其全部应还款额或最低还款额的最后日期

拓展练习

1．小王本科毕业 2 年，目前任职于某外资企业，月薪税后 6 000 元，因个人消费需要(约会、日用品消费等)现前往浦发银行在当地的分支机构申请信用卡。请根据浦发银行网站提供的信用卡产品特点及小王个人状况，为其推荐信用卡品种并设计完成信用卡评分(参考信用卡评分标准说明)。

2．小王顺利申请到浦发银行快速积分卡，额度为 12 000 元，账单日是每月 5 日，账单日后第 20 天为到期还款日。

(1) 1 月 8 日，小王购买保健品送父母，刷卡消费 1 000 元，账单日和还款日分别为哪天?

(2) 1 月 28 日，小王购买机票返家，在 POS 机上刷卡 1 200 元，此时账单日与还款日分别为哪天?

(3) 春节假期期间，小王信用卡的消费清单如表 S4-4 所示，请计算 2 月份到期还款日小王的应还款数。

表 S4-4　小王春节假期信用卡消费清单

日期	消费内容	消费金额
2 月 3 日	购买服装、鞋袜	1000
2 月 9 日	购买年货、爆竹	600
2 月 11 日	朋友聚餐	600
2 月 16 日	医疗刷卡	200
2 月 19 日	网上消费	300

第7章　联行往来和支付清算业务核算

本章目标

- 理解联行往来的概念
- 掌握系统内联行往来业务的会计核算
- 理解跨系统银行间往来的概念和分类
- 掌握商业银行与人民银行往来的会计核算
- 掌握商业银行之间往来的会计核算
- 了解支付清算的概念和我国支付清算体系的构成
- 掌握人民银行大额实时支付系统的业务流程及会计核算
- 掌握人民银行小额批量支付系统的业务流程及会计核算
- 熟悉网上支付跨行清算系统的概念及流程

重点难点

重点、难点：

◈ 系统内联行往来资金清算的会计核算
◈ 同城票据交换的会计核算
◈ 异地跨系统汇划款项转汇的会计核算
◈ 人民银行大额实时支付系统会计核算
◈ 人民银行小额批量支付系统会计核算
◈ 网上支付跨行清算系统的功能和流程

案例导入

2016 年是我国"十三五"规划的开局之年，也是我国支付体系发展极不平凡的一年。这一年，作为我国支付体系的组织者、监管者和支付与市场基础设施的重要建设者和运营者，中国人民银行大力完善顶层设计、强化支付监督、推进基础设施建设、规范业务创新，各项工作取得显著成效，支付体系持续快速健康发展。

在支付系统运行方面，2016 年，支付系统业务量继续稳步增长。各类支付系统共处理人民币支付业务 626.37 亿笔，金额 5 120.33 万亿元，同比分别增长 33.42%和 16.82%。中国人民银行大额支付系统和银行业金融机构行内支付系统资金交易规模继续占据主导地位。

2016 年，大额支付系统业务量快速增长。按照支付业务往账口径统计，全年共处理支付业务 8.26 亿笔，金额 3 616.30 万亿元，同比分别增长 4.67%和 22.50%；平均每笔 437.98 万元，同比增长 17.06%；日均处理支付业务 328.95 万笔，金额 14.41 万亿元。小额支付系统按照支付业务往账口径统计共处理支付业务 23.48 亿笔，金额 30.91 万亿元，同比分别增长 27.95%和 23.95%；平均每笔 1.31 万元，. 同比减少 3.13%；日均处理支付业务 646.91 万笔，金额 851.60 亿元。

2016 年，同城票据交换系统业务小幅增长，全年共处理业务 3.72 亿笔，金额 130.80 万亿元，笔数同比减少 5.74%，金额同比增长 5.20%。日均处理业务 148.39 万笔，金额 5 211.35 亿元。

2016 年，银行业金融机构行内支付系统业务保持稳步增长态势。全年银行业金融机构行内支付系统共处理业务 258.30 亿笔，金额 1215.47 万亿元，同比分别增长 31.07%和 1.80%，分别占支付系统业务量的 41.24%和 23.74%；日均处理业务 7057.47 万笔，金额 3.32 万亿元。全国银行卡跨行业务稳步增长，全年中国银联银行卡跨行交易清算系统累计实现成功交易笔数 271.07 亿笔，金额 72.89 万亿元，同比分别增长 16.75%和 35.16%，分别占支付系统业务量的 43.28%和 1.42%；日均处理业务 7426.58 万笔，金额 1996.99 亿元。

资料来源：《中国支付体系发展报告》

商业银行作为社会资金活动的枢纽，是单位、个人经济活动支付结算的中心。近年来，随着社会经济的飞速发展，我国支付清算系统从无到有再到不断完善，经历了翻天覆地的变化，支付行业持续繁荣，对加速社会资金周转、促进经济发展发挥了重要的积极作用。

虽然银行间的支付清算有各种各样的具体变现，但归根结底，这些支付清算业务都是通过系统内联行往来、跨系统联行往来和银行间支付清算系统来实现的，因此本章将从这三个方面对联行往来和支付清算业务核算展开阐述。

7.1 系统内联行往来

联行往来是随着银行支付结算等业务的产生而产生的。商业银行的绝大部分业务需要由两个或两个以上的银行共同完成。例如支付结算业务中，当收、付款人在不同银行开户时，会引起收款人开户行和付款人开户行之间的资金账务往来，这就涉及两个银行之间的账务处理及资金清算，形成商业银行之间系统内联行往来或跨系统联行往来。系统内联行往来为商业银行各项业务的处理创造了条件，是银行不同行处之间资金账务往来的基础。

本节主要从系统内联行往来概述、资金汇划清算业务及其会计处理两个方面介绍系统内联行往来的有关内容。

7.1.1 系统内联行往来概述

系统内联行往来，通常是指对由系统内资金调拨、划拨支付结算款项等业务引起的系统内行处间的资金往来按照一定的清算模式进行实际资金划转的过程，是商业银行系统内行、处、所之间因日常结算、资金清算和经营管理的需要相互存放、缴纳、借入借出资金而发生的资金账务往来。

系统内联行往来按照“统一领导、分级管理、分别核算、集中监督清算”的原则进行管理，各系统银行的联行往来均划分为总行、分行和支行三级管理的联行往来体制。系统内不同行处之间发生系统内联行往来业务时，往来资金并没有进行实际划拨，而是通过记账方式来反映往来行处间应收、应付资金，进而实现收付款方资金的划拨。系统内联行往来是商业银行会计工作的重要组成部分，其基本要求是：

(1) 树立全局观念，要以整体工作的全局为重，准确、及时地办理联行往来账务核算，关心、支持、积极配合其他各方做好联行核算与管理工作，保证资金汇路畅通。

(2) 认真执行联行政策，科学地组织凭证传递，及时办理联行间的查询查复，加速资金周转，维护金融秩序。

(3) 加强内部管理，严密核算手续，及时对账监督，保证联行资金安全。

知识链接

系统内三级联行是：

(1) 全国联行往来。由总行管理，凡经总行批准、颁发有全国联行行号和联行专用章的行处，对异省、自治区和直辖市各行处之间的资金账务往来，按全国联行制度办理；

(2) 分行辖内往来。由省、自治区、直辖市分行管理，凡经分行核准、颁发有省辖联行行号和省辖联行专用章的行处，对本省(自治区、直辖市)内各行处之间的资金账务往来，按分行辖内往来制度办理；

(3) 支行辖内往来。由县支行管理，凡经县(市)支行核准，有辖内行号和辖内联行专用章的行处，对本县(市)内各行处之间的资金账务往来，按支行辖内往来制度办理。

7.1.2 资金汇划清算业务及其会计处理

资金汇划清算是商业银行系统内办理结算和内部资金调拨所采用的联行往来核算方法。它是由各银行之间办理资金调拨、货币结算、相互间代收代付款项所引起的，是我国资金清算业务支付体系的基础，也是加速资金流动的有力工具。

资金汇划清算系统利用先进的计算机网络系统，将发、收报行之间的横向资金往来转换成纵向的资金汇划。资金汇划快捷，清算及时，减少了在途资金，防止相互存欠。这里主要介绍资金汇划清算的基本做法、会计科目设置、资金汇划业务及其处理流程、资金汇划业务的账务处理，以及资金汇划清算账户的核算等内容。

1．资金汇划清算的基本做法

商业银行行内资金汇划清算的基本做法通常采用“实存资金、同步清算、头寸控制、集中监督”的方式。

(1) 实存资金是指以清算行为单位在总行清算中心开立备付金存款账户，用于汇划款项时资金的清算。

(2) 同步清算是指发报经办行通过其清算行经总行清算中心将款项划至收报经办行的同时，总行清算中心办理清算行之间的资金清算。

(3) 头寸控制是指各清算行在总行清算中心开立的备付金存款账户应保留足够余额，不得透支，以便总行清算中心对各行汇划款项实行集中清算。如果清算行备付金存款余额不足，应及时调入。

(4) 集中监督是指总行清算中心对汇划往来数据发送、资金清算、备付金存款账户资信情况和行际查询查复事宜进行监督管理。

2．会计科目设置

由于商业银行行内支付系统是各银行随着技术发展以及行业支付结算业务需要独立开发设计的，这就使得商业银行间系统内往来所使用的会计科目也会有所不同，但基本做法类似。涉及的主要会计科目如表 7-1 所示。

表 7-1　资金汇划清算会计科目设置

会计科目名称	主要核算内容	会计科目性质
上存系统内款项	该科目用于核算和反映各清算分中心存放在上级管辖行的清算(调拨)备付金。该科目为省区分行、直辖市分行、总行直属分行、二级分行使用	资产类
上存辖内款项	该科目用于核算和反映辖内各支行或网点存放在上级行的备付金存款	
系统内款项存放	该科目用于核算和反映总行、省(区)分行由下级行存放的清算(调拨)备付金存款，为总行、各省(区)分行使用	负债类
辖内款项存放	该科目用于核算和反映各分支行由下级行或网点上存的备付金存款	
清算资金往来	该科目用于核算银行本行系统内和跨行业务往来的资金清算款项。各商业银行对该科目的具体设置有所不同，通常会根据自身业务实际情况，下设二级科目，如“辖内往来”“系统内往来”“同城票据清算”等，余额轧差反映	资产负债共同类

3．资金汇划业务及其处理流程

资金汇划业务包括同一商业银行系统内划收款业务和划付款业务。

1) 划收款业务

划收款业务，也称贷报业务，是发报经办行发起的代收报经办行向付款客户收款的汇划业务，包括单位(个人)之间结算业务的各项资金划拨，如汇兑、托收承付划回、委托收款划回等结算业务以及系统内资金划拨等。

2) 划付款业务

划付款业务，也称借报业务，是发报经办行发起的代收报经办行向收款客户付款的汇划业务，限于解付银行汇票、系统内按规定扣划款项、划转款项支出、贷款账户转移，以及办理按规定允许扣收款项的业务和特定的直接借记业务等。

资金汇划清算系统处理的汇划业务，由发报经办行发起，经发报清算行、总行清算中心、收报清算行，至收报经办行止。凡具体办理款项汇划业务的对外营业机构均为经办行。汇划款项业务的发出行为发报经办行，汇划款项业务的接收行为收报经办行。清算行是在总行清算中心开立备付金存款账户，办理其辖内行、处汇划款清算的分行，包括直辖市分行、总行直属分行和二级分行。总行清算中心负责办理系统内经办行之间的资金汇划、各清算行之间的资金清算以及资金拆借、账务核算管理、资金清算等业务。

系统内资金汇划、省分行辖内往来和支行辖内往来业务发生时，汇出行发出的汇划信息经电子系统自动分解后直接发送至汇入行，并分别在总行资金清算中心、资金清算行自动核对、汇总、结计汇差。系统内资金汇划业务流程如图 7-1 所示。

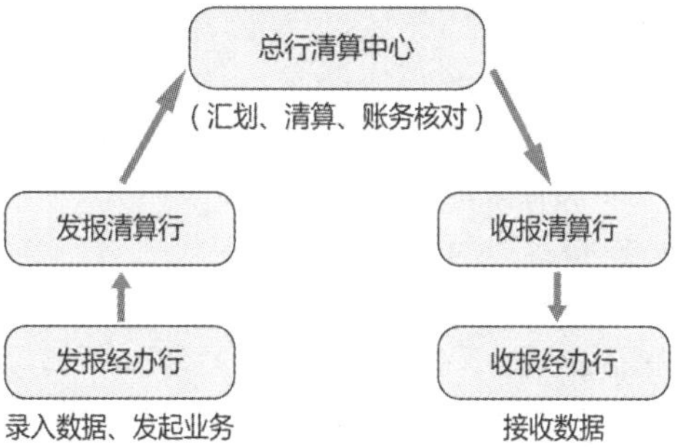

图 7-1　系统内资金汇划业务流程

每日营业终了，总行资金清算中心组织各级清算行对全国汇差进行清算。每日逐级清算汇差资金时，通过各级行处在上级管辖行开立的备付金存款账户来完成。

4．资金汇划业务的账务处理

资金汇划业务的账务处理涉及主体较多，分别包括发报经办行、发报清算行、总行清算中心、收报清算行和收报经办行。

1) 发报经办行

发报经办行是资金汇划业务的发生行，受理客户委托发起资金汇划业务。

客户委托银行办理汇划业务时，需要填写行内汇划凭证或有关结算票据。柜面经办人员依据客户提交的经审核无误的凭证，将汇划有关信息录入计算机前台系统，并经复核员全面审查复核后(必要时还须授权人员授权)，系统自动生成有效的汇划信息，向发报清算行传输信息。如为贷报业务(付款业务)，会计分录为

借：吸收存款——付款人户(或其他有关科目)

　　贷：清算资金往来——辖内往来

如为借报业务，其会计分录与发出贷报业务相反。

日终，发报经办行对“清算资金往来——辖内往来”科目轧差，若为贷方差额，则为

本行应付汇差，日终结算时，应减少本行在上级行的备付金存款，会计分录为

借：清算资金往来——辖内往来

贷：上存辖内款项

若“清算资金往来——辖内往来”科目为借方差额，则为本行应收汇差。日终结算时，应增加本行在上级行的备付金存款，会计分录为

借：上存辖内款项

贷：清算资金往来——辖内往来

2) 发报清算行

发报清算行的主要任务是将各发报经办行传输来的异地汇划业务实时上传至总行清算中心，以及处理辖内不同行、处之间的资金汇划业务。

对于异地汇划业务，发报清算行的计算机系统自动进行账务处理，更新在总行开立的备付金存款账户余额，并将汇划信息传输至总行清算中心，然后转发收报清算行。收到发报经办行异地汇划贷报业务的会计分录为

借：清算资金往来——辖内往来

贷：上存系统内款项——上存总行备付金户

对于辖属经办行传输来的辖内汇划款项业务，发报清算行应及时转发给收报经办行。此时，系统直接将汇划数据传输至收报经办行，并分别更新发报经办行和收报经办行在本清算行的备付金存款账户。贷报业务的会计分录为

借：辖内款项存放——发报经办行户

贷：辖内款项存放——收报经办行

对于借报业务，会计分录相反。

3) 总行清算中心

总行清算中心收到各发报清算行传来的汇划业务数据，系统自动登记后，将款项传送至各收报清算行。每日营业终了，总行清算中心更新各清算行在总行开立的备付金存款账户余额。贷报业务的会计分录为

借：系统内款项存放——发报清算行户

贷：系统内款项存放——收报清算行户

对于借报业务，会计分录做相反处理。

在日终处理结束后，计算机自动生成总行清算中心的电子汇划往来汇总报单、电子汇划日报表和相应对账信息，下发各清算行及经办行对账。

4) 收报清算行

收报清算行收到总行清算中心传来的汇划业务数据，计算机系统自动检测收报经办行是否为辖属行处，核对密押无误后自动进行账务处理。实时业务及时传送至收报经办行，批量业务于次日传送至收报经办行。具体处理方式分为集中式和分散式。

(1) 集中式。集中式是收报清算行作为业务处理中心，负责辖内汇划收报的集中处理及汇出汇款、应解汇款等内部账务的集中管理。收报清算行收到传来的实时汇划数据，如为贷报业务，会计分录为

借：上存系统内款项——上存总行备付金户

贷：清算资金往来——辖内往来

同时代理收报经办行记账，会计分录为

借：清算资金往来——辖内往来

　　贷：吸收存款或其他科目

收款清算行收到批量汇划数据，日终进行挂账处理，贷报业务的会计分录为

借：上存系统内款项——上存总行备付金户

　　贷：其他应付款——待处理汇划款项户

借报汇划业务则通过“其他应收款”科目核算。

次日清算行代经办行确认后记账。贷报业务的会计分录为

借：其他应付款——待处理汇划款项户

　　贷：清算资金往来——辖内往来

借：清算资金往来——辖内往来

　　贷：吸收存款或其他科目

借报业务做相反会计处理。

(2) 分散式。分散式是收报清算行收到总行传来的汇划数据后均传至收报经办行处理。

收报清算行收到实时汇划数据要即时传至收报经办行。贷报汇划业务的会计分录为

借：上存系统内款项——上存总行备付金户

　　贷：清算资金往来——辖内往来

收报清算行收到批量汇划数据先做挂账处理，转入“其他应付款”或“其他应收款”科目，待次日收报经办行确认后通过“清算资金往来——辖内往来”科目传至收报经办行。如为贷报业务，会计分录为

借：上存系统内款项——上存总行备付金户

　　贷：其他应付款——待处理汇划款项户

次日，由收报经办行逐笔确认后，收款清算行冲销“其他应付款”或“其他应收款”科目，通过“清算资金往来——辖内往来”传至收报经办行进行账务处理。如为贷报业务，会计分录为

借：其他应付款——待处理汇划款项户

　　贷：清算资金往来——辖内往来

借报业务做相反会计处理。

5) 收报经办行

采用分散式处理的，收报经办行收到汇划业务，分别按贷报和借报业务进行处理。贷报业务的会计分录为

借：清算资金往来——辖内往来

　　贷：吸收存款或其他科目

借报业务做相反会计处理。

日终，收款经办行对“清算资金往来——辖内往来”科目进行轧差，并做相应的会计处理。

采用集中式处理的，收报经办行的收报业务均由收报清算行代理记账，无需进行账务处理。集中模式下收报经办行日终清算的会计分录与分散模式下的相同。

经典案例

【例 7-1】农业银行北京 A 支行收到开户单位提交的电汇凭证，向农业银行杭州 B 支行开户单位汇出货款 30 000 元。A 支行经办柜员经审核无误后，通过行内资金汇划系统办理汇款。B 支行收到来账汇划信息，确认无误后将货款收入收款人账户(B 银行采取分散管理模式)。请做出相应账务处理。

农业银行系统内资金汇划各环节账务处理如下：

A 支行经办柜员受理电汇凭证，审核无误后录入数据，经复核授权发送至北京分行，会计处理如下：

借：吸收存款——付款人户(或其他有关科目)　　30 000

　　贷：清算资金往来——辖内往来　　30 000

农业银行北京分行收到 A 支行传来的汇划报文，系统自动进行账务处理，并经汇划报文发送至总行清算中心，会计分录为

借：清算资金往来——辖内往来　　30 000

　　贷：系统内上存款项——上存总行备付金户　　30 000

农业银行总行清算中心收到北京分行的汇划报文，系统自动登记后，将款项传送至农业银行杭州分行。营业终了，系统自动更新北京分行和杭州分行在总行开立的备付金存款账户余额。其账务处理为

借：系统内款项存放——北京分行户　　30 000

　　贷：系统内款项存放——杭州分行户　　30 000

农业银行杭州分行收到总行清算中心传来的汇划报文，系统自动更新在总行清算中心的备付金账户余额，并进行挂账处理：

借：上存系统内款项——上存总行备付金户　　30 000

　　贷：其他应付款——待处理汇划款项　　30 000

次日，经 B 支行逐笔确认后冲销挂账，并下划 B 支行进行入账，会计分录为

借：其他应付款——待处理汇划款项户　　30 000

　　贷：清算资金往来——辖内往来　　30 000

农业银行杭州 B 支行收到杭州分行传来的汇划报文，确认无误后系统自动记账：

借：清算资金往来——辖内往来　　30 000

　　贷：吸收存款(或其他科目)　　30 000

5．资金汇划清算账户的核算

各清算行在总行清算中心开立备付金账户，使用“上存系统内款项”科目核算，然后通过中国人民银行的备付金存款账户，以实汇资金的方式将款项存入总行清算中心。其会计分录为

借：其他应收款——待处理汇划款项户

　　贷：存放中央银行款项——准备金存款户

待总行清算中心收到后，由系统自动做账务处理，会计分录为

借：上存系统内款项——上存总行备付金存款户

　　贷：其他应收款——待处理汇划款项户

总行清算中心收到各清算行和省级分行上存的备付金后，应于当日通知有关清算行并进行账务处理，通过“系统内款项存放”科目核算。其会计分录为

借：存放中央银行款项——准备金存款户

　　贷：系统内款项存放——分行备付金存款户

支行在受管辖的清算行开立备付金存款账户，通过“上存辖内款项”和“辖内款项存放”科目进行核算，具体处理手续同上。通过中国人民银行汇入省(区)分支行的会计分录为

借：其他应收款——待处理汇划款项户

　　贷：存放中央银行款项——准备金账户

待管辖清算行收到后，由系统自动进行账务处理，会计分录为

借：上存辖内款项——上存分行备付金账户

　　贷：其他应收款——待处理汇划款项户

管辖清算行收到各下级行上存的备付金后，须于当日反馈通知有关下级行并进行账务处理。其会计分录为

借：存放中央银行款项——准备金存款户

　　贷：辖内款项存放——支行备付金存款户

系统内资金清算行在总行清算中心的备付金账户资金不足支付时，应通过人民银行汇款或系统内借款及时补足备付金存款。

7.2　跨系统联行往来

跨系统联行往来是指商业银行与其他金融机构的资金往来以及由此而产生的资金存欠的清偿，有广义和狭义之分。广义的跨系统联行往来包括商业银行与中央银行的往来、商业银行之间的往来、商业银行与非银行金融机构之间的往来等。狭义的跨系统联行往来仅指商业银行跨系统机构间以及与中央银行之间的资金账务往来。

在多元化金融机构体制下，跨系统联行往来既是必然的，也是必要的。首先，商业银行办理的结算业务，除一部分能在同一银行系统内实现资金划拨外，大部分涉及不同的商业银行之间的资金账务往来；其次，商业银行需相互融通资金，以调剂资金余缺；再次，中国人民银行行使中央银行职能，运用货币政策工具，实行信贷资金管理而引起中央银行与商业银行之间的往来。可见，跨系统联行往来既是实现银行间资金划拨与清算的手段，又是中央银行行使职能所必需的。

这里主要介绍商业银行与人民银行的往来和商业银行之间的往来。

7.2.1　商业银行与人民银行的往来

由于中国人民银行是我国的中央银行，领导、管理全国金融业务，通过货币政策发挥宏观调控整个社会经济的作用，因此，商业银行与人民银行之间的往来是银行间往来的一个重要组成部分。

知识链接

商业银行与人民银行的业务往来主要体现在以下几个方面：

(1) 在当地人民银行开立存款户，将业务资金存入人民银行并与人民银行建立收支往来关系；

(2) 商业银行要按规定的比率向人民银行缴存法定的存款准备金；

(3) 商业银行上下级行处之间的业务资金调拨，可通过开户人民银行划拨；

(4) 商业银行与其他商业银行的资金清算和系统内大额汇划款项要通过人民银行办理；

(5) 商业银行的业务现金，要向人民银行发行库或发行保管库办理存取；

(6) 商业银行可以在核定的额度内向人民银行借入资金，商业银行按规定可通过人民银行办理资金拆入、拆出和再贴现业务；

(7) 商业银行可以接受人民银行的委托，办理人民银行的委托贷款业务；

(8) 商业银行经收的国家金库款必须缴存人民银行等。

本节主要介绍商业银行向人民银行存取现金、缴存存款、借款业务和再贴现业务的核算。

1．存取现金的核算

库存现金管理工作是商业银行提高精细化管理水平的重要组成部分，商业银行要根据人民银行核定的库存限额合理调配资金。在保证正常支付的前提下，超限额现金要及时交存人民银行发行库；现金不足时，为保证现金使用要及时向人民银行发行库领取。

商业银行向人民银行缴存现金时，由出纳部门按券别和金额填写“中国人民银行现金缴款单”，管库员碰库准确后再交换复核，确保无误后将入库现金装箱(包)交送人民银行发行库。会计结算部根据中国人民银行收妥款项后退回的现金缴款凭证回单进行记账。其会计分录为

借：存放中央银行款项——备付金存款户

　　贷：库存现金

商业银行向中国人民银行领取现金时，出纳部门将出库计划报人民银行批准后，按核准的出库金额开出现金支票送交人民银行，商业银行支取现金金额不得超出在人民银行准备金存款的余额。现金到达库房后由出纳部门确认，入库保管。商业银行以现金支票存根为依据进行记账。其会计分录为

借：库存现金

　　贷：存放中央银行款项——备付金存款户

2．缴存存款的核算

中国人民银行为执行货币政策，要求商业银行按照规定的范围、比例、时间向人民银行交存存款准备金。我国存款准备金缴纳的主要范围和比例如表 7-2 所示。

表 7-2　我国存款准备金缴存范围和比例

名　称	缴 存 范 围	缴存比例
财政类存款	财政金库存款、地方财政预算外存款、基本建设存款、机关团体存款或军事单位等财政性存款	全部上缴人民银行
一般性存款	单位(企业、机构)存款和个人存款	按照实时的法定存款准备金率上缴人民银行

1) 缴存财政性存款的核算

商业银行吸收的财政性存款应根据有关科目余额，填制一式两份缴存财政性存款科目余额表，并按比例的 100%计算出应缴金额，向当地人民银行申请缴存。待收到人民银行回单后使用相关交易进行记账，打印记账凭证。其会计分录为

借：存放中央银行款项——缴存财政性存款

　　贷：存放中央银行款项——准备金存款

商业银行在缴存时，应对缴存人民银行的财政性存款进行调整。商业银行调整缴存存款时，先按应缴财政性存款各科目余额与上期已办理缴存的财政性存款各科目余额进行对比，若本期的存款余额大于上期已办理缴存的财政性存款各科目余额，其差额为调增金额。其会计分录为

借：存放中央银行款项——缴存财政性存款

　　贷：存放中央银行款项——准备金存款

若本期存款余额小于上期已办理缴存的存款余额，其差额为调减金额，会计分录为

借：存放中央银行款项——准备金存款

　　贷：存放中央银行款项——缴存财政性存款

调整缴存于旬后 5 日内办理，如遇调整日最后一天为节假日则顺延。商业银行调增补缴财政性存款时，若其准备金存款账户余额不足又没有按规定及时调入资金的，其不足部分即为欠缴金额。

商业银行发生欠缴时，对本次实际缴存的金额按照上述缴存的方法核算，对欠缴部分要及时调入资金进行补缴。人民银行对欠缴金额按欠缴天数和规定比例扣收罚款，欠缴天数从最后调整日起算至欠款收回日的前一日止。待收到人民银行计收欠缴罚金的传票后，进行支付罚金的会计处理，会计分录为

借：营业外支出——欠缴准备金罚款

　　贷：存放中央银行款项——准备金存款

2) 缴存一般性存款的核算

缴存一般性存款核算的是商业银行按照规定，将其有关存款按照一定比例缴存到中央银行的资金，即存款准备金。存款准备金分为法定存款准备金和超额存款准备金。法定存款准备金是指按照法律规定金融机构必须存在中央银行里的存款准备金。超额存款准备金是金融机构自身决定的并且存放在中央银行、超出法定存款准备金的部分，主要用于支付清算、头寸调拨或作为资产运用的备用资金，以抵御未知风险。

知识链接

我国现阶段实行差别准备金率，金融机构适用的存款准备金率会与其资产质量状况、资产充足率等相关联。目前我国存款准备金率分为两个档次，即大型存款类金融机构执行的比率和中小型存款类金融机构执行的比率，前者往往比后者略高一点。商业银行的存款准备金由总行统一向人民银行缴存，缴存手续同商业银行缴存财政性存款的手续相同。

商业银行的存款准备金会随系统内与跨系统资金调拨、支付结算和其他日常收付款项的变动而改变，因此为保证资金的有效划转，人民银行每日对商业银行的法定存款准备金的缴存情况进行考核。商业银行法定存款准备金必须在日终达到上缴要求，对于不足部

分，人民银行将对商业银行进行罚款处罚。

知识链接

为增强金融机构流动性管理的灵活性，平滑货币市场波动，中国人民银行自 2015 年来，先后两次对商业银行存款准备金考核标准进行了调整。

2015 年 9 月 15 日，人民银行对境内的存款准备金考核从时点法调整为平均法，要求“金融机构按法人存入的存款准备金日终余额算术平均值与准备金考核基数(时点数)之比，不得低于法定存款准备金率”。同时，为促进金融机构稳健经营，存款准备金考核设每日下限。即维持期内每日营业终了时，金融机构按法人存入的存款准备金日终余额与准备金考核基数之比，可以低于法定存款准备金率，但幅度应在 1 个(含)百分点以内。

2016 年 6 月，人民银行再次作出决定，自 2016 年 7 月 15 日起，人民币存款准备金的考核基数由考核期末一般存款时点数调整为考核期内一般存款日终余额的算术平均值。同时，按季交纳存款准备金的境外人民币业务参加行存放境内代理行人民币存款，其交存基数也调整为上季度境外参加行人民币存放日终余额的算术平均值。

3．借款业务的核算

商业银行在头寸不足、有临时性资金需要时，可以向人民银行申请贷款。人民银行对商业银行贷款在调节基础货币总量、调整优化信贷结构、支持金融体制改革和维护国家信誉方面发挥了其他货币政策工具所不可替代的作用。

人民银行对商业银行的贷款主要包括年度性贷款、季节性贷款、日拆性贷款。年度性贷款是指商业银行因办理业务导致年度信贷资金不足，而向人民银行借入的款项，借款期限一般为 1 年，最长不超过 2 年。季节性贷款是指因存款季节性下降、贷款季节性上升或先支后收导致商业银行头寸不足而向人民银行借入的款项，借款期限一般为 2 个月，最长不超过 4 个月。日拆性贷款是指商业银行由于未达账项等原因发生临时资金短缺而向人民银行借入的款项，借款期限一般为 7～10 天，最长不超过 20 天。

商业银行向人民银行借款的核算可以分为借入款项的核算、利息的核算和归还借款的核算三个方面。

1) 借入款项的核算

商业银行申请借款时，应提交“中央银行贷款申请书”，经批准后填制一式五联借款凭证，加盖印章后向人民银行办理借款手续，待收到人民银行的收款通知后，进行账务处理。其会计分录为

借：存放中央银行款项——准备金存款

　　贷：向中央银行借款——××借款

2) 利息的核算

商业银行应按照权责发生制的要求，对借入的年度性借款、季节性借款按月计提应付利息，会计分录为

借：利息支出——向中央银行借款

　　贷：应付利息——××行

人民银行对借款一般按季结息。实际支付利息时，会计分录为

借：应付利息——××行

　　贷：存放中央银行款项——准备金存款

3) 归还借款的核算

贷款到期时，商业银行应主动办理还款手续，提前足额准备资金并填制转账支票或当地人民银行规定的转账凭证，提交人民银行主动办理借款归还手续。待收到人民银行退回的借款凭证和还款证明后，进行账务处理。其会计分录为

借：向中央银行借款——××借款

　　利息支出——××行

　　贷：存放中央银行款项——准备金存款

贷款到期，商业银行不主动办理还款手续的，人民银行有权将其贷款转入逾期贷款户，必要时从其存款户扣收。

4．再贴现业务的核算

再贴现是人民银行通过买进商业银行持有的已贴现但尚未到期的商业票据，向商业银行提供融资支持的行为。人民银行以再贴现票据到期金额为准，按再贴现率扣除贴现利息后，以其差额作为实付再贴现金额支付给申请再贴现的商业银行。再贴现是人民银行一种重要的货币政策工具，是调节货币供应量、实施货币政策的重要手段。

商业银行持未到期的汇票向人民银行申请再贴现时，应根据汇票填制一式五联再贴现凭证(格式由人民银行省级分行比照贴现凭证确定)，第一联加盖预留人民银行印鉴，连同背书过的承兑汇票一同送交人民银行。人民银行计划资金部门接到汇票再贴现凭证审查无误后，办理再贴现。商业银行收到人民银行传回的再贴现收账通知单后，进行相关账务处理。其会计分录为

借：存放中央银行款项——准备金存款　(实际收到的金额)

　　贴现负债——××行再贴现负债(利息调整)　(借贷方差额)

　　贷：贴现负债——××行再贴现负债　(面值)

再贴现利息调整采用直线法于每月末摊销。摊销的方法与贷款业务的贴现利息摊销方法相同。商业银行应于资产负债表日和到期收回日计算本期应摊销金额，并确认为再贴现利息支出。其会计分录为

借：利息支出——再贴现利息支出

　　贷：贴现负债——××行再贴现负债(利息调整)

再贴现票据到期，再贴现人民银行可作为持票人向付款人收取票款。如果再贴现银行收到付款人开户行或承兑银行退回的委托收款凭证、汇票和拒绝付款理由书或付款人未付票款通知书，可以向申请再贴现的商业银行追索票款，并将汇票和拒绝付款理由书或付款人未付票款通知书交给再贴现申请银行。此时，商业银行会计账务处理的分录为

借：贴现负债——××行再贴现负债　(面值)

　　贷：存放中央银行款项——准备金存款

7.2.2　商业银行之间的往来

商业银行之间的往来是商业银行和其他商业银行之间由于办理资金划拨、缴存存款和

办理结算等业务而引起的资金业务往来，也称同业往来。商业银行之间往来主要包括同城票据交换及清算、异地跨系统汇划款项转汇、同业拆借、转贴现等。

1．同城票据交换及清算的核算

同城票据交换是由当地人民银行统一组织、实施和管理的，为了满足收、付款人在同一城市或规定区域但不在同一行处开户的企事业单位和个人之间办理资金清算的需要，由开户银行将有关的结算票据持往指定场所相互交换代收、代付票据，相互交换清算资金头寸的金融行为。同城票据交换业务的有序开展，对建设高效、安全的支付清算体系有着重要意义。

知识链接

同城票据交换一般由当地人民银行设立票据交换所，参加票据交换的行处必须向人民银行交换清算部门申请核发该行交换号码，并通报全市各参加交换的银行。票据交换的具体场次和时间，须根据各地的具体情况而定，一般每天(节假日除外)上下午进行两次交换，部分地区每天进行一次交换。

同城票据交换必须坚持“及时处理、差额清算、先借后贷、收妥抵用、银行不垫款”的原则。同城票据交换中资金清算采取“净额轧差、集中核算、逐级分解”的模式，轧差清算净额必须通过清算行在人行开立的清算账户完成，行内各间接参与者与清算行的资金清算通过其在管辖行开立的清算账户来完成。

同城票据交换的票据按性质可分为两类：代收票据和代付票据。代收票据，又称贷方票据，是在本行(提出行)开户的付款单位提交的委托本行向他行(提入行)开户单位付款的票据，如出票人提交的转账支票、商业承兑汇票或银行承兑汇票到期的付款凭证等；代付票据，又称借方票据，是在本行开户的收款单位提交的应由他行(提入行)开户单位付款的票据，如收款人提交的转账支票、银行汇票、银行本票等。

参加票据交换的各银行既是提出票据行又是提入票据行，其收付款之差就是本次交换中的应收差额或应付差额，具体计算如表 7-3 所示。

表 7-3　同城票据交换中票据交换行应收或应付差额计算

参加票据交换行			
应收金额		应付金额	
提出代付票据 (借方)	提入代收票据 (贷方)	提出代收票据 (贷方)	提入代付票据 (借方)
应收差额或应付差额			

同城票据交换业务涵盖前台票据审核和后台票据清分、票据提出、票据提入以及前后台账务处理的全过程。办理同城票据交换业务，应实行经办员、复核员、票据交换员(清算处理岗)三分离，相互制约，不得兼岗混岗。要严密票据交接手续，建立交接登记簿以明确责任。对交换的票据必须密封或装包加锁并按规定进行存放保管，在装包前或拆包后要认真核对清单与票据实物是否相符，防止空提。

同城票据交换必须将收受的票据按场次全部提出交换，不得截留积压，不得擅自涂改、更改票据及附件内容；同时要遵守查询查复制度，对出现的正常退票范围外的情况必须查询。查询查复须坚持“有疑必查、查必彻底、有查必复、复必详尽”的原则。

同城票据交换的会计核算包括提出票据的核算、票据交换所的处理、提入票据的核算和交换轧差的核算各个环节。

1) 提出票据的核算

经办柜员收到客户提交的需通过同城票据交换提出的票据后，应按规定进行审核。经审核无误后，经办柜员在同城票据交换规定时间内，选择“交换提出”汇划渠道并根据不同的票据种类录入相应的信息要素。交易成功后，系统自动登记同城票据提出登记簿，票据交换状态为“待提出”。

复核柜员收到经办柜员提交的待复核票据，经审核无误后，输入该笔业务相应的“前台流水号”和相关必录事项。复核成功后，系统自动产生有效的汇划信息。

提出行提出贷方凭证时，会计处理为

借：吸收存款——活期存款——××单位户

　　贷：清算资金往来——同城票据清算

提出行提出借方凭证时，会计处理为

借：清算资金往来——同城票据清算

　　贷：其他应付款——同城票据交换提出

若超过规定的退票时间未发生退票，提出行柜员对同城票据交换提入的资金“收妥入账”并将进账回单交由客户。其会计处理为

借：其他应付款——同城票据交换提出

　　贷：吸收存款——活期存款——××单位户

【微思考】结合之前所学知识，试分析什么情况下会产生退票，以及产生退票后应如何进行处理？

扫一扫

每日定时，提出行应根据提出交换的票据填写“同城票据交换交接登记本”，连同提出票据一起交票据交换员提出交换。

2) 票据交换所的处理

票据交换所最初由银行间共同协议设置，随着中央银行制度的建立和发展，现已成为中央银行领导下的一个票据清算机构。由于同城票据交换是同城间的活动，缺乏全国性的统一标准，各地做法存在差异，但基本原理是相同的。

票据交换所收到各提出行提出的票据后，将各行清分的票据按提入行进行归集汇总，轧计出各行本场次票据交换中应收金额合计和应付金额合计以及应收或应付差额，填制“交换差额报告单”，打印各交换行的提回明细清单。之后票据交换所将“交换差额报告单”、提回明细清单连同票据按提入行整理并封装交换包，待交换行在规定的时间提回。

3) 提入票据的核算

票据交换员收到交换包后，检查交换包包装完好，在交接登记簿上签收。打开交换包后，核对交换清单上票据张数、金额与提入票据清单是否一致，对提入票据进行审核，审核完毕后交经办柜员。柜员审核无误后，进行相关业务处理，系统自动登记“同城票据提入登记簿”。

提入贷方票据时，会计分录为

借：清算资金往来——同城票据清算

　　贷：吸收存款——活期存款——××单位户

提入借方票据时，会计分录为

借：吸收存款——活期存款——××单位户

　　贷：清算资金往来——同城票据清算

4) 交换轧差的核算

柜员进行交换轧差的处理时，应将提入的票据头寸与提出的票据头寸进行轧差，与人民银行轧差报单轧差金额相核对，核对一致后通过人民银行进行清算。

系统轧差金额=(提出借－提出贷)+(提入贷－提入借)

若清算差额为应收差额，会计处理为

借：存放中央银行款项——准备金存款

　　贷：清算资金往来——同城票据清算

若清算差额为应付差额，做相反会计处理。

经典案例

【例 7-2】中国工商银行北京××支行于 2017 年 9 月 12 日上午交换提出、提入的票据如下：提出转账支票 10 张，金额为 60 万元；提出进账单 2 套，金额 40 万元；从中国建设银行提入支票 15 张，金额 60 万元；从中国农业银行提入支票 2 张，金额 20 万元；从中国建设银行提入进账单 2 套，金额 45 万元；从中国农业银行提入本票 1 张，金额 50 万元。要求：编制该支行账务处理的会计分录。

该支行的账务处理如下。

(1) 提出转账支票时，会计分录为

借：清算资金往来清算　　600 000

　　贷：其他应付款——同城票据交换提出　　600 000

超出退票时间未退票，会计处理为

借：其他应付款——同城票据交换提出　　600 000

　　贷：吸收存款——活期存款户　　600 000

(2) 提出进账单时，会计分录为

借：吸收存款——活期存款户　　400 000

　　贷：清算资金往来——同城票据清算　　400 000

(3) 从中国建设银行提入支票时：

借：吸收存款——活期存款户　　600 000

　　贷：清算资金往来——同城票据清算　　600 000

(4) 从中国农业银行提入支票时：

借：吸收存款——活期存款户　　200 000

　　贷：清算资金往来——同城票据清算　　200 000

(5) 从中国建设银行提入进账单时：

借：清算资金往来——同城票据清算　　450 000

　　贷：吸收存款——活期存款户　　450 000

(6) 从中国农业银行提入本票时：

借：吸收存款——活期存款户　　500 000

　　贷：清算资金往来——同城票据清算　　500 000

(7) 该支行应收或应付差额的计算：

应收合计=600 000+450 000=1 050 000　(元)

应付合计=400 000+600 000+200 000+500 000=1 700 000　(元)

应付差额=1 700 000－1 050 000=650 000　(元)

(8) 支行与人民银行清算差额：

借：清算资金往来——同城票据清算　　650 000

　　贷：存放中央银行款项——准备金存款　　650 000

近年来，随着我国经济和技术的飞速发展，现代化支付系统不断完善，商业银行改革创新不断深入，同城清算系统存在的问题也越来越凸显：

(1) 分散开发建设，业务各个环节都需要人力参与，造成资源浪费。

(2) 模式多样，业务处理不规范，缺乏全国性的统一标准。

(3) 存在支付风险隐患。

为规范业务处理，推进电子支付结算业务，节约资源，有效防范手工清算风险，提高资金结算速度，完善支付结算环境，一些地区已逐步取消同城票据交换的资金清算业务，转而通过中国人民银行现代化支付系统进行同城跨行资金清算。

2．异地跨系统汇划款项转汇的核算

跨系统汇划款项转汇是由于客户办理异地结算业务而引起的各商业银行之间相互汇划款项的业务。由于异地跨系统汇划款项转汇涉及不同银行之间的资金清算，因此根据商业银行机构设置的不同，具体可分为汇出地为双设机构地区、汇出地为单设机构地区、汇出行和汇入行均为单设机构 3 种情况。

1) 汇出地为双设机构地区

汇出地为双设机构地区是指在汇出行所在地既设有汇入行的分支机构，又设有人民银行的分支机构。此时可以采用“先横后直”的方式办理银行间的资金汇划。其中“横”指的是跨系统转汇，“直”指的是系统内转汇。即先通过当地人民银行进行银行间跨系统的资金汇划，再进行系统内资金的转汇。具体做法如图 7-2 所示。

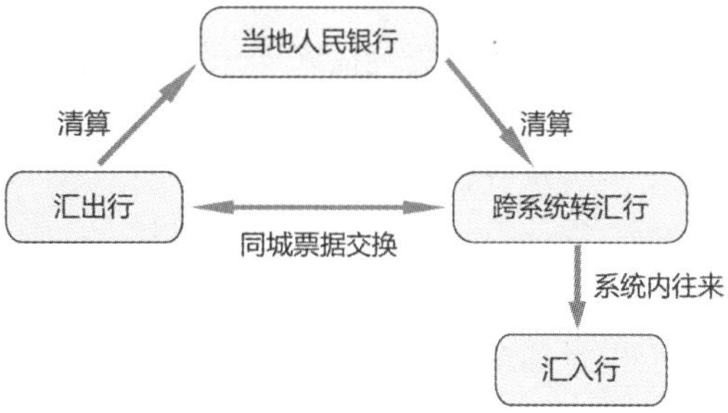

图 7-2　汇出地为双设机构跨系统汇划款项流程图

在跨系统汇划款项过程中，汇出行、转汇行、汇入行的会计处理如下。

(1) 汇出行会计分录为

借：吸收存款——活期存款——××单位户

　　贷：清算资金往来——同城票据清算

(2) 跨系统转汇行会计分录为

借：清算资金往来——同城票据清算

　　贷：清算资金往来——辖内往来

(3) 汇入行会计分录为

借：清算资金往来——辖内往来

　　贷：吸收存款——活期存款——××单位户

2) 汇出地为单设机构地区

汇出地为单设机构地区是指跨系统汇划业务所涉及的汇出行所在地没有汇入银行系统的机构，而汇入行所在地既设有商业银行分支机构，也设有人民银行分支机构。此时可采用“先直后横”的方式办理资金汇划，即先将款项通过系统内联行往来汇往汇入行所在地本系统银行分支机构，再通过汇入地人民银行将汇款转汇入行。具体做法如图 7-3 所示。

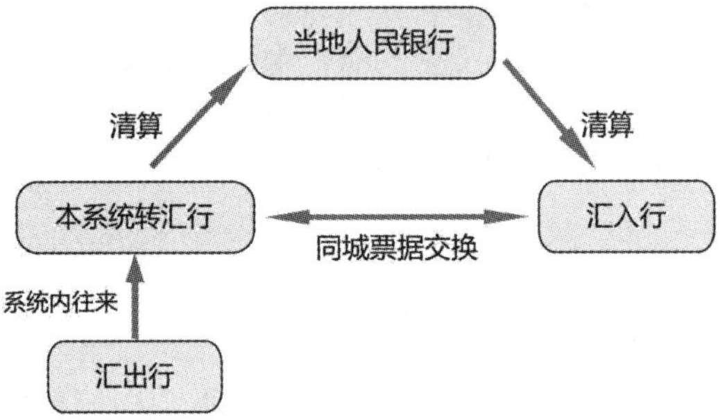

图 7-3　汇出地为单设机构跨系统汇划款项流程图

此时，汇出行、转汇行、汇入行的会计处理如下。

(1) 汇出行会计分录为

借：吸收存款——活期存款——××单位户

　　贷：清算资金往来——辖内往来

(2) 转汇行会计分录为

借：清算资金往来——辖内往来

　　贷：清算资金往来——同城票据清算

(3) 汇入行会计分录为

借：清算资金往来——同城票据清算

　　贷：吸收存款——活期存款——××单位户

3) 汇出行和汇入行均为单设机构

汇出行和汇入行均为单设机构是指汇出行和汇入行所在地均为单设机构。此时可以采用“先直后横再直”的方式进行处理，即先通过本系统联行往来将款项划转到设有双设机构的第三方地区本系统转汇行代办转汇，本系统转汇行通过当地人民银行将汇款转入当地汇入行系统代转行，再由代转行通过系统内联行往来将款项转至汇入行。具体做法如图 7-4 所示。

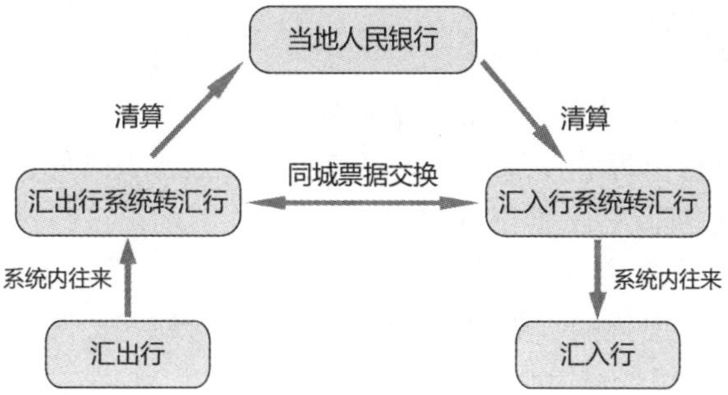

图 7-4　汇出地和汇入地均为单设机构跨系统汇划款项流程图

此时，会计处理涉及的主体较多，核算过程相对复杂，汇款各参与行的会计处理如下。

(1) 汇出行会计分录为

借：吸收存款——活期存款——××单位户

　　贷：清算资金往来——辖内往来

(2) 本系统转汇行会计分录为

借：清算资金往来——辖内往来

　　贷：清算资金往来——同城票据清算

(3) 跨系统转汇行会计分录为

借：清算资金往来——同城票据清算

　　贷：清算资金往来——辖内往来

(4) 汇入行会计分录为

借：清算资金往来——辖内往来

　　贷：吸收存款——活期存款——××单位户

3．同业拆借的核算

同业拆借(放)是指金融机构(主要是商业银行)之间为了解决短期内出现的资金余缺而进行的相互调剂，是具有法人资格的金融机构及经法人授权的非法人金融机构分支机构之间进行短期资金融通的行为，目的在于调剂头寸和临时性资金余缺。金融机构进入同业拆借市场必须经中国人民银行批准，接受中国人民银行统一管理、组织、监督和稽核。同业拆借交易应遵循公平自愿、诚信自律、风险自担的原则，期限在符合人民银行规定的前提下由交易双方自行商定。

知识链接

按照同业拆借管理办法，同业拆借交易必须在全国统一的同业拆借网络中进行。同业拆借的资金清算涉及不同银行的，应直接或委托开户银行通过中国人民银行大额实时支付系统办理。同业拆借的资金清算可以在同一银行完成的，应以转账方式进行。任何同业拆借清算均不得使用现金支付。

此外，金融机构进行同业拆借交易，应逐笔订立交易合同。交易合同的内容应当具体明确，约定拆借成交日期、金额、期限、利率等。

拆出行拆出资金时，应开具转账支票提交其开户的人民银行，办理转账手续。拆出行、人民银行、拆入行分别进行相关账务处理。

(1) 拆出行会计分录为

借：拆出资金——××拆入行户

贷：存放中央银行款项——准备金存款

(2) 人民银行收到拆出行签发的转账支票和进账单后，办理转账，会计分录为

借：××商业银行存款——拆出行户

贷：××商业银行存款——拆入行户

(3) 拆入行收到人民银行的收账通知后，做拆入资金账户处理，会计分录为

借：存放中央银行款项——准备金存款

贷：拆入资金——××拆出行户

拆借协议到期时，拆入行归还借款，应签发转账支票送交人民银行，将借款本息一并通过人民银行归还拆出行，并进行相关会计处理。

(1) 拆入行会计分录为：

借：拆入资金——××拆出行户

利息支出——同业拆借利息

贷：存放中央银行款项——准备金存款

(2) 人民银行收到拆入行签发的转账支票和进账单后，办理转账，会计分录为

借：××商业银行存款——拆入行户

贷：××商业银行存款——拆出行户

(3) 拆出行收到人民银行收款通知后，进行账务处理。

借：存放中央银行款项——准备金存款

贷：拆出资金——××拆出行户

利息收入——同业拆借利息

7.3 银行间支付清算系统

支付清算是一个国家或地区伴随着经济活动而产生的交易者之间、金融机构之间的债权债务关系清偿及资金转移。支付清算体系是一国金融系统的重要组成部分。建设安全高效的支付清算体系对提高资金清算效率、加速资金周转、满足各种社会经济活动的需要、促进社会资源的优化配置具有重要意义，同时也对推动金融创新、增强商业银行流动性、加强中央银行的职能发挥、防范支付风险、维护经济金融秩序有着重要的积极作用。

支付清算系统(Payment and Clearing System)，也称支付系统(Payment System)，是中央银行向金融机构及社会经济活动提供资金清算服务的综合安排。具体来讲，它是由提供支付服务的中介机构、管理货币转移的规则、实现支付指令传递及资金清算的专业技术手段共同组成的，用以实现债权债务清偿及资金转移的一系列组织和安排。

随着我国经济和技术的发展、银行体制改革的深入，目前我国已初步建成以中国现代化支付系统为核心，银行业金融机构行内支付系统为基础，票据交换系统、银行卡支付系统、外币支付系统为重要组成部分的支付清算体系。我国支付清算体系整体框架如图 7-5 所示。

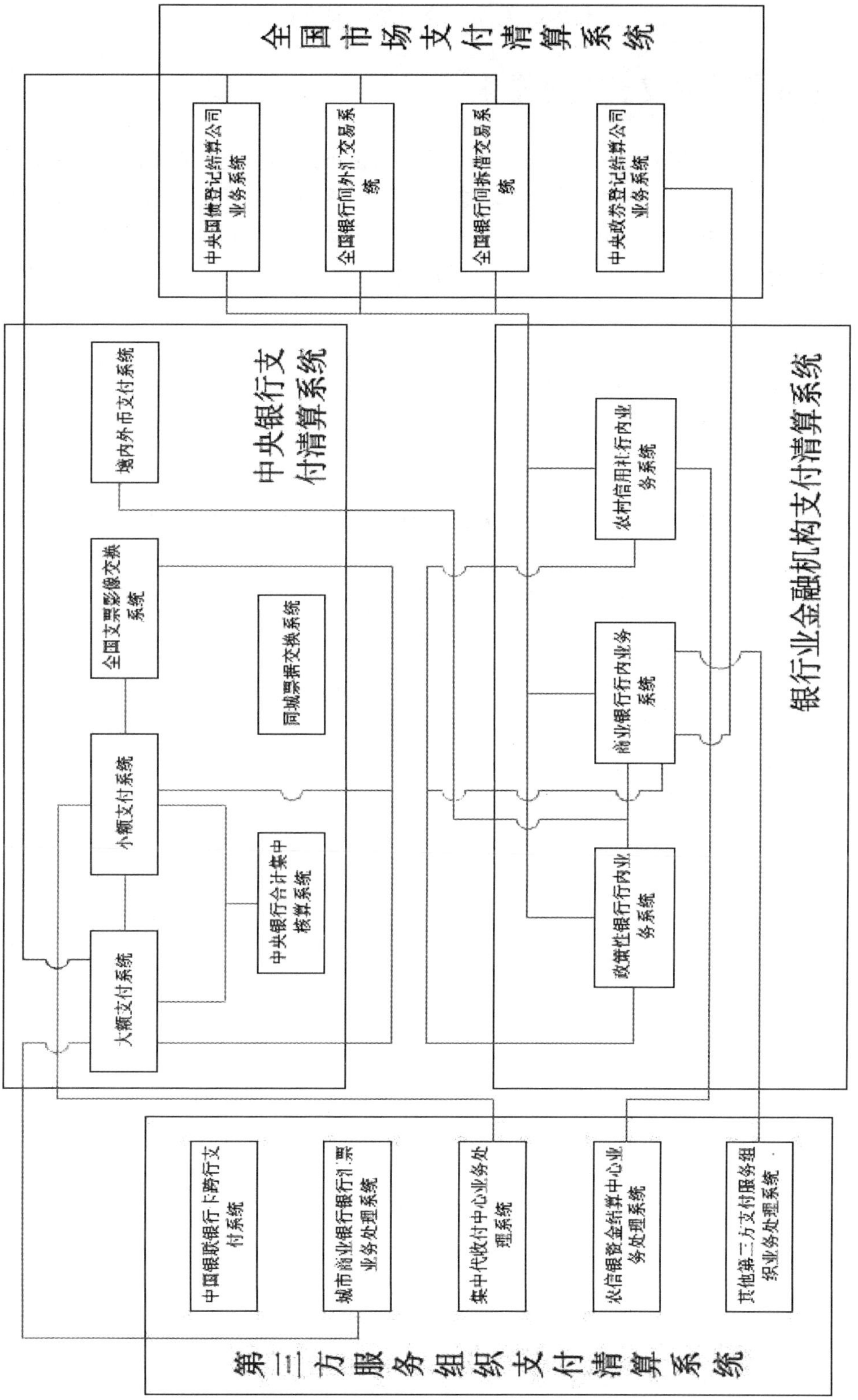

图 7-5　中国支付清算体系的整体框架图(图中暂未包含网上支付跨行清算系统)

(资料来源：中国人民银行支付结算司《中国支付体系发展报告 2009》，北京，中国金融出版社，2010)

本节主要从中国现代化支付系统概述、人民银行大额实时支付系统核算、人民银行小额批量支付系统核算以及网上支付跨行清算系统四个方面进行详细阐述。

7.3.1 中国现代化支付系统概述

中国现代化支付系统(China National Automatic Payment System，CNAPS)是人民银行按照我国支付清算的需要，利用现代计算机技术和通信网络自主开发建设的，能够高效、安全处理各银行办理的异地、同城各种支付业务、资金清算和货币市场交易的资金清算系统。它是各银行和货币市场的公共支付清算平台，是人民银行发挥其金融服务职能的重要核心支持系统。

中国现代化支付系统，作为我国重要的金融基础设施，既是中央银行履行支付清算职能的重要核心系统，也是连接社会经济活动的资金“大动脉”，在密切金融市场的有机联系、推动金融创新、提高人们生活质量和促进国民经济健康平稳发展等方面发挥着越来越重要的作用。

知识链接

中国银行支付工具体系的演变

中国银行支付工具的演变大体上可以分为六个阶段：第一阶段是建国初期全社会经济恢复时处于起步阶段的转账结算；第二阶段是进入计划经济时期的转账结算；第三阶段是“大跃进”和国民经济调整时期的转账结算；第四阶段是在“文化大革命”时期遭受严重冲击的转账结算；第五阶段是改革开放初期在恢复中逐步改革的支付结算；第六阶段是进入市场经济时期逐渐完善的支付结算。

总的来看，不同阶段时期的支付清算与当时的政治经济大环境是相适应的。如在建国初期，支付清算受经济生活中的配给制和中国人民银行在原华北银行、北海银行及西北农民银行的基础上组建这两大因素的影响，支付结算中也有计划调拨与旧银行支付结算的痕迹。进入第一个五年计划以后，我国引进了原苏联的“八大结算方式”，“大跃进”和国民经济调整时期又对这“八大结算”进行了调整。在“文化大革命”中，支付结算也和其他经济部门一样受到了严重冲击。改革开放以后，银行结算开始了改革历程，并力求与“有计划的社会主义商品经济”需要相适应。进入市场经济时期，中国支付结算的改革方案逐步转向与国际惯例接轨，走上了票据化、电子化、网络化、标准化的道路。

20 世纪 90 年代以前，资金的汇划主要通过手工处理，支付信息采用邮路传递。由于各机构间汇路不通，解付一笔资金需要一周左右的时间，资金在途时间长，互相占压严重。据统计，当时全社会在途资金高达 1 000 亿元以上，严重影响了资金的使用效率。90 年代初，人民银行决定建设以卫星通信网为支撑的电子联行清算系统，统一办理银行间资金通汇和支付清算。90 年代后期，人民银行借鉴国际先进经验，结合中国国情，先后启动了中国现代化支付系统一期、二期的建设，逐步形成了一套完善的支付清算体系。

我国现代化支付系统以清算账户管理系统为核心，大额实时支付系统(以下简称“大额支付系统”)、小额批量支付系统(以下简称“小额支付系统”)、网上支付跨行清算系统、支票影像交换系统为业务应用子系统，公共管理控制系统和支付管理信息系统为支持系统，其架构如图 7-6 所示。

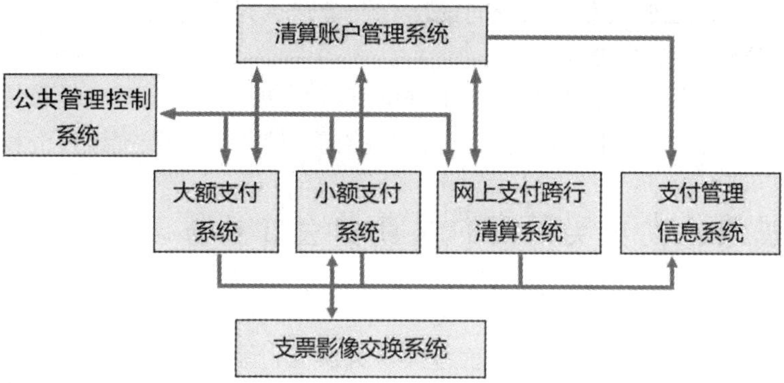

图 7-6　现代化支付系统构架图

图中所示各系统的具体职能如下：

1) 清算账户管理系统(SAPS)

清算账户管理系统是支付系统的核心支持系统，集中存储清算账户，处理支付业务的资金清算，并对清算账户进行管理。

2) 大额支付系统(HVPS)

大额支付系统是中国人民银行按照我国支付清算需要，利用现代计算机技术和通信网络开发建设，处理同城和异地跨行之间和行内的大额贷记及紧急小额贷记支付业务、人民银行系统的贷记支付业务以及即时转账业务等的应用系统。大额支付系统支付指令逐笔实时发送、全额清算资金。

3) 小额支付系统(BEPS)

小额支付系统是继大额支付系统之后，中国人民银行建设运行的又一重要应用系统，是中国现代化支付系统的主要业务子系统和组成部分。它主要处理同城和异地纸凭证截留的借记支付业务和小额贷记支付业务，支付指令批量发送，轧差净额清算资金，旨在为社会提供低成本、大业务量的支付清算服务。小额支付系统实行 7×24 小时连续运行，能支撑多种支付工具的使用，满足社会多样化的支付清算需求，成为银行业金融机构跨行支付清算和业务创新的安全高效的平台。

4) 网上支付跨行清算系统(IBPS)

网上支付跨行清算系统是中国人民银行继大、小额支付系统后建设的又一人民币跨行支付清算系统基础设施，是中国现代化支付系统的重要组成部分。网上支付跨行清算系统主要是支持网上跨行零售支付业务的处理，业务指令逐笔发送、实时轧差、定时结算。客户可通过在线方式提交支付业务，并可实时获取业务处理结果。系统支持商业银行以及经中国人民银行批准的非金融支付服务机构接入，并向客户提供 7×24 小时全天候支付服务。

5) 支票影像交换系统(CIS)

支票影像交换系统是指运用影像技术将实物支票转换为支票影像信息，通过计算机及网络将影像信息传递至出票人开户银行提示付款的业务处理系统。影像交换系统定位于处理银行机构跨行和行内的支票影像信息交换，其资金清算通过中国人民银行覆盖全国的小额支付系统处理。支票影像系统实行 7×24 小时连续运行，业务处理分为影像信息交换和业务回执处理两个阶段，即支票提出银行通过影像交换系统将支票影像信息发送至提入行提示付款；提入行通过小额支付系统向提出行发送回执完成付款。

6) 支付管理信息系统(PMIS)

支付管理信息系统是支付系统的一个辅助支持系统。集中管理支付系统的基础数据，负责行名行号、应用软件的下载，提供支付业务的查询查复、报表统计分析和计费服务等。

7.3.2 人民银行大额实时支付系统的会计核算

在现代支付体系中，大额支付系统是金融基础设施的核心系统，是连接社会经济活动及其资金运行的“大动脉”“金融高速公路”。大额支付系统在全国推广使用后，成功取代了原来的全国电子联行系统，实现了全国支付清算资金的每日零在途，彻底改变了电子联行系统“天上三秒，地上三天”的状况，其功能和效率达到了国际先进水平。大额支付系统最大的特点是实时清算，为银行和广大企事业单位以及金融市场提供快速、高效、安全的支付清算平台，实现了跨行资金清算的零在途，在国民经济尤其是现代金融体系中发挥着巨大作用。

下面将从大额支付系统的参与者、业务范围、业务流程、会计科目设置、业务会计核算、收费核算以及系统管理七个方面，对大额支付系统进行详细的介绍。

1. 大额支付系统的参与者

中国人民银行授权清算总中心运行大额支付系统。

办理支付结算业务的银行、城市信用社、农村信用社以及其他特许机构，经人民银行批准并申请支付系统行号后(大额支付系统行号和小额支付系统行号为同一行号)，可以作为大额支付系统的参与者，通过该系统进行款项划拨与清算。具体来说，大额支付系统的参与者包括：

(1) 中华人民共和国境内的银行业金融机构；

(2) 中国人民银行营业部门和国库部门；

(3) 中华人民共和国境内的金融市场基础设施运营机构；

(4) 中国人民银行同意接入的其他机构。

中国人民银行大额实时支付系统的参与者可分为直接参与者和间接参与者。直接参与者是指直接接入大额支付系统办理业务的机构；间接参与者是指通过直接参与者接入大额支付系统办理业务的机构。

知识链接

中国人民银行各分支机构负责组织所在城市各政策性银行、国有独资商业银行、股份制商业银行、城市商业银行、农村信用联社行名行号表的编报工作，并对各银行编报的数据进行检查汇总和上报。

支付系统行号由 3 位行别代码、4 位地区代码、4 位分支机构序号和 1 位校验码共 12 位定长数字构成。结构如下：

×××　　　××××　　　××××　　　×

行别代码　地区代码　分支机构序号　校验码

1. 行别代码。行别代码结构：×　　　××

类别代码　　　行别代码

类别代码：1 位数字，标识银行类别

行别代码：2 位数字，表示排列序号

2. 地区代码。地区代码由四位定长数字组成，为直接参与者连接的所在城市电子联行清算中心代码。

3. 分支机构序号。分支机构序号由四位定长数字组成，各政策性银行、商业银行按省(自治区、直辖市)所属办理对公结算业务的机构数顺序编排；人民银行分支机构序号取电子联行行号后四位；国库部门分支机构序号由人民银行总行在全国范围内顺序编排。

4. 校验码。校验码位为一位数字，算法采用现行的电子联行双模算法。

2．大额支付系统的业务范围

大额支付系统处理下列支付业务：

(1) 贷记支付业务；

(2) 即时转账业务；

(3) 中国人民银行营业部门发起涉及清算账户的业务；

(4) 小额支付系统、网上支付跨行清算系统、同城清算系统轧差净额的资金清算业务；

(5) 城市商业银行银行汇票资金的移存和兑付业务；

(6) 中国人民银行规定的其他业务。

支付业务在大额支付系统完成资金清算后即具有最终性。

3．大额支付系统的业务流程

大额支付系统运行工作日为国家法定工作日，运行时间由中国人民银行统一规定。中国人民银行根据管理需要可以调整运行工作日及运行时间。对每一工作日，系统又依次分为日间处理、业务截止、清算窗口、日终处理和营业准备五个运行时段。各运行时段的起始和结束由国家处理中心统一控制，并确保支付系统各节点运行状态的协调一致。运行时序图如图 7-7 所示。

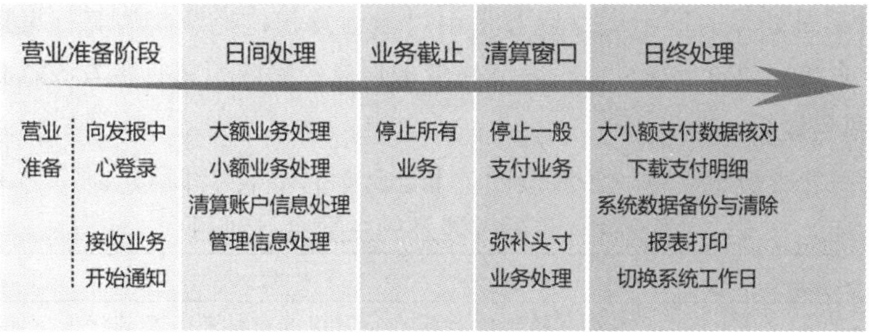

图 7-7　大额支付系统运行时序图

截至 2018 年 1 月 21 日，大额支付系统的运行时间如下：8:30 至 17:00 为日间业务处理时间，17:00 后为业务截止、清算窗口和日终处理时间，日终处理完成后进入下一个工作日营业准备状态。工作日及运行时间段根据管理的需要可以调整，由中国人民银行提前公布。

根据中国人民银行通知，自 2018 年 1 月 22 日起，大额支付系统实行 5×17.5 小时运行，开始受理业务的时间由每个法定工作日(T 日)8：30 调整为前一日(T－1 日)23:30，业务截止时间由每个法定工作日 17:00 调整为 17:15。2018 年 4 月，央行发布加急公告，再次对大额支付系统的运行时间进行了调整，自 2018 年 5 月 2 日起，大额支付系统运行时间调整为 5×21+12 小时运行。大额支付系统在法定工作日开始受理业务的时间调整为前一自然日 20:30，每日清算窗口时间调整为 17:15 至 17:30。自 5 月 5 日起，大额支付系统在每个周末或法定节假日期间的首日运行，并执行特殊业务规则：业务受理时间为前一自然日 20:30 至当日 8:30；业务受理范围为人民币跨境支付系统参与者发起的注资及资金拆借业务，其他业务均不受理；小额支付系统和网上支付跨行清算系统的轧差净额也不提交清算。

大额支付系统清算账户禁止隔夜透支。在清算窗口关闭前的预定时间，国家处理中心退回仍在排队的大额支付和即时转账业务，对直接参与者清算账户资金不足部分，按规定提供高额罚息贷款。

大额支付系统采用支付指令实时传输，逐笔实时处理，全额清算资金的处理方式，其业务处理流程如图 7-8 所示。

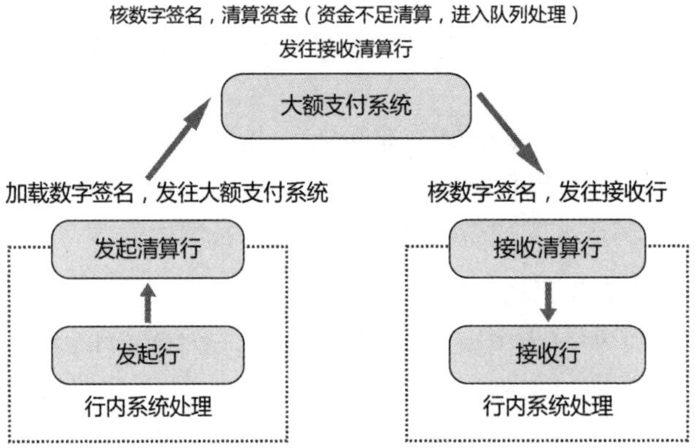

图 7-8　大额支付系统业务流程图

本节以贷记支付业务的处理为例，介绍大额支付系统的会计核算。

大额支付系统处理的贷记支付业务是由付款行发起，经发起清算行发送大额支付系统，大额支付系统完成资金清算后，将支付业务信息经接收清算行转发收款行。

4．会计科目设置

商业银行清算行贷记支付业务涉及的主要会计科目如表 7-4 所示。

表 7-4　清算行涉及的主要会计科目

科目名称	核 算 内 容
支付系统往账待清算	本科目核算清算账户行发出的支付业务及其代理下属机构已发出未清算的支付业务。本科目下设“大额”“小额”“网银互联”二级科目，分别核算相应支付系统往账待清算。清算账户行受理贷记支付业务时，贷记本科目。本科目余额通常在贷方，表示未发出款项

续表

科目名称	核 算 内 容
支付系统来账待清算	本科目核算清算账户行接收的支付业务及其代理下属机构接收的未清算的业务。本科目下设“大额”“小额”“网银互联”二级科目，分别核算相应支付系统来账待清算。清算账户行受理汇入贷记业务时，借记本科目。本科目余额通常在借方，表示未转账或未转发款项
支付系统应付结算款项	本科目核算各网点接收的来账中收款人账号、户名与本网点实际账号、户名不符的来账，由系统中等待手工解付的款项自动转入本科目，再由经办人员检查确认后手工处理
支付系统手续费暂收款项	本科目核算各网点办理支付业务的结算收费及划缴

大额支付系统业务处理中涉及的会计科目按性质，主要分为存款类科目、联行类科目和汇总平衡科目。具体会计科目设置如表 7-5 所示。

表 7-5　大额支付系统涉及的主要会计科目

	科 目 名 称	核 算 内 容	性质
存款类	××银行(金融机构)准备金存款	中国人民银行各分支行用来核算各金融机构存放在人民银行的法定准备金和超额准备金	负债类科目
	其他存款	中国人民银行核算特许参与者用于清算的资金和支付业务收费的归集、划拨等	
联行类	大额支付往来	本科目用来核算支付系统发起清算行和接收清算行通过大额支付系统办理的支付结算往来款项，余额轧差反映。年终，该科目余额转入“支付清算资金往来”科目，结转后余额为零	资产负债共同类科目
	支付清算资金往来	本科目核算支付系统发起清算行和接收清算行通过大额支付系统办理的支付结算汇差款项，余额轧差反映	
汇总平衡科目	汇总平衡科目(国家处理中心专用)	汇总平衡科目是用于平衡国家处理中心代理中国人民银行分支行(库)账务处理不纳入人民银行(库)的核算	专用科目

“大额支付往来”“支付清算资金往来”“汇总平衡科目”可按人民银行分支行的会计营业部门、国库部门和电子联行转换中心等机构分设账户。存款类科目按直接参与者(不包括人民银行机构)分设清算账户。

5．大额支付系统的会计核算

大额支付系统办理的贷记支付业务类型主要包括接受客户委托的跨行汇兑、委托收款(划回)、托收承付(划回)、国库汇款、票据(包括支票、本票、汇票)兑付或付款，以及银行业金融机构主动发起的资金调拨、外汇清算、资金拆借、国库贷记资金划拨等业务。下面以发起行为非清算账户行(间接参与者)发出贷记业务为例介绍大额支付业务的会计核算。

通常来说，发起行为非清算账户行(间接参与者)在大额支付系统中发出贷记业务的核算，涉及发起行、发起清算行、大额支付系统、接收(清算)行等参与主体的会计处理。

1) 发起行的会计处理

发起行经办柜员受理客户汇款申请后，应对客户按开户银行要求填制并提交的有关汇款凭证进行审核，查看业务委托日期、金额等汇款要素是否正确完整，是否涂改，汇款人账户是否有足够支付的余额。此外，经办柜员还须对汇款的真实性进行审查，个人提出的汇款申请要联网核查公民身份信息，单位账户的大额汇款，要执行大额付款查证制度，核对无误后经办柜员依据汇款凭证进行往账信息录入，提交复核。如汇款金额超出授权金额，需逐级授权。汇款凭证做记账凭证，回单联交汇款客户。

支行复核柜员审查汇款凭证使用是否正确、凭证要素是否齐全，审查无误后依据原始汇款凭证对应复核的要素进行逐项录入复核。录入数据必须换人复核，当录入数据与复核数据完全一致后，发送往账报文。

发起行的账务处理为

借：吸收存款——活期存款——付款人户

　　贷：清算资金往来——辖内往来

发起行经办柜员要定时查看大额支付系统中汇款支付状态。若报文长时间处于已发出未清算状态，应及时查明原因。对于已被“拒绝”的报文，应检查发出的报单是否有误，否则，该报文可能因系统通讯故障造成未正常发出，此时应及时与清算账户行联系处理。

【微思考】请结合自己的理解，试分析什么是大额付款查证制度？为什么要实行大额付款查证制度？

扫一扫

2) 发起清算行的会计处理

发起清算行对于发起行发来的贷记支付报文，加载数字签名并将其转发大额支付系统，系统自动记账，会计分录为

借：清算资金往来——辖内往来

　　贷：支付系统往账待清算——大额

发起清算行收到大额支付系统返回的“已清算”结果，则表示该笔业务发送成功，系统自动进行资金的账务处理，会计分录为

借：支付系统往账待清算——大额

　　贷：存放中央银行款项——准备金存款

3) 大额支付系统的会计处理

大额支付系统收到发报清算行发来的支付报文，逐笔核对数字签名，确认无误后，进行账务处理。一般来说，可分为以下两种情况。

(1) 对于发起行和接收行均为商业银行的，会计处理如下：

借：××银行准备金存款

　　贷：大额支付往来——人民银行××行(发起清算行所在地人行户)

借：大额支付往来——人民银行××行(接收清算行所在地人行户)

　　贷：××银行准备金存款

(2) 对于接收行是人民银行(会计营业部门或国库部门)的，会计分录为

借：××银行准备金存款

贷：大额支付往来——人民银行××行

借：大额支付往来——人民银行××行(库)

贷：汇总平衡科目——人民银行××行(库)

4) 接收(清算)行的会计处理

接收清算行接收大额支付系统发来的支付报文，核对数字签名后，系统进行自动清分。若收款人账户含有网点号，则直接将报文清分至收款人开户行；若账户为非标准账号，则以报文接收行行号为清分条件，将报文清分至接收行。此时，接收(清算)行的账务处理如下：

(1) 如果接收行为清算账户行，会计处理为

借：支付系统来账待清算——大额

贷：吸收存款——活期存款——收款人户

(2) 如果接收行为非清算账户行，则通过清算账户行通过行内汇划系统将款项划至接收行，会计分录为

借：支付系统来账待清算——大额

贷：清算资金往来——辖内往来

接收行根据支付报文，系统自动将款项划转至客户账户，会计分录为

借：清算资金往来——辖内往来

贷：吸收存款——活期存款——收款人户

(3) 接收清算行支付系统对接收清算行及其代理下属机构成功接收入账的支付报文自动进行资金清算，会计分录为

借：存放中央银行款项——准备金存款

贷：支付系统来账待清算

此外，对于账号、户名不符的支付报文，系统自动做挂账处理，通过“支付系统应付结算款项”科目过渡。清算账户行会计处理为

借：支付系统来账待清算——大额

贷：支付系统应付结算款项

接收行核对后，可以入账的，经办柜员做维护入账处理，会计分录为

借：支付系统应付结算款项

贷：吸收存款——活期存款——收款人户

经典案例

【例 7-3】201×年 5 月 6 日，中国农业银行武汉 A 支行收到开户单位甲提交的电汇，要求向上海中国银行 B 支行乙单位支付货款 100 000 元。A 支行经办柜员对凭证审核无误后，对该笔电汇通过大额支付系统办理了汇款。B 支行收到上海分行发来的收款报文，确认无误后将该笔款项收入乙单位账户。要求编制汇款各环节账务处理的会计分录(A、B 支行均为非清算行)。

(1) A 支行受理业务，发送汇款报文进行账务处理的会计分录为

借：吸收存款——单位活期存款甲单位户　　100 000

贷：清算资金往来——辖内往来　　100 000

(2) 农业银行武汉分行收到 A 支行付款报文后，会计处理为

借：清算资金往来——辖内往来　　100 000

　　贷：支付系统往账待清算——大额　　100 000

收到大额支付系统返回的“已清算”结果，则表示该笔业务发送成功，系统自动进行资金的账务处理，会计分录为

借：支付系统往账待清算——大额　　100 000

　　贷：存放中央银行款项——准备金存款　　100 000

(3) 大额支付系统收到该付款报文，提交账户清算管理系统进行清算，会计分录为

借：中国农业银行准备金存款　　100 000

　　贷：大额支付往来——人民银行武汉分行　　100 000

借：大额支付往来——人民银行上海分行　　100 000

　　贷：中国银行准备金存款　　100 000

(4) 中国银行上海分行收到该笔业务收款报文时，进行账务处理：

借：支付系统来账待清算——大额　　100 000

　　贷：清算资金往来——辖内往来　　100 000

(5) B 支行收到行内系统发来的收款报文，确认无误后，做入账处理，会计分录为

借：清算资金往来——辖内往来　　100 000

　　贷：吸收存款——单位活期存款——乙单位户　　100 000

6. 大额支付系统收费的核算

根据 2016 年 4 月中国人民银行发布的《大额支付系统业务处理办法》规定，凡通过大额支付系统办理支付业务的直接参与者(人民银行营业部门和国库部门除外)，均需按规定的计费标准、实际发生的业务笔数，向大额支付系统运行者缴付汇划费用。商业银行应按人民银行规定的收费标准，在办理大额汇划业务的同时，向客户扣收汇划费和手续费，具体会计处理方式如下：

(1) 若发起行为非清算账户行，发起行收取手续费时，会计分录为

借：吸收存款——活期存款——付款人户(或库存现金)

　　贷：大额支付手续费暂收款项

发起行向其发起清算行结清暂收手续费时，会计分录为

借：大额支付手续费暂收款项

　　贷：上存辖内款项(或其他科目)

各发起清算行向各发起行(非清算账户行)划收手续费后缴付中国人民银行，会计分录为

借：辖内款项存放(或其他科目)

　　贷：存放中央银行款项——准备金存款

(2) 若发起行为清算账户行，向客户收取汇划费和手续费时，会计处理为

借：吸收存款——活期存款——付款人户(或库存现金)

　　贷：大额支付手续费暂收款项

(3) 中国人民银行向各清算账户行划收手续费，各清算账户行的会计分录为

借：大额支付手续费暂收款项(本行为发起行时收取的手续费)
　　贷：存放中央银行款项——准备金存款

7．大额支付系统管理

商业银行通过大额支付系统办理资金汇划时，必须严格遵守支付纪律要求，加强查询查复工作的管理。

1) 纪律要求

大额支付系统的各参加者和运行者必须严格遵守支付纪律要求，具体如下：

(1) 不得拖延支付，截留、挪用客户和他行资金；

(2) 直接参与者不得因清算账户头寸不足影响客户和其他参与者资金使用；

(3) 不得疏于系统管理，影响系统安全、稳定运行；

(4) 不得伪造、篡改大额支付业务，盗用资金。

经典案例

2018 年 3 月 16 日，央行官网公布两单行政处罚，对民生银行厦门分行(新兴支付清算中心)和平安银行分别罚款 1.63 亿元和 1 334 万元。

央行公告称，为贯彻落实党中央、国务院关于加强金融监管的工作要求，整肃支付清算市场秩序，防范支付风险，中国人民银行于 2017 年 7 月至 9 月，先后对中国民生银行厦门分行(新兴支付清算中心)、平安银行开展了支付清算业务执法检查。

经查实，上述两家银行存在违反清算管理、人民币银行结算账户管理、非金融机构支付服务管理等违法违规行为。中国人民银行综合考虑两家银行违法违规行为的事实、性质、情节以及社会危害程度等因素，依据《中华人民共和国中国人民银行法》《人民币银行结算账户管理办法》《非金融机构支付服务管理办法》等法律规章规定，对中国民生银行厦门分行(新兴支付清算中心)给予警告，没收违法所得 48 418 193.27 元，并处罚款 114 639 752.47 元，合计处罚金额 163 057 945.74 元；对平安银行给予警告，没收违法所得 3 036 061.39 元，并处罚款 10 308 084.15 元，合计处罚金额 13 344 145.54 元。

2) 查询查复管理

查询查复工作是办理支付结算的一项重要工作，是保证资金准确、及时、安全结算的重要环节。大额支付系统的各参加者和运行者必须充分重视，认真做好查询、查复工作。

根据人民银行《大额支付系统业务处理办法》有关规定，支付系统参与者应加强对查询、查复的管理。对有疑问或受理客户查询需要对业务要素进行查询的，应按查询查复规定的格式、标准经大额支付系统向查复行发送查询信息。查复行收到查询信息后进行确认，应在当日至迟下一个工作日 12:00 前，按规定的格式、标准向查询行发送查复信息。查询行收到查复信息后，对所查询问题已得到明确答复的，按照有关规定处理或通知客户。

查询查复工作应遵循“有疑必查，有查必复，复必详尽，切实处理”的原则，收到有疑问的支付报文或票据，要及时向发起业务行发出查询书进行核实；收到他行发来的查询书时，必须按查询的要求认真审阅有关账册、原始凭证和资料，查清情况经主管会计审核后，及时给予明确回复。

7.3.3 人民银行小额批量支付系统的会计核算

小额批量支付系统(Bulk Electronic Payment System，BEPS)简称“小额支付系统”，是中国现代化支付系统的主要业务子系统和组成部分。小额支付系统批量处理支付业务，轧差净额清算资金，能支撑多种支付工具的使用，满足社会多样化的支付清算需求，成为银行业金融机构跨行支付清算和业务创新的安全高效的平台。

小额支付系统和大额支付系统同属于人民银行现代化支付系统，因而两者在运作原理、系统参与者等方面相同，共享清算账户清算资金。但相比而言，小额支付系统更加接近人民群众的日常生活，为社会提供低成本、大业务量的支付清算服务。与大额支付系统相比，小额支付系统有其独特的优势：

(1) 运行时间长。小额支付系统实行 7×24 小时连续运行，满足了法定节假日的支付活动需要。

(2) 交易成本低。与大额支付系统相比，支付业务信息在小额支付系统中以批量包的形式传输和处理。小额支付系统批量组包发送支付指令，根据业务品种、发送业务时间段进行收费，交易成本更低。

(3) 小额支付系统能够支撑各种支付工具的应用。小额支付系统除传统的款项汇划业务外，还能办理财税库银横向联网业务、跨行通存通兑业务、支票圈存和截留业务、银行本票、公共事业收费等多种业务。

(4) 小额支付系统借贷记业务都能处理。大额支付系统主要处理贷记支付业务，而小额支付系统主要面对消费性支付，既支持汇款等贷记业务，又支持收款等借记业务。

本节从小额支付系统的参与者、业务范围、业务流程、会计科目设置、会计核算等方面进行详细阐述。

1. 小额支付系统的参与者

中国人民银行授权清算总中心运行小额支付系统。

办理支付结算业务的银行、城市信用社、农村信用社以及其他特许机构，经人民银行批准并申请支付系统行号后(大额支付系统行号和小额支付系统行号为同一行号)，可以作为小额支付系统的参与者，通过该系统进行款项划拨与清算。中国人民银行小额支付系统的参与者分为直接参与者、间接参与者。参与者定义与大额支付系统定义相同。

2. 小额支付系统的业务范围

小额支付系统处理借记业务以及规定金额以下的贷记业务，批量发送支付指令，轧差净额清算资金。小额支付系统支付业务在轧差后具有最终性。小额支付系统的业务范围如表 7-6 所示。

表 7-6 小额支付系统的业务范围

业务种类	定 义	具体业务类型
普通贷记业务	付款行向收款行主动发起的付款业务	汇兑、委托收款(划回)、托收承付(划回)、国库贷记汇划业务、网银贷记支付业务、中国人民银行规定的其他普通贷记支付业务

续表

业务种类	定　义	具体业务类型
定期贷记业务	付款行依据当事各方事先签订的协议，定期向指定收款行发起的批量付款业务	代付工资业务、代付保险金、代付养老金业务、中国人民银行规定的其他定期贷记支付业务
普通借记业务	收款行向付款行主动发起的收款业务	中国人民银行机构间的借记业务、国库借记汇划业务、中国人民银行规定的其他普通借记支付业务
定期借记业务	收款行依据当事各方事先签订的协议，定期向指定付款行发起的批量收款业务	代收水、电、煤气等公用事业费业务，国库批量扣税业务，中国人民银行规定的其他定期借记支付业务
实时借记业务	收款行接受收款人委托发起的、将确定款项实时借记指定付款人账户的业务	个人储蓄通兑业务、对公通兑业务、国库实时扣税业务、中国人民银行规定的其他实时借记支付业务
集中代收付业务	收、付款人根据合同约定，委托清算组织提出代收、代付业务指令，由其分别发送给收、付款人开户行，进行集中批量收、付款的业务	集中代收付中心仅向所属人民银行分支机构辖区内的公用事业类和公益类机构提供代收付服务
中国人民银行规定的其他支付业务		

知识链接

根据 2015 年 7 月 11 日《中国人民银行办公厅关于调整周末及法定节假日期间小额支付系统普通贷记业务限额的通知》(银办发[2015]147 号)，自 2015 年 7 月 11 日起，大多银行将周末(周六、周日)及法定节假日期间小额支付系统普通贷记业务的限额调整为 50 万元/笔。调整时间自节假日首日 0：00 开始，至节假日末日 24：00 结束。工作日期间小额支付系统限额维持 5 万元不变。

3．小额支付系统的业务流程

小额支付系统实行 7×24 小时不间断运行，系统工作日为自然日。中国人民银行根据管理需要可以调整系统的运行时间和资金清算时间。小额支付系统每日 16：00 进行日切处理，即前一日 16：00 至当日 16：00 为小额支付系统的一个工作日，小额支付系统资金清算时间为大额支付系统的工作时间。小额支付系统日切后仍可正常接受小额业务，部分小额业务不再纳入当日清算，自动纳入次日第一场轧差清算(遇节假日顺延至节假日后的第一个工作日)。

小额支付系统处理的贷记业务由付款行发起，经付款清算行发送小额支付系统，小额支付系统轧差后，将业务信息经收款清算行转发收款行。其业务具体流程图可参照大额支付系统贷记业务流程，这里不再赘述。

小额支付系统处理的借记业务由收款行发起，经收款清算行发送小额支付系统，小额支付系统将业务信息经付款清算行转发付款行；付款行按规定时限发出回执信息，小额支付系统轧差后，将回执信息经收款清算行转发收款行。其业务流程如图 7-9 所示。

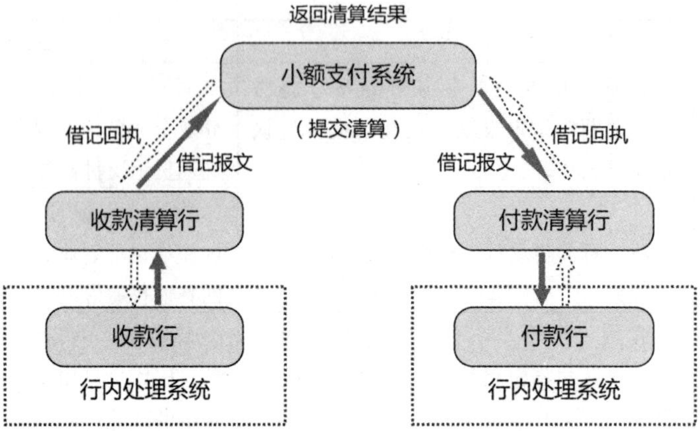

图 7-9　小额支付系统借记业务流程图

小额支付系统借记业务的处理流程分为发起借记业务和处理借记回执两个阶段。

(1) 发起借记业务阶段。收款(清算)行收到发起人发起的借记业务后，将借记业务批量组包，加载数字签名，发送借记报文至小额支付系统。

小额支付系统接收借记报文并转发至付款(清算)行。

付款(清算)行收到小额支付系统发来的借记报文后转发清算行。

(2) 处理借记回执阶段。付款(清算)行收到借记报文后执行扣款，对扣款成功的进行账务处理，并在规定的时间内对扣款成功或失败的返回受理成功或拒绝受理借记回执。

小额支付系统收到借记回执后，对回执中成功金额提交清算账户管理系统进行付款清算行的净借记限额检查。检查通过的实时纳入轧差处理，并标记“已轧差”状态后转发收款(清算)行。检查未通过的进行排队处理。

收款(清算)行收到已轧差借记回执后进行相应的账务处理。

知识链接

“净借记限额”是指小额支付系统为开立清算账户的直接参与者设定的、对其发生支付业务的净借记差额进行控制的最高额度。小额支付系统采取以中国人民银行为中央对手，对直接参与者设置净借记限额实施风险控制。直接参与者以及所属间接参与者发起的贷记支付业务和借记支付业务回执只能在净借记限额内支付。

4. 会计科目设置

小额支付系统清算账户行使用的会计科目，各商业银行可按需要进行设置。一般情况下，商业银行清算账户行使用的会计科目涉及“支付系统往账待清算”“支付系统来账待清算”“小额支付系统待发报”等科目。“支付系统往账待清算”科目、“支付系统来账待清算”科目的使用及核算内容具体参照大额支付系统会计科目设置；清算账户行辖属机构已复核或授权的小额贷记业务或借记业务回执在等待组包发出时，计入“小额支付系统待发报”科目贷方；等待组包的业务发出时，计入“小额支付系统待发报”科目借方，业务发出后“小额支付系统待发报”科目无余额。

小额支付系统核算中使用的会计科目按性质，主要分为存款类科目、联行类科目和汇总平衡科目，其科目的使用及核算内容具体参照大额支付系统会计科目设置，此处不再赘述。

5．小额支付系统的会计核算

小额支付系统发起普通贷记业务除了需要等待进行组包发送外，其余与大额支付系统贷记业务处理类似，此处不再赘述。本节以小额支付系统发起普通借记业务以及清算资金轧差的核算为例，介绍小额支付系统业务处理中的会计核算。

1) 发起普通借记业务的核算

小额支付系统发起普通借记业务的会计处理可分为以下几个环节。

(1) 发起借记业务。收款行柜员受理客户提交的有关借记凭证，经审核无误后，根据客户提交的普通借记凭证(或信息)录入业务信息，交复核柜员对报文进行复核，并将借记业务凭证专夹保管，待接收到回执后处理。

系统自动对提交的业务组包，逐包登记借记业务登记簿并加载数字签名后发送小额支付系统。无论收款行是不是清算账户行，发出借记阶段均无需进行账务处理。收款清算行发出借记业务包时也不产生账务，对于所有已发出的借记业务报文，收到接收行(付款行)的“成功”或“拒付”回执并进行账务处理后，该笔业务才处理完成。

小额支付系统收到收款(清算)行发来的业务包，进行合法性检查并核验数字签名，无误后登记借记业务登记簿并将业务包转发付款清算行。

付款清算行收到小额支付系统发来的支付业务包，逐包确认并核验数字签名无误后，登记借记业务登记簿，拆包送行内业务处理系统进行相应处理。

(2) 借记回执的处理。付款(清算)行收到借记业务后，立即检查协议，执行扣款。付款人当日账户足够支付的进行账务处理；付款人账户不足支付的，于次日直至借记回执信息最长时间内执行扣款并做账务处理。付款(清算)行扣款成功时进行账务处理。根据付款行是否为清算账户行，会计处理可分为以下两种情况。

付款行为非清算账户行时，会计分录为

借：吸收存款——活期存款——付款人户(或其他有关科目)

　　贷：清算资金往来——辖内往来

付款清算行收到付款行发来的借记回执成功报文时，做相应的会计处理，会计分录为

借：清算资金往来——辖内往来

　　贷：支付系统往账待清算——小额

付款行为清算账户行时，会计分录为

借：吸收存款——活期存款——付款人户(或其他有关科目)

　　贷：支付系统往账待清算——小额

付款(清算)行对原包业务全部扣款成功的应立即返回借记业务回执包；到期日原包业务无论扣款是否成功，都应返回借记业务回执包。付款(清算)行系统自动对包的格式、业务权限进行检查，回执包与原包核对无误后，加载数字签名发送至小额支付系统。包中附扣款成功和扣款失败的业务明细。

小额支付系统收到付款(清算)行发来的借记业务回执包，进行合法性检查并核验数字签名。检查无误的，小额支付系统对借记业务回执包中成功金额进行净借记限额检查，对检查通过的实时纳入轧差处理、销记登记簿，并对包标记“已轧差”状态后转发收款(清

算)行，同时向付款(清算)行返回已轧差信息；净借记限额检查未通过的，做排队处理并向付款清算行返回已排队信息。

收款(清算)行收到小额支付系统发来的借记业务回执包，逐包确认并核验数字签名无误后，销记登记簿，同时将回执拆包发送至行内业务处理系统进行相应的账务处理。根据收款行是否为清算账户行，会计处理方式也可分为两种情况。

收款行为非清算账户行，会计分录为

借：支付系统来账待清算——小额

　　贷：清算资金往来——辖内往来

收款行通过行内电子汇划系统收到发来的借记回执，会计分录为

借：清算资金往来——辖内往来

　　贷：吸收存款——活期存款——收款人户(或其他有关科目)

收款行本身就是清算账户行，会计分录为：

借：支付系统来账待清算——小额

　　贷：吸收存款——活期存款——收款人户(或其他有关科目)

经典案例

【例 7-4】201×年 10 月 16 日，中国建设银行天津 A 支行收到小额支付系统发来的借记业务报文，要求 A 支行开户甲单位向青岛中信银行 B 支行乙单位支付一笔 15 000 元的业务咨询费。A 支行立即检查协议，按照协议规定执行了扣款。B 支行收到借记回执及收款报文，确认无误后对该笔来账收入乙单位账户。要求编写 A 支行、B 支行的账务处理会计分录(A、B 支行均为小额支付系统的直接参与者)。

(1) A 支行收到借记业务报文，发起借记回执，进行扣款的会计分录为

借：吸收存款——单位活期存款——甲单位户　　15 000

　　贷：支付系统往账待清算——小额　　15 000

(2) A 支行收到已清算通知时，会计分录为

借：支付系统往账待清算——小额　　15 000

　　贷：存放中央银行款项——准备金存款　　15 000

(3) B 支行接收来账的会计分录为

借：支付系统来账待清算——小额　　15 000

　　贷：吸收存款——单位活期存款——乙单位户　　15 000

(4) B 支行收到已清算通知时，会计分录为

借：存放中央银行款项——准备金存款　　15 000

　　贷：支付系统来账待清算——小额　　15 000

2) 清算资金轧差的核算

小额支付系统中清算资金轧差的核算包括清算账户行的轧差和小额支付系统的轧差两个方面。

(1) 清算账户行轧差。清算账户行业务系统接收小额支付系统“小额业务包汇总核对报文”，按照中国人民银行小额支付系统对账报文，系统自动对轧差日期、场次、结点相同的往来业务进行轧差。具体可分为以下几种情况：

① 当往账金额大于来账金额时，会计分录为

借：支付系统往账待清算——小额

　　贷：支付系统来账待清算——小额

　　　　存放中央银行款项——准备金存款

② 当来账金额大于往账金额时，会计分录为

借：支付系统往账待清算——小额

　　存放中央银行款项——准备金存款

　　贷：支付系统来账待清算——小额

小额支付系统的资金清算既包括清算账户行与人行城市处理中心的清算，也包括清算账户行与收款行和付款行的清算。在法定工作日，清算账户行与人行按清算场次对当日的往来账分别清算；清算账户行与非清算账户行之间则通过行内电子汇划系统进行清算。

(2) 小额支付系统轧差。小额支付系统对通过净借记限额检查的普通贷记业务、定期贷记业务、普通借记业务回执、定期借记业务回执、实时借记回执和全国支票影像交换系统通用回执业务，按付款清算行和收款清算行进行双边实时轧差。轧差公式为

某清算行提交清算的贷方净额(+)[或借方净额(−)]

= 贷记来账金额 + 他行返回借记回执成功交易金额−贷记往账金额−发出借记回执成功金额

小额支付系统根据中国人民银行的规定，设置日间轧差净额提交清算的场次和时间，在规定的时点对本场轧差净额进行试算平衡检查，检查无误后，将轧差净额提交大额支付系统进行资金清算，同时进行相应的账务处理。

① 属于清算行贷方差额的，会计分录为

借：小额支付往来——人民银行××行(库)

　　贷：××银行准备金存款

② 属于清算行借方差额的，会计分录为

借：××银行准备金存款

　　贷：小额支付往来——人民银行××行(库)

小额支付系统结算收费的核算以及系统的管理参照上节大额支付系统的收费核算及管理，在此不再赘述。

7.3.4　网上支付跨行清算系统

中国人民银行网上支付跨行清算系统是继大额实时支付系统、小额批量支付系统、全国支票影像系统、境内外币支付系统、电子商业汇票系统之后，中国人民银行组织建设运行的又一重要跨行支付清算系统，是我国金融信息化、电子化进程中的又一个重要里程碑。网上支付跨行清算系统处理中心与大额支付系统国家处理中心、小额支付系统国家处理中心同位摆放，共享基础数据。网上支付跨行清算系统架构如图 7-10 所示。

网上支付跨行清算系统把不同商业银行的网上银行连接在一起，打通了商业银行网银之间的通道，被称为“超级网银”。客户可以不受地域、时间限制，“7×24 全天候”通过网上银行办理业务，且实时反馈资金到账情况，方便快捷。为防范业务风险，中国人民银行对网上支付跨行清算系统处理业务的金额上限暂定为 5 万元。

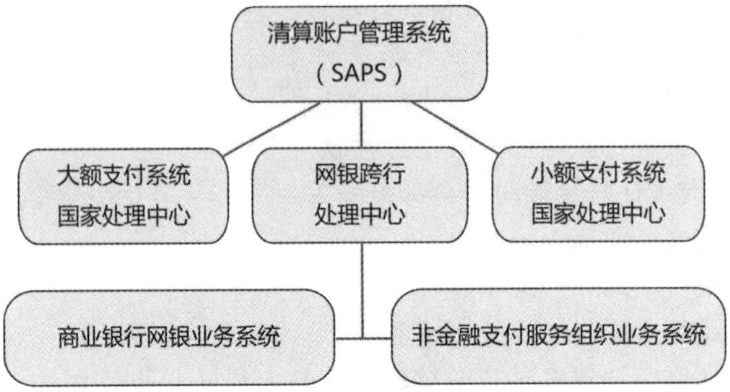

图 7-10 网上支付跨行清算系统架构图

网上支付跨行清算系统的建成运行，对广大企事业单位和消费者生活具有重要现实意义：

(1) 提高了跨行支付效率，客户可以方便、及时地办理跨行转账、信用卡跨行还款等业务。

(2) 便利了财富管理，通过与银行签订协议后，客户依托一家银行的网上银行，即可查询在其他银行的账户信息，实现“一站式”财富管理。

(3) 拓展了电子商务的业务范围，客户可依托一个银行账户方便地办理公用事业缴费、网络购物等业务，便利其日常生产生活，客观上也可支持并促进我国电子商务的快速发展。

本节将从网上支付跨行清算系统的参与者、业务范围、业务流程、会计科目设置、会计核算、发展现状等方面进行介绍。

1. 网上支付跨行清算系统的参与者

网上支付跨行清算系统的参与者分为直接接入银行机构、直接接入非金融机构和代理接入银行机构。直接接入银行机构，指与网上支付跨行清算系统连接并在中国人民银行开设清算账户，直接通过网上支付跨行清算系统办理业务的银行业金融机构；直接接入非金融机构，指与网上支付跨行清算系统连接，直接通过网上支付跨行清算系统办理业务的非金融支付服务机构；代理接入银行机构，指委托直接接入银行机构通过网上支付跨行清算系统代为收发业务和清算资金的银行机构。

需要注意的是，网上支付跨行清算系统参与者通过网上支付跨行清算系统办理业务时，应当遵守反洗钱的有关规定，履行反洗钱义务。

2. 网上支付跨行清算系统的业务范围

网上支付跨行清算系统处理下列支付业务。

(1) 网银贷记业务。网银贷记业务，指付款人通过付款行向收款行主动发起的付款业务。网银贷记业务可支持的资金支付有：网银汇兑、网络购物、商旅服务、网银缴费、贷款还款、实时代付、投资理财、交易退款、慈善捐款等。

(2) 网银借记业务。网银借记业务，指收款人根据事先签订的协议，通过收款行向付款行发起的收款业务。网银借记业务包括下列行为的资金支付：实时代收、贷款还款等。

(3) 第三方贷记业务。第三方贷记业务，是指第三方机构接受付款人或收款人委托，通过网上支付跨行清算系统通知付款行向收款行付款的业务。第三方贷记业务主要包括网络购物、商旅服务、网银缴费、贷款还款、实时代收、实时代付、投资理财、交易退款、慈善捐款等。

(4) 中国人民银行规定的其他支付业务。

此外，网上支付跨行清算系统还支持账户信息查询业务及在线签约管理。

网上支付跨行清算系统业务种类列表见表 7-7。

表 7-7　网上支付跨行清算系统业务列表

业务种类		业务权限	业务处理涉及主体
支付类业务	网银贷记业务	商业银行	付款行、收款行
	网银借记业务		
	第三方网银贷记业务	商业银行/非金融机构	第三方机构、付款行、收款行
	授权第三方网银贷记业务		
	第三方预授权确认付款业务		
信息类业务	账户信息查询业务	商业银行	付款行、收款行
	账户信息查询签约/解除业务		
	第三方预授权/撤销业务	商业银行/非金融机构	查询机构、开户行
	授权第三方支付签约/变更/解除业务		
	业务状态查询		商业银行/非金融机构

3. 网上支付跨行清算系统的业务流程

网上支付跨行清算系统实行 7×24 小时连续运行，系统每一工作日切换时间为 16:00，清算时间为大额支付系统的运行时间，轧差净额提交清算时间与小额支付系统一致。

网上支付跨行清算系统的参与者收到网银中心转发的支付业务后应实时处理并返回回执。网上支付跨行清算系统的业务处理周期不超过 20 秒。

网上支付跨行清算系统处理的贷记支付业务，其信息从付款发起行发起，经网银中心转发收款清算行；收款清算行实时向网银中心返回回执，网银中心轧差后分别通知付款清算行和收款清算行。具体流程如图 7-11 所示。

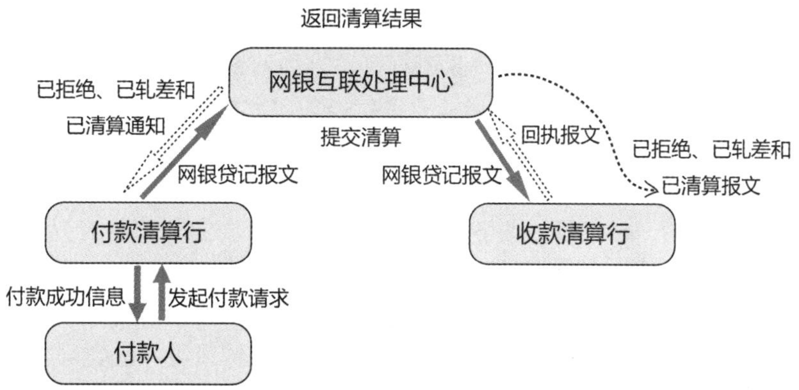

图 7-11　网上支付跨行清算系统贷记支付业务处理流程图

网上支付跨行清算系统处理的借记支付业务，其信息从收款清算行发起，经网银中心转发付款清算行；付款清算行实时向网银中心返回回执，网银中心轧差后分别通知付款清算行和收款清算行。

网上支付跨行清算系统处理的第三方支付业务，其信息从第三方机构发起，经网银中心转发付款清算行；付款清算行实时向网银中心返回回执，经网银中心转发收款清算行；收款清算行实时向网银中心返回回执，网银中心轧差后分别通知第三方机构、付款清算行和收款清算行。其中，第三方机构是指提供第三方支付服务的直接接入银行机构和直接接入非金融机构。

4．会计科目设置

网上支付跨行清算系统和大额、小额支付系统的会计科目设置基本类似，在此不再赘述。

5．网上支付跨行清算系统的会计核算

下面以网上支付跨行清算系统发起网银贷记业务为例介绍其会计核算。

1) 发起网银贷记业务

付款清算行的处理。付款(清算行)受理付款人的付款请求，检查付款人账户状态、余额，检查通过后进行账务处理。其会计分录为

借：吸收存款——活期存款——付款人户

　　贷：清算资金往来——辖内往来

付款清算行组网银贷记业务报文，加编数字签名后发送网银中心，并标记该业务状态为“已发送”。

待付款清算行收到各类通知时，相应修改业务状态，并进行以下处理：

(1) 收到“已拒绝”通知时，进行账务处理，会计分录为

借：吸收存款——活期存款——付款人户　　(红字)

　　贷：支付系统往账待清算——网银互联　　(红字)

账务处理完成后，通知付款人付款失败。

(2) 收到“已轧差”通知时，通知付款人付款成功。

(3) 收到“已清算”通知时，进行账务处理，会计分录为

借：支付系统往账待清算——网银互联

　　贷：存放中央银行款项——准备金存款

网银中心的处理。网银中心收到付款清算行发来的网银贷记业务报文，检查并核验数字签名无误后，转发收款行，同时标记该业务状态为“已转发”；检查未通过的，做拒绝处理。

收款清算行的处理。收款清算行前置机收到网银中心转发的网银贷记业务报文，检查并核验数字签名无误后，转发行内业务处理系统；检查未通过的，做拒绝处理。

2) 网银贷记业务回执的处理

收款清算行的处理。收款清算行行内业务处理系统收到网银贷记业务报文，实时核验数字签名并检查收款人账号、户名及账户状态，根据检查结果组“已确认”或“已拒绝”的网银贷记业务报文，加编数字签名后实时发送网银中心。

待收款清算行收到各类通知时，相应修改业务状态，并进行以下处理：

(1) 收到“已轧差”通知时，进行账务处理，会计分录为

借：支付系统往账待清算——网银互联

　　贷：吸收存款——活期存款——收款人户

(2) 收到“已清算”通知时，进行账务处理，会计分录为

借：存放中央银行款项——准备金存款

　　贷：支付系统往账待清算——网银互联

网银中心的处理。网银中心收到收款清算行发来的网银贷记业务回执报文，检查并核验数字签名。对核验无误的“已确认”网银贷记业务回执报文，立即进行净借记限额检查；核验失败的，标记该业务状态为“已拒绝”，同时通知付款清算行和收款清算行。净借记限额检查通过的，实时纳入轧差处理，将该业务状态标记为“已轧差”后，组轧差通知报文，加编数字签名，发送至付款清算行、收款清算行；净借记限额检查未通过的，做拒绝处理，并将处理结果通知付款清算行和收款清算行。

网银中心收到“已拒绝”网银贷记业务回执报文，标记该业务状态为“已拒绝”，通知付款清算行。

网银中心在规定时点将本场轧差净额自动提交清算账户管理系统进行资金清算。待收到轧差净额“已清算”通知，标记该业务状态为“已清算”，并通知付款清算行和收款清算行。

6. 网上支付跨行清算系统的发展现状

网上支付跨行清算系统，从业务管理方面来看，是小额支付系统在网上支付方面的延伸；从系统管理方面来讲，是与大、小额支付系统并行的人民币跨行清算系统。网上支付跨行清算系统投入使用后，突破了传统支付业务处理的时间和空间限制，实现了网银跨行支付的直通式处理，满足了网银用户全天候的支付需求，有效地支持了电子商务的发展。但是，网上支付跨行清算系统在发展过程中也出现了一些问题：

(1) 部分商业银行对网上支付跨行清算系统的宣传推广力度不够，网银用户未获得有效引导，对“超级网银”业务知之甚少，“超级网银”业务功能没有得到充分利用，造成了严重的金融资源浪费。

(2) 收费标准不统一。目前“超级网银”尚未出台统一的收费规范细则。通过“超级网银”系统提交的跨行支付业务，一般由业务发起行收取手续费，各行依据自身情况自行制定手续费标准，致使收费标准混乱。

(3) 交易安全性。“超级网银”提供的跨行账户管理及实时支付功能逐渐成为犯罪分子恶意利用的一个“工具”。近年来，连续发生多起网络、电信诈骗案件，由此网络支付系统安全问题成了社会各界关注的焦点。这些案例的发生一方面是由于客户对支付业务不够了解，不清楚每一步操作的业务含义和可能带来的后果，另一方面也是群众缺乏保护意识和防范风险能力的表现。加强信息保护和支付安全，防范电信网络欺诈，成为支付清算业务发展的一个重要方面。

现今，网上银行已成为非常普遍的支付手段，它也必将成为未来金融管理方式的发展趋势。网上支付跨行清算系统不仅为银行业金融机构提供了跨行清算和业务创新的公共平台，同时满足了社会公众全时性的居家支付服务需求，对金融创新、缓解银行柜台服务压力、提高服务质量和效率、培育公众的现代支付理念起到了重要作用。

【微思考】网上支付跨行清算系统与大额、小额支付系统相比分别有哪些优势和劣势？

扫一扫

练　　习

一、单项选择题

1. 下面会计科目中属于负债类科目的是(　　)。

A. 上存系统内款项　B. 清算资金往来 C. 上存辖内款项　D. 辖内款项存放

2. 商业银行财政类存款应向中国人民银行上缴的比例为(　　)。

A. 30%　　B. 50%　　C. 100%　　D. 法定存款准备金率

3. 下列不属于大额支付系统业务范围的是(　　)。

A. 贷记支付业务　　B. 普通借记业务

C. 即时转账业务　　D. 规定金额起点以下的紧急跨行贷记支付业务

4. 大额支付系统(　　)处理支付业务，(　　)清算资金。

A. 逐笔实时、轧差净额　　B. 逐笔实时、全额

C. 批量、轧差净额　　D. 批量、全额

5. 小额支付系统支付业务在(　　)后具有最终性。

A. 录入　　B. 发送　　C. 轧差　D. 清算

二、多项选择题

1. 商业银行行内资金清算的基本做法通常包括(　　)。

A. 实存资金　　B. 同步清算　　C. 头寸控制　　D. 集中监督

2. 商业银行同城票据交换业务岗位设置实行(　　)、(　　)、(　　)三分离。

A. 经办员　　B. 票据交换员(清算处理岗)　　C. 授权人员　　D. 复核员

3. 大额支付系统查询查复工作应遵循的原则是(　　)。

A. 有疑必查　　B. 有查必复　　C. 复必详尽　　D. 切实处理

4. 小额支付系统处理的跨行支付业务包括(　　)。

A. 普通贷记业务　B. 定期借记业务　C. 实时贷记业务　　D. 实时借记业务

5. 下列系统中实行“7×24”小时运行的有(　　)。

A. 大额支付系统　　B. 小额支付系统

C. 同城票据交换系统　　D. 网上支付跨行清算系统

三、简答题

1. 什么是联行往来？系统内资金汇划的基本做法是什么？

2. 跨系统资金汇划是如何实现的？

3. 简述大额支付系统和小额支付系统的区别和联系。

4. 大额支付系统发出普通贷记业务如何核算？

5. 小额支付系统发起的普通借记业务应如何进行核算？

第 8 章　外汇业务核算

本章目标

- 了解商业银行外汇业务的主要内容
- 掌握外汇业务核算要求
- 掌握外汇买卖业务的会计核算
- 掌握外汇存贷款业务的核算
- 理解商业银行的国际结算业务
- 掌握国际信用证的会计核算

重点难点

重点：

◈ 外汇业务核算的特点
◈ 外汇买卖业务的会计核算
◈ 外汇存贷款业务的会计核算
◈ 国际结算业务的核算

难点：

◈ 分账制记账方法下外汇买卖业务的核算
◈ 国际贸易融资的会计核算
◈ 国际信用证的会计核算

案例导入

近几年，在国内外多重因素综合作用下，跨境资本流动从长期净流入转向一段时期的净流出，我国外汇市场一度经历了高强度跨境资本流动冲击。在党中央、国务院的正确领导下，人民银行、外汇局等部门多措并举，综合施策，采取宏观审慎政策对跨境资本流动进行逆周期调控，取得了比较好的效果，有力维护了外汇市场稳定和国家经济金融安全。在我国宏观经济基本面、国际经济金融环境及政策措施的共同作用下，2017 年我国跨境资本流动和外汇供求基本平衡，外汇储备小幅回升，人民币对美元汇率稳中有升，对一篮子货币基本稳定。

(一) 外汇市场供求更加平衡。2017 年，银行结售汇逆差 1116 亿美元，同比下降 67%。综合考虑即期、远期结售汇以及期权等影响因素，2017 年 2 月以来我国外汇供求向均衡状态收敛，目前处于基本平衡状态。同时跨境资本流动更加均衡。2017 年，企业、个人等非银行部门跨境资金净流出 1245 亿美元，同比下降 59%。其中，第一季度至第四季度分别净流出 252 亿、590 亿、273 亿和 130 亿美元，净流出规模持续下降。

(二) 市场主体涉外交易行为更趋稳定。在人民币汇率双向波动的市场环境下，企业、个人的涉外交易行为由单边转向多元，更多地根据实际需求安排跨境收支和结售汇。2017 年货物贸易结售汇顺差、外商直接投资资本金结汇均呈现增长态势，跨境融资继续平稳增加，对外投资、个人购汇有序回落。

(三) 外汇储备余额连续 11 个月回升。截至 2017 年末，外汇储备余额 31 399 亿美元，较 2016 年末上升 1294 亿美元，自 2017 年 2 月份以来，我国外汇储备余额连续 11 个月回升。

(四) 人民币对美元汇率稳中有升，对一篮子货币相对稳定。2017 年，人民币对美元中间价升值 6.2%；中国外汇交易中心编制的 CFETS 人民币篮子汇率指数上涨 0.02%。

资料来源：国家外汇管理局网站

外汇，从广义上来说，是指以外国货币表示的资产。我国自 2001 年加入世界贸易组织以来，对外开放程度和国际贸易体量都实现了实质性的增长。尤其是 2013 年 “一带一路”战略的提出和实施，使得我国的对外经济合作和融合达到了前所未有的高度。除此之外，近年来人民生活水平得到了显著的提升，甚至拥有了一定的闲置资金，这导致人们对财富增长的渴望更加迫切，不断地寻求、拓展新的投资、理财渠道。此外，随着互联网技术突飞猛进的发展和我国经济对外开放程度的拓深，越来越多的私人资本开始参与跨境资本流动。在这种环境下，商业银行作为资金融通的中介，发展外汇业务成了必然的选择。

8.1 外汇业务概述

外汇，是国际汇兑(foreign exchange)的简称，通常指以外国货币表示的可用于国际清偿的支付手段和资产，主要包括外国货币、外币支付凭证(票据、银行存款凭证、邮政储蓄凭证等)、外币有价证券(政府公债、国库券、公司债券、股票等)、特别提款权、欧洲货币单位以及其他外汇资产。本章所讲的外汇业务，指的是商业银行经有关监管部门批准开展的外汇业务。本节从外汇业务的内涵和意义、记账方法、核算要求和会计科目设置这四个方面对外汇业务的核算进行简单的阐述。

8.1.1　外汇业务的内涵和意义

外汇业务是指以记账本位币以外的货币进行的款项收付、往来结算等业务。根据《中华人民共和国外汇管理条例》的规定，商业银行经营外汇业务必须经由外汇管理机关批准，领取经营外汇业务许可证。外汇业务是商业银行经营的主要业务之一。目前，我国商业银行经营的外汇业务主要包括外汇存款，外汇贷款，外汇汇款，外币兑换，国际结算，同业外汇拆借，外汇借款，外汇担保，买卖或者代理买卖股票以外的外币有价证券，代理国外信用卡的发行及付款，代客外汇外卖，资信调查、咨询、见证业务等。各商业银行应严格按照外汇管理机关以及当地银监会分支机构批准开办的外汇业务品种开展外汇业务经营活动。

开展外汇业务对于商业银行的经营和发展具有十分重要的意义。首先，相对于其他业务尤其是资产业务来说，外汇业务成本相对较少，风险程度低，手续费收入和外汇买卖差价可以使银行获得可观的收益；其次，外汇业务的开展可以使商业银行争取更多的优质客户，拓宽业务范围，加强国际经济往来，提升自身形象和国际地位，进而提升自身竞争力，获得更多的业务机会；最后，商业银行作为中央银行货币政策的首要传递者和社会经济运转的枢纽，做好、做强外汇业务，有利于中央银行加强外汇管理，促进国际收支平衡，推动国民经济健康发展。

8.1.2　外汇业务的记账方法

商业银行的外汇业务涉及各种外币，且交易频繁、币种较多。根据会计准则中“货币计量”基本前提的内在要求，我国商业银行的会计核算应以人民币为记账本位币，因此商业银行在对外汇业务进行核算时，必须采用合理科学的记账方法。

外汇业务的记账方法主要有两种，外汇统账制和外汇分账制，如表 8-1 所示。

表 8-1　外汇记账方法的分类

记账方法	含义	核算方法	优点	缺点
外汇统账制	以本国货币为记账本位币的记账方法，也称本币记账法或本币统账制	将交易日发生的多种货币的经济业务，都折合成人民币加以反映，并登记外汇金额和折算汇率，外币在账上仅作辅助记录；资产负债表日，再将所有外币货币性项目下的余额按照期末即期汇率折算成人民币金额，其与原人民币记账时账面余额的差额，作为汇兑损益计入当期损益	所有币种都以即期或当期汇率折算，便于加总结算，比较简单	由于其无法反映各种外币的增减变化情况，不利于对外汇资金进行管理，适合普通企业采用

续表

记账方法	含义	核算方法	优点	缺点
外汇分账制	在外汇交易发生时直接用原币记账，平时不进行汇率折算，也不反映记账本位币金额，也称原币记账法	在交易发生时，若发生的外币交易仅涉及同一种外币反映的货币性项目的，不需要通过“货币兑换”科目进行核算，直接用该外币金额入账；若发生的外币交易同时涉及货币性项目和非货币性项目或不同外币资本性项目的，需要通过“货币兑换”科目作为两种货币账务之间的桥梁，分别与原币的有关账户对转	所有币种都以原币核算，数据准确，便于分类核算，适合有多种外汇业务的金融企业	在实务中会计处理比较复杂

经典案例

【例 8-1】20×8 年 4 月 7 日，客户王先生因出境游资金需要，到 ABC 银行以现金 RMB31 700 购入 USD5 000，当日美元现钞卖出价为 USD100=RMB634。假设 ABC 银行采用外汇分账制选定的记账本位币为人民币并以人民币列报财务报表。

此时，在外汇分账制下，ABC 银行编制会计分录如下：

借：库存现金　　　　RMB31 700
　　贷：货币兑换　　　　　　RMB31 700
借：货币兑换　　　　USD5 000
　　贷：库存现金　　　　　　USD5 000

8.1.3 外汇业务核算要求

由于外汇业务的开展与不同国家的货币及兑换相关，涉及联行境内外往来，这就使得外汇业务的账务关系比较复杂。在目前我国实行外汇管制的大背景下，商业银行外汇业务的核算相对其他一些业务具有较高的要求。

1. 执行外汇政策与规定，增强依法合规意识

外汇业务具有较高的管制要求，商业银行在开展外汇业务时，应严格依据国家有关外汇管理的方针、政策和制度要求，积极发挥货币政策的传导作用，在准许的经营项目和范围内开展业务并组织核算。

2. 强化内控管理机制，严密外汇核算手续

外汇业务涉及面广，往往涉及国际账务往来，既要遵循有关合同协议的约定，同时还要兼顾国内方针政策以及国际结算的惯例，账务处理比较复杂。在我国现阶段浮动汇率机制下，各种货币之间的汇率时有变化，更是增加了会计核算的难度和工作量。因此，商业银行要不断强化内部管理机制，规范、完善业务操作流程，严密外汇核算手续，提高会计核算质量，真实、及时、正确、完整地记载和反映外汇业务活动。

3. 加强对外汇资金的监督管理，维护国家和银行的信誉和权益

商业银行是现代社会经济运转的重要枢纽，我国大部分涉外经济活动的资金运转都需要通过银行来实现。因此，商业银行在外汇业务的核算中，应严格按照国家外汇管理相关条例、法规和《中华人民共和国反洗钱法》等法律规定，加强对外汇资金收付情况的监督管理，严厉打击逃汇、非法套汇、私自买卖外汇、洗钱等违法犯罪活动，以保证外汇资金安全，维护国家和银行的对外信誉和合法权益。

4. 按照国际惯例办理国际结算

商业银行为了实现国际结算，必然要在境外国家和地区设立分支机构或与当地银行(外国银行或我国其他系统商业银行的分支机构)建立代理关系，因此，发展外汇业务尤其是办理国际结算时，不仅要遵守我国法律、政策和制度的规定，还要遵循国际结算惯例和有关国家或地区的法令与规定。外汇业务核算只有符合国际惯例和有关法令，才能准确、完整地反映外汇经济业务，保证业务顺利、可持续开展，树立、维护我国银行的国际信誉和形象。

8.1.4　外汇业务会计科目设置

外汇业务会计科目的分类同人民币业务会计科目分类相同，划分为表内科目和表外科目。同时，由于外汇业务的核算具有一定的特殊性，因此外汇业务除使用与人民币业务相同的会计科目外，结合外汇会计核算对象的特点，还设置了一些专用会计科目。

外汇业务核算涉及的主要会计科目及核算内容如表 8-2 所示。

表 8-2　外汇业务主要会计科目及核算内容

科目名称	主要核算内容	科目性质
存放境外同业款项	本科目核算存放在境外账户行或外资银行境内分行的外汇现汇或国际结算的收付款项。本科目按行别分别设置明细账	资产类
进出口押汇	本科目核算接收国外银行开来信用证项下的出口跟单汇票经银行议付买单的款项，或开出信用证后按国外议付的通知经银行偿付后所垫付的款项。本科目按客户及进、出口押汇设置明细账	
存出保证金	本科目核算银行因办理业务需要存出或交纳的各种保证金款项。该科目可按保证金的类别及存放单位设置明细账	
汇出汇款	本科目核算汇出行办理汇款的业务。该科目期末余额应结转“其他应付款”科目进行反映	负债类
汇入汇款	本科目核算汇入行办理汇入汇款的业务。该科目期末余额应结转“其他应付款”科目进行反映	
存入保证金	本科目核算银行收到其他单位存入的各种保证金款项。该科目可按保证金的类别及存放单位设置明细账	
货币兑换	本科目核算银行发生的各种货币之间的买卖及兑换业务。当买入外汇时，借记有关科目(外币)，贷记该科目(外币)；相应借记该科目(人民币)，贷记有关科目(人民币)。当卖出外汇时，借记该科目(外币)，贷记有关科目(外币)；相应借记有关科目(人民币)，贷记该科目(人民币)。该科目一般下设二级科目进行细分，按币种分户核算	资产负债共同类
汇兑损益	本科目核算银行发生的外汇交易因汇率变动而产生的汇兑损益。期末该科目余额结转至“本年利润”科目，结转后该科目无余额	损益类

8.2 外汇业务核算

商业银行实务操作中常见的外汇业务核算主要有外汇买卖业务、外汇存贷款业务以及国际结算业务的核算。

【微思考】近年来，随着科技进步和互联网的发展，我国掀起了出境游、出国留学深造、外汇投资的热潮。请思考一下，在出境游、出国留学、外汇投资的过程中，我们分别会发生哪些外汇业务呢？

扫一扫

8.2.1 外汇买卖业务的核算

外汇买卖业务是商业银行开展的一项重要的外汇业务，主要包括自营外汇买卖业务、代客外汇买卖业务和临柜业务中的外币兑换业务。通过买卖外汇业务，投资者可以将手头上的一种外币转换成收益更好的另一种外币，实现货币转换、汇率风险规避的目的，进而赚取汇率差价。同时，商业银行也可以与境内外同业银行实现外汇头寸的转换，从而创造更多的企业利润。

由于外汇买卖是按照一定的汇率将一种外汇直接兑换为另外一种外汇的交易行为，因此商业银行外汇买卖业务的核算离不开外汇汇率。本节以临柜业务中外币兑换业务的核算为例，分别从外汇买卖的汇率、结售汇业务的核算、套汇业务的核算三个方面进行介绍。

1. 外汇买卖的汇率

汇率，又称为汇价、外汇牌价或外汇行市，是指一国货币兑换成另一国货币的比率，或一种货币表示的另一种货币的价格。汇率的表示方法主要有直接标价法和间接标价法。

知识链接

直接标价法和间接标价法

直接标价法又称应付标价法，是以一定单位的外国货币为标准折算成一定数额的本国货币的汇率表示方法。一般是1个单位或100个单位的外币能够折合多少本国货币。目前世界上大多数国家都采用直接标价法。如我国外汇市场上100美元 = 634.24人民币，采用的就是直接标价法。在直接标价法下，外汇汇率的升降和本国货币的价值变化呈现出反比关系，即本国货币价值越大，单位外币能换到的本国货币就越少，汇率越低。反之则本国货币贬值。

间接标价法又称应收标价法，是以一定单位的本国货币为标准折算成一定数额的外国货币的汇率表示方法。一般是1个单位或100个单位的外币能够折合多少本国货币。在间接标价法下，外汇汇率的升降和本国货币的价值变化成正比例关系，即本国货币价值越大，单位本币能换到的外国货币就会越多，汇率值就越大。目前在国际外汇市场上，欧元、英镑、澳元等均为间接标价法。

根据商业银行买卖外汇的角度，汇率可分为买入汇率、卖出汇率、中间汇率和现钞汇率。买入汇率又称买入价，是指银行向同业或客户买入外汇时所使用的汇率；卖出汇率又称为卖出价，是指银行向同业或客户卖出外汇时所使用的汇率；中间汇率是指买入价与卖出价的算术平均数；现钞汇率是指银行向客户买入外币现钞或卖出外汇现钞时所使用的汇率。通常情况下，外币现钞的卖出价和现汇的卖出价相同。图 8-1 为中国银行 2018 年 5 月 17 日公布的外汇牌价(图片来源于中国银行网站)。

中国银行外汇牌价

打印

起始时间： 结束时间： 牌价选择：选择货币

货币名称	现汇买入价	现钞买入价	现汇卖出价	现钞卖出价	中行折算价	发布日期	发布时间
阿联酋迪拉姆		167.27		179.41	173.34	2018-05-17	09:20:40
澳大利亚元	477.1	462.28	480.61	481.66	478.7	2018-05-17	09:20:40
巴西里亚尔		166.27		181.86	173.2	2018-05-17	09:20:40
加拿大元	496.34	480.67	500	501.09	498.07	2018-05-17	09:20:40
瑞士法郎	633.83	614.27	638.29	639.88	636.27	2018-05-17	09:20:40
丹麦克朗	100.55	97.44	101.35	101.56	100.99	2018-05-17	09:20:40
欧元	749.41	726.13	754.94	756.44	752.2	2018-05-17	09:20:40
英镑	859.45	832.75	865.78	867.68	862.22	2018-05-17	09:20:40
港币	80.95	80.31	81.27	81.27	81.12	2018-05-17	09:20:40
印尼卢比		0.0436		0.0468	0.0452	2018-05-17	09:20:40
印度卢比		8.8306		9.958	9.3943	2018-05-17	09:20:40
日元	5.7499	5.5712	5.7922	5.7922	5.7693	2018-05-17	09:20:40

图 8-1 中国银行外汇牌价(2018.05.17)

知识链接

几种常见外汇简写符号表

外币名称	货币符号	简写	单位
美元	US$	USD	元
英镑	£	GBP	镑
欧元	€	EUR	欧元
日元	J￥	JPY	日元
港元	HK$	HKD	元
德国马克	DM	DEM	马克

续表

外币名称	货币符号	简写	单位
瑞士法郎	SF	CHF	法郎
法国法郎	FF	FRF	法郎
加拿大元	CAN$	CAD	元
澳大利亚元	A$	AUD	元
韩国元	WON₩	KRW	圆
泰国铢	B฿	THB	铢

2. 结售汇业务的核算

经银行业监督管理部门和国家外汇管理局或外汇分局批准，商业银行可以从事外汇结售汇业务。结售汇业务是指银行为客户或因自身经营活动需要办理的人民币与外汇之间兑换的业务，包括即期结售汇业务和人民币与外汇衍生产品业务。即期结售汇业务是指在交易订立日之后两个工作日内完成清算，且清算价格为交易订立日当日汇价的结售汇交易。人民币与外汇衍生产品业务是指远期结售汇、人民币与外汇期货、人民币与外汇掉期、人民币与外汇期权等业务及其组合。银行办理结售汇业务，应当遵守有关法律、法规规定，遵循“了解业务、了解客户、尽职审查”的原则。

商业银行的结售汇业务的核算，具体来说，包括结汇业务的核算、售汇业务的核算以及结售汇头寸平补。

1) 结汇业务的核算

结汇业务，是指银行为客户办理的将可自由兑换货币兑换为人民币的行为。结汇主要有强制结汇、意愿结汇和限额结汇等形式，具体形式的选择与一个国家所处的经济社会环境息息相关。我国 1994 年实行外汇管理体制改革后，为适应和满足当时历史条件下经济、社会发展需要，对境内个人、组织、企业等持有的外汇收入实行强制结汇制度。随着近年来经济全球化趋势的不断加强和我国国际贸易的迅猛发展，我国顺应历史潮流，取消了强制结汇制度，目前我国主要实行意愿结汇制度，即境内企事业单位、机关、社会团体以及外商投资企业规定结汇范围外的外汇收入以及个人的外汇收入，客户可根据自身需要意愿选择是否结汇、在何时结汇等。

单位和个人到银行售卖外汇或外币时，银行应根据客户所要结汇的外汇资金性质，审核相关单据或凭证。经办柜员审核无误后，办理买入外汇或外币，支付人民币手续。其会计分录如下：

借：吸收存款科目(或库存现金等)　　　　(外币)
　　贷：货币兑换　　　　　　　　　　　　(外币)
借：货币兑换　　　　　　　　　　　　(外汇汇买价/钞买价折算的人民币金额)
　　贷：吸收存款科目(或库存现金等)　　　　　　　　(人民币)

经典案例

【例 8-2】20×8 年 9 月 24 日，客户张女士美国游回国后，将多余现钞 USD1 000 售卖给 ABC 银行，取得等额人民币现金。假设当日美元现钞买入价为 USD100=RMB627。

ABC 银行应编制会计分录如下：

借：库存现金　　　　　　　　USD1 000

　　贷：货币兑换　　　　　　　　USD1 000

借：货币兑换　　　　　　　　RMB6 270

　　贷：库存现金　　　　　　　　RMB6 270

若为个人境外汇入款的结汇，经办银行应在审核其外汇合规性无误后，办理结汇手续，会计分录为

借：应解汇款(或其他有关科目)　　　　(外币)

　　贷：货币兑换　　　　　　　　　　　(外币)

借：货币兑换　　　　　　　　　　　(外汇汇买价/钞买价折算的人民币金额)

　　贷：吸收存款科目(或库存现金等)　　　(人民币)

2) 售汇

售汇是指银行为客户办理将人民币兑换为可自由兑换货币的行为。根据我国外汇管理局有关规定，凡境内企事业单位、机关和社会团体及外商投资企业因经常项下及资本项下对外支付用汇以及个人非贸易、非经常性用汇需要到银行办理购汇的，银行应办理卖出外汇或外币手续。

(1) 单位购汇。境内机构因对外贸易及非贸易的支付需要到银行申请购汇时，应填制购汇申请书，并按国务院关于结汇、售汇及付汇管理的规定，持有效凭证和商业单据办理。经办银行审核无误，符合售汇规定的，办理相关手续。其会计分录为

借：吸收存款科目(或库存现金等)　　　　(人民币)

　　贷：货币兑换　　　　　　　　　　　(人民币)

借：货币兑换　　　　　　　　　　　(以汇卖价/钞卖价折算的外币金额)

　　贷：吸收存款科目(或库存现金等)　　　　　(外币)

(2) 个人购汇。根据国家外汇管理条例规定，个人因私用汇应在规定限额以内购汇。如为超过规定限额的个人因私用汇，应当向外汇管理机关提出申请，经外汇管理机关批准，可以到外汇指定银行办理购汇。外国游客、港、澳、台同胞未用完的人民币，可持外汇兑换水单，到原办理外币兑换业务的银行机构办理购买手续。

银行柜员受理个人的购汇申请后，需连接居民因私购汇管理信息系统，办理相应的购汇手续，会计分录为

借：吸收存款科目(或库存现金等)　　　(人民币)

　　贷：货币兑换　　　　　　　　　　　(人民币)

借：货币兑换　　　　　　　　　　　(以汇卖价/钞卖价折算的外币金额)

　　贷：吸收存款科目(或库存现金等)　　　　　(外币)

经典案例

【例 8-3】20×8 年 10 月 9 日，山水公司因对外贸易结算需要，持相关票据、有效凭证和商业单据到 ABC 银行办理购汇业务，以其人民币账户活期存款购买 EUR10 000 到其在同一银行开立的外汇账户。假设当日欧元现汇卖出价为 EUR100=RMB782.63。

ABC 银行应编制会计分录如下：

借：吸收存款——人民币活期存款——山水公司　　RMB78 263
　　贷：货币兑换　　RMB78 263
借：货币兑换　　EUR10 000
　　贷：吸收存款——外币活期存款——山水公司　　EUR10 000

3) 结售汇头寸平补

结售汇头寸是指外汇指定银行持有的因人民币与外币间交易而形成的外汇头寸，是由银行办理符合外汇管理规定的对客户结售汇业务、自身结售汇业务和参与银行间外汇市场交易所形成的综合头寸。目前我国对商业银行的结售汇综合头寸实行限额管理。根据中国人民银行 2014 年发布的《银行办理结售汇业务管理办法》规定，“商业银行应当遵守结售汇综合头寸管理规定，在规定的时限内将结售汇综合头寸保持在核定限额以内”。

银行结售汇综合头寸是国家外汇管理部门根据国际收支状况、银行外汇业务经营情况以及宏观审慎管理等因素，按照法人监管原则统一核定的，按周考核和监管，周内各个工作日的平均头寸应保持在外汇局核定限额内。商业银行超出人民银行核定的头寸限额，必须在中国外汇交易中心通过售出或买入交易进行结售汇综合头寸平补。

(1) 购入外汇头寸。此时，会计分录为

借：存放中央银行款项(或其他有关科目)　　(外币)
　　贷：货币兑换　　(外币)
借：货币兑换　　(人民币)
　　贷：存放中央银行款项(或其他有关科目)　　(人民币)

(2) 售出外汇头寸。此时，会计分录为

借：存放中央银行款项(或其他有关科目)　　(人民币)
　　贷：货币兑换　　(人民币)
借：货币兑换　　(外币)
　　贷：存放中央银行款项(或其他有关科目)　　(外币)

3. 套汇业务的核算

商业银行的套汇业务是指银行为客户办理的将一种外币兑换为另一种外币的业务。由于现钞和现汇流动性不同，同种货币的钞汇互换也视同为套汇业务。按现行规定，我国不同币种间没有直接的汇价，因此，银行在办理套汇业务时，应通过人民币进行换算，即对收进的一种外币按买入价折合成人民币，再将所折合的人民币按另一种外币的卖出价折合成该种货币的外汇金额。套汇业务通常包括不同币种之间的套汇和相同币种钞汇之间的套汇。

1) 不同币种之间套汇

此时，会计处理分录为

借：吸收存款科目(或其他有关科目)　　(A 外币)
　　贷：货币兑换　　(A 外币)
借：货币兑换　　(钞买价/汇买价人民币)
　　贷：货币兑换　　(钞卖价/汇卖价人民币)
借：货币兑换　　(钞卖价/汇卖价 B 外币)
　　贷：吸收存款科目(或其他有关科目)　　(B 外币)

经典案例

【例 8-4】美国游客露西结束了在中国内地的旅游行程后，因下一站打算到香港游玩，到 ABC 银行要求将其随身所带的 USD1 000 现金兑换成港币现钞携带出境。假设当日美元现钞买入价为 USD100=RMB626.55，现钞卖出价为 USD100=RMB634.89；港币现钞买入价为 HKD100=RMB80.03，现钞卖出价为 HKD100=RMB81.02。

ABC 银行会计处理分录为

借：库存现金　　　　USD1 000
　　贷：货币兑换　　　　USD1 000
借：货币兑换　　　　RMB6 265.50
　　贷：货币兑换　　　　RMB6 265.50
借：货币兑换　　　　HKD7 733.28
　　贷：库存现金　　　　HKD7 733.28

【微思考】同样是兑换 1000 欧元，小茗选择直接用人民币兑换欧元，小金选择先用人民币兑换美元，再用美元兑换欧元。请问他们两人在该笔兑换业务中所需的人民币金额相同吗？为什么？

扫一扫

2) 相同币种钞汇之间套汇

相同币种钞汇之间的套汇业务主要包括现钞兑现汇和现汇兑现钞。鉴于同种货币现汇和现钞的汇率有所差异，因此，钞兑汇或汇兑钞业务的会计处理与不同币种之间套汇类似。

(1) 钞兑汇会计处理分录为

借：库存现金　　　　(外币)
　　贷：货币兑换　　　　(外币)
借：货币兑换　　　　(钞买价折算的人民币)
　　贷：货币兑换　　　　(汇卖价折算的人民币)
借：货币兑换　　　　(汇卖价计算的外币)
　　贷：吸收存款科目(或其他有关科目)　(外币)

(2) 汇兑钞会计分录为

借：吸收存款科目(或其他有关科目)　(外币)
　　贷：货币兑换　　　　(外币)
借：货币兑换　　　　(汇买价折算的人民币)
　　贷：货币兑换　　　　(钞卖价折算的人民币)
借：货币兑换　　　　(钞卖价计算的外币)
　　贷：库存现金　　　　(外币)

单位或个人在办理外汇买卖业务时，必须遵守我国法律、法规的有关规定。就个人而言，每人结售汇的结汇和售汇的年度总额为等值 5 万美元，额度内可以凭个人身份证任意结汇和购汇，超过总额的结售汇需要提供相关的证明材料，到外管局备案后才可办理结售汇业务。

经典案例

据国家外汇管理局2018年2月5日披露，2017年面对复杂的改革任务和国内外经济金融形势，在党中央、国务院的正确领导下，国家外汇管理局和公安部加大打击地下钱庄等外汇违法犯罪活动力度，联合破获汇兑型地下钱庄案件近百起，涉案金额数千亿元人民币，现场抓获犯罪嫌疑人百余名，行政处罚超2亿元人民币。以下为处罚中部分个人案例。

案例一：河南籍褚某非法买卖外汇案

2016年9月至10月，河南籍褚某为实现非法向境外转移资产目的，将3000万元人民币分3次打入地下钱庄控制的境内账户，通过地下钱庄兑换外汇汇至其加拿大账户，金额合计591万加元。其行为构成非法买卖外汇行为，根据《外汇管理条例》第四十五条的规定，外管局对其处以罚款195万元人民币。

案例二：山东籍刘某非法买卖外汇案

2015年2月至8月，刘某为实现非法向境外转移资金目的，通过本人账户将1355.1万元人民币分7次转入地下钱庄控制的境内账户，由其亲属在澳大利亚从地下钱庄收取非法兑换所得256.45万澳元。该行为构成非法买卖外汇行为，根据《外汇管理条例》第四十五条的规定，外管局对其处以罚款97万元人民币。

案例三：江西籍钟某非法买卖外汇案

2016年1月至5月，钟某将115.33万美元通过地下钱庄兑换并转入本人境内账户，违规金额合计757.76万元人民币。钟某的行为构成非法买卖外汇行为。根据《外汇管理条例》第四十五条的规定，外管局对其给予警告，并处以罚款53.03万元人民币。

8.2.2 外汇存贷款业务的核算

商业银行外汇存贷款业务的核算，是指外汇存款和外汇贷款的核算。

1. 外汇存款业务的核算

商业银行的外汇存款业务，是指单位或个人将其外汇资金(国外汇入款项、外币现金及其他外币票据等)存入银行，并随时或约期支取的一种业务。外汇存款业务按不同的标准有不同的分类，主要分类方法如图8-2所示。

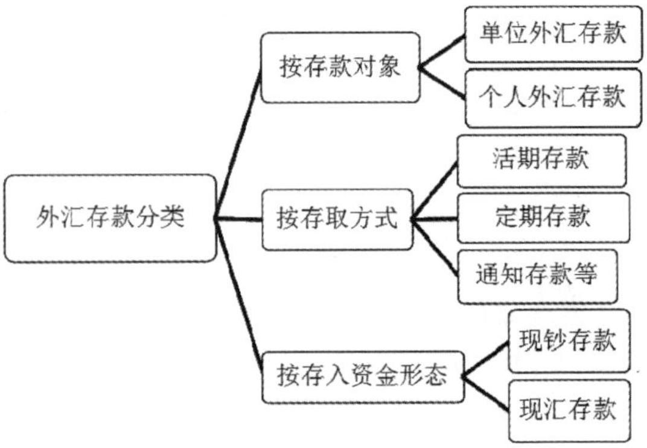

图8-2 外汇存款分类

本节主要介绍单位外汇存款业务和个人外汇存款业务的核算。

1) 单位外汇存款业务的核算

单位外汇存款又称甲种外币存款，是指在我国境内的机关、团体、企业(包括外国驻华机构及外商投资企业)及在境外的中外企业、团体等单位存放在我国外汇指定银行里的各项外汇存款，根据我国有关规定，境内机构、驻华机构一般不允许开立外币现钞账户。本节主要介绍单位活期外汇存款业务的核算和单位定期外汇存款的核算。

(1) 单位活期外汇存款业务。单位活期外汇存款业务的核算可分为以下几种情况。

① 直接以境外汇入汇款或国内转汇存入外汇账户，符合国际收支申报条例的款项，应按规定及时进行申报。柜员在业务系统中进行相应处理，打印贷记通知和出口收汇核销联给客户。其会计分录为

借：汇入汇款(或其他有关科目)　　　　(外币)

　　贷：吸收存款科目　　　　　　　　　　(外币)

当汇入汇款外币种类和单位外汇存款账户的币种不同时，则需要进行套汇的处理，将收到的外币兑换成外汇存款账户的币种。其会计分录为

借：汇入汇款(或其他有关科目)　　　　(A 外币)

　　贷：货币兑换　　　　　　　　　　　　(A 外币)

借：货币兑换　　　　　　　　　　　　(A 外币汇买价折算的人民币)

　　贷：货币兑换　　　　　　　　　　　(B 外币汇卖价计算的人民币)

借：货币兑换　　　　　　　　　　　　(B 外币)

　　贷：吸收存款科目　　　　　　　　　(B 外币)

② 售汇存入的核算。开户单位应先填写购汇申请书，按申购外币的汇卖价支付等额人民币，银行随即向其出售等额外汇，存入单位外汇存款账户。其会计分录为

借：吸收存款科目(或其他有关科目)　　(外币汇卖价计算的人民币)

　　贷：货币兑换　　　　　　　　　　　　　　(人民币)

借：货币兑换　　　　　　　　　　　　(外币)

　　贷：吸收存款科目(或其他有关科目)　　(外币)

③ 外币现钞存入的核算。单位客户以外币现钞缴存外汇存款账户时，银行应以当日现钞价买入现钞，再以卖出价卖出现汇后，以外汇入账。若存入外币现钞与外汇存款账户属于同种货币，则会计分录为

借：库存现金　　　　　　　(外币)

　　贷：货币兑换　　　　　　　　　(外币)

借：货币兑换　　　　　　　(钞买价折算的人民币)

　　贷：货币兑换　　　　　　　　　(汇卖价折算的人民币)

借：货币兑换(汇卖价计算的外币)

　　贷：吸收存款科目　(外币)

若存入外币现钞与外汇存款账户币种不同，则需要进行套汇处理。

经典案例

【例 8-5】一外贸公司要求银行将 EUR1 000 现钞存入其在银行开立的美元现汇账户。假设当日银行美元汇卖价为 USD100 = RMB634.89，欧元现钞买入价为 EUR100 = RMB752.48。

该银行的会计分录为

借：库存现金　　　　　　　　EUR1 000

贷：货币兑换　　　　　　　　　　　　EUR1 000
借：货币兑换　　　　　　　　　　　RMB7 524.80
贷：货币兑换　　　　　　　　　　　　RMB7 524.80
借：货币兑换　　　　　　　　　　　USD1 185.21
贷：吸收存款科目　　　　　　　　　　USD1 185.21

④ 单位活期外汇存款的支取。单位活期外汇存款的支取既包括单位外币现钞的支取，也包括单位汇出现汇方式的支取。

单位从其银行活期外汇存款账户支取现钞时，需要签发现金支票或其他支取凭条，并加盖银行预留印鉴，交经办柜员审核，经柜员审核无误后进行账务处理。具体包括两种情况：支取同种外币现钞时，会计核算参照汇兑钞会计处理；支取外币现钞与外汇存款账户币种不同时，按照不同币种之间的套汇业务进行核算。

单位从银行活期外汇存款账户支出现汇，汇出境外或转汇到国内时，应填制外汇支付凭证和汇款申请书，提交银行办理。汇出汇款币种与客户外汇活期存款账户币种相同的，银行受理成功后，账务处理的会计分录为

借：吸收存款科目　　　　　　　　(外币)
贷：汇出汇款(或其他有关科目)　　　　(外币)

若汇出汇款币种与客户外汇活期存款账户币种不同时，则按照两种货币之间的套汇业务进行处理。同时，银行收取汇款手续费，原则上收取人民币。其会计分录为

借：库存现金(或吸收存款科目)　　(人民币)
贷：手续费及佣金收入　　　　　　　(人民币)

⑤ 利息的核算。单位活期外汇存款的计结息规则和人民币活期存款计结息规则有很多相似之处，可以参照人民币计结息进行会计处理。需要注意的是，单位每季末 20 日结出的外汇活期存款利息，次日要以原币转入其外汇活期存款账户中。其会计分录为

借:利息支出　　　　　　　　　　(外币)
贷：吸收存款科目　　　　　　　　(外币)

资产负债表日利息的计提方法参照人民币活期存款利息的核算。

(2) 单位定期外汇存款业务。单位定期外汇存款是指境内单位、驻华机构在银行办理的约定存期、整笔存入，到期一次性支取本息的一种外汇存款。单位定期外汇存款为记名式存款，起存金额为人民币 1 万元的等值外汇，需一次性存入，存款期限有一个月、三个月、六个月、一年等几个档次。按照规定，单位定期外汇存款账户内的资金应以转账方式转入单位活期外汇存款账户后方可使用，不得直接对外支付或提取外币现钞。

单位定期外汇存款资金可以是外币现钞、汇入现汇存入，还可以由单位活期外汇存款转存。这里主要介绍活期外汇存款转存定期的核算。

商业银行办理同币种外币活期存款转存定期时，会计分录为

借：吸收存款——单位活期存款——××户　　　(外币)
贷：吸收存款——单位定期存款——××户　　　(外币)

商业银行办理不同币种外币活期存款转存定期时，两种货币之间需进行套汇业务处理。

单位定期存款到期时，定期存款及存款利息须转入其活期存款账户，会计分录为

借：吸收存款——单位定期存款——××户　　　(外币)

应付利息(或利息支出)　　(外币)

贷：吸收存款——单位活期存款——××户　　(外币)

2) 个人外汇存款业务的核算

个人外汇存款，也称外币储蓄存款，是指商业银行为方便外籍人员、侨胞、中国港澳台同胞以及国内居民等，为积聚闲散的个人外汇资金而开办的一项外汇存款业务。个人外汇存款按存款对象不同，可分为乙种存款和丙种存款。乙种存款是指居住在境外或港澳台地区的外国人、外籍华人、华侨、港澳台同胞(无论长期或短期来华)在银行开立的外币存款；丙种存款是指境内居民持有的外汇或外币现钞在银行开立的外币存款。

知识链接

乙种存款和丙种存款的异同

乙种存款和丙种存款活期存款利率相同，定期存款存期、种类相同。其主要区别在于:

(1) 乙种存款账户中的外币现钞存款本息可以套成现汇汇往境外；丙种存款账户中的外币现钞存款若要套成现汇汇往境外，必须符合我国外汇管理有关政策规定。

(2) 两种存款账户的起存金额不一样。例如：外币活期储蓄存款的起存金额，乙种存款为不低于人民币 100 元的等值外币，丙种存款为不低于人民币 20 元的等值外币；外币定期存款的起存金额，乙种存款为不低于人民币 500 元的等值外币，丙种存款为不低于人民币 50 元的等值外币。

(3) 开立存款账户所需身份证件不同。乙种存款账户的开立须客户凭其护照或其他有效身份证件办理；丙种存款账户的开立须由客户持其大陆居民身份证办理。

个人外汇活期存款为存折户，外汇定期存款为记名式存单，定期存款期限分为一个月、三个月、六个月、一年、两年共五个档次。

个人外汇存款业务的核算原理与单位外汇存款业务类似，因此这里只做简单的介绍。

(1) 外币活期储蓄存款业务。外币活期储蓄存款业务主要包括外币现钞存款业务和外汇存款业务两种形式。

① 外币现钞存款业务。当个人客户以现钞的形式存入外币时，存款人应填写存款凭条，连同个人有效身份证件一同交给银行。银行经办柜员审核资料无误后，对客户缴存的外币进行清点，并在相应业务系统中做外币现钞缴存的处理。交易成功后，打印外币活期储蓄存折和存款凭条。其会计分录为

借：库存现金　　(外币)

贷：吸收存款——活期储蓄存款——现钞户　　(外币)

当客户需要支取同币种现钞时，凭其存折到银行办理取款业务，会计分录为

借：吸收存款——活期储蓄存款——现钞户　　(外币)

贷：库存现金　　(外币)

若客户要求支取不同币种外币现钞时，按照两种货币之间的套汇业务进行账务处理。

当客户停用该外币活期存款账户时，银行应做销户处理并收回客户存折。此时银行会计处理分录为

借：吸收存款——活期储蓄存款——现钞户　　　　(外币)
　　利息支出　　　　　　　　　　　　　　　　(外币)
　　　贷：库存现金　　　　　　　　　　　　　　　(外币)

② 外汇存款业务。个人客户汇入汇款转存、携入外币票据转存或外币票据托收转存时，银行应根据收到的来账报文、收妥的外币票据等办理外汇存入手续。其会计分录为

借：汇入汇款(或其他有关科目)　　　　　　(外币)
　　贷：吸收存款——活期储蓄存款——现汇户　　(外币)

当个人客户从其现汇户中支取现钞时，不做汇兑钞处理，直接提取，其会计分录为

借：吸收存款——活期储蓄存款——现汇户　　(外币)
　　贷：库存现金　　　　　　　　　　　　　　(外币)

当个人客户不取现钞，直接将外汇划转其他金融机构或汇出时，其会计分录为

借：吸收存款——活期储蓄存款——现汇户　　(外币)
　　贷：汇出汇款(或其他有关科目)　　　　　　(外币)

(2) 外币定期储蓄存款业务。外币定期储蓄存款业务的会计处理可比照外币活期存款业务和人民币定期储蓄存款业务进行核算，这里不再赘述。

(3) 外币找零业务。外币找零业务是指外币储蓄存款支付利息时，对单位货币(日元为百元)以下金额，如遇辅币不足时，可按当天外汇牌价(现钞或现汇买入价)折算成人民币支付。其会计分录为

借：库存现金　　　　　　　　　　(外币找零数)
　　贷：货币兑换　　　　　　　　　　(外币)
借：货币兑换　　　　　　　　　　(人民币)
　　贷：库存现金　　　　　　　　　　(人民币)

2．外汇贷款业务的核算

外汇贷款又称外汇放款，是银行对借款人自主提供、以外币为计价单位、按双方约定的利率和期限还本付息的贷款。同人民币贷款一样，外汇贷款是商业银行外币资金的主要运用形式，是银行获取收益的一项重要资产业务，对银行更好地管理、经营外币资产，提高外币资金质量具有十分重要的意义。

目前，我国外汇贷款币种主要有美元、日元、港币、欧元和英镑等。按照不同的划分标准，外汇贷款种类较多。图 8-3 罗列了几种常见的外汇贷款分类方式。

此外，同人民币贷款一样，外汇贷款还可以按发放条件，划分为信用贷款、担保贷款和抵押贷款；按贷款利率形式，划分为浮动利率贷款、固定利率贷款和优惠利率贷款等。本节着重介绍现汇贷款和国际贸易融资的会计核算。

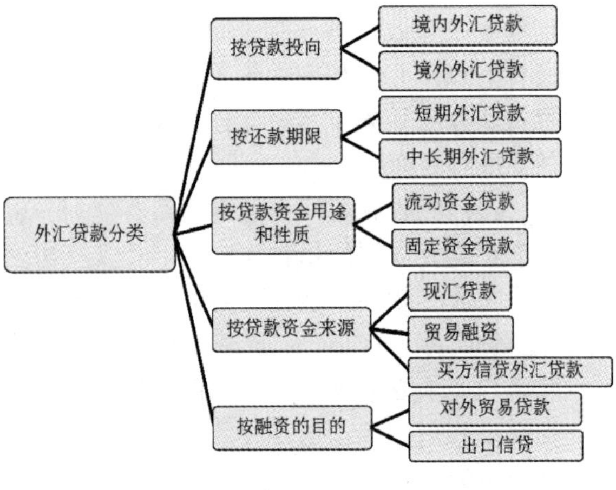

图 8-3　外汇贷款几种常见的分类方式

知识链接

外汇贷款的管理要求

外汇贷款的管理要求通常包括：

(1) 外汇贷款的利率按现行贷款利率政策执行。

(2) 外汇贷款的期限根据借款人的生产经营周期和还款能力，由借贷双方共同商定。

(3) 外汇贷款须借什么外币还什么外币，并收取原币利息；贷款使用的外币种类由借款人自主选择，汇率风险也由借款人承担。

(4) 借款人应具有相应的外汇资金来源，如借款人没有外汇收入，则应有外汇管理部门同意购汇还贷的证明文件。

(5) 外汇贷款必须专款专用，严格按用款计划和规定用途发放。

(6) 外汇贷款应如期归还，过期不还者，银行按规定加收罚息。

1) 现汇贷款业务的核算

现汇贷款即自由外汇贷款，是商业银行以自主筹措的外汇向企业发放的，以外币计价的，按双方约定的利率和期限到期还本付息的贷款。现汇贷款只对企业发放，用途广泛，既可以满足企业流动资金方面的需求，也可以满足企业固定资产投资的需求。

现汇贷款业务的会计核算主要包括贷款发放、贷款利息以及贷款本金偿还的核算。

(1) 贷款发放的核算。申请现汇贷款的企业，应先按照银行规定提交相关业务申请文件、资料等，经客户经理审查资格通过后，与银行建立信贷关系。企业需要用款时，外汇银行根据与借款单位签订的借款合同，凭借款单位填具的借款凭证和借款单位或借款单位委托办理进口物资的外贸公司的通知，在批准的购货清单和贷款额度内，用现汇对外支付贷款。

现汇贷款的发放分为两种情况，银行须根据不同的情况进行相关账务处理。

①借款单位直接使用外汇贷款对外支付货款时，会计分录为

借：贷款——××外汇贷款——××户　　　(外币)

　　贷：存放境外同业款项(或其他有关科目)　　　　　　(外币)

如果借款单位使用非贷款货币对外支付的，还须进行两种货币之间的套汇业务处理。

②直接转入借款单位的外汇存款账户时，会计分录为

借：贷款——××外汇贷款——××户　　　(外币)

　　贷：吸收存款——单位活期存款——××户　　(外币)

(2) 贷款利息的核算。现汇贷款的利率可以是浮动利率，也可以采用固定利率和优惠利率。现汇贷款根据合同约定，按季或按月结息。计息天数按公历实际天数，算头不算尾。资产负债表日，商业银行需要计提应收利息时，可参照资产负债表日人民币贷款利息的计提方法。

结息期需要结息时，商业银行应根据不同的贷款利息算出结息期内的应收贷款利息，由银行填制“外汇贷款结息凭证”办理转账。结息期计收的利息，应区别不同情况进行处理。

① 借款单位以外汇存款偿还贷款利息，会计分录为

借：吸收存款——单位活期存款——××户　　(外币)

　　贷：应收利息　　(外币)

② 借款单位不以外汇偿还贷款利息，可以按照合同中与银行达成的协定，将贷款利息转为贷款本金，会计分录为

借：贷款——××外汇贷款——××户　　(外币)

　　贷：应收利息　　(外币)

(3) 贷款本金偿还的核算。贷款本金偿还的会计核算可分为以下几种情况。

① 以贷款原币偿还贷款本金，会计分录为

借：吸收存款——单位活期存款——××户　　(外币)

　　贷：贷款——××外汇贷款——××户　　(外币)

　　　　应收利息　　(外币)

② 以人民币购汇偿还贷款本金，会计分录为

借：吸收存款——单位活期存款——××户　　(人民币)

　　贷：货币兑换　　(以外币汇卖价计算的人民币)

借：货币兑换　　(外币)

　　贷：贷款——××外汇贷款——××户　　(外币)

　　　　应收利息　　(外币)

③ 以贷款原币外的其他外币偿还贷款本金。在偿还贷款本金时，需要对两种货币进行套汇业务处理。

2) 国际贸易融资业务的核算

国际贸易融资是指政府及银行对进出口企业提供的与进出口贸易结算相关的短期融资或信用便利，主要包括授信开证、进口押汇、提货担保、出口押汇、打包贷款、外汇票据贴现、国际保理、福费廷、出口买方信贷等。通常情况下，商业银行提供的国际贸易融资主要有进出口押汇、打包贷款、买入票据、福费廷和国际保理等。这里主要介绍进出口押汇和买入外币票据业务的核算。

(1) 进口押汇业务的核算。进口押汇业务，是进口商以进口货物的物权作抵押，向银行申请的短期资金融通。根据结算方式，可以分为信用证项下的进口押汇和托收项下的进口押汇。

信用证项下的进口押汇，是指开证行对开证申请人的一种短期资金融通，即信用证到期时，开证行应开证申请人的请求，以信用证项下进口货物的货权作为质物，先行付款到境外，而开证申请人作为开证行的信托人或代保管人，向开证行借出物权凭证，先提货出售，收到货款后再偿还开证行的垫款。托收项下的进口押汇，是指代收行在收到出口商通过托收行寄来的全套托收单据后，根据进口商提交的押汇申请、信托收据和押汇协议，先对外支付并放单，进口商凭单提货，用销售后的货款归还代收行押汇本息。

进口押汇业务的会计处理可分为以下几个步骤。

① 承做进口押汇。进口商进口项下需付款时，可填写进口押汇申请书，连同信托收据、贸易合同等有关资料向银行提出进口押汇申请。银行收到客户申请，经业务审批通过后，进行放款操作并进行进口付汇处理。其会计分录为

借：贷款——进口押汇——××户　　　　(外币)

　　贷：汇出汇款(或其他有关科目)　　　　(外币)

② 资产负债表日，银行须做计提进口押汇利息的会计处理，可参照人民币贷款利息处理方法，此处不再赘述。

③ 归还进口押汇时，进口单位应填制单位外汇支付凭证送交银行进行账务处理。其会计分录为

借：吸收存款——单位活期存款——××户 (外币)

　　贷：贷款——进口押汇——××户　　　　(外币)

　　　　应收利息(或利息收入)　　　　(外币)

经典案例

2014 年 6 月，青岛港调查贸易融资骗贷的消息，在大宗商品市场上掀起了新一轮风波。此次涉案企业为青岛德诚矿业有限公司(下称“德诚”)，该公司总部设于青岛，主要经营铝土矿、氧化铝以及一些铜精矿进口。德诚与四家不同的仓储公司分别出具仓单，然后利用银行信息不对称的漏洞，去不同银行重复质押，在多家银行获取贷款。

资料显示，德诚矿业法定代表人为“德正系”陈基鸿的兄弟陈基隆，系德正资源的全资子公司。德正资源集团是一家从事铝土矿及氧化铝等的开发及国内外贸易的大型能源集团，与青岛当地银行主要开展进出口贸易及转口贸易融资业务，即通过贸易手段(如开立进口远期信用证、进口押汇等)来获取银行融资，实际用于资本操作，授信担保条件主要是保证担保、仓单质押等方式。其中，仓单质押融资项下货物存放在青岛港大港分公司，由其向银行出具货物仓单并对质押货物实施监管。

此次案发是由于德正资源控股有限公司当时资金运作困难，导致银行授信不能按期偿还，青岛一些银行机构开始停止对德正集团发放贷款，并进行诉讼保全，由此全面引爆“德正系”骗贷案。经调查，除了利用仓单重复质押虚构仓单质押贷款外，利用信用证从银行融资也是“德正系”惯用的手段。据有关权威数据显示，此案涉及中资银行商业银行 18 家，金融授信额度高达 160 亿元，其中涉案金额最大的是中国银行，贷款约为 20 亿元。此外，著名的外资银行如渣打、花旗、南非标准银行等也都牵涉其中，并已启动法律程序保护。

此案一经曝出便在社会上引发了轩然大波，得到了各方的高度重视。青岛市公安局设立了专案组进行调查，“德正系”实际控制人陈基鸿已于 2014 年 4 月 29 日被相关部门要求协助调查，其他部分涉及骗贷案的核心人员或已外逃。此外，青岛港大港分公司、德正资源、佳欣置业等公司均有人员被控制。

(2) 出口押汇业务的核算。出口押汇是指信用证或托收结算方式下，申请人将全套出口单据提交银行，由银行给予申请人一定比例的短期资金融通。同进口押汇一样，出口押汇也分为信用证项下的出口押汇和托收项下的出口押汇。

信用证项下的出口押汇，是指信用证的受益人在货物装运后，将全套货运单据质押给银行，银行将货款预先支付给受益人，而后向开证行索偿以收回款项的一种融资业务。托收项下的出口押汇，是指出口方收款人采用托收为结算方式，将单据交出口地托收行，在

货款收回前，要求托收行先预支部分或全部货款，待托收款项收妥后归还银行垫款的一种贸易融资方式。

出口押汇的会计处理可分为以下几个步骤。

① 承做出口押汇。出口商申请出口押汇业务时，需填制出口押汇申请书，提交银行规定的有关资料和单证。银行审批同意后，与出口商签订出口押汇总协议书，明确双方的权利和义务，出口商将信用证或合同要求的所有单据送交银行。银行审核相关单据后向国外寄单索汇并进行审批和放款，并按照出口押汇日至预计收汇日止的天数计算需要预扣的押汇利息和银行费用，办理出口押汇手续。

支付原币时，会计分录为

借：贷款——出口押汇——××户　　(外币)

　贷：吸收存款——单位活期存款——××户　　(外币)

　　利息收入——押汇利息收入　　(外币)

　　手续费收入　　(外币)

　　其他应付款——邮电费　　(外币)

　　其他应付款——××境外行户(预扣国外费用) (外币)

结汇后支付人民币时，会计分录为

借：贷款——出口押汇——××户　　(外币)

　贷：货币兑换　　(外币)

　　利息收入——押汇利息收入　　(外币)

　　手续费收入　　(外币)

　　其他应付款——邮电费　　(外币)

　　其他应付款——××境外行户(预扣国外费用) (外币)

借：货币兑换　　(人民币)

　贷：吸收存款——单位活期存款——××户　　(人民币)

② 归还出口押汇款项。收到国外银行的付款后，银行从收汇款中扣除押汇款和利息，划入银行账户；余额结汇或原币入客户账。

当实际收汇金额大于押汇金额时，会计分录为

借：其他应付款——××境外行户(预扣国外费用) (外币)

　存放境外同业款项(或汇入汇款等)　　(外币)

　贷：贷款——出口押汇——××户　　(外币)

　　吸收存款科目(或货币兑换)(多余部分)　　(外币)

若预扣利息不足，则需补扣押汇利息，会计分录为

借：吸收存款——单位活期存款——××户　　(外币)

　贷：利息收入——押汇利息收入　　(外币)

当实际收汇金额小于押汇金额时，收汇不足部分，出口商应从其外汇活期存款账户支付或购汇支付。

出口商以外汇账户支付时，银行账务处理的会计分录为

借：吸收存款——单位活期存款——××户　　(外币)

　贷：贷款——出口押汇——××户　　(外币)

出口商需要购汇支付的，银行账务处理的会计分录为

借：吸收存款——单位活期存款——××户　(人民币)

　　贷：货币兑换　(人民币)

借：货币兑换　(外币)

　　贷：贷款——出口押汇——××户　(外币)

经典案例

【例 8-6】正德进出口公司 20×9 年 3 月 6 日把即期信用证项下全套单据金额 USD20 000，连同押汇申请书提交 ABC 银行。银行经审查无误后，为正德公司办理了出口押汇业务。假设正德公司在 ABC 银行开立了美元外汇活期存款账户，该银行按 2%的利率收取 16 天的利息，业务发生国际邮费 USD30，垫付境外银行费用 USD50，业务手续费为 USD100。20×9 年 3 月 21 日，ABC 银行收到国外代理行(开证行)的通知，金额 USD20 050(其中 USD50 为垫付的境外行费用)，经审核无误后入账。

20×9 年 3 月 6 日，ABC 银行账务处理的会计分录为

借：贷款——出口押汇——正德公司　USD20 000

　　贷：吸收存款——单位活期存款——正德公司　USD19 802 .22

　　　　利息收入——押汇利息收入　USD17.78

　　　　手续费收入　USD100

　　　　其他应付款——邮电费　USD30

　　　　其他应付款——××境外行户(预扣国外费用)　USD50

20×9 年 3 月 21 日，ABC 银行账务处理的会计分录为

借：其他应付款——境外代理行　USD50

　　存放境外同业款项　USD20 000

　　贷：贷款——出口押汇——××户　USD20 000

　　　　吸收存款——单位活期存款——正德公司　USD50

(3) 买入外币票据业务的核算。买入外币票据，是指商业银行对即期付款的外币票据，在票据收妥之前对票据抬头人所进行的短期信用融资行为，具有一定的风险。银行可买入的外币票据一般包括旅行支票、银行本票、国际定额汇票、银行汇票、银行承兑汇票、信用卡单据等外币票据。银行办理买入外币票据业务一般要具备以下几个条件：出票行属于信誉良好的境外银行，且与票据买入行有代理行关系；票据币种应是可以自由兑换的货币，票款可以转入票据买入行账户，并有相应的人民币牌价；票据买入行具有鉴别票据真伪和核对印鉴的能力。

① 买入外币票据的核算。持票人持外币票据申请贴现时，应填写贴现申请书。银行审核票据和有关资料无误后，计算贴息并办理贴现。其会计分录为

借：贴现资产——买入外币票据　(外币)

　　贷：吸收存款——活期存款——××户　(外币)

　　　　利息收入——贴现利息收入　(外币)

此外，商业银行办理买入外币票据业务时，还应按规定向持票人收取邮电费和手续费。

② 收回票款的核算。外币票款到期，银行收到外币票款时，进行账务处理：

借：存放境外同业款项(或其他有关科目)　　(外币)
　　贷：贴现资产——买入外币票据　　　　(外币)

8.2.3 国际结算业务的核算

国际结算(International Settlement)，是指为清偿国际债权债务关系或跨国转移资金而发生的在不同国家之间的货币收付活动。在经济全球化的趋势下，国家之间频繁、广泛的政治、经济、军事、文化等领域的交往活动，往往会伴随着资金流动。因此，商业银行作为社会资金流动的枢纽，开展国际结算业务，进行国与国之间的货币收付活动是国际业务发展的必然要求。

通常国际结算可划分为国际贸易结算和非贸易结算。国际贸易结算是指因国际贸易产生的货币收付和债权债务的结算。非贸易结算也称为“无形贸易结算”，是指因国际贸易以外的其他经济活动以及政治、文化等交流活动产生的货币收付和债权债务的结算，大多建立在非商品交易基础之上。目前，我国商业银行开展的国际结算业务中以国际贸易结算居多，采用的国际结算方式主要有汇款、托收和国际信用证三种。

1. 外汇汇款业务的核算

商业银行办理的外汇汇款业务主要包括外汇汇入汇款和外汇汇出汇款两项业务。按照汇款使用的支付工具的不同，汇款可分为电汇、信汇和票汇三种。在目前实际的业务操作中，主要采用电汇方式，信汇使用较少，而票汇一般用于小额支付。本节主要介绍以电汇方式汇款的会计核算方法。

知识链接

电汇、信汇和票汇三种汇款方式的比较

电汇是汇出行应汇款人的申请，以电讯方式发出汇款指令并委托付款行解付一定金额给指定收款人的一种汇款方式。

信汇是指汇出行应汇款人的申请，以邮寄方式发出汇款指令并委托付款行解付一定金额给指定收款人的一种汇款方式。

票汇是指汇出行应汇款人的申请，代汇款人开立以其分行或代理行为解付行的银行即期汇票(Banker's Demand Draft)，支付一定金额给收款人的一种汇款方式。

三种汇款方式的比较：

汇款种类	采用的通讯或支付工具	特　点
电汇	电报/电传/SWIFT	安全、可靠、迅速、收款快，但是费用高
信汇	信汇委托书/支付委托书	费用低，但是结算时间长、收款慢
票汇	银行即期汇票	汇款人自行将汇票交付收款人，收款人背书后汇票方可流通；收款人可自行持汇票向汇入行收款

1) 汇出汇款业务的核算

汇出汇款业务，是指银行应汇款人要求将外汇资金汇给收款人的一种结算方式。银行办理汇出汇款业务通常包括以下几个步骤。

(1) 业务受理。银行受理客户汇出汇款业务时，要登记汇出汇款登记簿，并按照外汇管理条例对汇款业务的合规性和真实性进行审核。审核无误后，进行相关业务处理，并收取汇款邮电费和手续费。

① 以外币汇款时，会计分录为

借：吸收存款——单位活期存款——××户　　(外币)
　　贷：汇出汇款(或其他有关科目)　　(外币)
　　　　手续费及佣金收入——汇款手续费收入　　(外币)
　　　　其他应付款——邮电费　　(外币)

② 以人民币购汇汇出时，会计分录为

借：吸收存款——单位活期存款——××户　　(人民币)
　　贷：货币兑换　　(外币汇卖价计算的人民币)
借：货币兑换　　(外币)
　　贷：汇出汇款(或其他有关科目)　　(外币)
　　　　手续费及佣金——汇款手续费收入　　(外币)
　　　　其他应付款——邮电费　　(外币)

③ 以现钞或现钞账户汇款时，需先进行钞转汇账务处理，之后再进行汇出汇款业务处理，这里就不再赘述。

经典案例

【例 8-7】新文化有限公司因业务发展需要，于 20×9 年 5 月 6 日通过 ABC 银行，向澳大利亚的供货商汇出货款 AUD50 000 元，银行审核有关资料后，办理了该笔汇款。假设新文化有限公司并未在 ABC 银行开立外汇存款账户，当日 ABC 银行澳元汇买价 AUD100=RMB477，汇卖价为 AUD100=RMB480，汇款手续费为 RMB200，发生国际邮费 AUD30。

ABC 银行账务处理的会计分录为

借：吸收存款——单位活期存款——新文化有限公司　　RMB240 144
　　贷：货币兑换　　RMB240 144
借：货币兑换　　AUD50 030
　　贷：汇出汇款　　AUD50 000
　　　　其他应付款——邮电费　　AUD30
借：吸收存款——单位活期存款——新文化有限公司　　RMB200
　　贷：手续费收入　　RMB200

(2) 解付汇出汇款。付款行拍发对外付款电报后，根据境外收款行(或代理行)的借记通知解付汇出汇款。其会计分录为

借：汇出汇款　　(外币)
　　贷：存放境外同业款项　　(外币)

(3) 汇出汇款的退汇处理。若发出的汇款遭到退汇，汇出行应先查明退汇的原因。

① 属于汇款人书面申请提出退汇，经查询汇入行尚未解付的，应将退回款项原路返

回汇款人账户，用红字冲回该笔汇款，同时收取退汇手续费。收取手续费的会计分录为

借：吸收存款——单位活期存款——××户　　　　　　(外币或人民币)

　　贷：手续费及佣金收入　　　　　　　　　　　　　(外币或人民币)

② 属于汇款人错填收款人户名或账户的，由汇出行联系汇款申请人进行后续处理。

扫一扫

【微思考】近年来，毕业后选择出国留学深造的大学生越来越多，大部分留学生在国外求学期间，不能全部负担所有生活开销。请思考一下，家长通过银行在给国外留学的子女“邮寄”生活费时，通常采用的是哪种汇款方式？试从经办银行的角度，编制汇款的会计分录。

2) 汇入汇款业务的核算

汇入汇款业务，是指银行收到汇款行汇来的，以汇入银行自身为解付行的外汇款项。汇入行对于汇入汇款，必须收妥外汇头寸(即必须收到境外账户行贷记报单，并核对电文密押无误)，核对报文内容，确保收款人名称、账号、开户行等信息正确，款项符合外汇管理条例规定后方可解付，办理转账。

(1) 汇入款项解付。此时，汇入行会计分录为

借：存放境外同业款项(或其他有关科目)　　　　　(外币)

　　贷：汇入汇款(或其他有关科目)　　　　　　　　　(外币)

借：汇入汇款(或其他有关科目)　　　　　　　　　(外币)

　　贷：吸收存款——单位活期存款——××户　　　　　(外币)

(2) 退汇。若汇入款项属于收款人提出拒收或因收款人名称、账号、开户行错误等原因导致银行无法解付的汇款，汇入行做退汇处理，按原汇入方式退回，已登记的账务用红字冲销。

如已划收客户账户但客户要求退汇的，银行可以按照客户的书面申请办理退汇。已登记的账务用红字冲销，同时收取退汇手续费。会计分录参照汇出汇款退汇手续费的处理。

2. 托收业务的核算

托收是指出口商(或债权人)根据买卖合同先行发货，然后开立金融单据或商业单据或两者兼有，委托出口托收行通过其海外联行或代理行(进口代收行)，向进口商(或债务人)收取货款或劳务费用的结算方式。这里的金融单据主要是指汇票、本票、支票或其他相似的用于货币付款票据。商业单据是指发票、运输单据、物权单据或其他相似单据，而不是金融单据的其他任何单据。根据是否附有货运单据，托收通常可分为光票托收和跟单托收。

光票托收是指银行根据申请人的委托，代其向国外付款人收取外币金融票据款项的一种结算方式，主要用于非贸易国际结算。这种托收方式仅凭汇票、支票、本票等外汇支付凭证，不附带商业单据。跟单托收是指委托人将签发的汇票连同商业单据(主要指货物装运单据)一并交给托收行办理的托收，主要用于国际贸易结算。

知识链接

托收业务的当事人

托收业务当事人包括委托人、托收行、代收行、付款人、提示行和需要时的代理人。

委托人是委托一家银行办理托收业务的当事人，同时他也是出口商、卖方、出票人、托运人，也可以是托收汇票的收款人。

托收行也称为寄单行，是接受委托人的委托，负责办理托收业务的银行。托收行可以是出口方银行、托收汇票收款人或托收汇票的被背书人。

代收行是接受托收行委托，参与办理托收业务的一家银行，可以是进口方银行、托收汇票的被背书人或收款人。

付款人是债务人，是银行根据托收指示书的指示提示单据的对象，也是汇票的受票人。当汇票提示给他时，如为即期汇票，应见票即付；如为远期汇票，则应承兑汇票，并于到期日付款。

提示行是向付款人作出提示汇票和单据的银行，如果付款人没有要求，则无提示行，由代收行自动办理提示业务。

需要时的代理人，是委托人指定的在付款地代为照料货物存仓、转售、运回或改变交单条件等事宜的代理人，应在托收申请书和托收委托书中予以明确。

以上，委托人、付款人、托收行和代收行是托收业务涉及的主要当事人。

跟单托收的基本流程如图 8-4 所示。

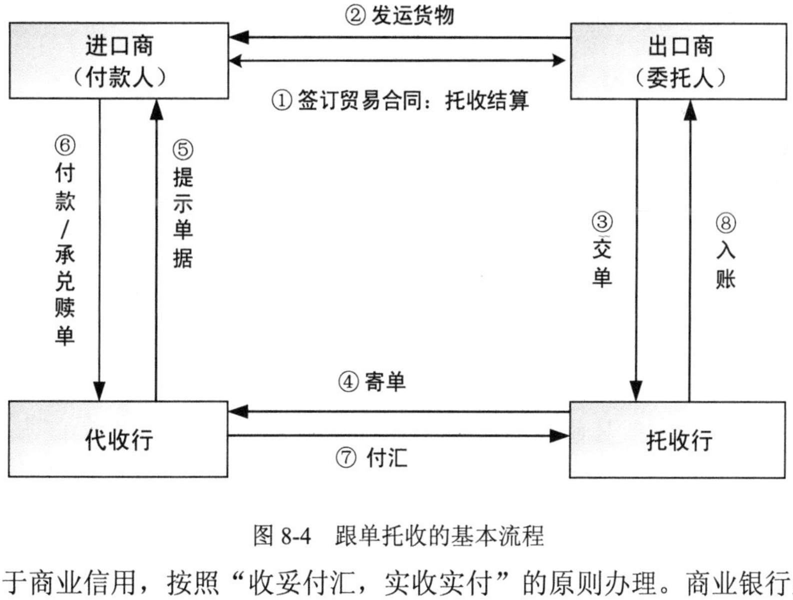

图 8-4　跟单托收的基本流程

托收属于商业信用，按照“收妥付汇，实收实付”的原则办理。商业银行承办托收业务时，应按照委托人的指示行事，银行对托收过程中遇到的一切风险、费用开支、意外事故等均不负责，而由委托人承担。

商业银行办理的托收业务包括出口托收业务和进口托收业务。

1) 出口托收业务的核算

出口托收业务是指银行受出口商委托，以出口商提交的债权凭证和商业发票，通过国外银行向进口商收取款项以实现资金划拨的业务。出口托收业务的核算主要包括发出托收单证和收妥入账两个环节。

(1) 发出托收单证。出口商委托银行办理托收时，应根据贸易合同备妥单据，并填写出口托收申请书送交托收银行。银行审单无误后缮打跟单托收面函，寄国外代收行委托收款，此时会计分录为

收：应收外汇托收款项

“应收外汇托收款项”为表外科目，主要用于核算出口商委托银行向国外托收的款项。

(2) 收妥入账。托收行收到境外银行划回的款项，经审核无误后入账，会计分录为

借：汇入汇款(或其他有关科目)　　　　(外币)
　　贷：吸收存款科目(或货币兑换)　　　　(外币)
　　　　其他应付款——邮电费　　　　(外币)
　　　　手续费及佣金收入　　　　(外币)

同时，销记表外科目：

付：应收外汇托收款项

2) 进口托收业务的核算

进口托收业务是指银行收到国外托收行寄交的托收单据和债权凭证后，向国内进口客户提示，并要求其付款或承兑赎单的业务。进口托收业务的核算主要包括收到进口代收单据和对外付汇两个环节。

(1) 收到进口代收单据。商业银行收到境外委托行寄来的托收委托书和进口代收单据后，经审核无误缮打进口托收单据通知时，随同主要单据复印件送交进口单位。其会计分录为

收：代收外汇托收款项

“代收外汇托收款项”为表外科目，用于核算商业银行接受境外银行委托向国内单位收款的进口单据及外汇款项。

(2) 对外付汇。商业银行对外付汇时，针对不同情况应做不同的会计处理。

① 进口商经审核进口单据同意承付的，将承付确认书提交通知行，银行办理扣款手续并进行对外付款。对于远期汇票承兑，银行即办理付汇手续，并收取邮电费、手续费等。其会计分录为

借：吸收存款科目(或其他有关科目)　　　　(外币)
　　贷：汇出汇款(或其他有关科目)　　　　(外币)
　　　　其他应付款——邮电费　　　　(外币)
　　　　手续费收入　　　　(外币)

同时，销记表外科目：

付：代收外汇托收款项

② 如果进口单位不同意付款或承兑，应提出拒绝付款的具体理由，填具拒付理由书，连同单据退交通知行，由通知行转告境外委托行；如果进口单位拒绝部分付款或承兑，需经国外托收行同意后，按实际付款金额办理对外付款手续，同时记载表外科目：

付：代收外汇托收款项

3. 国际信用证业务的核算

国际信用证(以下简称信用证)，是指商业银行(开证行)应客户(申请人)的要求和指示向国外出口商(受益人)开出的，保证按信用证规定提交正确单据后向受益人付款或承兑远期付款责任的一项约定。自 19 世纪以来，随着国际贸易的发展，信用证逐渐产生并成为国际结算的一种重要支付方式，有效地解决了贸易双方互不信任的矛盾，保证了进口商安全提货、出口商安全收汇，进、出口双方均可在信用证项下获得资金融通，对国际贸易和经济的发展有着重要的推动作用。

信用证的特点体现在：首先，信用证是一种银行信用，开证行以自身的信用为付款保证，承担第一性的付款责任。其次，信用证独立于合同，并不受合同的限制，是一种独立的保证文件，开证行只对信用证负责。再次，信用证是一种纯粹的单据化业务，开证行凭单付款，只对单据是否符合信用证条款进行审核，而非货物。

信用证按照不同的分类标准有不同的划分，现行主要的分类方法如图 8-5 所示。

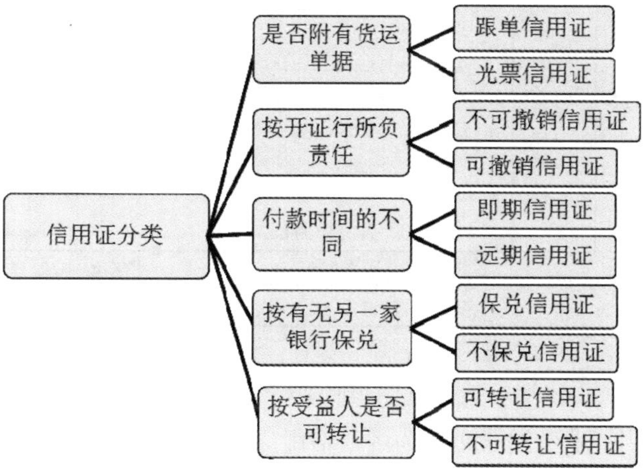

图 8-5　信用证主要分类方法

此外，信用证还有循环信用证、对背信用证、对开信用证、预支信用证等。

信用证业务所涉及的基本当事人有开证申请人、开证行和受益人，除此之外还可能出现保兑行、通知行、被指定银行和偿付行等。

知识链接

信用证业务的当事人

信用证业务的当事人有开证申请人、开证行、受益人、通知行、被指定银行、偿付行和索偿行等。

开证申请人在信用证中又称开证人，是向银行申请开立信用证的人，即进口人或实际买方。

开证行指接受开证人的委托开立信用证的银行。开证行是信用证业务中最重要的一方，开证行的信誉、业务经验是其他当事人参与信用证业务与否的主要考虑依据。

受益人是信用证上指定的，有权使用该信用证的人，一般是出口商或中间商。受益人有要求改证的权利。

通知行是指受开证行委托，将信用证转交出口商的银行。通知行一般只审核信用证表面的真实性，不承担信用证的付款责任。

被指定银行可以是付款行、承兑行、保兑行、提示行、议付行或转让行，能够接受开证行的委托和指示，对受益人提交的相符交单予以承付或议付。

偿付行是指开证行在开出偿付信用证时指定的偿付行，一般用于调剂头寸。

索偿行是指在偿付信用证项下向偿付行提交索偿要求的银行。

信用证业务的基本流程如图 8-6 所示。

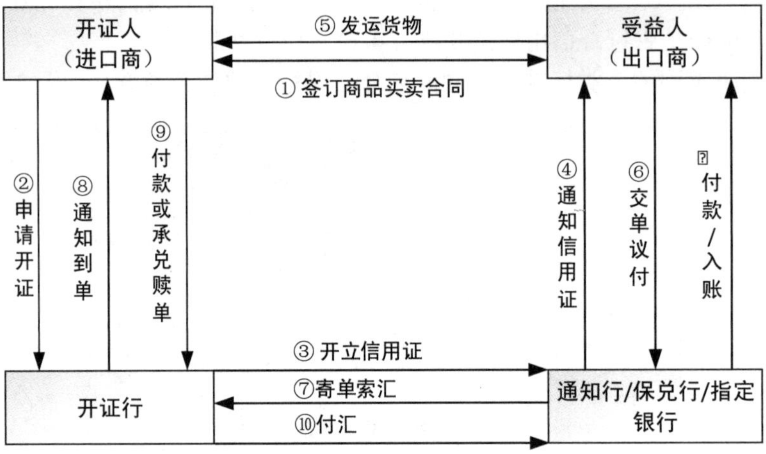

图 8-6　信用证业务的基本流程

商业银行的信用证业务通常划分为进口信用证和出口信用证业务。

1) 进口信用证业务的核算

进口信用证是指商业银行根据客户的申请，向受益人开出的、保证在规定时间内收到满足信用证要求单据的前提下，对外支付信用证指定币种和金额的结算方式。进口信用证业务的会计核算包括以下几个环节。

(1) 开立信用证。进口单位对外签订进出口合同后，根据合同中的开证约定向商业银行申请开证时，应填写开证申请书，连同与境外出口商签订的贸易合同、有关批件和证明一并提交商业银行。银行收到客户申请后，进行业务审批。审批通过的，银行负责对外开证，并收取开证手续费及相关邮电费用。通常情况下，银行会根据开证人的自身情况，要求申请人按合同约定的全部或部分金额缴纳保证金，并对敞口部分采取有效抵押、担保等保证措施。其会计分录为

借：吸收存款科目(或其他有关科目)　　　　(外币或人民币)
　　贷：存入保证金——信用证保证金　　　　(外币或人民币)
　　　　其他应付款——邮电费　　　　　　　(外币或人民币)
　　　　手续费及佣金收入　　　　　　　　　(外币或人民币)

同时登记表外科目：

收：开出信用证

“开出信用证”科目属于表外科目，用于核算开证行开出即期或远期信用证而对外所负的责任。

信用证开出后，如进口商要求修改信用证，应向开证行提出修改申请。银行审核同意后，应及时将修改后的条款通知国外联行或代理行，进而通知出口商。如出口商要求修改信用证的，经双方协调同意后，也可进行相应修改。修改信用证时，商业银行按规定收取信用证修改手续费。需要注意的是，如果修改的是开证金额时，必须编制表外科目传票并对原有会计处理进行调整。增加开证金额时，会计分录参照开证会计处理；调减开证金额时，做与开证时相反的会计处理。

(2) 进口单据审核、通知及付汇的核算。开证银行收到境外银行寄来的信用证相关的全套单据后，与信用证条款进行核对。核对无误后，缮打“进口单据通知书”通知进口商办理付汇手续。根据信用证性质及其支付方式的不同，付汇可以分为即期信用证项下付汇和远期信用证项下付汇。即期信用证，是指开证行或付款行收到符合信用证条款的汇票和单据后，立即履行付款义务的信用证。远期信用证，是指银行(即开证行)依照进口商(即开证申请人)的要求和指示，对出口商(即受益人)发出的、授权出口商签发以银行或进口商为付款人的远期汇票，保证在交来符合信用证条款规定的汇票和单据时，必定承兑，等到汇票到期时履行付款义务的保证文件。目前我国在国际贸易结算中使用的大部分是即期信用证。

① 即期信用证项下付汇。即期信用证项下的付汇又可分为单到国内审单付款、国外审单主动借记和国外审单电汇索偿付款等。

单到国内审单付款，是指银行接到国外议付行寄来的单据后，立即送交进口单位审核，并约定进口商于 3 日内通知银行对外付款或提出拒付理由办理拒付。银行在进口商确认付款后，即对国外代理行发出付款通知。同时，还应按规定收取通知费和汇款手续费。若采用原币支付，则会计分录为

借：存入保证金——信用证保证金　　　　(外币)
　　吸收存款科目(或其他有关科目)　　　　(外币)
　　贷：汇出汇款(或其他有关科目)　　　　(外币)
　　　　手续费及佣金收入　　　　(外币)

同时销记表外科目：

付：开出信用证

若采用人民币购汇支付的，银行应先对企业办理售汇处理，再进行付汇。

国外审单主动借记，是指出口商将有关单据交由议付行审核后，如单据、单证相符，议付行即可主动借记开证行在该行所开立的账户，并将单据和借记报单一并寄送开证行。开证行根据约定，归还议付行垫付款项并向进口商收取相关款项。由于银行在这种支付方式中进行了垫款，因此进口商应承担国外银行划款日至其归还银行垫款日止的银行利息。采用外币支付时，会计分录为

借：存出保证金——信用证保证金　　　　(外币)
　　吸收存款科目(或其他有关科目)　　　　(外币)
　　贷：汇出汇款(或其他有关科目)　　　　(外币)
　　　　利息收入——信用证垫款利息收入　　　　(外币)

手续费及佣金收入 (外币)

同时销记表外科目：

付：开出信用证

若进口商采用人民币付汇，银行应先进行售汇处理。

国外审单电汇索偿付款，是指由国外议付行审查单证无误后，并不立即借记开证行账户，而是用电报通知开证行，再由开证行用电汇或信汇交议付行。其会计核算方法参照单到国内审单付款。

② 远期信用证项下付汇。远期信用证是进口商和出口商通过协定，延期支付货款的一种付款方式，可分为审单承兑和到期付款两个环节。审单承兑时，进口单位在进口单据通知书上签署承兑意见并加盖企业印章后送交银行，表示承担信用证到期付款的责任。开证行向议付行拍发承兑电报，确认到期付款。此时会计分录为

借：应收承兑汇票款 (外币)
　　贷：应付承兑汇票款 (外币)

同时销记表外科目：

付：开出信用证

承兑汇款到期银行对外付款时，对进口商账户进行扣款转账处理，会计分录为

借：吸收存款——单位活期存款——××户 (外币)
　　存入保证金——信用证保证金 (外币)
　　贷：汇出汇款(或其他有关科目) (外币)
　　　　手续费及佣金收入 (外币)

借：应付承兑汇票款 (外币)
　　贷：应收承兑汇票款 (外币)

经典案例

【例 8-8】ABC 银行 20×8 年 10 月 10 日接受进口商佳欣商贸有限公司(以下简称“佳欣商贸”)委托向香港华商公司德易贸易有限公司(以下简称“德易贸易”)开出即期信用证 HKD300 000，用于购买体育器材，约定付款方式为“国内审单付款”，信用证由香港 DEF 银行通知。ABC 银行向佳欣商贸收取信用证保证金 RMB80 000，业务发生的邮电费 RMB200，信用证通知费为 RMB 200/次，开证手续费为 RMB360。11 月 26 日，ABC 银行接到香港 DEF 银行寄来的全套单据，随即将相关单据送交佳欣商贸进行审核。11 月 27 日，佳欣商贸送来确认承付书，全额承付，银行当即办理付汇手续。假设佳欣商贸在 ABC 银行没有港币存款账户，付款当天港币的汇卖价为 HKD100=RMB80.86。

(1) 20×8 年 10 月 10 日，银行开立信用证会计分录为

借：吸收存款——单位活期存款——佳欣商贸 RMB80 000
　　贷：存入保证金——信用证保证金 RMB80 000
　　　　其他应付款——邮电费 RMB200
　　　　手续费收入 RMB560(200+360=560)

同时登记表外科目：

收：开出信用证

(2) 11 月 27 日，佳欣商贸全额承付，对外付汇时的会计分录为

借：存入保证金——信用证保证金　　　　RMB80 000

　　吸收存款——单位活期存款——佳欣商贸　　　　RMB162 780

　　贷：货币兑换　　　　RMB242 580

　　　　手续费收入　　　　RMB200

借：货币兑换　　　　HKD300 000

　　贷：汇出汇款(或存放境外同业款项)　　　　HKD300 000

同时销记表外科目：

付：开出信用证

在实际工作中，如果进口商付汇时账户存款余额不足，不能按时足额对外支付而造成商业银行进口信用证被动垫款的，信用证垫款应直接计入逾期贷款内。其会计分录为

借：逾期贷款——××户　　　　(外币)

　　贷：汇出汇款(或其他有关科目)　　　　(外币)

经典案例

2017 年 3 月 9 日，日照市中级人民法院对一特大信用证诈骗案宣判。被告人李某某犯信用证诈骗罪，被判处无期徒刑，剥夺政治权利终身，没收个人全部财产，对诈骗所得财物予以追缴。这是日照市宣判的首起信用证诈骗案。

签了合同收不到货，被骗 1262 万美元。

2015 年 3 月，日照市公安局经侦支队接到日照某贸易公司负责人刘某的报案，刘某称其在与香港某公司签订的金精矿供货合同中被诈骗 1262 万美元。

据刘某介绍，他通过青岛某公司负责人推荐，与香港某公司签订金精矿供货合同，并通过远期国际信用证结算。从 2014 年 5 月开始，双方先后签订 6 份供货合同，开具了 5 份信用证，涉及金额 1262 万美元。除第一份合同正常收到货款外，后续合同只收到部分货款,其余货款停止支付。刘某怀疑被诈骗，于是请求公安机关立案侦查。

注销内地户口，冒充军官行骗。

日照市公安局经侦支队接到报案后，立刻开展调查。警方根据李某某提供给刘某的提货单辗转烟台、青岛多地调查发现，该批货物虽然存在但已完成交付，且货物所有权属于其他贸易公司。据此，警方认为李某某提供给刘某的提货单是伪造的，李某某的行为已涉嫌信用证诈骗罪。

警方根据受害人刘某提供的信息，发现李某某的户口早在 1998 年就已经销户，在户籍数据库中“查无此人”。而在李某某曾入住过的青岛某酒店也未查到李某某的登记信息。就在案情陷入困局时，办案民警想到受害人刘某曾说过李某某多次表示自己有军队背景。民警认为李某某有可能使用军官证办理住房登记。果然，警方找到了李某某使用军官证办理住房登记的信息，并根据军官证上的一张模糊的黑白照片在广州将李某某抓获。

原来，1980 年李某某偷渡到香港，并把自己的内地户口注销；后来被遣返回来，在登记户口时改了名字，并在 1998 年假借海外移民为由再次注销户口，在公安档案中无任何记录。后来，李某某又私自制作假军官证，冒充军人混迹在广东一带。

制作流转假单据，骗取银行企业资金。

李某某在接受调查时拒不认罪，称自己并不是公司负责人，只是在中间“牵线搭桥”。对此，警方成立三个工作组分赴广东、上海、香港开展调查取证工作。警方通过对相关公司职员调查询问，调取李某某在公司签字审批的书证，进一步证实了李某某的犯罪主体地位。通过与交通运输部水运局、市海事局等部门的协作，进一步证实李某某利用自己控制的工作，虚构贸易背景，制作假单据，并在信用证业务流程中将假单据流转，达到骗取银行及受害企业资金的目的。

在调查的过程中，警方发现李某某还涉嫌诈骗广州、佛山等地的三家企业，涉案金额折款人民币共计1亿余元。

“嫌疑人在明知没有货物的情况下，虚构事实，使用伪造的海运提单和保税仓仓储货物进库单，骗取银行开具的信用证，且金额巨大，他的行为已触犯我国《刑法》第195条中伪造信用证及附属单据的规定，构成刑事犯罪。”日照市公安局经侦二大队大队长魏雷波说。

2015年6月30日，经日照市检察院批准，李某某被逮捕。2017年3月9日，日照市中级人民法院对李某某依法宣判，被告人李某某犯信用证诈骗罪，判处无期徒刑，剥夺政治权利终身，没收个人全部财产，对诈骗所得财物予以追缴。

资料来源：齐鲁晚报

2) 出口信用证业务的核算

出口信用证是指银行作为出口商银行，根据进口商银行开来的信用证，为客户办理的信用证结算业务。商业银行办理的出口信用证业务主要包括出口来证的审查与通知、信用证项下单据的审核与处理、寄单索汇与收汇、转让信用证等相关的业务。

信用证出口业务的会计处理手续，通常包括受证与通知、议付寄单、收汇解付三个主要环节。

(1) 受证与通知的核算。受益人开户行收到开证行开来的出口信用证(包括修改书、保兑书、偿付书和授权书等)后，应首先通过核对密押等方式确认信用证的真实性，并审查来证内容，及时准确地通知到受益人。同时，制作表外科目传票，记载表外科目，会计分录为

收：国外开来保证凭信

如银行无法及时准确地将来证通知到受益人，应立即告知开证行。

(2) 议付寄单的核算。受益人向银行递交出口信用证项下单据时，应提交交单委托书，并加盖预留印鉴。银行对受益人提交的单据进行合理审慎的审核，确定单据表面的真实性、单据与信用证条款及单据之间的一致性。审核完毕后，填制出口寄单议付通知书，并按照开证行的指示办理寄单索汇。其会计分录为

收：应收信用证款项

付：国外开来保证凭信

(3) 收汇解付的核算。收到信用证项下款项后，银行应根据有关规定，收取应收邮电费和手续费后办理入账手续，同时销记表外科目。其会计分录为

借：汇入汇款(或其他有关科目)　　　(外币)

　　贷：吸收存款科目(或其他有关科目)　　　(外币)

付：应收信用证款项

受益人未在银行开立外汇存款账户的，应通过“货币兑换”科目进行两种货币之间的套汇业务处理，将货款转入其人民币存款账户。

若受益人已在银行办理来证项下融资业务的，应先归还相应的融资款项。如收汇款项与融资款项有差额，按照多退少补的原则结清。遇有不合理扣款情况，应及时查询催讨。

练　　习

一、单项选择题

1．外汇业务的核算特点表现在(　　)。

A. 外汇统账制　　B. 权责发生制

C. 外汇分账制　　D. 收付实现制

2．下列会计科目中，用于核算银行发生的各种货币之间的买卖及兑换业务的是(　　)。

A. 汇入汇款　　B. 货币兑换

C. 吸收存款　　D. 汇兑损益

3．2007 年 2 月 1 日起施行的《个人外汇管理办法实施细则》中明确“不再区分现钞和现汇账户，对个人非经营性外汇收付统一通过(　　)进行管理”。

A. 外汇储蓄账户　　B. 外汇结算账户

C. 资本项目账户　　D. 现汇账户

4．我国现在对个人外汇结汇业务实行(　　)制度。

A. 强制结汇　　B. 意愿结汇

C. 限额结汇　　D. 以上都不是

5．王女士由于出境游需要到银行用人民币购买美元现钞，银行办理此项业务时需要使用到的汇率是(　　)。

A. 美元汇买价　　B. 美元钞买价　　C. 美元汇卖价　　D. 美元钞卖价

二、多项选择题

1．发展外汇业务尤其是办理国际结算时，结算双方必须遵守的有(　　)。

A. 我国法律、政策和制度的规定　　B. 有关国家或地区的法令与规定

C. 交易双方事先的口头约定　　D. 国际结算惯例

2．商业银行从事外汇结售汇业务应当遵守(　　) 的原则。

A. 了解业务　　B. 了解客户

C. 尽职审查　　D. 收妥抵用

3．一般情况下，我国商业银行开立的外汇存款账户主要有以下(　　)类型。

A. 单位外币现汇存款账户　　B. 单位外币现钞存款账户

C. 个人外币现汇存款账户　　D. 个人外币现钞存款账户

4. 商业银行开办的外汇贷款业务，币种主要包括(　　)。

A. 美元　　B. 欧元　　C. 日元

D. 英镑　　　　　　　　E. 韩元　　　　　F. 港币

5. 下面说法不正确的有(　　)。

A. 1个单位或100个单位的外币能够折合多少本国货币来表示汇率的方法，属于间接标价法

B. 单位外汇贷款偿还时可以自主选择还款币种

C. 出口押汇业务属于外汇业务中的国际结算业务

D. 商业银行承办托收业务时，应按照委托人的指示行事，银行对托收过程中遇到的一切风险、费用开支、意外事故等均不负责，而由委托人承担

三、简答题

1. 外汇业务的记账方法有哪些？各自的特点是什么？银行应如何选择？

2. 简述外汇业务的核算要求。

3. 什么情况下需要进行套汇业务处理？套汇业务应如何核算？

4. 简述出口押汇的业务流程，以及每个环节应如何进行会计核算。

5. 20×8年9月21日，ABC银行青岛分行收到DEF银行伦敦分行开来的单到开证行付款的即期信用证一份，该信用证系向青岛荣欣外贸有限公司(以下简称“荣欣外贸”)购买一批价值GBP20 000的仪器仪表。ABC银行青岛分行经核实后，立即将信用证通知荣欣外贸。10月8日，ABC银行收到荣欣外贸送交的全套出口单据，经审核单证相符后，向DEF银行伦敦分行寄单索汇。10月26日ABC银行青岛分行收到DEF银行伦敦分行划来的款项共计GBP20 300(包括货款和银行费用)，当即将货款转入荣欣外贸在该行开立的外币存款账户中。假设该笔业务中发生银行通知费RMB200，议付费RMB180。

要求：根据上述经济业务，编制会计分录。

第 9 章　损益的核算

本章目标

- 理解商业银行收入的构成
- 掌握商业银行收入的会计核算方法
- 理解商业银行费用的构成
- 掌握商业银行费用的会计核算方法
- 掌握商业银行利润的构成和计算方法

重点难点

重点：

◈ 收入的会计核算

◈ 费用的会计核算

◈ 利润的计算和会计核算方法

难点：

◈ 收入的确认和会计核算

◈ 费用的确认和会计核算

◈ 利润的计算和核算

案例导入

2016 年 6 月 5 日，国家发展改革委办公厅关于印发《商业银行收费行为执法指南》的通知中，公布了《商业银行违规收费典型案例》，包括只收费不服务，超出价目表收费，违规收取委托贷款手续费，转嫁成本，强制服务并收费，不执行政府指导价、政府定价等 6 大类 17 个典型案例，披露了银行业的收费乱象。

1. 只收费不服务

通知中罗列了四个典型案例，指出部分银行涉嫌违规收取金额百万元的融资财务顾问费、账户资金托管费、常年财务顾问费等，却未提供相关实质性服务。此外，列举的案例中还提到了某银行向部分个人客户收取理财咨询报告手续费，只收费不服务。

2. 超出价目表收费

部分银行超标准、超范围收取银团贷款承诺费、小额账户管理费、资金监管费、企业信用等级评估费，独家贷款收取银团服务费以及自立项目收取额度管理费等行为，都在此次通报案例的行列。

3. 违规收取委托贷款手续费

通知案例中指出，某银行将应由委托人缴纳的委托贷款手续费转嫁给借款人，向借款人收取了共计千万元以上的委托贷款手续费，严重违反了相关规定。

4. 转嫁成本

根据《国家发展改革委、财政部关于规范房屋登记费计费方式和收费标准等有关问题的通知》(发改价格[2008]924 号)规定：按规定需由当事人双方共同申请的，只能向登记为房屋权利人的一方收取住房登记收费，标准为每件 80 元；非住房房屋登记收费标准为每件 550 元。而在此次通报的案例中，某银行在办理住房抵押登记过程中，没有支出抵押登记费，而是由借款人或者抵押人承担，明显存在转嫁成本的违规现象。

5. 强制服务并收费

通知中列举了两个案例，对部分银行向贷款客户捆绑强制收取个人汇款套餐手续费和强制以承兑汇票形式提供融资并加重企业负担的违规行为进行了通报。如 A 银行在办理个人贷款业务过程中，分别以 1888 元、3888 元、5888 元、8888 元的标准(或其中两个标准以上)向 57 名办理个人贷款的客户捆绑强制收取个人汇款套餐手续费；A 银行强制 B 公司以银行承兑汇票方式进行融资，4000 万元的流动资金贷款被转化为 4000 万元的银行承兑汇票，企业仅获得 3830 万元的实际融资，使得企业融资成本与采用流动资金贷款相比提高了 35%。

6. 不执行政府指导价、政府定价

部分银行一些网点在国家明令取消人民币个人账户密码挂失费后，擅自推迟取消人民币个人账户密码挂失费的时间。国家发展改革委要求各地价格主管部门在全面检查的基础上，责成相关银行业金融机构将违规收费全额退还给客户，并对该违规收费行为处以罚款或行政处罚。

商业银行作为一种特殊的企业，也是以盈利为目的的。及时、准确地对其经营过程中的各项损益进行核算，对商业银行掌握货币资金的运动情况、保障资金安全、评价经营管理水平和提高经营效益都发挥着重要作用。

商业银行损益的核算主要包括收入、费用和利润三个方面的核算。

9.1　商业银行收入的核算

商业银行有其特定的收入来源，及时、准确地核算收入，对商业银行积极创造财务收入、掌握资金运行状况，进而确认经营成果、评价经营业务具有十分重要的意义。

本节将从收入的概述和收入的核算两个方面进行详细阐述。

9.1.1　收入的概述

收入，是指企业在日常活动中形成的、会导致所有者权益增加的、与所有者投入资本无关的经济利益的总流入。

商业银行的收入也称营业收入，是商业银行在日常经营业务过程中所形成的经济利益的总流入，是商业银行收益的主要来源，主要包括利息收入、手续费及佣金收入、其他业务收入、汇兑损益、公允价值变动损益以及投资收益等，如图 9-1 所示。

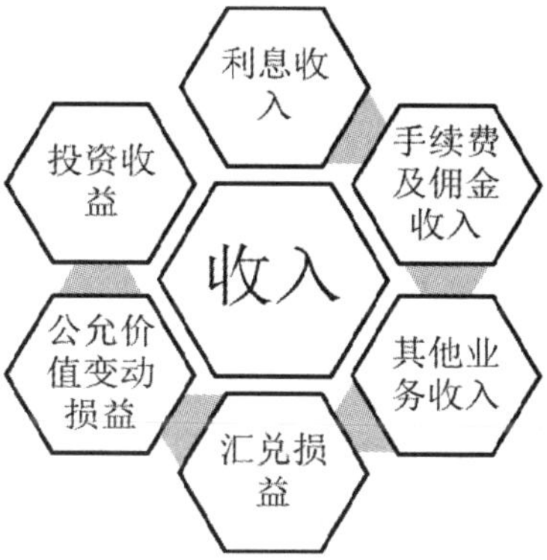

图 9-1　商业银行收入的主要构成

知识链接

利息收入是商业银行通过发放各类贷款(银团贷款、贸易融资、贴现和转贴现融出资金、协议透支、信用卡透支、转贷款、垫款等)、与其他金融机构(中央银行、同业等)之间发生资金往来业务、买入返售金融资产等业务实现的利息收入。近几年，商业银行利息收入在营业收入中所占比例虽整体呈下降趋势，但仍是银行最重要的营业收入来源，是银行会计核算的重要内容。

手续费及佣金收入是商业银行在办理结算业务、咨询业务、担保业务、代保管业务以及受托贷款等中间业务时取得的手续费及佣金，如结算手续费收入、佣金收入、业务代办手续费收入、基金托管收入、咨询服务收入、担保收入、受托贷款手续费收入、代保管收入等。随着近年来银行中间业务的发展，这部分收入增长较快，在银行营业收入中的比重逐年上升。

其他业务收入是指商业银行确认的，除利息收入和手续费及佣金收入以外的其他经营活动实现的收入，包括投资性房产收入、自有房产出租收入、租入房产转租收入等。

汇兑损益是商业银行在经营外汇业务中发生的，因外币兑换、汇率变动等因素产生的汇兑收益及损失，是由于期末汇率与记账汇率的不同而发生的折合为记账本位币的差额。

公允价值变动损益是指商业银行按照会计准则计量、核算的以公允价值计量且其变动计入当期损益的金融资产、金融负债，以及采用公允价值模式计量的投资性房地产、衍生工具、套期保值业务等公允价值变动形成的应计入当期损益的利得或损失。

投资收益是商业银行对外投资所确认的投资收益(或投资损失)。

表 9-1 反映了 2017 年我国五大商业银行收入的构成。

表 9-1　2017 年我国五大商业银行收入构成　(单位：人民币百万元)

行名 / 收入项目	工商银行	建设银行	中国银行	农业银行	交通银行
利息收入	800 662	713 821	563 330	707 232	310 431
手续费及佣金收入	148 681	126 067	82 469	84 936	41 061
投资收益	17 172	4656	13 180	4916	3642
公允价值变动损益	−2204	502	83	−18 706	−321
汇兑损益	877	11 606	−1505	10 909	−980
其他业务收入	3777	683	11 089	369	4292

9.1.2　收入的核算

从收入的构成可以看出，商业银行营业收入的核算主要包括利息收入的核算、手续费及佣金收入的核算、其他业务收入的核算、汇兑损益的核算、公允价值变动损益以及投资收益的核算。

1. 利息收入的核算

商业银行确认的利息收入要通过“利息收入”科目进行核算。该科目属于损益类科目，科目的贷方登记一定时期内利息收入的发生数，科目下设二级科目或三级科目，以便银行根据业务类别进行明细核算。商业银行确认利息收入时，借记“吸收存款”等其他科目，贷记该科目；期末，该科目余额应转入“本年利润”，结转后该科目无余额。

商业银行利息收入的会计核算原理和方法可以参照第 5 章中贷款利息的核算，这里不再赘述。

2. 手续费及佣金收入的核算

商业银行核算其确认的手续费及佣金收入，通常通过“手续费及佣金收入”科目。该科目为损益类科目，下设二级科目或三级科目对手续费及佣金收入类别进行明细核算。该科目的贷方余额反映商业银行取得的手续费及佣金收入；期末，该科目余额应转入“本年利润”，结转后该科目无余额。

商业银行业务手续费及佣金的收取可以采用现金方式，也可以采用从客户账中转账划收的方式。确认手续费及佣金收入时，会计分录为：

借：吸收存款(或库存现金等科目)

　　贷：手续费及佣金收入

经典案例

【例 9-1】ABC 银行于 20×8 年 6 月 6 日为新文化传媒有限公司签发了 1 000 万元的银行承兑汇票，业务手续费为 5000 元。公司从其活期存款账户中支付了该笔款项。

ABC 银行收取手续费的会计处理为

借：吸收存款——单位活期存款——新文化传媒有限公司　　5 000

　　贷：手续费及佣金收入　　5 000

商业银行各项手续费及佣金收入应当按照管理部门规定的范围、标准、费率收取，并全部纳入账内进行核算。

知识链接

自 2017 年 8 月 1 日起，我国商业银行根据《国家发展改革委 中国银监会关于取消和暂停商业银行部分基础金融服务收费的通知》(发改价格规[2017]1250 号)的有关规定，取消或暂停部分服务项目收费，在很大程度上减轻了银行客户的负担，对规范银行业服务收费、促进实体经济发展发挥了积极作用。

此次通知取消、暂停的金融服务收费项目适用于商业银行开展的境内人民币业务，包括以下几个方面：

(1) 取消个人异地本行柜台取现手续费。各商业银行通过异地本行柜台(含 ATM)为本行个人客户办理取现业务实行免费(不含信用卡取现)。

(2) 暂停收取本票和银行汇票的手续费、挂失费、工本费等 6 项收费。

(3) 各商业银行应继续按照现行政策规定，根据客户申请，对其指定的一个本行账户(不含信用卡、贵宾账户)免收年费和账户管理费(含小额账户管理费，下同)。各商业银行应通过其网站、手机 App、营业网点公示栏等渠道，以及在为客户办理业务时，主动告知提示客户申请指定免费账户。客户未申请的，商业银行应主动对其在本行开立的唯一账户(不含信用卡、贵宾账户)免收年费和账户管理费。

3．其他业务收入的核算

商业银行取得的其他业务收入通过“其他业务收入”科目进行核算。该科目属于损益类科目，科目下按照其他业务收入的种类设置二级科目或三级科目进行明细核算。期末，该科目余额转入“本年利润”，结转后该科目无余额。

银行收到其他业务收入的有关款项时，会计处理为

借：吸收存款(或其他相关科目)

　　贷：其他业务收入

4．汇兑损益的核算

采用外币统账制核算的，各外币货币性项目的外币期(月)末余额，按照期(月)末汇率折算成记账本位币金额后，与原账面记账本位币金额之间的差额即汇兑损益；采用外币分账制核算的，期(月)末将所有以外币表示的“货币兑换”科目余额按期(月)末汇率折算为记账本位币金额，折算后的记账本位币金额与“货币兑换”科目余额进行比较，两者之间的差额即汇兑损益。

“汇兑损益”科目属于损益类科目，该科目的贷方余额为汇兑收益，借方余额为汇兑损失。期末，该科目余额转入“本年利润”，结转后该科目无余额。

商业银行发生汇兑净收入、确认汇兑收益时，会计科目为

借：货币兑换

　　贷：汇兑损益

商业银行发生汇兑损失、确认汇兑亏损时，做相反的会计处理。

商业银行的外汇业务往往会涉及多种外币，为了简化手续、方便核算，银行往往会在期末将所有币种的外汇买卖业务损益情况汇总在一张表(即外汇买卖损益计算表)上进行核算，从而全面、系统地反映其外汇买卖交易的汇兑损益情况。

经典案例

【例 9-2】ABC 银行人民路支行 20×8 年 7 月 31 日各外汇买卖账户余额如下：

非直接套汇户：美元户　外币　贷 USD560 000　人民币　借 RMB3 528 000

　　　　　　　英镑户　外币　借 GBP200 000　人民币　贷 RMB1 780 000

直接套汇户：　美元户　外币　借 USD50 000

　　　　　　　英镑户　外币　贷 GBP15 000

假设 7 月末结算汇率为 USD100 = RMB683，GBP100 = RMB887，则外汇买卖损益计算表如表 9-2 所示。

表 9-2　外汇买卖损益计算表

20×8 年 07 月 31 日

币种		外币金额		人民币金额		汇率	外币折人民币金额		人民币损益	
		借方	贷方	借方	贷方		借方	贷方	借方	贷方
非直接套汇户	美元		560 000	3 528 000		6.83		3 824 800		296 800
	英镑	200 000			1 780 000	8.87	1 774 000			6000
直接套汇户	美元	50 000				6.83	341 500		341 500	
	英镑		15 000			8.87		133 050		133 050

续表

币种		外币金额		人民币金额		汇率	外币折人民币金额		人民币损益	
小计				3 528 000	1 780 000		2 115 500	3 957 850	34 1500	435 850
损益					1 748 000		1 842 350		94 350	
合计				3 528 000	3 528 000		3 957 850	3 957 850	435 850	435 850

在表 9-2 中，“外币金额”和“人民币金额”是根据银行外汇买卖各账户中的余额抄录并计算出的；“外币折人民币金额”是根据期末结算汇率折算原账户数据计算填入的；“人民币损益”是各外币按照结算汇率计算后，“外币折人民币金额”与“人民币金额”对比后结出的人民币损益额。表格下方的“损益”是各币种汇总损益后的净损益额。

由表 9-2 可以看出，该银行外汇买卖净损益=1 842 350–1 748 000=94 350 元。具体到上表，该数为银行实现的汇兑收益。账务处理的会计分录为

借：货币兑换　　　　　　　　　　　94 350

　　贷：汇兑损益　　　　　　　　　　　94 350

5．公允价值变动损益的核算

“公允价值变动损益”科目属于损益类科目。该科目用来反映商业银行交易性金融资产、交易性金融负债，以及采用公允价值模式计量的投资性房地产等因公允价值变动而产生的利得或损失。确认公允价值变动收益时，借记“交易性金融资产——公允价值变动”等科目，贷记该科目；确认公允价值变动损失时，则做相反的会计处理。期末，该科目余额转入“本年利润”，结转后该科目无余额。

下面主要介绍交易性金融资产、交易性金融负债，以及采用公允价值模式计量的投资性房地产公允价值变动损益的核算。

1) 交易性金融资产公允价值变动损益的核算

交易性金融资产是企业为了近期内出售而持有的金融资产，如企业以赚取差价为目的从二级市场购入的股票、债券、基金等。商业银行取得交易性金融资产时，按照有关规定应以取得该资产的公允价值作为其初始确认金额，取得交易性金融资产所支付价款中包含已宣告但尚未发放的现金股利或已到付息期但尚未领取的债券利息，应当单独确认为应收项目；取得交易性金融资产所发生的相关交易费用应当在发生时计入投资收益。

资产负债表日，如果交易性金融资产的公允价值大于账面价值，则应确认该资产的公允价值变动收益，会计分录为

借：交易性金融资产——公允价值变动

　　贷：公允价值变动损益

资产负债表日，如果交易性金融资产的公允价值小于账面价值，则应该做相反的会计处理。

出售交易性金融资产时，商业银行应以出售日的交易性金融资产的市场价格为其公允价值，并将其与该金融资产的账面价值进行比较，按其差额确认投资收益。同时，将该项

交易性金融资产的公允价值变动转出。

2) 交易性金融负债公允价值变动损益的核算

交易性金融负债，是指企业采用短期获利模式进行融资所形成的负债(比如应付短期债券)。对于融资方来说，由于其获得了短期资金，因此需要向交易方支付融资利息。

商业银行承担的交易性金融负债应以取得时的公允价值作为其初始确认金额(即本金)。资产负债表日，银行在计算融资利息支出的同时，应确认交易性金融负债价值的变动。当交易性金融负债的公允价值高于其账面价值时，会计分录如下：

借：公允价值变动损益

　　贷：交易性金融资产——公允价值变动

当交易性金融负债公允价值低于其账面价值时，则做相反的会计分录。

处置交易性金融负债时，银行应按照处置日交易性金融负债的市场价值作为其公允价值，与其账面价值进行比较，其差额确认为投资收益。同时，将交易性金融负债存续期内的公允价值变动转出。

3) 采用公允价值模式计量的投资性房地产公允价值变动损益的核算

当存在确凿证据表明投资性房地产的公允价值能够持续可靠取得时，商业银行可以采用公允价值模式对投资性房地产进行后续计量。持有期间资产负债表日，采用公允价值模式计量的投资性房地产的公允价值高于其账面价值时，会计分录为

借：投资性房地产——公允价值变动

　　贷：公允价值变动损益

反之，做相反的会计处理。

商业银行处置采用公允价值模式计量的投资性房地产时，应该按照实际收入的金额确认其他业务收入，结转其账面价值(账面余额)，同时将已计入“公允价值变动损益”的部分转入“其他业务成本”科目。

6. 投资收益的核算

“投资收益”科目属于损益类科目，主要用于核算商业银行交易性金融资产等金融资产投资收益、长期股权投资收益、应收款项类投资收益以及其他投资收益。商业银行实现的投资收益登记在该科目的贷方，发生的投资损失则计入该科目的借方，期末，该科目余额结转至“本年利润”，结转后该科目无余额。

商业银行投资收益的核算与其他类型企业投资收益的核算方法类似，这里不再赘述。

9.2 商业银行费用的核算

费用是指企业在日常活动中发生的、会导致所有者权益减少的、与所有者分配利润无关的经济利益的总流出。对于商业银行来说，正确、及时地核算成本、费用支出，对提高资金的运行效率、加强内部财务控制以及实现持续经营的目标都有着十分重大的影响。

本节将从费用的概述、核算要求以及会计核算三个方面，对商业银行费用的核算进行介绍。

9.2.1　费用的概述

费用有广义和狭义之分。广义的费用泛指企业各种日常活动发生的所有耗费；狭义的费用仅指与本期营业收入相配比的那部分耗费，具体包括成本费用和期间费用。本章所指的费用采用的是狭义上的费用范畴。

商业银行的成本费用(即营业成本)，是指商业银行在业务经营过程中发生的与业务经营有关的支出，主要包括利息支出、手续费及佣金支出、其他业务成本和税金及附加等。

知识链接

利息支出是指商业银行吸收各种存款(单位存款、个人存款、信用卡存款、特种存款、转贷款资金等)、与其他金融机构(中央银行、同业等)之间发生资金往来业务、卖出回购金融资产等产生的利息支出。

手续费及佣金支出是指商业银行发生的与经营活动相关的各项手续费、佣金等支出，包括代理手续费支出、结算手续费支出、证券买卖手续费支出、银行卡手续费支出等。

其他营业成本则是商业银行确认的除主营业务活动以外的其他经营活动发生的支出，包括销售材料的成本、出租固定资产的折旧额、出租无形资产的摊销额、出租包装物的成本或摊销额、采用成本模式计量的投资性房地产的折旧额或摊销额等。

税金及附加反映企业经营的主要业务应负担的消费税、资源税、教育费附加、城市维护建设税、房产税、车船使用税、土地使用税、印花税等。

对于商业银行来说，期间费用是其在业务经营及管理工作中发生的各项费用，即业务及管理费，包括业务宣传费、业务招待费、出纳费、印刷费、电子设备运转费、安全防卫费、钞币运送费、企业财产保险费、邮电费、法律事务费等。

9.2.2　费用的核算要求

知识拓展

商业银行对费用实行全过程、全方位管理，包括费用规划、预测、预算、审查、核算、监督、控制、考核、分析等一系列管理行为，以期达到效益最大化的目标。商业银行费用的控制通常以各分支机构或部门为单位，预算管控、分级授权，各级行行长负责组织全行的经营管理，全员参与管理过程，以提高整体经济效益。

商业银行费用的核算，应符合以下要求。

(1) 费用的核算应遵循真实、合法、合规原则，按照国家有关法律、法规及内部财务制度进行，费用核算必须真实、准确地反映银行的经营状况，严禁虚列支出、弄虚作假、白条报账等违反财经纪律的行为。

(2) 费用的核算要遵循一致性原则，即各级行应按照总行统一规定的核算方法对各项费用进行核算。核算方法一经确定，应保持相对稳定，不能随意变更。

(3) 费用的核算应当以权责发生制为基础，分清本期营业成本、营业费用和下期营业成本、营业费用的界限，不得任意预提和摊销费用。具体来说，凡应当由本期负担而尚未支出的费用，应作为预提费用计入本期成本费用；凡已支出，应当由本期和以后各期负担的费用，应当作为待摊费用，分期摊销。

(4) 费用的核算应当与收入相互配比。例如，同一计算期内的费用与营业收入核算的起讫日期、计算范围和口径必须一致；同一会计期间内的各项收入和与其相关的费用，应当在该会计期间内确认。

(5) 要合理划分收益性支出与资本性支出，严格区分营业支出和营业外支出。凡支出的效益仅与本年度相关的，应作为收益性支出；凡支出的效益与几个会计年度相关的，应当作为资本性支出。

经典案例

财政部 2016 年 12 月发布的《中华人民共和国财政部会计信息质量检查公告(第三十五号)》中表示，对 25 家证券资格会计师事务所(含分所)和 47 户国有企业、上市公司、民营及外资企业等单位开展了会计监督检查，查共发现各类违规问题金额 386 亿元，需要高度重视的是，部分上市公司存在收入成本不实、滞缴少缴税款等违规问题。在此次检查中，福建省有 4 家企业因为会计违规被财政部通报查处，其中包括厦门国际银行。

检查发现厦门国际银行在会计核算、税收核算清缴方面存在着六大问题：一是未按权责发生制确认收入，提前或未确认收入 1562.61 万元。二是费用支出不实，一共涉及金额 2099.33 万元。三是资产核算不实，未及时确认固定资产或者长期待摊费用，涉及金额 948.75 万元；未及时确认无形资产并摊销，涉及金额 17 848.79 万元。四是往来款长期挂账未及时清理，涉及金额 4304.07 万元。五是税收汇算清缴不够规范，经查应补缴税金共计 1791.16 万元。六是会计管理不够规范，部分财务人员无会计从业资格。

针对检查发现的问题，财政部及相关专员办在履行征求意见、集中审理、专家论证等工作程序的基础上，依法依规下达了处理处罚决定，责令被检查单位认真整改，调整会计账务，补缴相关税款，并对有关企业和责任人予以了罚款等行政处罚。

9.2.3 费用的会计核算

本节主要介绍利息支出、手续费及佣金支出、其他业务成本，以及业务及管理费的会计核算。

1. 利息支出的核算

商业银行发生的各项利息支出，通过“利息支出”科目进行核算。该科目属于损益类科目，下设二级科目或三级科目，对不同种类的利息支出进行明细核算。利息支出的发生额应记在该科目的借方；期末，该科目的借方余额转入“本年利润”，结转后该科目无余额。

商业银行按照有关规定计提应付利息时，会计分录为

借：利息支出

　　贷：应付利息

商业银行发生利息支出时，会计分录为

借：利息支出(未计提部分)

应付利息(已计提部分)
贷：吸收存款科目(或其他有关科目)

经典案例

遭遇高息揽储骗局　储户千万巨款被盗划

银行存在重大过错被判担责八成

“只需将资金存入指定银行，除了规定的利息，还可获得月息 1%的额外收益。”看似诱人的高额回报让王先生落入了一场由银行内部员工与他人里应外合策划的骗局，2000 万元活期存款被悉数转入他人账户。犯罪分子虽最终落入法网，但巨额存款却难以追回。王先生遂将银行告上了法庭追讨存款和利息。

近日，上海市第二中级人民法院对此案作出终审判决，维持此前黄浦区人民法院作出的一审判决，银行应返还王先生存款本金 1395 万余元及相应利息。

王先生是上海一家贸易公司的负责人。2008 年 11 月，王先生经人介绍认识了陆女士。陆女士告诉王先生，她受多家银行的私下委托，帮银行拉存款，如果客户愿意将闲余资金存入指定银行，银行就会通过其他途径额外支付每月 1%的利息。在反复考虑后，王先生同意将钱存入陆女士指定的银行。王先生在陆女士的陪同下来到指定银行，两位穿着银行工作服的工作人员将王先生带到了贵宾理财室办理开户手续。其中一名工作人员热情地帮王先生填写开户申请单，另一名工作人员则拿着王先生签名确认的开户资料和身份证等前往柜面，为王先生开立了存款账户，并将存折交给了王先生。

开户当天，王先生往该存折内存入了 500 万元。在陆女士的要求下，王先生还租用了银行保管箱用于存放存折，并将钥匙交由陆女士保管，同时承诺三个月内不查询、不取现。

此后，王先生又陆续往自己的账户中新添了存款 1500 万元，并拿到了 255 万元的回报。然而，只过了 5 个月，王先生吃惊地发现其账户内的 2000 万元已被一名姓张的陌生人划走。

在警方的介入下，王先生方才得知，原来，当初办理存折开户时，银行贵宾室里接待王先生的两名工作人员偷偷复印了他的身份证并截留了与存折配套的银行卡。之后两人又将王先生的银行卡和身份证复印件给了张某。每当王先生往存折里存钱后，张某就轻而易举地通过银行卡、密码和身份证复印件将钱划走。

最终，张某等人受到了法律的制裁，但张先生的这笔巨额存款却迟迟没有说法。张先生认为，自己既不知晓也未参与罪犯的盗划行为，存款被人盗划，银行存在不可推卸的责任，于是起诉银行要求其兑付存款并支付利息。

庭审中，银行辩称，帮助王先生填写开户资料的两名工作人员均非该行正式员工，履行职务行为的应该是在柜面内替王先生办理开户手续的柜面人员，该员工操作手续合法，王先生也签收了银行卡。本案实质是王先生委托张某从涉案账户中提取存款，银行按照规章制度配合其完成了取款，银行的兑付义务已经履行完毕。王先生应向犯罪分子索赔或要求公安机关退回赃款。

法院审理后认为，王先生与银行之间成立储蓄存款合同关系。王先生对自己开户时的相关细节未尽应有的审慎义务，使犯罪分子有机可乘，开户后又将存折及存放存折的保管箱钥匙交于他人，客观上放任自己账户由他人掌控，并在银行外收取高额利息，对账户内款项被盗划并造成损失存在过错，应自行承担20%的责任；而银行在张某划转款项时，未严格按规定要求客户提供身份证明原件，未核对张某与账户所有人的身份关系，未对经营场所内发生的犯罪活动尽到监管职责，因此对王先生存款被盗划存在重大过错，应承担80%的责任。

资料来源：《人民法院报》(2013年5月24日)

2．手续费及佣金支出的核算

“手续费及佣金支出”属于损益类科目，下设二级科目用于核算商业银行经营活动中各项手续费的支出。商业银行发生各项手续费支出时，借记该科目，贷记“存放中央银行款项”“存放同业”“库存现金”“应付手续费及佣金”等科目；期末，该科目余额转入“本年利润”，结转后该科目无余额。

商业银行发生手续费支出时，会计分录为

借：手续费及佣金支出

　　贷：存放中央银行款项(或其他有关科目)

3．其他业务成本的核算

“其他业务成本”核算的是商业银行主营业务活动以外的其他经营活动发生的支出，属于损益类科目。当发生其他业务支出时，借记该科目，贷记“累计折旧”“累计摊销”“存放中央银行款项等科目”；期末，该科目余额转入“本年利润”，结转后该科目无余额。

商业银行发生其他业务成本时，会计处理为

借：其他业务成本

　　贷：存放中央银行款项(或其他有关科目)

4．业务及管理费的核算

业务及管理费的核算是商业银行内部管理和成本控制的一个重要方面，也是银行实行重点监控的对象。按照有关规定，商业银行的费用支出应实行专项、专户管理，不得以各种名义开设其他账户，藏匿资金，私设“小金库”，滥发奖金和补贴；严格分离业务经营资金和费用支出资金，严禁费用支出擅自挤占信贷资金或其他有关资金。

知识链接

商业银行对业务及管理费实行预算控制。预算指标由总行财务部依据年度财务预算确定，并报总行财务管理委员会审批。各分行及财务部根据总行批准的费用预算，编制费用计划，报分行财务管理委员会审批后执行。通常情况下，已确定的预算指标不得突破；若因不可遇见的因素确实需要突破预算的，则须逐级上报审批。商业银行的各项费用支出应据实列支，并按规定的程序授权审批，未经审批的费用项目，不得列支。

商业银行发生业务及管理费时，费用报销应严格按照费用的开支范围和规定权限进行审批。通常包含以下几点要求：

(1) 各项费用支出须在权衡利弊得失的基础上进行决策，保证费用支出的效率。

(2) 各项费用支出应在允许列支的范围内，据实核算至部门、产品、客户、岗位或个人。

(3) 报销凭证必须真实、合法、合规、合理。

(4) 费用报销应在预算额度内，严格按照规定的流程和权限审批。对于超越权限或超预算限额的费用支出，应先逐级上报有关部门通过后，授权审批。

经逐级审批后，对允许列支的费用应通过“业务及管理费”科目进行会计处理，会计分录为：

借：业务及管理费

　　贷：库存现金(或其他有关科目)

“业务及管理费”科目下设二级和三级科目，对商业银行发生的各项营业及管理费用进行明细核算。该科目的借方登记银行发生的各项费用金额；期末，该科目余额转入“本年利润”，结转后该科目无余额。

9.3　商业银行利润的核算

利润是企业一定会计期间的经营成果，是评价企业管理层业绩的一项重要指标，也是投资者等财务报告使用者进行决策的重要参考。

本节将从利润的概述和会计核算两个方面，对商业银行的利润核算进行介绍。

9.3.1　利润的概述

与其他企业一样，商业银行的利润包括其在一定会计期间内收入减去费用后的净额、直接计入当期利润的利得和损失等。直接计入当期损益的利得和损失，是指应当计入当期损益、会导致所有者权益发生增减变动的、与所有者投入资本或者向所有者分配利润无关的利得和损失。

商业银行的利润按其构成的不同层次，可划分为营业利润、利润总额和净利润。

1．营业利润

营业利润，是指营业收入减去营业成本和费用后的净额。即

营业利润 ＝ 营业收入－营业成本－税金及附加－业务及管理费－资产减值损失＋公允价值变动净收益＋投资净收益＋汇兑净收益＋资产处置收益＋其他收益

2．利润总额

利润总额是银行营业利润加上营业外收入，减去营业外支出后的金额，即

利润总额 ＝ 营业利润＋营业外收入－营业外支出

其中，营业外收入(或支出)是银行发生的与日常活动无直接关系的各项利得(或损失)，如非货币性资产交换利得、债务重组利得、盘盈利得、捐赠利得(或非货币性资产交换损失、债务重组损失、公益性捐赠支出、非常损失、盘亏损失)等。

商业银行应当通过“营业外收入”或“营业外支出”科目，核算营业外收入或支出的

发生和结转情况。这两个科目可以按照营业外收入或支出的项目进行明细核算；期末，其科目余额转入“本年利润”科目，结转后科目余额为零。

需要注意的是，根据财政部 2018 年 1 月 1 日起实施的新《企业会计准则》规定，与日常活动相关的政府补助、处置非流动资产损益不再通过营业外收入(或营业外支出)科目进行核算和披露。

3. 净利润

净利润是指利润总额减去所得税费用后的余额。其计算公式是：

净利润＝利润总额－所得税费用

其中，所得税费用是指企业确认的应从当期利润总额中扣除的所得税费用，通过“所得税费用”科目进行核算。该科目属于损益类科目，借方登记企业计提的所得税；期末，该科目余额转入“本年利润”，结转后该科目无余额。

9.3.2 利润的会计核算

商业银行设置“本年利润”科目，对其当期实现的净利润(或发生的净亏损)进行核算。该科目属于所有者权益类科目，期末商业银行将其各项收入的贷方余额和各项支出的借方余额全部结转至该科目，结平各项损益类科目。

1. 结转收入类科目

会计期(月)末，商业银行结转各项收入类科目的贷方余额时，会计处理为

借：利息收入
　　手续费及佣金收入
　　汇兑收益
　　其他业务收入
　　公允价值变动损益
　　投资收益
　　资产处理损益
　　其他收益
　　营业外收入
　　贷：本年利润

2. 结转费用类科目

会计期(月)末，商业银行结转各项费用类科目的借方余额时，会计处理为

借：本年利润
　　贷：利息支出
　　　　手续费及佣金支出
　　　　其他业务成本
　　　　业务及管理费
　　　　税金及附加
　　　　资产减值损失

营业外支出

3．结转所得税费用

会计期(月)末，商业银行结转所得税费用的会计处理分录为

借：本年利润

　　贷：所得税费用

各损益类科目结转后，“本年利润”科目的贷方余额为银行当期实现的净利润；借方余额为当期发生的净亏损。

年度终了，商业银行应将本年收入、利得和费用、损失相抵后结出的本年实现的净利润，转入“利润分配”科目，会计分录为

借：本年利润

　　贷：利润分配——未分配利润

其中，“利润分配”科目用于核算银行利润的分配(或亏损的弥补)和历年分配(或弥补)后的余额。

若商业银行当年发生了净亏损，则须做相反会计处理。

“本年利润”科目年终结转后，余额为零。

扫一扫

【微思考】结合本章所学内容，试比较商业银行和一般商业企业在损益核算方面有哪些异同点？

练　　习

一、单项选择题

1．下列不能确认为商业银行收入的是(　　)。

A. 收取的贷款利息　　B. 自有房产出租收取的租金

C. 扣收的银行卡挂失手续费　　D. 收取的保管箱押金

2．目前，我国商业银行各项收入中，最主要的收入是(　　)。

A. 手续费及佣金收入　　B. 租赁收入

C. 利息收入　　D. 汇兑收益

3．下列各项业务处理中，应计入其他业务收入的是(　　)。

A. 处置无形资产取得的利得　　B. 处置长期股权投资产生的收益

C. 出租无形资产取得的收入　　D. 以无形资产抵偿债务确认的利得

4．商业银行各级行应按照总行统一规定的核算方法对成本费用进行核算，核算方法一经确定，不能随意变更。这符合(　　)原则。

A. 权责发生制　　B. 客观性　　C. 合理性　　D. 一致性

5．下列项目中应计入营业外支出的是(　　)。

A. 计提的坏账准备　　B. 短期投资跌价损失

C. 接受捐赠固定资产发生的相关支出　　D. 自然灾害造成的固定资产损失

二、多项选择题

1．下列属于损益类科目的是(　　)。

A. 利息收入　　B. 汇兑损益

C. 本年利润　　D. 利润分配

2．金融企业投资收益包括(　　)。

A. 国债利息收入　　B. 金融债券利息收入

C. 金融机构股权投资收益　　D. 其他股权投资收益

3．下面属于商业银行费用管理中的重点监控对象的有(　　)。

A. 业务招待费　　B. 差旅费

C. 业务宣传费　　D. 外事费

4. 商业银行的营业外收入包括(　　)。

A. 债务重组利得　　B. 政府补助

C. 出纳长款　　D. 捐赠利得

5. 下面说法不正确的有(　　)。

A. 商业银行发生的出纳长短款、结算业务的差错款应通过其他业务收入或成本进行核算

B. 商业银行的费用支出不设限制，据实以列即可

C. 商业银行各分支机构可以根据自身实际业务需要，随意选择记账方法

D. 在我国现阶段，商业银行拥有越来越多的产品和服务的自主定价权，可以任意对产品和服务定价

三、简答题

1．简述收入的确认方法及商业银行收入的构成。

2．简述汇兑损益的计算与核算方法。

3．银行成本费用的管理要求有哪些？

4．商业银行利润的构成有哪些？分别列出其计算公式。

5．ABC 银行人民路支行 20×8 年 9 月发生的部分经济业务如下：

(1) 9 月 21 日，收到贷款利息 295 600 元，支出活期存款利息 58 500 元，已办理转账手续。

(2) 人民银行转来缴存一般性存款利息 250 370 元。

(3) 收到委托贷款手续费 250 000 元，已办理入账。

(4) 支付 DEF 银行同业存款利息 56 000 元，办理转账手续。

(5) 经批准，核销一笔 200 元的出纳长款。

(6) 支付人民银行结算手续费 42 360 元，已办理转账手续。

(7) 捐赠一笔 500 000 元的赈灾款项，已办理转账。

(8) 收到代理理财产品服务收入 46 300 元，款项已收妥入账。

(9) 发生汇兑损失 1982.5 元。

(10) 债券付息日，计算应收到期利息 100 000 元。

请根据上述资料，编制有关会计分录。

第 10 章　年终决算及财务报告的编制

本章目标

■ 了解年终决算的工作流程和内容

■ 熟悉年终决算的准备工作

■ 掌握年终决算日的工作内容和流程

■ 熟悉商业银行财务报告的编制

重点难点

重点：

◈ 年终决算的工作流程和内容

◈ 年终决算准备工作事项

◈ 年终决算日的工作内容及流程

◈ 商业银行财务报告的编制

难点：

◈ 年终决算日的工作内容及流程

◈ 商业银行财务报告的构成和编制

案例导入

2017 年 12 月 29 日下午，中国人民银行党委委员、副行长陈雨露先后来到总行国库局和营业管理部，看望慰问坚守在年终决算一线的干部职工，视察年终决算准备工作并代表人民银行党委和周小川行长向大家致以节日问候。

在国库局，陈雨露听取了年终决算准备工作、国库信息系统运行和国库收支等情况汇报，对人民银行经理国库工作给予充分肯定。陈雨露指出，2017 年，全国各级国库真抓实干，认真履行经理国库的法定职责，为支持经济社会健康发展做出了重要贡献。在新的一年里，全国各级国库要深入贯彻落实党的十九大、第五次全国金融工作会议和中央经济工作会议精神，统筹推进国库各项工作，进一步提高经理国库的质量和水平。

在营业管理部业务大厅，陈雨露现场察看并详细询问了年终决算工作进展情况，听取了相关部门工作汇报。陈雨露指出，2017 年，营业管理部全体干部职工认真贯彻落实稳健中性的货币政策，稳步推进外汇管理改革各项工作，切实提升中央银行金融服务水平，在维护首都金融安全稳定、金融服务民生等方面取得了积极成效。希望营业管理部在新的一年里，以习近平新时代中国特色社会主义思想为指导，深入贯彻落实中央和总行的决策部署，紧紧围绕金融服务实体经济、防控金融风险和深化金融体制改革三项任务，开拓创新，扎实工作，推动各项工作再上新台阶。

资料来源：中国人民银行网站

对商业银行而言，年终决算的结果不仅综合反映了银行一年来的财务状况和经营成果，而且还关系到监管部门、投资者、债权人以及社会公众对银行经营效益的综合评价。做好年终决算工作，对商业银行提高会计核算质量、改进经营管理体制、提高经营管理水平，实现稳健、健康发展，进而推动国民经济可持续发展具有重要意义。

一般来说，商业银行的年终决算工作应包括年终决算和编制财务报告两个环节。

10.1 商业银行年终决算

根据我国会计制度的有关规定，每年的 1 月 1 日至 12 月 31 日为一个会计年度，12 月 31 日当天为年终决算日。对于实行独立核算的商业银行及其分支机构来说，无论每年的 12 月 31 日是否为节假日，必须于当天进行年终决算，不得提前或延后；非独立核算的分支机构，则通过并账或并表的方式由管辖机构合并办理年终决算。

本节将从商业银行年终决算概述、年终决算日前的准备、年终决算日的工作和年终决算日后的工作四个方面进行详细介绍。

10.1.1 年终决算概述

年终决算也称年度决算，是指根据会计资料对会计年度内的业务活动和财务收支情况的综合反映，是全面总结银行业务、财务活动和考核企业经营成果的一项综合性工作。

商业银行在开展年终决算工作时，必须按照年终决算的工作要求和程序进行。

1．年终决算的工作要求

商业银行相比一般工业企业来说，组织架构体系庞杂；同时，人民银行作为商业银行基础机制的提供者，也要参与年终决算工作，这就使得商业银行年终决算工作的涉及面较广，参与机构众多，工作难度更大。因此，做好年终决算工作需要一个纲领性的指导方针，需遵循以下几点基本要求。

(1) 坚持统一领导、各方密切配合的原则。年终决算是一项综合性工作，它的数据资料、考核指标、报表体系、具体操作不仅涉及商业银行内部各职能部门，如会计结算部、计划财务部、资金管理部、金融市场部以及科技部等，还会牵扯到人民银行和同业往来。因此，商业银行须加强年终决算的工作组织，成立年终决算工作领导小组，统一负责整个年终决算的工作安排和调度，加强各参与部门之间的协调，应对决算中出现的突发事件，确保年终决算工作顺利、有序地进行，实现会计核算跨年度的平稳过渡。

(2) 会计资料的数字必须真实、准确。商业银行会计核算必须符合会计信息质量要求，会计核算的数字、资料必须真实、准确地反映银行日常经营活动和财务状况，绝不能篡改会计数据，伪造会计资料。

(3) 会计资料的内容必须完整。商业银行年终决算的会计凭证、账簿、会计报表和其他会计资料，必须连续、系统地记录整个经济活动的全过程，做到五完整，即资料完整、记载完整、反映活动完整、手续程序完整、档案完整。

(4) 会计核算的口径必须一致。由于商业银行分支机构众多，进行独立核算的各级机构都要进行年终决算，并于年终决算日后，将会计资料和财务报表逐级上报。因此，商业银行必须就年终决算资料、报表的格式、内容以及核算口径进行统一的规范，以保证核算的一致性。

(5) 会计报表的编制和报送必须及时。会计报表是商业银行年度经营成果和财务状况的综合反映，是监管部门、投资者以及社会公众所关注的会计信息载体。商业银行应按会计制度的有关规定，及时、准确地对会计报表进行编制、汇总、上报以及披露。

2．年终决算的程序

商业银行年终决算工作涉及的内容多、战线长，是一个系统性的工程。根据有关规定，年终决算工作按时间节点可以划分为三个步骤，即年终决算日前的准备、年终决算日的工作以及年终决算日后的工作。

【微思考】结合所学知识和自己的理解，试分析商业银行年终决算工作的意义体现在哪些方面？为什么必须在每年度 12 月 31 日进行？

扫一扫

10.1.2　年终决算日前的准备

商业银行的经营活动涉及整个社会的资金运动，这就必然导致其年终决算的工作任务繁多，工作量大。为保证年终决算工作的顺利完成，各大商业银行通常自每年度的第四季度起，开始部署年终决算的前期准备工作。

总行根据当年的业务开展情况，结合以往年度的经验教训，下发办理当年年终决算工作的通知，对工作内容、程序、注意事项、处理原则和要求等事项进行明确。各管辖分行根据总行下发的纲领性文件及通知，结合辖内的实际情况，提出具体的工作实施方案，保证上下一致，做好年终决算工作。各分支机构依据总行的通知精神和管辖行的具体工作指导，逐项开展年终决算的准备工作。

年终决算日前的准备工作内容包括清理各项资金、全面检查核对账务、清理财产实物、核实损益以及试算平衡五个环节，如图 10-1 所示。

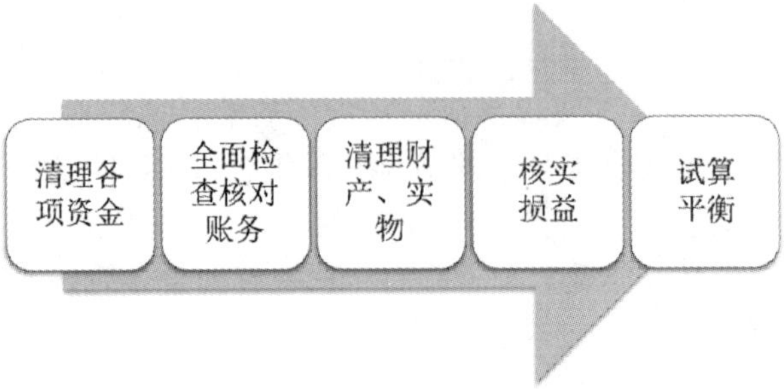

图 10-1　年终决算日前的准备工作内容

1. 清理各项资金

清理资金，主要是指商业银行在年终决算日前，对各项资金账户进行核实，使账户数据与实际相符，主要包括清理存款资金、清理贷款资金、清理结算资金以及清理内部资金。

(1) 清理存款资金。年终决算日前，商业银行需要对存款资金进行核实和排查。一般来说，商业银行会在第四季度对各项存款资金尤其是单位存款资金进行重点排查和清理，对长期未发生除结息以外收付活动的账户，商业银行应积极与客户联系，查明原因、逐户清理，督促其办理销户手续。

(2) 清理贷款资金。商业银行会计部门应在年终决算日前，与信贷部门密切配合，全面核对各项贷款，落实债权。对于到期、逾期的贷款要积极清收贷款本金及利息；对于新增的垫款要高度重视并及时查明原因，避免造成损失；对于所有应收未收的贷款利息，按照财务制度的有关规定列入表内或表外核算。

(3) 清理结算资金。年终决算日前，商业银行应对各项结算资金进行全面的清理。存放同业的款项应及时与开户银行进行账务核对，保证内外账务相符。对于划出和代收的委托收款、托收承付、签发的银行汇票、应解汇款等结算资金和联行往来资金进行全面排查，划出款项应及时划出；应收未收到的款项应及时查明原因，积极催回；应解汇款等临时性存款应及时联系进行解付。

(4) 清理内部资金。内部资金是指商业银行的各项暂收暂付款和其他过渡性款项，主要涉及“其他应收款”“其他应付款”“应交税金”“应付工资”等内部账户。决算日前，商业银行应对这些资金逐项进行清理，例如：本单位员工和其他个人借支和备用金借款，须在年终前归还，未报账的应及时报账，年底不得留有余额；本年应缴税金存在未足额缴纳的，应于 12 月份之前将欠税金额全额缴清；对于本年度内发生的待处理出纳长、短款及错账，应按照有关规定和程序报批，需核销的应予以核销。经过清理，使商业银行内部资金占用降低到最低限度。

2．全面检查核对账务

账务核对是防止账务差错，保证账务记载正确，保护资金安全的必要措施。年终决算日前，商业银行应全面地检查、核对账务情况，如进行全面的对账工作，包括银行内部业务台账与会计账之间、银行与客户之间、同业往来之间、与央行往来之间的账务核对，以确保会计账务核算的正确性。具体来说，包括以下几个方面。

(1) 检查会计科目的使用情况。实行会计核算的商业银行各分支机构和部门，应统一、严格按照总行下发的会计科目管理办法中规定的使用说明和方法，正确使用会计科目对发生的经济业务进行账务处理。对于发现使用不正确的会计科目，应及时进行调整，确保会计核算真实、准确地反映各项业务和财务活动情况。

(2) 全面清理银行账户。商业银行应于年终决算日前，对在本单位开户的账户，尤其是单位存款账户进行全面的排查。对于已办理开户手续，尚未向人民银行报备、核准的账户应及时按照规定业务流程补办相关手续；对于办理销户手续，但未在人民银行账户管理系统中注销的账户，应及时在人民银行账户系统中进行相应处理。

(3) 全面核对内外账务。

知识链接

商业银行内外账务的核对涉及多方面的工作。

对于运营、会计部门来说，首先，商业银行各营业分支机构通常会于每年度的第四季度进行全面的银企对账工作；营业部会于 12 月初生成各类对公存款、贷款、保证金账户等的对账数据，分发至各对账单位进行对账工作，如发现问题及时进行处理，确保账务核算的正确性。其次，若商业银行与人民银行或其他金融机构存在资金往来并开立账户的，须进行账户往来的对账工作，做到账务核对相符，保证资金安全。最后，商业银行内部财务部门应对各类明细账数据与总账数据进行核对，对各项资产、各科目余额、各类挂账单余额等与其相应系统中的余额数据加以比对，确保各项账务最终的一致性。

在信贷方面，商业银行各营业机构和信贷有关部门，应保证已办理的银行承兑汇票业务台账余额、抵(质)押物实物与会计业务系统中的科目数据、登记簿核对相符。

3．清理财产、实物

清点财产、实物也是商业银行年终决算准备工作的一个重要内容，主要包括以下几个方面。

(1) 盘点实物库存。商业银行需在年终决算日前，对各部门、各营业网点保管的重要空白凭证、有价单证、贵金属、抵质押物等进行一次全面的盘点，确保实物库存与账务、登记簿、报表库存余额一致。如发现不符等情况，要及时查明原因，按规定的程序进行调整，保证账实相符。

(2) 清点固定资产及低值易耗品。商业银行各有关部门(如行政部等)应在年终决算日前，对固定资产及各种低值易耗品的实物进行实地盘点清查，对清查中发现的问题，应按规定程序予以处理。若固定资产卡片与实际情况存在不符内容，应按规定及时调整管理系统内的卡片内容；若涉及账务处理的，应调整有关账务，以确保账、卡、实物三者相符。

4．核实损益

计划财务部门通常会在年终决算日前，根据我国有关会计规定，提前进入年终决算模式，确认各项收入和支出，检查损益的核算是否真实、准确，是否存在隐瞒或虚增利润的现象，其工作内容主要包括以下几个方面。

(1) 核实各项收入。商业银行通常会在 11 月份开始，对其各项收入情况进行核对。对于利息收入，应重点复查利息收入的计算，包括计息的范围、计息积数、使用的会计科目等是否正确；提前将可收回的表外应收未收利息收回，并对 12 月 20 日结息日可能发生的表外应收利息进行预测。对于各项手续费收入、其他业务收入等，应严格按照权责发生制原则确认，确保会计核算的准确性。

(2) 核实各项支出。这里所说的各项支出主要包括利息支出、手续费及佣金支出、业务及管理费支出、税金及附加、资产减值损失、所得税等。对于商业银行发生的各项支出，均应按照权责发生制的原则与其账务进行核对，重点检查各项费用的列支标准、列支项目、审批程序等是否合规，各项费用摊销、资产减值损失的计提和核销是否正确，手续是否完备等。对于检查中发现的问题，应及时查明原因予以整改，保证年终决算的正确性和决算日工作的顺利开展。

需要注意的是，应在营业外收入和营业外支出科目中列支的项目，商业银行要如实反映，并于年终决算日前按照规定的程序处理完毕，不得以收抵支。

5．试算平衡

在以上各项工作基本完成的基础上，商业银行一般于每年的 12 月份组织一次试算平衡，即针对当前年度 11 月底核对过的各科目总账的累计发生额和余额，编制 1～11 月份的试算平衡表进行试算平衡，以便及时发现疏漏和错误，减轻年终决算日的工作量，提高工作效率，为商业银行年度报告的编制奠定基础。

知识链接

为了确保年末资本充足率达标，商业银行应保证各部门归口管理的信贷规模、银行承兑汇票敞口、保函敞口以及风险资产必须控制在年度计划之内。

所谓资本充足率，是指银行业金融机构持有的、符合监管机构规定的资本与风险加权资产之间的比率，用于衡量其资本充足程度。资本充足率反映商业银行在存款人和债权人的资产遭受损失之前，该银行能以自有资本承担损失的程度，直接决定了银行最终清偿能力和抵御各类风险的能力。根据我国《商业银行资本充足率管理办法》规定，商业银行资本充足率不得低于 8%，核心资本充足率不得低于 4%。

10.1.3　年终决算日的工作

每个年度的 12 月 31 日是商业银行的年终决算日，不管当天是否属于节假日，商业银行各部门、各分支机构都需要正常运营。商业银行的年终决算工作不仅仅需要真实、完整地反映、总结当前年度的经营成果和财务状况，还需要及时、平稳地实现各项业务及系统的跨年度过渡，确保各项经营活动连续、正常开展。

经典案例

年终决算日，商业银行应加强业务管理，及时进行会计结算，确保当天账务处理正确，内容真实完整。年终决算日的具体工作如图 10-2 所示。

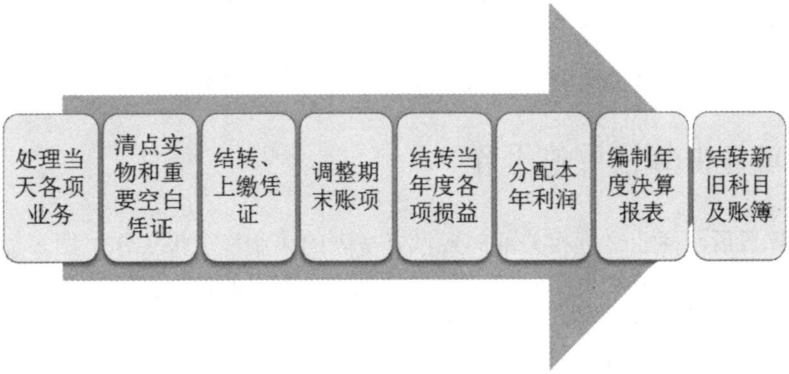

图 10-2　年终决算日的工作内容

具体来说，商业银行年终决算日的工作包括以下几个方面。

(1) 及时处理当天各项业务。为完整反映商业银行整个会计年度的各项经济业务，决算日当天的各项业务必须全部清算完毕，对于各项挂账和在途资金须及时处理，发现问题及时联系并纠正，确保与人民银行各清算系统数据的一致性，做到账账相符。

(2) 清点实物和重要空白凭证。决算日当天营业终了，商业银行各分支机构、营业网点负责人应当对库存现金、自助设备钞箱、业务印章、重要空白凭证、贵金属及其他有价物品进行全面检查和核对，确保账账、账款、账实相符。特别是对库存现金，要严格进行清点和核实，严禁任何形式的白条抵库；对重要空白凭证，要逐项核实，保证账实相符；对于发现的问题，应及时查清处理。清查的各项记录按规定登记、保管备查或上报业务管理部门。

(3) 做好凭证的结转、上缴工作。营业终了，商业银行各分支行应做好凭证的结转和上缴工作，各营业网点柜员需将当年度结存的重要空白凭证结转下年；对于只能当年使用的重要空白凭证或专用票据，应先上缴机构大库，机构大库对凭证实物进行封存，并在会计业务系统中逐级上缴，各分行和总行会计业务主管部门应及时办理接收、核对工作。

(4) 调整期末账项。12 月 31 日营业终了后，各分支行需认真核对、检查各项账务，做好对账工作，确保账务记载正确无误。此外，商业银行还需调整金、银以及各种外币的记账价格，计算出有关损益。账务检查工作完成后，商业银行各分支机构按照年终决算方案和时间推进表，由下往上逐级轧账。各部门要严格按照时间推进表安排年终决算工作，不得滞后，避免影响次年营业网点的正常运营。

(5) 结转当年度各项损益。营业终了，商业银行各部门的损益由前台会计业务系统和财务系统分别结转。决算日账务结平后，会计业务系统中的损益全部结转至财务系统，以便财务系统进行全行利润的调整，核算当期所得税费用，进行年度结转。

(6) 分配本年利润。全行损益结转后，商业银行应按照有关规定进行利润分配的处理，计提一般风险准备、法定盈余公积和任意盈余公积。

(7) 编制年度决算报表。全年账务轧平后，商业银行编制年终决算报表，包括资产负债表、损益表、财务状况变动表等。

(8) 结转新旧科目及新旧账簿。上述工作完成后，商业银行还应办理上下年度账务结转工作，如及时办理新旧账簿的结转，结束旧账，建立新账，保证新年度各项业务的正常进行。年终如有会计科目修改变更，应采取对照表方式办理新旧科目结转。

10.1.4 年终决算日后的工作

年终决算日后，商业银行相关部门应做好报表的编制和上报工作，切实提高会计决算报表的编制质量，并按照规定的时间逐级汇总上报。上报的年度会计决算报表上的单位公章及单位负责人、计划财务部经理、制表人员的印章必须齐全、清晰，责任明确；装订顺序应严格按照有关规定，封面采用统一格式。

对于决算日机构大库封存的、不能继续使用的重要空白凭证和专用票据，商业银行各营业网点应在规定的时间内将实物集中上缴至分行或总行有关部门。分行或总行相关部门对上缴的实物进行清点、核对、接收后，集中处理。

此外，商业银行还需做好年度会计资料的整理、归档工作。各分行、总行相关部门应将上一年度的会计凭证、手工账簿、系统中打印账簿、会计报表等会计资料按照有关规定装订成册，编号管理，加盖有关责任人员名章，登记会计档案登记簿后入库保管，以便日后备查。

知识链接

截至 2018 年 3 月底，已有 14 家 A 股上市银行披露了 2017 年年报。综合来看，2017 年我国上市银行经营情况进一步好转，多数指标持续改善，全年营业收入、净利润同比分别增长 3.2%、4.7%。规模扩张有所放缓，但仍然是促进利润提升的主要因素，拉动利润增长 8.1 个百分点。净息差环比逐步改善，收窄幅度由 2016 年的 26BP 缩减为 2017 年的 10BP(其中 BP 为 Basis Point 的缩写，意为“基点”，一个基点等于 0. 01%)，仍然拖累净利润增长 5.0 个百分点。受制于严监管，非息收入同比减少 4.0%，总体拖累净利润增长 1.8 个百分点。资产质量持续改善，全年信贷成本略增 0.02 个百分点，拖累净利润增长 1.8 个百分点。

行业内分化持续，全年五大行、股份行、地方性银行净利润分别增长 4.2%、6.3%、

15.2%。其中，五大行营收端改善明显，同比增长 4.1%；股份行尽管营收逐季改善，全年同比仍小幅减少 0.03%；地方性银行深度捆绑地方经济，仍能维持 8.9%的营收高增长。

资料来源：证券日报

10.2　商业银行财务报告

根据我国公司法的有关规定，公司应当在每一会计年度终了时编制财务会计报告，并依法经会计师事务所审计。财务会计报告应当依照法律、行政法规和国务院财政部门的规定制作。商业银行作为一种特殊的金融企业，也应依照公司法的规定进行年度财务会计报告的编制。

本节将从商业银行财务报告概述和财务报告的编制两个方面进行介绍。

10.2.1　商业银行财务报告概述

财务报告，是指企业对外提供的反映企业某一特定日期的财务状况和某一会计期间的经营成果、现金流量等会计信息的文件。商业银行的财务报告是根据日常会计核算资料，定期编制的反映商业银行财务状况、经营成果和现金流量等情况的书面文件。

本节将从商业银行编制财务报告的意义、财务报告的分类和财务报告编制的基本要求三个方面，对商业银行的财务报告进行详细阐述。

1．商业银行编制财务报告的意义

编制财务报告，是商业银行会计工作的重要组成部分，具有重要的意义，具体体现在以下几个方面：

(1) 可以为财务报告使用者提供决策有用的信息，有助于财务报告使用者做出经济决策。

(2) 能够客观地反映企业管理层受托履行责任的情况，有利于评价银行的经营管理责任和资源使用的有效性，改进企业经营管理水平。

(3) 能够为国家有关部门做出经济决策、制定货币政策、加强国民经济管理提供数据依据。

2．商业银行财务报告的分类

商业银行的财务报告包括财务报表和其他应当在财务报告中披露的相关信息和资料。财务报表是财务报告最重要的组成部分，按照不同的标准有不同的分类(见图 10-3)。

1) 按编报期间划分

商业银行的财务报表按照编报期间的不同，可以划分为中期财务报表和年度财务报表。中期财务报表是以短于一个完整会计年度的报告期间为基础编制的财务报告，包括月度、季度、半年度财务报表。年度财务报表是指年度终了对外提供的财务报表，是对银行一年的财务状况、经营成果和现金流量的综合反映。

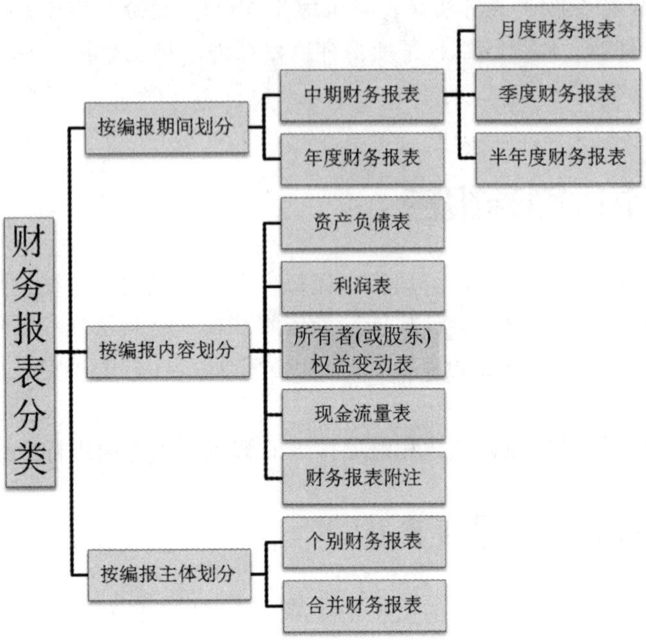

图 10-3　财务报表分类

2) 按编报内容划分

商业银行的财务报表按照编报内容，可以划分为资产负债表、利润表、所有者权益(或股东权益)变动表、现金流量表以及财务报表附注。其中，资产负债表、利润表、现金流量表和所有者权益(或股东权益)变动表是对企业财务状况、经营成果和现金流量、所有者权益的结构性表述；财务报表附注是对会计报表的编制基础、编制原理和方法及主要项目等所作的解释和进一步说明，以便报表的使用者全面、正确地理解会计报表。

3) 按编报主体划分

财务报表按照编报主体的不同，可以分为个别财务报表和合并财务报表。个别财务报表是由企业在自身会计核算基础上对账簿记录进行加工而编制的财务报表，主要反映企业自身的财务状况、经营成果和现金流量情况。合并财务报表是以企业集团为主体，根据母公司和所属子公司的财务报表，由母公司编制的综合反映企业集团财务状况、经营成果及现金流量的合并财务报表。

3. 财务报告编制的基本要求

商业银行财务报告的编制应当符合我国有关法律、法规和会计准则的规定，真实可靠、全面完整地反映银行的财务状况和当期经营成果。为了达成上述目标，商业银行应按照以下几项基本要求，进行财务报告的编制。

(1) 商业银行应根据实际发生的交易和事项，依据企业会计准则的规定进行确认和计量，并在此基础上编制财务报表。如果按照会计准则规定披露的信息不足以让报表的使用者了解特定交易或事项对商业银行财务状况和经营成果的影响时，商业银行还应当披露其他的必要信息。

(2) 商业银行财务报告的编制应当以持续经营为前提。商业银行在编制财务报告的过程中，应该结合宏观政策，市场风险，自身的盈利能力、偿债能力等因素对其持续经营的能力进行评价。若评价结果表明对持续经营能力产生重大怀疑的，商业银行应当在财务报告附注中对可能影响持续经营能力的因素和企业拟采取的改善措施加以披露。

(3) 除了现金流量表按照收付实现制进行编制外，商业银行应当以权责发生制为基础，编报其他财务报表。

(4) 商业银行财务报告中，总、分机构之间会计口径、报表格式等应当具有一致性；财务报表项目的列报应当在各个会计期间保持一致，以保证商业银行财务报表的可比性，更好地发挥财务报告信息工具和管理工具的职能。如有特殊情况，确需改变会计政策、报表列报项目的，应在财务报告附注中进行披露，加以说明。

(5) 财务报告中财务报表的列报项目应当以总额列报，根据商业银行发生的经济业务如实反映，资产和负债、各项损益金额不能相互抵消，即不得以净额列报，但企业会计准则另有规定的除外。至于项目在财务报表中是单独列报还是合并列报，需商业银行依据重要性的原则进行判断。如果项目具有重要性，则应单独列报。

(6) 商业银行的年度财务报告，不仅应当涵盖当前会计年度所有列报项目的有关数据，通常情况下还须列报上一个可比会计期间所有列报项目的比较数据，以提高信息在会计期间的可比性，反映企业财务状况、经营成果和现金流量的变化趋势，提高报告使用者判断和决策的科学性。

(7) 按照我国有关规定，企业至少应当编制年度财务报告。商业银行的年度财务报告期间应该涵盖整个会计年度，即自公历 1 月 1 日起至 12 月 31 日止。年度报告涵盖的期间若短于一年的，商业银行应当披露年度报告实际涵盖期间及其短于一年的原因。

10.2.2　商业银行财务报告的编制

商业银行年度财务报告的编制是建立在财务报表基础之上的，财务报表是财务报告的核心组成部分，因此本节主要介绍商业银行财务报表的编制。

商业银行的财务报表主要包括三部分，即主表、附表和附注。其中，主表包括资产负债表、利润表、现金流量表和所有者权益(或股东权益)变动表。附表包括利润分配表、资本及各项准备情况表、分部报表、资本充足率计算表、损益明细表、应收及应付利息情况表、固定资产明细表、税金解缴表、营业费用明细表等。会计报表附注是为便于报表使用者理解报表的内容而对报表的编制基础、编制依据、编制原则和方法及主要内容等所做的进一步说明、补充或解释。

一般情况下，财务报表的编制主要是指资产负债表、利润表、现金流量表、所有者权益(或股东权益)变动表和财务报表附注的编制。

经典案例

1．资产负债表的编制

资产负债表也称财务状况表，反映了企业在特定时点的财务状况，即企业在某一特定日期所拥有或控制的经济资源、所承担的现时义务和所有者对净资产的要求权，是企业管理经营活动结果的集中体现。通过资产负债表，会计信息使用者可以了解企业资产、负债、所有者权益的构成情况、资产质量、偿债能力等。由于资产负债表反映的是企业某一特定时点的财务状况，因此也被称为静态报表。

资产负债表主要围绕资产、负债、所有者权益这三大要素进行信息披露。目前世界各国使用的资产负债表主要有报告式和账户式两种格式。其中，报告式资产负债表将资产、负债和所有者权益各项目采用垂直的方式自上而下排列，依次列示企业的资产、负债和所有者权益；账户式资产负债表则采用类似账户的排列方式，将资产、负债和者权益这三大要素及其内容分左右排列，即左边列示企业拥有的所有资产，右边列示企业的负债和所有者权益，按照“资产=负债+所有者权益”的会计原理，左右两边合计总数相等。我国商业银行资产负债表通常以账户式报表格式为参考样式，如表 10-1 所示。

表 10-1　商业银行资产负债表(账户式)

会商银 01 表

编制单位：　　　　---年---月---日　　　　单位：元

项　　目	附注	年初数	年末数	项　　目	附注	年初数	年末数
资　产				负　债			
现金及存放中央银行款项				向中央银行借款			
存放同业款项				同业及其他金融机构存放款项			
贵金属				拆入资金			
拆出资金				以公允价值计量且其变动计入当期损益的金融负债			
以公允价值计量且其变动计入当期损益的金融资产				衍生金融负债			
衍生金融资产				卖出回购金融资产			
买入返售金融资产				客户存款			
应收利息				应付职工薪酬			
客户贷款和垫款				应交税费			
可供出售金融资产				应付利息			
持有至到期投资				预计负债			
应收款项类投资				已发行债务证券			
长期股权投资				递延所得税负债			
固定资产				其他负债			
在建工程							
无形资产							
商誉				负债合计			
递延所得税资产				所有者权益(或股东权益)：			
其他资产				实收资本(或股本)			
				其他权益工具			
				优先股			
				资本公积			
				其他综合收益			

续表

项　　目	附注	年初数	年末数	项　　目	附注	年初数	年末数
				盈余公积			
				一般风险准备			
				未分配利润			
				归属于母公司所有者(股东)的权益			
				少数股东权益			
				所有者权益(或股东权益)合计			
资产总计				负债和所有者权益(或股东权益)总计			

近年来，随着计算机技术的发展和会计电算化的普及，绝大多数商业银行的账务处理都实现了柜台业务的电子化、会计处理电算化，会计报表一般都通过计算机打印，账户式的资产负债表不仅字小，而且不够美观。但若采用报告式资产负债表，不仅可以保证文字、数据清晰，而且格式也便于阅读，因此，目前大多数上市商业银行合并财务报表的披露会选用报告式资产负债表，如图 10-4、图 10-5、图 10-6 所示(来源：中国工商银行网站)。

中国工商银行股份有限公司
合并资产负债表和资产负债表
2017 年 12 月 31 日
(除特别注明外，金额单位均为人民币百万元)

	附注四	本集团 2017年	本集团 2016年	本行 2017年	本行 2016年
资产：					
现金及存放中央银行款项	1	3,613,872	3,350,788	3,548,996	3,290,270
存放同业及其他金融机构款项	2	370,074	270,058	358,498	240,484
贵金属		238,714	220,091	212,492	189,722
拆出资金	3	477,537	527,415	572,095	687,221
以公允价值计量且其变动计入当期损益的金融资产	4	440,938	474,475	398,329	456,192
衍生金融资产	5	89,013	94,452	53,856	62,892
买入返售款项	6	986,631	755,627	750,763	502,296
客户贷款及垫款	7	13,892,966	12,767,334	13,125,401	12,033,200
可供出售金融资产	8	1,496,453	1,742,287	1,358,802	1,608,839
持有至到期投资	9	3,542,184	2,973,042	3,439,471	2,876,081
应收款项类投资	10	277,129	291,370	231,631	263,456
长期股权投资	11	32,441	30,077	148,191	128,491
固定资产	12	216,156	220,651	100,507	105,215
在建工程	13	29,531	22,968	20,173	16,675
递延所得税资产	14	48,392	28,398	47,250	27,334
其他资产	15	335,012	368,232	272,305	291,673
资产合计		26,087,043	24,137,265	24,638,760	22,780,041

图 10-4　中国工商银行 2017 年度资产负债表(报告式)

中国工商银行股份有限公司
合并资产负债表和资产负债表 (续)
2017 年 12 月 31 日
(除特别注明外，金额单位均为人民币百万元)

	附注四	本集团 2017 年	本集团 2016 年	本行 2017 年	本行 2016 年
负债：					
向中央银行借款		456	545	404	379
同业及其他金融机构存放款项	16	1,214,601	1,516,692	1,151,039	1,471,539
拆入资金	17	491,948	500,107	445,193	449,243
以公允价值计量且其变动计入当期损益的金融负债	18	425,948	366,752	407,766	352,001
衍生金融负债	5	78,556	89,960	46,682	58,179
卖出回购款项	19	1,046,338	589,306	810,610	304,987
存款证	20	260,274	218,427	221,489	194,503
客户存款	21	19,226,349	17,825,302	18,560,533	17,235,587
应付职工薪酬	22	33,142	32,864	29,616	29,562
应交税费	23	82,550	63,557	80,642	61,604
已发行债务证券	24	526,940	357,937	436,275	279,446
递延所得税负债	14	433	604	-	-
其他负债	25	558,452	594,049	395,462	441,121
负债合计		23,945,987	22,156,102	22,585,711	20,878,151

图 10-5　中国工商银行 2017 年度资产负债表(报告式)(续 1)

中国工商银行股份有限公司
合并资产负债表和资产负债表 (续)
2017 年 12 月 31 日
(除特别注明外，金额单位均为人民币百万元)

	附注四	本集团 2017 年	本集团 2016 年	本行 2017 年	本行 2016 年
股东权益：					
股本	26	356,407	356,407	356,407	356,407
其他权益工具	27	86,051	86,051	79,375	79,375
资本公积	28	151,952	151,998	156,217	156,217
其他综合收益		(62,058)	(21,738)	(52,585)	(21,095)
盈余公积	29	232,703	205,021	229,146	201,980
一般准备	30	264,892	251,349	259,374	246,308
未分配利润	31	1,097,544	940,663	1,025,115	882,698
归属于母公司股东的权益		2,127,491	1,969,751	2,053,049	1,901,890
少数股东权益		13,565	11,412	-	-
股东权益合计		2,141,056	1,981,163	2,053,049	1,901,890
负债及股东权益总计		26,087,043	24,137,265	24,638,760	22,780,041

图 10-6　中国工商银行 2017 年度资产负债表(报告式)(续 2)

资产负债表在编制过程中，“期末余额”栏一般应根据资产、负债和所有者权益类科目的期末余额填列，一般分为四种情况：

(1) 根据总账科目的余额填列，如“应交税费”“预计负债”“短期借款”“递延收益”等列示项目。

(2) 根据明细账科目的余额计算填列，如“应付职工薪酬”项目，应根据“应付职工薪酬”和“预收账款”科目所属的相关明细科目的期末贷方余额合计数填列。

(3) 根据总账科目和明细账科目的余额分析计算填列，如“其他非流动资产”项目，需根据有关科目的期末余额扣除将于一年内(含一年)收回数后的金额填列。

(4) 根据有关科目余额减去其备抵科目后的净额填列，如“无形资产”项目，应根据相关科目的期末余额减去累计摊销后的金额填列；若已计提减值准备的，还应扣除相应的减值准备。

知识链接

“非流动性资产”是指不能在一年或者超过一年的一个营业周期内变现或者耗用的资产，主要包括长期应收款、长期股权投资、工程物资、投资性房地产、固定资产、在建工程、无形资产、长期待摊费用等。

“一年内到期的非流动资产”反映企业将于一年内到期的非流动资产项目金额，包括一年内到期的长期待摊费用和一年内可收回的长期应收款等。需要注意的是，“固定资产”“无形资产”等项目，折旧或摊销年限只剩一年或不足一年的，应仍在“固定资产”“无形资产”等项目中列示，不转入“一年内到期的非流动资产”项目。

商业银行资产负债表中的“期初余额”栏通常根据上年度对应项目的期末余额填列，即与上年末资产负债表的“期末余额”保持一致。如果企业发生了会计政策变更、前期会计差错更正等事项，应相应对有关项目的期初余额进行调整。

2. 利润表

利润表又称损益表，是反映企业在一定会计期间经营成果的财务报表，可以评价一个企业的经营成果和投资效率，分析企业的盈利能力及未来一定时期的盈利趋势。由于利润表反映的是企业一定会计期间内的经营成果，因此也被称为动态报表。

目前国际上常用的利润表格式主要有单步式和多步式两种。单步式是将当期收入总额相加，然后将所有费用总额相加，一次计算出当期收益的方式，其特点是所提供的信息都是原始数据，便于理解；多步式是将各种利润分多步计算以求得净利润的方式，便于报表使用者对企业经营情况和盈利能力进行比较和分析。在我国，商业银行利润表的编制多数采用多步式结构，如表 10-2 所示。

表 10-2　商业银行利润表

会商银 02 表

编制单位：　　　　　　　　---年---月　　　　　　　　单位：元

项　目	附注	本期金额	上期金额
一、营业收入			
利息净收入			

续表

项　　目	附注	本期金额	上期金额
利息收入			
利息支出			
手续费及佣金净收入			
手续费及佣金收入			
手续费及佣金支出			
投资(损失)/收益			
其中：对联营企业和合营企业的投资收益			
公允价值变动(损失)/收益			
汇兑(损失)/收益			
其他业务收入			
二、营业支出			
税金及附加			
业务及管理费			
资产减值损失			
其他业务成本			
三、营业利润			
加：营业外收入			
减：营业外支出			
四、利润总额			
减：所得税费用			
五、净利润			
归属于母公司股东的净利润			
少数股东损益			
六、其他综合收益			
(一)归属于母公司股东的其他综合收益的税后净额			
以后不能重分类进损益的其他综合收益			
以后将重分类进损益的其他综合收益			
(二)归属于少数股东的其他综合收益的税后净额			
七、综合收益总额			
(一)归属于母公司股东的综合收益总额			
(二)归属于少数股东的综合收益总额			
八、每股收益			
(一)基本每股收益			
(二)稀释每股收益			

如表10-2所示，我国商业银行利润表的编制通常分为六个步骤。

(1) 计算营业利润。商业银行通过对营业收入、营业支出各项目按性质进行归集，按照计算汇总的营业收入总额减去各项营业支出，得出一定期间内的营业利润。

(2) 计算利润总额。商业银行通过步骤(1)计算出的营业利润总额，加减经营过程中发生的利得或损失(即营业外收入和营业外支出)，计算出银行经营实现的利润总额。

(3) 计算净利润(或净亏损)。利用步骤(2)计算出的利润总额，减去商业银行所得税费用，即为商业银行实现的净利润(或净亏损)。

(4) 计算其他综合收益。

(5) 计算综合收益总额。以步骤(3)计算出的净利润(或净亏损)和其他综合收益为基础，计算综合收益总额。

(6) 计算每股收益。

利润表列示项目数据的填列与资产负债表相似，包括“本期金额”和“上期金额”。“本期金额”一般应当根据列示的损益类科目和所有者权益类有关科目的发生额进行填列；“上期金额”则应与上个年度同期利润表“本期金额”的填列金额一致。若上年该期利润表规定的各个项目的名称和内容与本期不相一致，应对上年该期利润表各项目的名称和数字按照本期的规定进行调整，填入“上期金额”栏。

3. 现金流量表

现金流量表是按照收付实现制原则编制的，反映企业在一定会计期间现金和现金等价物流入与流出的报表。

知识链接

现金是指企业的库存现金以及可以随时用于支付的存款；现金等价物是指企业持有的期限短，流动性强，易于变换为已知金额的现金、价值变动风险很小的投资。现金等价物虽然不是现金，但其支付能力与现金的差别不大，可视为现金。报表使用者可以通过现金流量表，对企业的支付能力、偿债能力和周转能力进行评价，了解现金流量的影响因素并对企业未来的现金流量进行预测，提高决策质量。

现金流量表的结构依据企业业务活动的性质和现金流量的来源，划分为经营活动产生的现金流量、投资活动产生的现金流量和筹资活动产生的现金流量。具体到商业银行来说，经营活动是指商业银行投资活动和筹资活动以外的所有交易和事项，主要包括吸收存款、发放贷款、同业拆借、同业存放等；投资活动是指商业银行长期资产的构建和不包括在现金等价物范围内的投资及其处置活动；筹资活动是指会导致商业银行资本及债务规模和构成发生变化的活动。

商业银行现金流量表的构成如表 10-3 所示。

表 10-3　商业银行现金流量表

会商银 03 表

编制单位：　　　　　　　　　　年　　月　　　　　　　　　　单位：元

项　　目	本期金额	上期金额
一、经营活动产生的现金流量		
向中央银行借款净增加额		
客户存款和同业存放款项净增加额		

续表

项　　目	本期金额	上期金额
拆入资金净增加额		
卖出回购金融资产净增加额		
买入返售金融资产净减少额		
收取的以公允价值计量且其变动计入当期损益的金融资产投资收益		
以公允价值计量且其变动计入当期损益的金融负债净增加额		
收取利息、手续费及佣金的现金		
处置抵债资产收到的现金		
收到其他与经营活动有关的现金		
经营活动现金流入小计		
客户贷款及垫款净增加额		
存放中央银行和同业款项净增加额		
拆出资金净增加额		
以公允价值计量且其变动计入当期损益的金融资产净增加额		
买入返售金融资产净增加额		
拆入资金净减少额		
支付手续费及佣金的现金		
卖出回购金融资产净减少额		
支付给职工以及为职工支付的现金		
支付的各项税费		
支付其他与经营活动有关的现金		
经营活动现金流出小计		
经营活动产生的现金流量净额		
二、投资活动产生的现金流量		
收回投资收到的现金		
收取的现金股利及红利		
处置固定资产和其他长期资产收回的现金净额		
收到其他与投资活动有关的现金		
投资活动现金流入小计		
投资支付的现金		
购建固定资产、无形资产和其他长期资产支付的现金		
取得子公司、联营和合营企业支付的现金		
支付其他与投资活动有关的现金		
对子公司增资支付的现金		
增加在建工程支付的现金		
投资活动现金流出小计		
投资活动产生的现金流量净额		
三、筹资活动产生的现金流量		

续表

项　　目	本期金额	上期金额
吸收投资收到的现金		
其中：子公司吸收少数股东投资收到的现金		
发行债券收到的现金		
发行其他权益工具收到的现金		
收到其他与筹资活动有关的现金		
筹资活动现金流入小计		
偿还债务支付的现金		
分配股利、利润或偿付利息支付的现金		
取得少数股东股权所支付的现金		
支付其他与筹资活动有关的现金		
筹资活动现金流出小计		
筹资活动产生的现金流量净额		
四、汇率变动对现金及现金等价物的影响		
五、现金及现金等价物净增加额		
加：期初现金及现金等价物余额		
六、期末现金及现金等价物余额		

商业银行在编制现金流量表的过程中，应将权责发生制原则下的有关经济活动调整为收付实现制下的现金流量信息。其中，经营活动现金流量的编制方法有两种：一是直接法，二是间接法。这两种方法也被称为编制现金流量表的直接法和间接法。

所谓直接法，是指以利润表中的营业收入为起点，调节与经营活动有关的项目的增减变动，然后计算出经营活动产生的现金流量。间接法，则是以净利润为起算点，调整不涉及现金的收入、费用、营业外收支等有关项目，剔除投资活动、筹资活动对现金流量的影响，据此计算出经营活动产生的现金流量。需要注意的是，在现金流量表中，现金和现金等价物通常被看做一个整体，现金和现金等价物之间的转换不会产生现金的流入和流出，如银行提取现金、用现金购买短期到期的国债等现金和现金等价物之间的转换不属于现金流量。

根据我国会计准则的要求，商业银行在编制现金流量表时，应当采用直接法列示经营活动产生的现金流量。采用直接法编制现金流量表时，可以采用工作底稿法、T 型账户法和分析填列法。

知识链接

采用工作底稿法编制现金流量表，就是以工作底稿为手段，以利润表和资产负债表数据为基础，结合有关科目的记录，对现金流量表的每一项目进行分析并编制调整分录，从而编制出现金流量表的一种方法。工作底稿法的程序是：

(1) 将资产负债表项目的年初余额和期末余额过入工作底稿中与之对应项目期初数栏和期末数栏。

(2) 对当期业务进行分析并编制调整分录。在调整分录中，有关现金及现金等价物的事项分别计入“经营活动产生的现金流量”“投资活动产生的现金流量”“筹资活动产生的现金流量”等项目，借记表示现金流入，贷记表明现金流出。

(3) 将调整分录过入工作底稿中的相应部分。

(4) 核对调整分录，借贷合计金额应相等，资产负债表项目期初数加减调整分录中的借贷金额以后，也等于期末数。

(5) 根据工作底稿中的现金流量表项目部分，编制正式的现金流量表。

T 型账户法，是以 T 型账户为手段，以资产负债表和利润表数据为基础，对每一项目进行分析并编制调整分录，从而编制出现金流量表的方法。

分析填列法，是直接根据资产负债表、利润表和有关会计科目明细账的记录，分析计算出现金流量表各项目的金额，并据以编制现金流量表的一种方法。

此外，商业银行还应当披露现金流量表的补充资料，以便了解净利润与经营活动产生的现金流量差异的原因，从现金流量的角度分析净利润的质量。商业银行编报现金流量表补充资料时，需采用间接法，以净利润为基础，调节到经营活动现金流量的信息。补充资料的格式如表 10-4 所示。

表 10-4　现金流量表补充资料

单位：元

补充资料	行次	本期金额	上期金额
1. 将净利润调节为经营活动现金流量			
净利润	1		
资产减值损失	2		
固定资产折旧	3		
资产摊销	4		
债券投资溢折价摊销	5		
固定资产、无形资产和其他长期资产盘盈及处置净收益	6		
投资收益	7		
公允价值变动净损失/(收益)	8		
未实现汇兑损失/(收益)	9		
已减值贷款利息收入	10		
递延税款	11		
发行债券证券利息支出	12		
经营性应收项目的增加	13		
经营性应付项目的增加	14		
经营活动产生的现金流量净额	15		
2. 现金及现金等价物净变动情况			
现金年末余额	16		
减：现金年初余额	17		
加：现金等价物的年末余额	18		
减：现金等价物的年初余额	19		
现金及现金等价物净变动额	20		

4．所有者权益(或股东权益)变动表

所有者权益变动表也称股东权益变动表，是指反映构成所有者权益的各组成部分当期的增减变动情况的报表，全面反映了企业在一定时期内所有者权益变动的情况。通过所有者权益变动表，报表使用者不仅可以了解到一个企业所有者权益总量增减变动的金额和结构性信息，还可以准确理解所有者权益增减变动的根源。

在我国，所有者权益变动表以矩阵的形式列示，表中至少应当单独列示、反映下列信息的项目：(1) 综合收益总额；(2) 会计政策变更和差错更正的累积影响金额；(3) 所有者投入资本和向所有者分配利润等；(4) 提取的盈余公积；(5) 所有者权益各组成部分的期初和期末余额及其调节情况。

商业银行的所有者权益变动表如表 10-5 所示。

表 10-5 商业银行所有者权益变动表

会商银:04 表

编制单位:　　　　年度　　　　单位:元

项目	附注	本年金额									上年金额								
		归属于母公司所有者权益							少数股东权益	所有者权益合计	归属于母公司所有者权益							少数股东权益	所有者权益合计
		实收资本(或股本)	资本公积	减:库存股	其他综合收益	盈余公积	一般风险准备	未分配利润			实收资本(或股本)	资本公积	减:库存股	其他综合收益	盈余公积	一般风险准备	未分配利润		
一、上年年末余额																			
加：会计政策变更																			
前期差错更正																			
二、本年年初余额																			
三、本年增减变动金额(减少以“–”号填列)																			
(一)净利润																			
(二)其他综合收益																			
综合收益总额【(一)、(二)小计】																			

续表

项　目	附注	本年金额									上年金额								
		归属于母公司所有者权益							少数股东权益	所有者权益合计	归属于母公司所有者权益							少数股东权益	所有者权益合计
		实收资本(或股本)	资本公积	减：库存股	其他综合收益	盈余公积	一般风险准备	未分配利润			实收资本(或股本)	资本公积	减：库存股	其他综合收益	盈余公积	一般风险准备	未分配利润		
(三)所有者投入和减少资本																			
1. 所有者投入资本																			
2. 股份支付计入所有者权益的金额																			
3. 其他																			
(四)利润分配																			
1. 提取盈余公积																			
2. 提取一般风险准备																			
3. 对所有者(或股东)的分配																			
4. 其他																			
(五)其他																			
四、本年年末余额																			

商业银行在编制所有者权益变动表时，“上年金额”栏内的各项数字，应根据上年度所有者权益变动表中“本年金额”栏内的数字填列。若上年度所有者权益变动表中的列示项目与本年度存在不同之处，应对上年度所有者权益变动表各项目的名称和数字按照本年度的规定进行调整，将调整后的金额填入相应的“上年金额”栏内。所有者权益变动表中“本年金额”栏内的各项数字，一般应根据表格列示的各项目的科目发生额分析填列。

5. 财务报表附注

财务报表附注是对在资产负债表、利润表、现金流量表和所有者权益变动表等报表中列示项目的文字描述或明细资料，以及对未能在这些报表中列示项目的说明等。

财务报告附注的相关信息应当与资产负债表、利润表、现金流量表和所有者权益变动表等报表中列示的项目相互参照，以定量、定性信息相结合，按照一定的结构对附注信息进行系统合理的排列和分类，以帮助报告使用者理解和掌握。

知识链接

通常情况下，商业银行附注信息的披露主要包括以下几个方面的内容：

(1) 公司简介。

(2) 财务报表的编制基础及遵循企业会计准则的声明。

(3) 主要会计政策和会计估计。主要会计政策和会计估计的披露，应当涉及会计年度、记账本位币、记账基础和计价原则、企业合并和商誉、金融工具初始确认及计量等方面内容。

(4) 财务报表主要项目附注。财务报表主要项目附注是商业银行会计报表附注的重要组成部分，是对财务报表主要列示项目的进一步补充说明和解释，包括现金及存放中央银行款项、存放同业及其他金融机构款项、拆出资金、衍生工具、投资性房地产、客户贷款及垫款、固定资产、无形资产等重要会计科目信息的披露。

(5) 分部信息。商业银行分部信息的披露通常包括经营分部的划分、地理地域信息和分部会计报告。

(6) 或有事项、承诺及主要表外事项。商业银行应当对其本年度存在的未决诉讼、信贷承诺及财务担保、资本项承诺、经营租赁承诺、证券承销及债券承兑承诺等的基本信息和有关金额予以披露。

(7) 关联方关系及交易。商业银行的关联方交易主要是指与商业银行重要股东(如财政部)、控股子公司、联营及合营企业、关键管理人员之间的交易。

(8) 资产负债表日后事项。资产负债表日后事项所涵盖的期间，是指报告年度次年的 1 月 1 日至财务报告经批准报出日之间的期间。商业银行年度会计报告附注中，也应对资产负债表日后的调整事项和非调整事项予以说明，如披露利润分配方案等。

(9) 其他重要事项。商业银行的其他重要事项，包括金融工具风险管理、外币金融资产和外币金融负债、会计准则或会计政策变更的影响等。

(10) 比较数据。

(11) 财务报表的批准等。

财务报表附注是财务报表不可或缺的组成部分，是财务报告编制中的一项重要内容。附注信息的披露，有助于财务报告使用者联系相关联的信息，从而更加全面、系统地理解一个企业的经营和财务状况，为投资者科学决策提供必要的信息。

练　　习

一、单项选择题

1．20×8 年国家法定的元旦假期为 20×7 年 12 月 30 日至 20×8 年 1 月 1 日。因此商业银行应安排(　　)进行年终决算。

A. 20×7 年 12 月 29 日　　B. 20×7 年 12 月 31 日

C. 20×8 年 1 月 1 日　　D. 20×8 年 1 月 2 日

2．下列不属于商业银行年终决算日前准备工作的是(　　)。

A. 清理资金　　B. 清理实物　　C. 结转损益　　D. 试算平衡

3．下列财务报表中，属于按照编报主体分类的是(　　)。

A. 年度财务报表　B. 资产负债表　C. 财务报表附注　D. 合并财务报表

4．以下商业银行财务报表中，属于静态报表的是(　　)。

A. 资产负债表　　B. 利润表

C. 现金流量表　　D. 所有者权益变动表

5．年终决算日营业终了，商业银行应确保(　　)账户无余额。

A. 定期存款　　B. 久悬未取款项

C. 财政垫款　　D. 应付利息

二、多项选择题

1．商业银行年终决算前的准备工作中，清理各项资金包括(　　)。

A. 清理存款资金　　B. 清理贷款资金

C. 清理结算资金　　D. 清理内部资金

2．商业银行年终决算日需要进行(　　) 工作。

A. 办理业务　　B. 结转损益

C. 利润分配　　D. 试算平衡

3．一般情况下，利润表的编制方法有以下(　　)类型。

A. 多步法　　B. 报告式

C. 单步式　　D. 账户式

4. 在具体编制现金流量表时，可以采取(　　)的方法。

A. T 型账户法　　B. 工作底稿法

C. 直接法　　D. 间接法

5. 商业银行的下列经济业务中，属于现金流入或流出的有 (　　)。

A. 使用存款购置固定资产

B. 使用存放中央银行款项购买期限 2 个月的债券

C. 使用存款外购投资性房地产

D. 现金支付办公桌维修费 200 元

三、简答题

1．简述商业银行年终决算工作的要求。

2．商业银行年终决算日前的准备工作具体包括哪些内容？

3．简述商业银行年终决算日的工作流程和工作内容。

4．商业银行资产负债表中，期末余额应如何填列？

5．简述现金流量表编制中直接法和间接法的含义，及应如何进行选择。

第 11 章　保险公司业务核算

本章目标

- 掌握非寿险业务的基本会计核算
- 掌握寿险业务的基本会计核算
- 掌握再保险业务的基本会计核算

重点难点

重点：

- 非寿险业务的基本会计核算
- 寿险业务的基本会计核算
- 再保险业务的基本会计核算与原理

难点：

- 财产保险业务准备金核算
- 人身保险业务准备金核算

案例导入

2018 年 3 月 13 日，中国保险业再度迎来重要的命运转折点。根据第十三届全国人民代表大会第一次会议批准的国务院机构改革方案，银监会和保监会合并，设立中国银行保险监督管理委员会，作为国务院直属事业单位。同时，将银监会和保监会拟订银行业、保险业重要法律法规草案和审慎监管基本制度的职责划入中国人民银行，不再保留中国银监会、中国保监会。

2018 年 4 月 8 日，中国银行保险监督管理委员会(以下简称中国银保监会)新牌在鑫茂大厦南楼揭牌。这意味着，2003 年 4 月成立的银监会和 1998 年 11 月成立的保监会，在相伴前行多年之后，正式退出历史舞台。与此同时，“一行三会”监管模式也正式进入“一行两会”时代。

此次银行保险监督管理委员会的组建方案是金融监管体制改革的重要开端，是继国务院金融稳定发展委员会之后为防范系统性金融风险确立的新的组织架构，向统一金融监管框架方面迈出了坚实的一步。

近年来，随着我国金融业的飞速发展和商业银行改革的深入，基于金融竞争和合作的现实发展需要，我国金融业出现了由分业经营向混业经营转变的趋势。在这样的时代背景下，银行与保险统一监管有利于集中整合监管资源、发挥专业化优势。具体来说，一方面，银行与保险在监管理念、规则、工具具有相似性，对监管资源和监管专业能力也有相近的要求。例如，保险业“中国第二代偿付能力监管制度体系”以风险为导向，制定不同风险业务的资本金要求，就类似于银行监管中对银行资本充足率的监管要求。另一方面，在我国金融监管资源和专业人才“供不应求”的背景下，尤其是地方层面保险监管人才匮乏，统一监管有利于发挥协同效应，集中整合监管资源，充分发挥监管专业人才的专业能力，提高监管的质量和效率。

保险业务是金融企业业务的重要组成部分，目前由保险公司专门经营。但随着社会发展、金融体制改革的深入和金融监管的不断完善，金融业混业经营已是大势所趋。在我国，保险业作为国民经济必不可少的环节，是我国经济补偿制度的重要组成部分。通过保险业务的核算，能够正确反映保险公司经营活动情况，对于合理分配、运用社会保险基金，实现保险基金的保值、增值，进而充分发挥保险职能，促进社会稳定和国民经济协调发展具有重要的现实意义。

由于保险业务的特殊性，保险会计有许多特殊的理念和计量问题，理解保险业务的内容和性质是正确核算保险业务的基础。尽管保险业务具有很多的特殊性，但在保险公司的会计处理和会计信息的生成中，仍应遵循一般的会计原则，使保险公司的会计信息与其他类型企业的会计信息具有可比性。

本章将从保险业务概述、财产保险业务的核算、人身保险业务的核算和再保险业务的核算四个方面，介绍保险公司业务的核算。

11.1 保险业务概述

保险，是指投保人根据合同约定，向保险人支付保险费，保险人对于合同约定的可能发生的事故因其发生所造成的财产损失承担赔偿保险金责任，或者当被保险人死亡、伤残、疾病或者达到合同约定的年龄、期限等条件时承担给付保险金责任的商业保险行为。

本节将从保险公司业务的种类和会计核算特点两个方面，对保险业务进行概括性的介绍。

11.1.1 保险公司业务的种类

保险业务按照不同的划分标准，有不同的分类。目前，我国保险公司业务的分类方式主要有以下两种。

1．按保险对象分为财产保险和人身保险

1) 财产保险

财产保险是指投保人根据保险合同约定，向保险人交付保险费，保险人按照保险合同的约定，对所承保的财产及其有关利益因自然灾害或意外事故造成的损失承担赔偿保险金责任的保险业务。

2) 人身保险

人身保险是指保险人通过与投保人签订保险合同，在向投保人收取一定的保险费用后，在被保险人因疾病或遭遇意外事故而致伤残或死亡，或保险期满时给付医疗费用或保险金的保险业务。

知识链接

财产保险是以财产及其有关利益为保险标的的保险，通常包括财产保险、农业保险、责任保险、保证保险、信用保险等以财产或利益为保险标的的各种保险。由于财产保险多属短期保险，保险期限通常为 1 年或 1 年以内，承保的风险是自然灾害或意外事故，其损失频率和程度很不规则，因此，保费收入和赔款支出很不稳定，要求其资金必须保持较高的流动性。实务经营中一般采用保留较多的现金以及提取巨额风险准备金等措施以备赔付。

人身保险是以人的寿命和身体为保险标的的保险。由于人不能以价值来衡量，因此，人身保险不是一种补偿性质的保险，而是一种定额保险。通常情况下，人身保险的保险期限都很长，可达 5 年、10 年、数十年，包括人寿保险(含年金保险)、健康保险和人身意外伤害保险。由于人身保险的标的是人的生命、身体或劳动能力，其承保的是人的生死、伤害、疾病等风险，保险事故发生的概率较为规则，保费收入和保险金给付较为稳定，因此，对现金储备和再保险的要求较低，其积聚的巨额闲置资金可用于投资。

2．按业务承保方式分为原保险和再保险

1) 原保险

原保险是指保险人向投保人收取保费，对约定的可能发生的事故因其发生所造成的财产损失承担赔偿保险金责任，或者当被保险人死亡、伤残、疾病或达到合同约定的年龄、期限时承担给付保险金责任的保险业务。原保险协议由保险人与投保人最初达成。

知识链接

根据保险人在原保险合同延长期内是否承担赔付保险金责任，可将原保险分为寿险原保险和非寿险原保险。

寿险原保险是指在原保险合同延长期内承担赔付保险金责任的原保险，包括生存保险、死亡保险和生死两全保险。非寿险原保险是指在原保险合同延长期内不承担赔付保险金责任的原保险，包括全部的财产保险、人身保险中意外伤害险和健康险。其中，原保险合同延长期是指在投保人自上一期保费到期日未缴纳保费，保险人仍承担赔付保险金责任的期间。

非寿险保险大多属于短期性保险业务，寿险保险基本属于长期性保险业务。这两种保险合同性质不同，保费收入、保险风险的特征不同，其会计处理方式也存在差异。

2) 再保险

再保险即“保险的保险”，也叫分保，是指一个保险人(再保险的分出人)分出一定的保费给另一个保险人(再保险接受人)，再保险接受人对再保险分出人由原保险合同所引起的赔付成本及其他相关费用进行补偿的保险业务。

在再保险业务中，最初承保业务的保险人称为再保险分出人或原保险人；接受分出业务的保险人称为再保险接受人或再保险人。双方签订再保险合同，再保险分出人在分出业务的同时将其所收取的原保险费的相应部分支付给再保险接受人，当保险事故发生时，再保险分出人先将赔偿金额支付给投保人或者受益人，然后再向再保险接受人追收相当的赔款。

11.1.2 保险公司业务会计核算的特点

保险公司业务的会计核算既有别于一般的工商企业，与商业银行等其他金融企业相比，也存在很大的区别，主要表现在以下几个方面。

1．各险种类别独立建账、独立核算盈亏

保险公司所经营的各险种类别之间在业务经营期限、币种、赔付方式、收费方式都存在很大的差别，因此，在会计核算中应按险种类别分账核算。

2．会计计量需要运用保险精算技术

保险公司的业务表现为根据保险单(保险合同)向投保人收取保险费，并在合同有效期内承担相应的保险责任。为了保证向保险受益人提供赔偿或给付的义务，在向其支付赔偿或给付以前，保险公司应建立责任准备金。保险公司责任准备金计算十分复杂，需要运用保险精算技术才能确定。

3. 资产构成以金融资产为主

保险公司的流动资产中，实物形态的资产所占的比例很小，其收取的保费所形成的保险基金主要以银行存款、债券等形式进行投资，因此，金融资产所占比重很大。而且根据有关规定，保险公司一经成立，必须将其注册资本总额的 20%作为法定保证金存入保险监督管理部门指定的银行，除公司清算时用于清偿债务外，不得动用。这一规定也使得保险公司资产的构成具有特殊性。

4. 各种准备金是保险公司特有的负债

由于保险公司的经营风险很大，为了防范风险和保障投保人的权益，必须按照准则规定计提各种准备金。因此，保险公司的负债，除了一般的结算性、金融性负债外，还应包括其为履行未来赔付责任而收取的保费中提取的各种准备金形成的负债。比如，为尚未终止的非寿险保险责任提取的未到期责任准备金；为非寿险保险事故已发生尚未结案的赔偿提取的未决赔偿准备金；为尚未终止的人寿保险责任提取的寿险责任准备金；为尚未终止的长期健康保险责任提取的长期健康险责任准备金等。

11.2 财产保险业务的核算

由于财产保险的目的在于补偿财产及其相关利益的实际损失，因此，财产保险又称为物保险或物产保险或损失保险。财产保险的标的有两个：财产和与财产有关的利益。其中，财产是指以一定的物质形态存在的，并能以一定的价值尺度进行衡量的有形物质，包括动产和不动产；与财产有关的利益是指由财产所产生或引起的无形权益，以及这些权益受到侵害时引起的责任。

一般来说，财产保险业务的核算包括财产保险业务保费收入的核算、赔偿支出的核算和准备金的核算。

11.2.1 财产保险业务保费收入的核算

财产保险业务保费收入的核算包括保费的计算、核算以及账务处理三个方面。

1. 保费的计算

保费是投保人购买保险服务产品的价格，也是保险经营的物质基础。保险人通过向投保人收取保费建立保险基金，当投保人遭受约定的保险事故时，保险人就通过基金支付赔款或给付保险金，从而实现保险的基本职能。

保费由两部分构成：纯保费和附加保费。其中，纯保费是保险人用来建立保险基金，用于未来赔偿的那部分保费，也称为净保费；附加保费主要用于保险人的各项业务开支和预期利润，包括职工工资、业务费、企业管理费、代理手续费、税金、利润等。保费的高低，反映了保险公司经营收入的水平，也反映了保险公司承保业务的广度和深度，以及保险责任的大小。

2. 保费的核算

1) 保费收入的确认与计量

保费收入是保险公司履行原保险合同规定的义务而向投保人收取的对价收入。

保费收入由保险公司主要的经营活动产生，是其主要的收入项目。根据《企业会计准则第 25 号——原保险合同》规定，保费收入应当在满足下列条件时予以确认：

(1) 原保险合同成立并承担相应的保险责任。

(2) 原保险合同有关的经济利益很可能流入。

(3) 与原保险合同相关的收入能够可靠地计量。

此外，保险人代其他保险人收取的保费，应当作为应付款项处理，不应确认为保费收入。

由于财产保险合同一般是签单生效，即保险合同一经签订即告成立，保险公司开始承担保险责任，且由于财产保险合同期限一般较短，通常短于一年，保险金额可以确定，收取保费的可能性也通常大于不能收取保费的可能性，因此，在实际工作中，财产保险合同一般是签单时确认保费收入。

【微思考】对于一些特殊情况，如财产保险合同签单日与承担责任日不一致或可能收不到保费时，应如何进行会计处理？

扫一扫

财产保险合同提前解除的，保险人应当按照保险合同的约定计算确定应退还投保人的金额作为退保费，直接冲减保费收入。

2) 科目设置

为了反映和监督财产保险业务保费收入的增减变动情况，保险公司应设置“保费收入”“应收保费”“坏账准备”“预收保费”和“保户储金”等科目进行核算。各会计科目的具体设置如表 11-1 所示。

表 11-1　财产保险业务保费收入核算的主要会计科目设置

科目名称	主要核算内容	科目性质
应收保费	该科目用于核算保险公司按照原保险合同约定应向投保人收取的保费，可按投保人进行明细核算。该科目借方登记保险公司发生的应收保费及已确定认为坏账并转销的应收保费又收回的金额，贷方登记收回的应收保费及确认为坏账而冲销的应收保费，期末借方余额反映保险公司尚未收回的保费	资产类
坏账准备	该科目为应收账款的备抵科目，核算保险公司按照规定提取的应收账款的坏账准备。其借方登记确实无法收回的、经批准作为坏账损失予以转销的应收款项，贷方登记提取的坏账准备、已确认并转销的应收账款以后又收回按实际收回金额转回的坏账准备。期末贷方余额反映保险公司已提取但尚未转销的坏账准备	资产备抵科目
预收保费	该科目用于核算保险公司收到的未满足保费收入确认条件的保费。其贷方登记预收的保费，借方登记保费收入实现时结转保费收入的金额，期末贷方余额反映保险公司向投保人预收的保费	负债类

续表

科目名称	主要核算内容	科目性质
保户储金	该科目用于核算保险公司收到投保人以储金本金增值作为保费收入的储金，可按投保人进行明细核算。其贷方登记收到投保人交纳的储金，借方登记向投保人支付的储金，期末贷方余额反映保险公司应付未付投保人储金。保险公司收到投保人投资型的保险业务投资款，可将科目改为“保户投资款”科目。保险公司应向投保人支付的储金或投资款增值，也在该项目中核算	负债类
保费收入	该科目用于核算保险公司承保业务确认的保费收入。其贷方登记保险公司确认的保费收入及分保费收入的调整增加金额，借方登记发生的退保费、续保时的折扣、无赔偿优待及分保费收入调整减少的金额。期末，该科目余额转入“本年利润”科目，结转后该科目无余额	损益类

3. 账务处理

保费是保险公司会计部门以业务部门出具的“保费日报表”或“保费收据”作为原始凭证，编制记账凭证后入账的。投保人缴纳保费的方式主要有以现金或银行存款直接缴纳和以保险客户储金的收益作为保费两种形式，因此，保险公司收取保费的核算也有两种情况。

1) 直接缴纳保费的核算

保费并非都在签订保单的同时收妥，一般情况下，会计部门收到业务部门交来的“保费日报表”和“保费收据”等有关单据时，保费一般尚未收到。但由于保单一经签订，双方的权利和义务即已确定，在会计上应反映“保费收入”的增加；又由于保费多数是汇总入账的，为了核算方便，当会计部门收到“保费日报表”和“保费收据”时，也可以通过“应收保费”科目进行核算。

对于一些大保户或者保额高的保户，经保险公司同意，可以分期缴纳保费。保费一旦签单，则全部保费均确认为保费收入，未收款部分记入“应收保费”科目，待下期收款时再冲销。经确认为坏账的应收保费，应通过冲销“坏账准备”予以处理；收回已确认为坏账并转销的应收保费时，再转回坏账和应收保费。

经典案例

【例 11-1】某企业投保财产综合险，与某财产保险公司签订保单，双方约定保费为 200 000 元，分期付款。首期通过银行贷记凭证收款通知，保险公司已收到 40 000 元，其余保费分 8 期，每期收取 20 000 元。

首期收款并发生应收保费时，其会计分录为

借：银行存款——活期户　　40 000

　　应收保费——某企业　　160 000

　　贷：保费收入　　　　　　200 000

以后每期收到保费时，其会计处理为

借：银行存款——活期户　　20 000

　　贷：应收保费——某企业　　20 000

最后一期保费未收到已有 3 年以上，经确认为坏账，按批准的坏账转销凭证冲销坏账准备时，会计分录为

借：坏账准备　　20 000

　　贷：应收保费——某企业　　20 000

上述已转销的应收保费以后又收到时，其会计分录为

借：应收保费——某企业　　20 000

　　贷：坏账准备　　20 000

同时，

借：银行存款——活期户　　20 000

　　贷：应收保费——某企业　　20 000

2) 以保户储金的收益作为保费的核算

这种保费收取方式主要适用于财产保险业务中的两全保险，如家财两全险，即以家庭财产作为保险标的，当财产发生保险责任范围内的损失时，保险公司要给予赔偿；若保险期满保险财产没有发生损失，则可以领取全部保险费。“两全保险”是既有保险保障，又具有储蓄性质的保险，因此，两全保险应将所收取的保费作为储金，而将本金孳生的利息或投资收益作为保费收入。这种保险业务的形式，需要把保户储金作为定期存款存入银行或用于购买债券，期限一般为 3 年或 5 年。

经典案例

【例 11-2】某财产保险公司会计部门收到业务部门交来的 3 年期家财两全险保户储金日结汇总表、储金收据及银行储金专户收账通知，计 2 000 000 元，预定年利率为 2.25%，不计复利，3 年后一次还本付息。

收到保户储金存入银行专户时，其会计分录为

借：银行存款——储户专户　　2 000 000

　　贷：保户储金——家财两全险　　2 000 000

第一年、第二年末，按预定年利率计算保户储金每年应计利息 45 000，会计分录为

借：应收利息——家财两全险　　45 000

　　贷：保费收入——家财两全险　　45 000

第三年，家庭财产两全险的保单到期，3 年期专户储存存单转为活期存款，并将银行存款归还保户储金，其会计分录为

借：银行存款　　2 135 000

　　贷：银行存款——储金专户　　2 000 000

　　　　应收利息　　90 000

　　　　保费收入——家财两全险　　45 000

同时，

借：保户储金——家财两全险　　　　2 000 000

　　贷：银行存款　　　　　　　　　　2 000 000

3) 中途加保的核算

保单签发后至满期前，由于保险标的升值、所保财产的转移、财产重估等原因，投保人中途会要求加保。如果投保人要求中途加保或退保，应由投保人提出书面申请，业务部门审查同意后，签发批单，并将批单及投保人的有关单据交财会部门，财会部门审查无误后，编制记账凭证。中途加保保费收入的核算与投保时保费收入的核算相同。

4) 中途退保的核算

非寿险原保险合同提前解除的，保险公司应当按照原保险合同的约定计算确定应退还投保人的金额作为退保费，直接冲减保费收入。退保时尚欠的应收保费，则应从所退保费中直接扣除。

两全保险的投保人要求中途退保，应将保险单及储金收据交回，经审查同意后，按保险费率计算应收保费(保险费以年计算，不满一年的按一年收取)，扣除已转作保费收入的应收利息，差额作为保费收入。保户储金扣除保费收入和应收利息后，即为应退还的储金。

经典案例

【例 11-3】某家庭财产两全保险投保人要求退还保户储金，投保时交储金 10 000 元，保险期限为 3 年，现已投保 2 年零 2 个月。经业务部门审核，同意退保，收到交回的保单及储金收据，签发批单，按保费率计算每年保费为 225 元，前两年已计入应计利息 500 元，余款退还现金。

会计分录为

借：保户储金——家财两全险　　　　10 000

　　贷：保费收入——家财两全险　　　　225

　　　　应收利息　　　　　　　　　　　500

　　　　库存现金　　　　　　　　　　9 275

11.2.2　财产保险业务赔偿支出的核算

财产保险理赔是指在保险财产遭受保险责任范围内的灾害事故损失时，保险人根据保险合同的规定，对投保人履行经济赔偿义务所进行的工作。

本节从会计科目设置和账务处理两个方面，介绍财产保险业务赔偿支出的核算。

1. 会计科目设置

为了反映和监督财产保险业务赔偿支出的增减变动情况，保险公司应设置“赔付支出”“预付赔付款”“损余物资”“应收代位追偿款”等科目进行核算。会计科目设置的具体内容如表 11-2 所示。

表 11-2　财产保险业务赔偿支出核算的会计科目设置

科目名称	主要核算内容	科目性质
预付赔付款	该科目用于核算保险公司在处理各种理赔案件过程中，按照保险合同约定预先支付的赔付款，可按投保人或受益人进行明细核算。该科目借方登记预先支付的赔付款，贷方登记结案后转作的赔付支出，期末余额为已预付但尚未结案的赔款。再保险接受人分入分保业务须支付的赔付款也在该科目核算	资产类
损余物资	该科目用于核算保险公司按照原保险合同约定承担赔偿保险金后取得的损余物资成本，可按损余物资种类进行明细核算。该科目借方登记保险公司承担赔偿保险金责任后取得的损余物资成本，贷方登记处置损余物资时转出的账面余额。期末借方余额反映保险公司承担赔偿保险金责任后取得的损余物资成本	
应收代位追偿款	该科目用于核算保险公司按照保险合同约定承担赔付保险金责任后确认代位追偿款。该科目借方登记保险公司承担赔付保险金责任后确认的代位追偿款，贷方登记收回应收代位追偿款时转销的应收代位追偿的账面余额。期末借方余额反映保险公司已确认尚未收回的代位追偿款	
赔付支出	该科目用于核算保险公司财产保险、意外伤害保险、1 年期以内(含 1 年)的健康保险业务按保险合同约定支付的赔款和发生的理赔勘查费用。其借方登记所发生的赔付支出、“预付赔付款”科目转销金额和发生的理赔勘查费，贷方登记收回损余物资的冲减金额及错赔、骗赔追回的赔款。期末，该科目余额转入“本年利润”科目，结转后该科目无余额	损益类

2．账务处理

根据《企业会计准则第 25 号——原保险合同》规定，保险人应当在确认支付赔付款项或实际发生理赔费用的当期，按照确定支付的赔付款金额或实际发生的理赔费用金额，计入当期损益；同时，冲减相应的未决赔款准备金余额。在具体业务的账务处理中，包含以下几种情况。

1) 当期结案的赔付支出的核算

经典案例

【例 11-4】某企业投保的车辆损失险出险，承保该企业的财产保险公司会计部门收到业务部门交来的赔款计算书和被保险人签章的赔款收据，签发赔款 200 000 元的转账支票给投保人。

会计分录为

借：赔付支出——车辆损失险　　　　200 000

　　贷：银行存款——活期户　　　　200 000

2) 预付赔款的核算

有些保险赔案的理赔过程旷日持久，为了使投保人能及时恢复生产过程或生活秩序，保险公司亦可先预付一笔赔款，其余的待结案时再行补足。

经典案例

【例 11-5】 某企业投保的财产综合险出险，因保险双方对实际损失存在争议，一时难以结案。承保该企业财产保险的公司先预付赔款 200 000 元，以银行转账支票付讫。后经双方调查协商，确定保险损失为 400 000 元，公司再以转账支票 200 000 元补足赔款。

预付赔款时，其会计分录为

借：预付赔付款——财产综合险　　200 000

　　贷：银行存款　　200 000

补付赔款及结案时，其会计分录为

借：赔付支出——财产综合险　　400 000

　　贷：预付赔付款——财产综合险　　200 000

　　　　银行存款　　200 000

3) 理赔勘查支出的核算

理赔勘查支出是指保险公司对保险责任范围内的保险事故现场勘查发生的费用，以及公司聘请专业技术人员对承保的保险标的损失进行估损鉴定等发生的支出，如律师费、诉讼费、损失检验费、相关理赔人员薪酬等。

保险人应当在实际发生理赔费用的当期，按照实际发生的理赔费用金额计入当期损益。其中，保险责任范围内赔案不成立的勘查支出在其他业务成本中列支，不得列入赔偿支出。

4) 损余物资的核算

保险财产遭损受灾，通常部分受损物资还具有一定的经济价值，这部分物资称为损余物资。保险财产遭受保险事故后，损余物资一般应合理作价归投保人，并在赔偿中予以扣除；如果被保险人不愿意接受，保险公司可按全额赔付，损余物资交归保险公司处理。

根据《企业会计准则 25 号——原保险合同》的规定，保险人承担赔偿保险金责任后取得的损余物资，应当将按照同类或类似资产的市场价格计算确定的金额确认为资产，并冲减当期赔付成本。其会计分录为

借：损余物资

　　贷：赔付支出

处理损余物资时，保险人应当按照收到的余额与相关损余物资账面价值的差额，调整当期赔付成本。会计分录为

借：库存现金(银行存款)

借或贷：赔付支出

　　贷：损余物资

5) 错赔或骗赔案件的核算

在保险理赔的过程中，不可避免地要发生某些错赔或骗赔的案件，一经发现，要认真

查处并追回赔款，并冲减相应的赔付支出。

6) 代位追偿款的核算

应收代位追偿款，是指保险人承担赔付保险金责任后，依法向第三者责任人索赔不属于其免责范围所造成的损失而应当取得的赔款。保险人承担赔付保险金责任应收取的代位追偿款，同时满足以下条件的，应当确认为应收代位赔偿款，并冲减当期赔付成本：

(1) 与该代位追偿款有关的经济利益很可能流入。

(2) 该代位追偿款的金额能够可靠地计量。

保险人承担赔付保险金责任后确认的代位追偿款，应当按照确认的代位追偿金额，借记“应收代位追偿款”科目，贷记“赔付支出”科目。

收到应收代位追偿款时，保险人应当按照收到的金额与相关应收代位追偿款账面价值的差额，调整当期的赔付成本。即按实际收到的代位追偿金额，借记“库存现金”“银行存款”等科目，按已计提的相关坏账准备，借记“坏账准备”科目，按实际收到的代位追偿款金额与相关应收代位追偿款账面价值的差额，借记或贷记“赔付支出”科目，按照相关应收代位追偿款的账面余额，贷记“应收代位追偿款”科目。

11.2.3 财产保险业务准备金的核算

财产保险准备金是指保险公司为履行其承担的保险责任或备付未来赔款，从所收取的保险费中按规定提取的资金准备。财产保险准备金是保险公司的一种资金积累，包括未到期责任准备金和未决赔偿准备金。

知识链接

财产保险合同成立并生效后，保险公司即负有合同约定的保险责任，具有在投保人发生保险事故的情况下，向保险受益人提供赔偿的义务，在向保险收益人支付赔偿之前，这项内容实质构成了保险公司的一项负债。由于保费通常在投保人发生保险事故之前收取，而赔偿是在此之后，因此，为了保证未来赔偿有充足的资金来源，保险公司需要计提财产保险准备金，确认负债，同时将计提的金额计入当期损益。

1. 未到期责任准备金的核算

1) 未到期责任准备金的确认和计量

未到期责任准备金是指保险人为尚未终止的非寿险保险责任提取的准备金。根据《企业会计准则第 25 号——原保险合同》的规定，保险人应当在确认非寿险保费收入的当期，按照保险精算确定的金额提取未到期责任准备金，作为当期保费收入的调整，并确认未到期责任准备金负债。

2) 会计科目设置

为了反映和监督财产保险未到期责任准备金的增减情况，主要应设置“未到期责任准备金”和“提取未到期责任准备金”科目进行核算。会计核算的主要科目设置如表 11-3 所示。

表 11-3　财务保险未到期责任准备金核算的主要会计科目设置

科目名称	主要核算内容	科目性质
未到期责任准备金	该科目用于核算保险公司按规定提取的非寿险原保险合同未到期的责任金，再保险接受人提取的再保险合同分保未到期责任准备金，也在该科目核算。该科目贷方登记按规定提取的未到期责任准备金，借方登记按规定冲减的未到期责任准备金。期末贷方余额反映保险公司的未到期责任准备金。该科目可按保险合同进行明细核算	负债类
提取未到期责任准备金	该科目用于核算保险公司提取的非寿险原保险合同未到期责任准备金和再保险合同分保未到期责任准备金，可按险种和保险合同进行明细核算。其借方登记按规定提取的未到期责任准备金，贷方登记按规定冲减的未到期责任保险金。期末，应将该科目余额转入“本年利润”科目，结转后该科目无余额	损益类

3) 账务处理

未到期责任准备金的账务处理包括未到期责任准备金的计提、转销，资产负债表日的处理以及提取未到期责任准备金结转本年利润等内容。

(1) 未到期责任准备金的计提。保险人应当在确认非寿险保费收入的当期，按照保险精算确定的金额提取未到期责任准备金，作为当期保费收入的调整，并确认未到期责任准备金负债。其账务处理为

借：提取未到期责任准备金

　　贷：未到期责任准备金

(2) 资产负债表日的处理。保险人应当在资产负债表日，按照保险精算重新计算确定的未到期责任准备金金额与已提取的未到期责任准备金余额的差额，调整未到期责任准备金余额。其账务处理为

借：未到期责任准备金

　　贷：提取未到期责任准备金

(3) 未到期责任准备金的转销。原保险合同提前解除的，保险人应当转销相关未到期责任准备金余额，计入当期损益。其账务处理为

借：未到期责任准备金

　　贷：提取未到期责任准备金

(4) 提取未到期责任准备金的期末结转。期末，应将“提取未到期责任准备金”科目余额结转“本年利润”科目。

2. 未决赔款准备金核算

1) 未决赔款准备金的确认与计量

未决赔款准备金属于特别保证金，是指保险人为非寿险保险事故已发生尚未结案赔案提取的准备金，包括已发生已报案未决赔款准备金、已发生未报案未决赔款准备金和理赔费用准备金。

知识链接

已发生已报案未决赔款准备金是指保险人为非寿险保险事故已发生并已向保险人提出

索赔、尚未结案的赔案提取的准备金。

已发生未报案未决赔偿准备金是指保险人为非寿险保险事故已发生、尚未向保险人提出索赔的赔案提取的准备金。

理赔费用准备金是指保险人为非寿险保险事故已发生尚未结案的赔案可能发生的律师费、诉讼费、损失检验费、相关理赔人员薪酬等费用提取的准备金。

根据《企业会计准则第 25 号——原保险合同》的规定，保险人应当在非寿险保险事故发生的当期，按照保险精算确定的金额提取未决赔偿准备金，并确认未决赔偿准备金负债。

2) 会计科目设置

为了反映和监督财产保险业务未决赔偿准备金的增减变动情况，保险公司应设置“未决赔款准备金”和“提取未决赔款准备金”科目进行核算。会计核算的主要科目设置如表 11-4 所示。

表 11-4 财产保险未决赔款准备金核算的主要会计科目设置

科目名称	主要核算内容	科目性质
未决赔款准备金	该科目用于核算保险公司为已经发生的非寿险保险事故并已提出保险赔款，以及已经发生非寿险保险事故但尚未提出保险赔款的赔案及可能发生的理赔费用，按规定提取的未决赔款准备金。该科目可按保险合同进行明细核算，贷方登记按规定提取的未决赔款准备金，借方登记按规定冲减的未决赔款准备金。期末贷方余额反映保险公司的未到期责任准备金。此外，再保险接受人提取的再保险合同未决赔款准备金，也在该科目核算	负债类
提取未决赔款准备金	该科目用于核算保险公司由于发生非寿险保险事故并提出保险赔款，以及已经发生非寿险保险事故但尚未提出保险赔款及可能发生理赔的费用，按照规定提取的未决赔款准备金。该科目借方登记按规定提取的未决赔款准备金，贷方登记按规定冲减的未决赔款准备金。期末，该科目余额转入“本年利润”科目，结转后该科目无余额。此外，再保险接受人提起的再保险合同未决赔款准备金，也在该科目核算	损益类

3) 账务处理

未决赔款准备金核算的账务处理可以分为以下几种情况。

(1) 未决赔款准备金的计提。投保人发生非寿险保险合同约定的保险事故当期，保险公司按照保险精算确定未决赔款准备金的账务处理为

借：提取未决赔款准备金

　　贷：未决赔款准备金

知识链接

保险人至少应当于每年年度终了，对未决赔款准备金进行充足性测试。保险人按照保险精算重新计算确定的未决赔款准备金金额超过充足性测试日已提取的未决赔款准备金余额的，应当按照其差额补提未决赔款准备金；保险人按照保险精算重新计算确定的未决赔款准备金金额小于充足测试日已计提的未决赔款准备金余额的，不调整未决赔款准备金。

(2) 未决赔款准备金的冲减。原保险合同保险人确定支付赔付款项金额或实际发生理赔费用当期，应按冲减的相应赔款准备金余额做账务处理：

借：未决赔款准备金

　　贷：提取未决赔款准备金

(3) 结转未决赔偿准备金。期末，应将“提取未决赔款准备金”科目的余额结转“本年利润”科目。

经典案例

【例 11-6】20×7 年 5 月 31 日，某财产保险公司对某财产保险合同按照保险精算确定的未决赔偿准备金金额为 500 000 元，其中，已发生已报案未决赔偿准备金金额为 360 000 元，已发生未报案未决赔偿准备金金额为 60 000 元，理赔费用准备金金额为 80 000 元。20×7 年 5 月 31 日，分配相关理赔人员职工薪酬 50 000 元，20×7 年 6 月 23 日，该财产保险以银行存款支付该财产保险合同赔款 380 000 元。

2012 年 5 月 31 日提取未决赔款准备金时，其会计分录为

借：提取未决赔款准备金　　500 000

　　贷：未决赔款准备金　　500 000

2012 年 5 月 31 日分配相关理赔人员职工薪酬时，其会计分录为

借：赔付支出　　50 000

　　贷：应付职工薪酬　　50 000

借：未决赔款准备金　　50 000

　　贷：提取未决赔款准备金　　50 000

2012 年 6 月 23 日支付赔款时，其会计分录为

借：未决赔款准备金　　450 000

　　贷：提取未决赔款准备金　　450 000

借：赔付支出　　380 000

　　贷：银行存款　　380 000

11.3 人身保险业务核算

人身保险是以人的生命、身体或劳动能力为保险标的，以被保险人的生死、伤害、疾病为保险事故的保险业务。人身保险具有储蓄性、保险金额给付确定性、保险期限长期性等特点，这些特点决定了人身保险业务核算与财产保险业务核算相比存在差异，具有自己的特殊性。根据《中华人民共和国保险法》的规定，人身保险可以分为人寿保险、意外伤害保险和健康保险三大类。

本节将从人寿保险业务的核算、保险金给付的核算、退保核算、意外伤害和健康保险业务的核算以及人身保险业务准备金的核算等方面，对人身保险业务核算进行详细阐述。

11.3.1 人寿保险业务的核算

人寿保险业务的核算包括保费计算和保费收入核算两个方面。

1．保费计算

确定人寿保险业务保费的基本原理：保费收入的现值等于未来保险支付的现值与所有费用开支的现值之和。人寿保险业务保费由纯保费和附加保费两部分组成。纯保费是以预定死亡率和预定利率为基础所计算的保费，是保险公司用于保险支付的那部分费用。附加保费主要是用于保险公司的各项业务开支和预期利润的来源，它是根据预定费用率计算出来的，其费用组成比较复杂。

2．保费收入的核算

1) 保费收入的确认和计量

人寿保险业务保费收入的确认，也应同时满足《企业会计准则第25号——原保险合同》中所规定的三个确认条件。此外，该准则还规定，对于寿险原保险合同分期收取保费的，应当根据当期应收取的保费确定；一次性收取保费的，应当根据一次性应收取的保费确定。

人寿保险业务保费收入的核算和财产保险业务基本类似。

2) 会计科目设置

为了反映和监督人寿保险业务保费收入增减变动情况，保险公司应设置“保费收入”“预收保费”“应收保费”等科目进行核算。

3) 账务处理

人寿保险业务保费收入的核算包括业务发生时收取的保费和预收保费两种情况。投保人向人寿保险公司投保人寿保险，除按规定办理投保手续外，在缴费时，还应由业务人员填制一式三联“××保费收据”缴费凭证，投保人凭此凭证交款。经审核、验钞并签字盖章后，将凭证第一联退还投保人，第二联交业务员作登记分户卡的依据，第三联连同银行存款解缴回单一并送交会计部门，作为会计人员登账的依据。

保费收入的核算可分为以下几种情况。

(1) 保险业务发生时收取保费的核算。保险业务发生时，若分期收取保费，应当根据当期应收取的保费确认为保费收入；若一次性收取保费的，应当根据一次性收取的保费确认为保费收入。其账务处理为

借：库存现金(或银行存款等科目)

　　贷：保费收入

(2) 预收保费的核算。在预收保费的情况下，投保人提前缴纳的保险费，应通过“预收保费”科目核算。其账务处理为

借：库存现金(或银行存款等科目)

　　贷：预收保费

在将预收的保费转为已实现的保费收入时，其账务处理为

借：预收保费

　　贷：保费收入

11.3.2 人寿保险业务保险金给付的核算

人寿保险业务保险金给付是指保险公司对投保人在保险期满或在保险期中支付保险

金，以及对保险期内发生的保险责任范围内的意外事故按规定给付保险金。

人寿保险业务保险金给付分为期满给付、死伤医疗给付和年金给付。

1. 满期给付的核算

被保险人生存到保险期满时，保险公司给付的保险金称为满期给付。满期给付是综合投保年龄、保险期限、交费时间和投保分数等因素，根据寿险精算出来的。满期险种主要有生存保险、生死两全保险。被保险人持本人的保险凭证、身份证、缴费凭证等向保险公司申请满期给付保险金，经保险公司审核后，由业务部门填制“期满给付领款收据”，连同有关证件一并送财会部门，由财会部门审核并按规定给付。

1) 会计科目设置

为了反映和监督人寿保险业务满期给付的增减变动情况，保险公司应设置“满期给付”科目进行核算。“满期给付”科目属于损益科目，核算保险公司因人寿保险业务的被保险人生存至保险期满，公司按保险合同约定支付给被保险人的满期保险金。其借方登记所发生的满期给付金额，贷方登记按规定冲减的满期给付金额。

2) 账务处理

满期给付的账务处理包括发生和期末结转期满给付两项内容，同时应考虑是否存在投保人贷款本息未还清和未交保费的情况。

(1) 被保险人生存至期满，按保险条款规定支付保险金(即发生期满给付)时，其账务处理为

借：满期给付

　　贷：库存现金 (或银行存款等科目)

(2) 在满期给付时，如果贷款本息未还清者，还应将其未还清的贷款本息从应付的保险金中扣除，其账务处理为

借：满期给付　　　　　　　　(应给付金额)

　　贷：保户质押贷款　　　　(未收到的保户质押贷款本金)

　　　　利息收入　　　　　　(欠息金额)

　　　　库存现金(或银行存款等科目)　　(实际支付金额)

(3) 在保险合同规定的缴费期限宽限期内发生满期给付时，其账务处理为

借：满期给付　　　　　　　　(应给付金额)

　　贷：保费收入　　　　　　(投保人未缴保费金额)

　　　　利息收入　　　　　　(欠息金额)

　　　　库存现金 (或银行存款等科目)　　(实际支付金额)

经典案例

【例 11-7】某客户投保保险金额为 40 000 元的两全保险期满，尚有 4000 元保单质押贷款未归还，该笔贷款应计利息为 203 元，会计部门将贷款及利息扣除后办理给付。

会计分录为

借：期满给付　　　　40 000

　　贷：利息收入　　　　203

保户质押贷款	4000
库存现金	35 797

2．死伤医疗给付的核算

死伤医疗给付分为死亡给付、伤残给付和医疗给付三种。根据寿险合同约定，保险公司对被保险人因保险事故死亡时的给付称为死亡给付；保险公司对被保险人因保险事故永久性丧失全部劳动能力的给付称为伤残给付；保险公司对被保险人因保险事故进行医疗时的给付称为医疗给付。

知识链接

我国的死伤医疗给付通常采取一次性给付方式。支付死伤医疗给付时，如果被保险人有当月保费未交清的或借款本息未还清的，应从给付保险金中扣除；如有预交保费的，应退还给付后至期满前的预交保费；如因伤残已经给付部分保险金额，由于同一原因在 180 天内身故的，应予以扣除，补给保险金差额部分，若在 180 天以外身故的，则可再给付一个保险全额。

按照人寿保险业务的规定，申请死伤医疗给付时，被保险人或受益人必须及时提供有关证据。经业务部门调查核实后，计算出应给付金额，连同有关证明、调查报告送会计部门。会计部门经复核无误后，据此支付给付金额。

1) 会计科目设置

为了反映和监督人寿保险业务死伤医疗给付的增减变动情况，保险公司应设置“死伤医疗给付”科目进行核算。“死伤医疗给付”科目属于损益类科目，核算保险公司因人寿保险及长期健康保险业务的被保险人在保险期内发生保险责任范围内的保险事故，公司按保险合同的约定支付给被保险人(或受益人)的保险金。其借方登记所发生的死伤医疗给付金额，贷方登记按规定冲减的死伤医疗给付金额。

需要说明的是，人寿保险公司的意外伤害保险和短期医疗保险的保险金在“赔付支出”科目核算，不在该科目核算。

2) 账务处理

死亡医疗给付的账务处理包括发生和期末结转死亡医疗给付两项内容，同时应考虑是否存在投保人贷款本息未还清和未交保费的情况。

(1) 被保险人在保险期内发生保险责任范围内死亡、意外伤残、医疗事故而按保险责任支付保险金时，其账务处理为

借：死伤医疗给付

　　贷：库存现金 (或银行存款等科目)

(2) 发生死伤医疗给付时，如果贷款本息未还清者，应当将其未还清贷款本息从应支付的保险金中扣除。其账务处理为

借：死伤医疗给付	(应给付金额)
贷：保户质押贷款	(未收到的保户质押贷款本金)
利息收入	(欠息金额)

库存现金(或银行存款等科目)　　　　(实际支付金额)

(3) 在保险合同规定的缴费宽限期内发生死伤医疗给付时，其账务处理为

借：死伤医疗给付　　　　(应给付金额)
　　贷：保费收入　　　　(投保人未缴保费金额)
　　　　利息收入　　　　(欠息金额)
　　　　库存现金(或银行存款等科目)　　　　(实际支付金额)

经典案例

【例 11-8】某简易人寿保险保户因病死亡，其受益人提出死亡给付申请，业务部门审查同意给付全部保险金 50 000 元，该保户还有尚未归还的贷款 1000 元，借款利息为 65 元，均从应给付的保险金中扣除；另外还有当月应缴未交的保费 25 元。会计部门审核后，以现金支出余额。

会计分录为

借：死伤医疗给付——简寿险　　　　50 000
　　贷：保费收入　　　　25
　　　　保户质押贷款　　　　1000
　　　　利息收入　　　　65
　　　　库存现金　　　　48 910

3．年金给付的核算

保险公司年金保险业务的被保险人生存至法定年龄，公司按保险合同的约定金额给被保险人的给付称为年金给付。支付年金保险业务保险金时，被保险人如有借款本息尚未还清的，应从给付的保险金中扣除借款本息；如有预交保费的，应退还被保险人给付后至期满前的预交保费。

1) 会计科目设置

为了反映和监督人寿保险业务年金给付的增减变动情况，保险公司应设置“年金给付”科目对相关业务进行会计核算。“年金给付”科目属于损益类科目，核算保险公司因年金保险业务的被保险人生存至规定年龄，公司按保险合同的约定支付给被保险人(或受益人)的给付金额。其借方登记所发生的年金给付金额，贷方登记按规定冲减的年金给付金额。

2) 账务处理

保险公司在进行年金给付账务处理的同时，应考虑投保人是否存在贷款本息未还清等情况。

(1) 被保险人生存至规定年龄，按保险合同条款规定支付年金时，其账务处理为

借：年金给付
　　贷：库存现金(或银行存款等科目)

(2) 在年金给付时，如投保人贷款本息未还清，则应将其未还清的贷款本息从应支付的保险金中扣除。其账务处理为

借：年金给付　　　　　　　　　　　　　　　(应给付金额)
　　贷：保户质押贷款　　　　　　　　　　　　　(未收到的保户质押贷款本金)
　　　　利息收入　　　　　　　　　　　　　　　(欠息金额)
　　　　库存现金(或银行存款等科目)　　　　　　(实际支付金额)

11.3.3 人寿保险业务的退保核算

退保业务是指被保险人在保险期限未满的情况下要求退保并获保险公司同意的业务。保单所有人要求退保时，保险公司按照保险合同的约定，计算确定的应退保单所有人的金额，也称退保费。

本节主要介绍退保业务的种类和退保业务的核算。

1. 退保业务的种类

人寿保险业务退保可分为犹豫期内退保和正常退保两种情况：

(1) 犹豫期退保是指投保人在合同约定的犹豫期内退保。一般保险公司规定投保人收到保单后 10 天内为犹豫期。若投保人在犹豫期内退保，保险公司通常会在扣除保险工本费后退还其全部保费。

(2) 正常退保是超过犹豫期的退保。通常情况下，领取过保险金的保单不得申请退保。正常退保一般要求保单经过一定年度后，投保人可以提出解约申请，寿险公司应自接到申请之日起 30 天内退还保单现金价值。

知识链接

保单现金价值是指寿险契约在发生解约或退保时可以获得的返还金。在长期寿险契约中，保险人为履行契约责任，通常需要提取一定数额的责任准备金，当被保险人于保险有效期内因故要求解约或退保时，保险人按规定，将提取的责任准备金减去解约扣除后的余额退还给被保险人，这部分金额即为保单的现金价值。

2. 退保业务的核算

根据《企业会计准则第 25 号——原保险合同》的规定，原保险合同提前解除的，保险人应当按照原保险合同约定计算确定应退还投保人的金额，作为退保费，计入当期损益。

1) 会计科目设置

为了反映和监督人寿保险退保业务，保险公司应设置“退保金”“保费收入”等科目进行核算。保险公司寿险原保险合同提前解除时按照约定应退还给投保人的保单现金价值，在“退保金”科目核算；保险公司寿险保险原保险合同提前解除时应当退还投保人的不属于保单现金价值的款项，以及非寿险原保险合同提前解除时应退还投保人的款项，在“保费收入”科目核算。“退保金”科目属于损益类科目。

2) 账务处理

退保业务的账务处理主要是指发生退保业务的处理。发生退保费时的账务处理应考虑是否存在投保人贷款本息未还清的情况。

(1) 保险公司寿险原保险合同提前解除，按原保险合同的约定计算确定应退还投保人的保险单价值，其账务处理为：借记“退保金”，贷“库存现金”或“银行存款”科目。

(2) 保险公司寿险原保险合同提前解除，按原保险合同的约定计算确定应退还投保人的不属于保单现金价值的款项，其账务处理为：借记“保费收入”，贷记“库存现金”或“银行存款”等科目。

(3) 支付退保金时，若有贷款本息未还清者，则应将其未归还的贷款本息从应付退保金中予以扣除，其账务处理为

借：退保金

　　贷：保户质押贷款

　　　　利息收入

　　　　库存现金(或银行存款等科目)

(4) 被保险人退保时，如有预缴保费的，应退还预缴部分，其账务处理为

借：退保金

　　预收保费

　　贷：库存现金(或银行存款等科目)

11.3.4　意外伤害保险业务和健康保险业务的核算

人身意外保险是以被保险人的身体和劳动能力作为保险标的，以被保险人在保险有效期内因遭受意外伤害造成死亡、残疾、支出医疗费、暂时丧失劳动能力为给付保险金条件的人身保险业务。

健康保险也称为疾病保险，是以被保险人的疾病、分娩及其所致残疾、死亡为保险标的，以被保险人在保险有效期内患病造成死亡、残疾、支出医疗费、暂时丧失劳动能力为给付保险条件的人身保险业务。

知识拓展

知识链接

健康保险按保险期限的长短可分为短期健康保险和长期健康保险；按保险标的所产生的结果，可分为医疗保险和残疾收入补偿保险。其中，短期健康保险是指保险期限为 1 年及 1 年以下的健康保险；长期健康保险是指保险期在 1 年以上的健康保险；医疗保险是指保险人对投保人由于疾病等所用的医疗费用承保的保险；残疾收入补偿保险是指保险人对投保人由于疾病所致的收入损失承担的保险。

下文将从会计科目设置、保费的核算、保费给付的核算三个方面，介绍意外伤害保险业务和健康保险业务的核算。

1. 会计科目设置

为了反映和监督意外伤害保险业务和健康保险业务保费收入和保险金给付情况，主要应设置“保费收入”“应收保费”“赔付支出”“死伤医疗给付”等科目进行核算。

2. 保费的核算

意外伤害保险业务和健康保险业务保费收入确认，也同时满足《企业会计准则第 25

号——原保险合同》中所规定的三个确认条件，并且应当根据原保险合同约定的保费总额确认。投保人向保险公司申办意外伤害保险和健康保险时，应办理投保手续和缴纳保费。每日对外营业结束后，由业务部门编制“××险保险费日结单”，连同保费收据存根送交会计部门。会计部门审查后办理入账。其账务处理为

借：库存现金(或银行存款等科目)

贷：保费收入

3．保费给付核算

保险公司应当在确定支付赔付款项或实际发生理赔费用的当期，按照确定支付的赔付款项金额或实际发生的理赔费用金额，计入当期损益；同时，冲减相应的未决赔偿准备金、长期健康责任准备金余额。

保险公司在办理意外伤害保险和健康保险金给付时，应由投保人提供有关单证及证明。经业务部门审查核实后，填制“××险给付领取收据”，并由投保人签章，连同分户卡送交会计部门。会计部门经审核无误后据此给付投保人保险金。其账务处理为

借：赔付支出(死伤医疗给付)

贷：库存现金(或银行存款等科目)

11.3.5　人身保险业务准备金核算

在人身保险业务准备金核算中，保险公司对尚未终止的人寿保险责任应提取寿险责任准备金；对尚未终止的长期健康保险责任应提取长期健康险责任准备金；对尚未终止的意外伤害险和健康险等非寿险保险责任应提取未到期责任准备金；对非寿险保险事故已发生尚未结案的赔案应提取未决赔偿准备金。其中，未到期责任准备金和未决赔偿准备金的核算，与财产保险业务中未到期责任准备金和未决赔款准备金的核算基本相同。这里主要对寿险责任准备金和长期健康险责任准备金的核算进行阐述。

1．寿险责任准备金核算

人寿保险理论上包括生存保险、死亡保险和生死两全保险三类，在实务中主要是指定期寿险、终生寿险、简易人身险、教育金保险和年金保险等。这些人寿保险基本属于长期性保险业务，其保费的缴纳通常以分期均衡缴费方式为主，采用趸交保费的方式较为少见。而在保险期内，随着被保险人年龄的增长，保险公司承担的给付死亡保险金责任的可能性不断增大，即长期性保险业务的保险风险不可能平均分布于整个保险期间，在保险期内保险风险是不断增加的，由此造成的保险公司当期收取的保费与当期承担的风险责任并不对等。通常在保险初期收取的保费高于当期的风险责任费用，形成一定的保险剩余，而在保险后期则形成保费不足。在这种情况下，保险公司为了平衡未来发生的债务，保证有充足的能力随时进行给付，就必须将投保人历年缴纳的纯保费和利息积累起来，作为将来保险金给付和退保给付责任准备金。具体来说，寿险责任准备金应当是保险公司收入的净保费和利息与寿险合同中所规定的当期应承担义务之间的差额。

1) 寿险责任准备金的确认和计量

寿险责任准备金是指保险人为尚未终止的人寿保险责任提取的准备金。根据《企业会

计准则第 25 号——原保险合同》的规定，保险人应当在确认寿险保费收入当期，按照保险精算确定的金额提取寿险责任准备金，并确认寿险责任准备金负债。

2) 会计科目设置

为了反映和监督寿险责任准备金的增减变动情况，保险公司应设置“寿险责任准备金”“提取寿险责任准备金”科目进行核算，见表 11-5 所示。

表 11-5 寿险责任准备金核算的会计科目设置

科目名称	主要核算内容	科目性质
寿险责任准备金	该科目用于核算保险公司为尚未终止的人寿责任提取的准备金。其贷方登记按规定提取、补提的寿险责任准备金，借方登记按规定冲减的寿险责任准备金。期末，余额在贷方，反映保险公司的寿险责任准备金	负债类
提取寿险责任准备金	该科目用于核算保险公司尚未终止的人寿保险责任准备金。其借方登记按规定提取、补提的寿险责任准备金，贷方登记按规定冲减的寿险责任准备金	损益类

3) 账务处理

寿险责任准备金核算的账务处理包括以下几种情况。

(1) 寿险责任准备金的计提。保险人在确认寿险保费收入的当期，应按保险精算确定的寿险责任准备金进行账务处理：

借：提取寿险责任保证金

　　贷：寿险责任准备金

知识链接

保险人至少应当于每年年度终了对寿险责任准备金进行充足性测试。保险人按照保险精算重新计算确定的寿险责任准备金金额超过充足性测试日已提取的寿险责任准备金余额的，应当按照其差额补提寿险责任准备金；保险人按照保险精算重新计算确定的寿险责任准备金金额小于充足性测试日已提取的寿险责任准备金余额的，不调整寿险责任准备金。

(2) 寿险责任准备金的冲减。原保险合同保险人确定支付赔付款项金额或实际发生理赔费用的当期，应冲减相应的寿险责任准备金余额，其账务处理为

借：寿险责任准备金

　　贷：提取寿险责任准备金

(3) 寿险责任准备金的转销。寿险原保险合同提前解除的，保险人应将相关寿险责任准备金余额予以转销，其账务处理为

借：寿险责任准备金

　　贷：提取寿险责任准备金

2. 长期健康险责任准备金的核算

1) 长期健康责任准备金的确认和计量

长期健康责任准备金是指保险人为尚未终止的长期健康保险责任提取的准备金。根据

《企业会计准则第 25 号——原保险合同》的规定，保险人应当在确认寿险保费收入当期，按照保险精算确定的金额提取长期健康险责任准备金，并确认长期健康险责任准备金负债。

2) 会计科目设置

为反映和监督长期健康险责任准备金的增减变动情况，主要应设置“长期健康险责任准备金”和“提取长期健康险责任准备金”科目进行核算，如表 11-6 所示。

表 11-6　长期健康险责任准备金核算的会计科目设置

科目名称	主要核算内容	科目性质
长期健康险责任准备金	该科目用于核算保险公司为尚未终止的长期健康保险责任提取的准备金。其贷方登记按规定提取、补提的长期健康险责任准备金，借方登记按规定冲减的长期健康险责任准备金	负债类
提取长期健康险责任准备金	该科目用于核算保险公司为尚未终止的长期健康保险责任提取的准备金。其借方登记按规定提取、补提的长期健康险责任准备金，贷方登记按规定冲减的长期健康险责任准备金	损益类

3) 账务处理

(1) 长期健康险责任准备金的计提。保险人在确认寿险保费收入的当期，应按保险精算确定的长期健康险责任准备金进行账务处理：

借：提取长期健康险责任准备金

　　贷：长期健康险责任准备金

此外，保险人至少应当于每月或年度终了时，对长期健康险责任准备金进行充足性测试，测试方法与寿险责任准备金类似。

(2) 长期健康险责任准备金的冲减。原保险合同保险人确定支付赔付款项金额或实际发生理赔费用当期，应按冲减的相应长期健康险责任准备金余额进行账务处理：

借：长期健康险责任准备金

　　贷：提取长期健康险责任准备金

(3) 长期健康险责任准备金的转销。寿险原保险合同提前解除的，保险人应将相关长期健康险责任准备金余额予以转销，其账务处理为

借：长期健康险责任准备金

　　贷：提取长期健康险责任准备金

11.4　再保险业务核算

再保险业务最初始于意大利，先是在海上保险中出现的，后用于火灾保险。19 世纪末，人身保险中也开始有再保险。再保险是因为社会化大生产带来的巨额风险而得以存在的，在保险经营中占有极其重要的地位。保险人通过再保险将超过自身财力所能承担的责任向其他保险人进行再保险，使再保险接受人承担一定份额的风险责任，可以起到分散承担责任风险、扩大承保业务范围、保持经营成果稳定的作用。同时，开展再保险业务，对于促进国内保险市场的发展也具有积极的现实意义。

11.4.1　再保险业务概述

再保险又称为分保，是指一个保险人(再保险分出人)分出一定的保费给另一个保险人(再保险接受人)，再保险接受人对再保险分出人由原保险合同所引起的赔付成本及其他相关费用进行补偿的保险业务。这里主要介绍再保险业务种类和业务内容。

1. 再保险业务的种类

再保险是一种以原保险为基础的独立的保险业务。它是保险企业之间的一种业务经营活动，但又是一项独立的合同。再保险按照原保险人与再保险人之间对保险责任的分配方式，可分为比例再保险和非比例再保险两大类。

1) 比例再保险

比例再保险是指原保险人与再保险人以保险金额为基础计算比例、分担保险责任限额的再保险。比例再保险可分为成数再保险和溢价再保险。

知识链接

成数再保险是指再保险分出人以保险金额为基础，对每一危险单位按规定比例即一定成数作为自留额，将其余的一定成数转让给再保险接受人，保险费和保险赔款按同一比例分摊。

溢价再保险是指再保险分出人以保险金额为基础，规定每一危险单位的一定额度作为自留额，并将其超过自留额部分，即溢价，分给再保险接受人。再保险接受人按承担溢价责任占保险金额的比例收取分保费和分摊分保赔款。

2) 非比例再保险

非比例再保险又称为超额再保险，是一种以赔偿为基础，计算自赔限额和分保责任限额的再保险。非比例再保险可分为超额赔款再保险和超额赔付率再保险。

知识链接

超额赔款再保险是指由再保险分出人与再保险接受人签订协议，对每一危险单位损失或一次巨灾事故的累积责任损失规定一个自赔额，自赔额以上至一定限度由再保险接受人负责。

超额赔付率再保险是一定时期内(一般为一年)的累积责任赔付率为基础计算责任限额，当实际赔付率超过约定赔付率时，其超过部分由再保险接受人负责一定的限额。

2. 再保险业务内容

在再保险业务中，分出保险业务的保险人称为原保险人或再保险分出人，亦即为再保险合同的投保人；接受分保业务的保险人称为再保险人或再保险接受人(分入人)。如果再保险人又将其分入的再保险业务转分给其他保险人，则称为转分保。在转分保业务中，双方当事人分别称为转分保分出人或转分保接受人。

在再保险业务中，再保险分出人为了转移风险和责任，将原保险合同中一定比例的保费收入分给再保险接受人，这对再保险分出人而言为分出保费，对再保险接受人而言则为分保收入。原保险人承保业务和进行经营管理要花费一定的开支，要向再保险人收取一定的分保手续费，称为分保业务佣金；有时，再保险人还要从分保盈余中支付一定比例的佣金给分出人，作为对分出人良好经营成果的报酬，称为盈余佣金和纯益手续费，分保佣金和盈余佣金(或纯益手续费)对再保险接受人而言均为分保费用，对再保险分出人而言则为摊回分保费用。此外，原保险合同确认的赔付款项及理赔费用，按再保险合同约定应由再保险接受人承担的部分，对再保险接受人而言为分赔赔付支出，对再保险分出人而言则为摊回赔付支出。

再保险业务核算分为再保险分出业务的核算和再保险分入业务的核算两个方面。

11.4.2 分出业务核算

分出业务核算是再保险业务中以再保险分出人为主体所进行的核算。下文将从分出保费的计算、会计科目设置和账务处理三个方面进行介绍。

1. 分出保费的计算

分出保费的计算是再保险分出业务核算的基础。分出保费的计算方法有按照比例计算和非比例计算两种。

1) 比例再保险分出保费的计算

对于比例再保险，再保险分出人的自留额和再保险接受人的责任额都表示为保额的一定比例，该比例也是计算分出保费的依据，用公式表示为

$$分出保费 = 保费 \times 确定比例$$

2) 非比例再保险分出保费计算

在此，以非比例再保险的典型代表超额赔款再保险为例，说明非比例再保险分出保费的计算。超额赔款再保险分出保费的计算包括预交最低再保险费、净保费收入总额、再保险费率三个要素。在实际工作中，再保险费的计收有变动再保险费制和固定再保险费制两种方式。

(1) 变动再保险费制是一种将再保险与分出公司的业务数量和业务质量挂钩并进行调整的方法。在这种计算方法下，分出公司要预先按规定的某个费率支付再保险费，分出公司最终所缴的保险费不能低于这个数，对应的这个费率称为最低费率。在实际操作中，再保险费率并不是用单独一个年度的赔款，而是以前几个年度的平均损失统计数字为计算基础的。常用的超额赔款再保险的费率计算方法有四种，即一年法、前三年(或五年)平均法、三年危险分散法和三年共同法。

(2) 固定再保险费制是再保险当事人之间约定一个固定额度的再保险费。固定的再保险费由分出公司和分入公司按以往的赔款记录共同商定，与分出公司的净保费收入和发生赔款的多少无关。采用固定再保险费制分保业务主要有两类：一类是承保的业务是新业务；另一类是以往没有办理过超额赔款的再保险业务。由于缺乏以往的记录和经验，固定再保险制可以作为一种过渡的方法，等积累资料和经验后，再采用变动再保险费制。

2. 会计科目设置

为了反映和监督再保险分出业务分出保费、摊回分保费用、摊回赔付支出以及各种准备金的增减变动情况，再保险分出人主要应设置“应收分保账款”“应付分保账款”“预收赔付款”“存入保证金”“分出保费”“应收分保合同准备金”“摊回保险责任准备金”“摊回赔付支出”“摊回分保费用”等科目进行核算，详情见表 11-7。

表 11-7　再保险分出业务核算的主要会计科目设置

<table>
<tr><th>科目名称</th><th>核算内容</th><th>科目性质</th></tr>
<tr><td>应收分保账款</td><td>该科目用于核算保险公司从事再保险业务应收取的款项，可按再保险分出人或再保险接受人和再保险合同进行明细核算。其借方登记再保险业务发生的应收未收款项的增加，贷方登记再保险业务发生的应收未收款项的减少。期末借方余额，反映保险公司从事再保险业务应收取的款项</td><td rowspan="2">资产类</td></tr>
<tr><td>应收分保合同准备金</td><td>该科目主要核算再保险分出人从事再保险业务确认的应收分保未到期责任准备金，以及应向再保险接受人摊回的保险责任准备金，可按再保险接受人和再保险合同进行明细核算。该科目借方登记按规定确认的应收分保未到期准备金与应向再保险接受人摊回的保险责任准备金金额，以及调整增加的金额，贷方登记按规定调整减少、冲减以及转销的金额。期末借方余额，反映保险公司从事再保险业务确认的应收分保合同准备金余额</td></tr>
<tr><td>应付分保账款</td><td>该科目用于核算保险公司从事再保险业务应付未付的款项，可按再保险分出人或再保险接受人和再保险合同进行明细核算。其贷方登记再保险业务发生的应付未付款项的增加，借方登记再保险业务中发生的应付未付款项的减少。期末贷方余额，反映保险公司从事再保险业务应付未付的款项</td><td rowspan="3">负债类</td></tr>
<tr><td>预收赔付款</td><td>该科目用于核算保险公司从事再保险分出业务按保险合同约定预收的分保赔付款，可按再保险接受人进行明细核算。其贷方登记预收的分保赔付款，借方登记转销的预收分保赔付款。期末贷方余额，反映保险公司尚未转销的预收分保赔付款</td></tr>
<tr><td>存入保证金</td><td>该科目用于核算保险公司从事再保险分出业务按合同约定扣存再保险接受人保费形成的保证金，可按再保险接受人进行明细核算。其贷方登记扣存的分保保证金，借方登记返还上期扣存的分保保证金，期末贷方余额，反映保险公司扣存的尚未返还的分保保证金</td></tr>
<tr><td>分出保费</td><td>该科目用于核算保险公司从事再保险分出业务向再保险接受人分出的保费，可按险种进行明细核算。其借方登记按规定向再保险接受人分出的保费及调整增加的分出保费，贷方登记按规定调整减少的分出保费。期末，应将科目余额转入“本年利润”科目，结转后该科目无余额</td><td rowspan="2">损益类</td></tr>
<tr><td>摊回保险责任准备金</td><td>该科目用于核算再保险分出人从事再保险业务应向再保险接受人摊回的保险责任准备金，包括未决赔款准备金、寿险责任准备金、长期健康险责任准备金，可按保险责任准备金类别和险种进行明细核算。其贷方登记应向再保险人摊回的保险责任准备金金额，以及调整增加的金额，借方登记按规定冲减、转销的摊回保险责任准备金金额。期末，应将该科目余额转入“本年利润”科目，结转后该科目无余额</td></tr>
</table>

续表

科目名称	核算内容	科目性质
摊回赔付支出	该科目用于核算再保险分出人向再保险接受人摊回的应由其承担的赔付成本，可按险种进行明细核算。其贷方登记向再保险接受人摊回的应由其承担的赔付成本及调整增加的金额，借方登记按规定调整减少的金额。期末，应将该科目余额转入“本年利润”科目，结转后该科目无余额	损益类
摊回分保费用	该科目核算再保险分出人向再保险接受人摊回的应由其承担的分保费用，可按险种进行明细核算。其贷方登记向再保险接受人摊回的应由其承担的分保费用，以及向再保险接受人收取的纯益手续费，借方登记按规定调整减少的摊回分保费用。期末，应将该科目余额转入“本年利润”科目，结转后该科目无余额	

3．账务处理

分出业务核算的内容主要包括分出保费、摊回分保费用、摊回赔付支出以及各种准备金的核算。

1) 分出保费的核算

(1) 再保险分出人应当在确认原保险合同保费收入的当期，按照相关再保险合同的约定计算确定分出保费，计入当期损益，其会计分录为

借：分出保费

　　贷：应付分保账款

(2) 对于超额赔款再保险等非比例再保险合同，按照再保险合同的约定计算确定分出保费，计入当期损益，其会计分录为

借：分出保费

　　贷：应付分保账款

(3) 调整分出保费时，如分出保费调整增加，则做如下会计分录：

借：分出保费

　　贷：应付分保账款

如分出保费调整减少，则做相反的会计分录。

2) 应收分保未到期责任准备金的核算

(1) 原保险合同为非寿险原保险合同的，再保险分出人在确认原保险收入的当期，还应按相关再保险合同的约定计算确认相关的应收分保未到期责任准备金，并冲减提取未到期责任准备金。其会计分录为

借：应收分保未到期责任准备金

　　贷：提取未到期责任准备金

(2) 资产负债表日，再保险分出人在调整原保险合同未到期责任准备金余额时，应相应调整应收分保未到期责任准备金余额。即按相关再保险合同约定计算确定的应收分保未到期责任准备金的调整余额，做会计分录为

借：提取未到期责任准备金

　　贷：应收分保未到期责任准备金

3) 摊回分保费用核算

(1) 再保险分出人应当在确认原保险合同保费收入的当期，按照相关再保险合同的约定计算确定应向再保险接受人摊回的分保费用，计入当期损益。其会计分录为

借：应收分保账款

　　贷：摊回分保费用

(2) 再保险分出人应当根据相关再保险合同约定，在能够计算确定应向再保险接受人收取的纯益手续费时，将该项纯益手续费摊回分保费用，计入当期损益。其会计分录为

借：应收分保账款

　　贷：摊回分保费用

4) 摊回保险责任准备金的核算

(1) 再保险分出人应当在提取原保险合同未决赔款准备金、寿险责任准备金、长期健康险责任准备金的当期，按照相关再保险合同的约定计算确定应向再保险接受人摊回的相应准备金，确认为相应的应收分保准备金资产。

摊回未决赔偿准备金时，其会计分录为

借：应收分保未决赔款准备金

　　贷：摊回未决赔款准备金

摊回寿险责任准备金时，其会计分录为

借：应收分保寿险责任准备金

　　贷：摊回寿险责任准备金

摊回长期健康险责任准备金时，其会计分录为

借：应收分保长期健康险责任准备金

　　贷：摊回长期健康险责任准备金

(2) 对原保险合同保险责任准备金进行充足性测试补提保险责任准备金时，应按相关再保险合同约定计算确定的应收分保保险责任准备金的相应增加额，账务处理为

借：应收分保未决赔款准备金(应收分保寿险责任准备金、应收分保长期健康险责任准备金)

　　贷：摊回未决赔款准备金(摊回寿险责任准备金、摊回长期健康险责任准备金)

5) 摊回赔付支出的核算

(1) 再保险分出人应当在确定支付赔付款项金额或实际发生理赔费用而确认原保险合同赔付成本的当期，按相关再保险合同的约定计算确定应向再保险接受人摊回的赔付成本，计入当期损益。其会计分录为

借：应收分保账款

　　贷：摊回赔付支出

在取得和处置损余物资、确认和收到应收代位追偿款等而调整原保险合同赔付成本的当期，应按相关再保险合同的约定，计算确定摊回赔付成本的调整金额，计入当期损益。

摊回赔付成本调整增加时，其会计分录为

借：应收分保账款

　　贷：摊回赔付支出

摊回赔付成本调整减少时，做相反的会计分录。

(2) 对于超额赔款再保险等非比例再保险合同，再保险分出人应当在能够计算确定应向再保险接受人摊回的赔付成本时，将该项应摊回的赔付成本计入当期损益。若需调增摊回赔付成本时，其会计分录为

借：应收分保账款

　　贷：摊回赔付支出

若需调减摊回赔付成本，则需做相反会计分录。

6) 存入分保保证金的核算

再保险分出人应当在发出分保业务账单时，将账单标明的扣存本期分保保证金确认为存入分保保证金。其会计分录为

借：应付分保账款

　　贷：存入保证金

同时，按照账单标明的返还上期扣存分保保证金转销相关存入分保保证金。其会计分录为

借：存入保证金

　　贷：应付分保账款

再保险分出人根据相关再保险合同的约定，按期计算存入分保保证金利息，计入当期损益。其会计分录为

借：利息支出

　　贷：应付分保账款

7) 原保险合同提前解除的核算

再保险分出人应当在原保险合同提前解除的当期，按照相关再保险合同的约定计算确定分出保费、摊回分保费用的调整金额，计入当期损益；同时，转销相关应收分保准备金余额。

(1) 调整分出保费的核算。按计算确定的分出保费的调整金额，做会计分录为

借：应付分保账款

　　贷：分出保费

(2) 调整摊回分保费用的核算。按计算确定的摊回分保费用的调整金额，做会计分录为

借：摊回分保费用

　　贷：应收分保账款

(3) 转销相关应收分保准备金余额核算。转销相关应收分保未到期责任准备金余额时，其会计分录为

借：提取未到期责任准备金

　　贷：应收分保未到期责任准备金

转销相关应收分保寿险责任准备金余额时，其会计分录为

借：摊回寿险责任准备金

　　贷：应收分保寿险责任准备金

转销相关应收分保长期健康险责任准备金余额时，其会计分录为

借：摊回长期健康险责任准备金

　　贷：应收分保长期健康险责任准备金

8) 结算分保账款的核算

再保险分出人、再保险接受人结算分保账款时，按应付分保账款金额，借记“应付分保账款”科目，按应收分保账款金额，贷记“应收分保账款”科目，按借贷方差额，借记或贷记“银行存款”科目。

9) 期末结平损益类科目核算

期末，再保险分出人将损益类科目的余额转入“本年利润”科目，结转后损益类科目无余额。其会计分录为

借：本年利润

　　贷：分出保费

　　　　利息支出

借：摊回分保费用

　　摊回赔付支出

　　摊回未决赔款准备金

　　摊回寿险责任准备金

　　摊回长期健康险责任准备金

　　贷：本年利润

11.4.3　分入业务核算

分入业务核算是再保险接受人接受再保险后对取得的分保费、发生的分保赔款和费用、提取的各种准备金进行的核算。下文将从分入业务会计科目设置、账务处理两个方面进行介绍。

1．会计科目设置

为了反映和监督再保险分入业务保费收入、分保赔款和费用以及提取的各种准备金的增减变动情况，再保险接受人除了设置“应收分保账款”“应付分保账款”“保费收入”“未到期责任准备金”“保险责任准备金”“分保赔付支出”“提取未到期责任准备金”“提取保险责任准备金”等科目外，还应设置“分保费用”“存出保证金”科目进行核算，详情见表 11-8 所示。

表 11-8　分入业务核算的会计科目设置

科目名称	主要核算内容	科目性质
存出保证金	该科目用于核算再保险接受人按合同约定存出的分保保证金，可按再保险分出人进行明细核算。其借方登记存出的分保保证金，贷方登记收回的分保保证金。期末借方余额，反映再保险接受人存出的分保保证金	资产类
分保费用	该科目用于核算再保险接受人向再保险分出人支付的应由其承担的各项费用，可按险种进行明细核算。其借方登记再保险接受人按再保险合同约定计算确定的分保费用金额、收到分保业务账单时对分保费用调整增加的金额以及按再保险合同约定计算确定的纯益手续费金额，贷方登记收到分保业务账单时对分保费用调整减少的金额。期末，应将该科目余额转入“本年利润”科目，结转后该科目无余额	损益类

2. 账务处理

分入业务的账务处理包括分保费收入、分保费用、分保准备金、分保赔付支出存出分保保证金、结算分保账款以及期末结平损益类科目的核算。

1) 分保费收入的核算

(1) 再保险接受人应当根据相关再保险合同的约定计算确定分保费收入金额，做如下会计分录：

借：应收分保账款

　　贷：保费收入

(2) 再保险接受人在收到分保业务账单时，按账单标明的金额对分保费收入进行调整，调整金额计入当期损益。

调整增加时，其会计分录为

借：应收分保账款

　　贷：保费收入

调整减少时，做相反的会计分录。

2) 分保费用的核算

(1) 再保险接受人应当在确认分保费收入的当期，根据相关再保险合同的约定计算确定分保费用，计入当期损益。其会计分录为

借：分保费用

　　贷：应付分保账款

再保险接受人应当在收到分保业务账单时，按照账单标明的金额对分保费用进行调整，调整金额计入当期损益。

调整增加时，其会计分录为

借：分保费用

　　贷：应付分保账款

调整减少时，做相反的会计分录。

(2) 再保险接受人应当根据相关再保险合同的约定，在能够计算确定应向再保险分出人支付的纯益手续费时，将该项纯益手续费作为分保费用，计入当期损益。其会计分录为

借：分保费用

　　贷：应付分保账款

3) 分保准备金的核算

(1) 再保险接受人提取分保未到期责任准备金、分保未决赔款准备金、分保寿险责任准备金、分保长期健康险责任准备金核算，以及进行相关分保准备金充足性测试处理，与原保险业务中的核算与处理基本相同。

(2) 再保险接受人应当在收到分保业务账单确认分保赔付成本的当期，冲减相应的分保准备金余额。其会计分录为

借：未决赔款准备金(寿险责任准备金、长期健康险责任准备金)

　　贷：提取未决赔款准备金(提取寿险责任准备金、提取长期健康险责任准备金)

4) 分保赔付支出的核算

再保险接受人应当在收到分保业务账单的当期，按照账单标明的分保赔付款项金额，

作为分保赔付成本，计入当期损益。其会计分录为

借：分保赔付支出

　　贷：应付分保账款

5) 存出分保保证金的核算

再保险接受人应当在收到分保业务账单时，将账单标明的扣存本期分保保证金确认为存出分保保证金。其会计分录为

借：存出保证金

　　贷：应收分保账款

同时，按照账单标明的再保险分出人返还上期扣存分保保证金转销相关存出分保保证金。其会计分录为

借：应收分保账款

　　贷：存出保证金

再保险接受人根据相关再保险合同的约定，按期计算存出分保保证金利息，计入当期损益。其会计分录为

借：应收分保账款

　　贷：利息收入

6) 结算分保账款的核算

再保险接受人、再保险分出人结算分保账款的核算在再保险分出业务的核算中已经讲述，这里不再重复。

7) 期末结平损益类科目的核算

期末，再保险接受人将损益类科目的余额转入“本年利润”科目，结转后损益类科目无余额。其会计分录为

借：本年利润

　　贷：分保费用

　　　　分保赔付支出

　　　　提取未到期责任准备金

　　　　提取未决赔款准备金

　　　　提取寿险责任准备金

　　　　提取长期健康险责任准备金

借：保费收入

　　利息收入

　　贷：本年利润

经典案例

练　　习

一、单项选择题

1. 下列属于负债类的会计科目(账户)是(　　)。

A. 保费收入　　B. 应收保费　　C. 应收保户储金　　D. 保户储金

2．(　　)账户期末借方余额，反映财产保险公司已确认但尚未收回的应收代位追偿款。

A. 应收账款　　B. 应收代位追偿款　　C. 应收保户储金　　D. 预付赔款

3．寿险公司设置(　　)科目(账户)，用于核算保险公司在保险责任生效前向投保人预收的保险费。

A. 应收保费　　B. 应付保费　　C. 预收保费　　D. 预付保费

4．人寿保险业务准备金主要包括(　　)。

A. 寿险责任准备金　　B. 长期健康险责任准备金

C. 未到期责任准备金　　D. 未决赔款准备金

二、多项选择题

1．财产保险公司原保险合同收入确认条件有(　　)。

A. 原保险合同成立并承担相应的保险责任

B. 与原保险合同相关的经济利益很可能流入

C. 与原保险合同相关的收入能够可靠地计量

D. 投保人已经足额交纳保险费

2．意外伤害保险和短期健康保险需要计提的准备金种类有(　　)。

A. 未到期责任准备金　　B. 未决赔款准备金

C. 长期健康险责任准备金　　D. 寿险责任准备金

3．非比例再保险是以赔款为基础计算分保责任限额的再保险，具体可分为(　　)。

A. 成数分保　　B. 溢额分保

C. 超额赔款再保险　　D. 超额赔付率再保险

4．下列说法正确的是(　　)。

A. “应收分保账款”科目(账户)由分保分出人专用

B. “应付分保账款”科目(账户)属于负债类

C. “摊回分保费用”科目(账户)由分保接受人会计核算使用

D. “分保费收入”科目(账户)由分保接受人会计核算使用

三、简答题

1．保险公司业务会计核算的特点有哪些？

2．为什么保险公司要提取准备金？要提取哪些准备金？

3．某财产保险公司20×7年6月发生的保险业务如下：

(1) 按照保险合同的规定收到保户缴纳的保费3000元。

(2) 某企业投保财产综合险，与财产保险公司签订保险合同中约定保费为200 000元，双方协商共分5期支付，本月保险公司收到首期保费40 000元。

(3) 某公司投保一台机器设备出险，承保的某保险公司的会计部门收到赔款计算书和投保人签章的赔款收据，签发赔款200 000元的转账支票给投保人，同时支付理赔勘查费4000元。

(4) 承保的财产综合险出险，按照保险精算确定的未决赔款准备金为800 000元。年终，保险公司对未决赔款准备金进行充足性测试，按保险精算重新计算确定的未决赔款准备金为10 680 000元，充足性测试日已计提的未决赔款准备金余额为11 500 000元。

要求：根据上述资料编制有关会计分录。

第 12 章　证券公司业务核算

本章目标

- 了解证券公司的主要业务
- 掌握证券公司经纪业务的核算
- 掌握证券公司自营业务的种类和核算
- 掌握证券公司承销业务的种类和核算
- 了解证券公司其他业务的核算

重点难点

重点：

◈ 证券公司自营业务的会计核算

◈ 证券公司代理买卖证券、代理兑付证券等经济业务的会计核算

◈ 证券公司全额承购包销、余额承购包销和代销方式承销证券业务的会计核算

难点：

◈ 证券公司自营业务的会计核算

◈ 证券公司全额承购包销、余额承购包销的承销证券业务会计核算

案例导入

近日，中国证券业协会对证券公司 2017 年经营数据进行了统计。证券公司未经审计财务报表显示，131 家证券公司当期实现营业收入 3113.28 亿元，各主营业务收入分别为代理买卖证券业务净收入(含席位租赁)820.92 亿元、证券承销与保荐业务净收入 384.24 亿元、财务顾问业务净收入 125.37 亿元、投资咨询业务净收入 33.96 亿元、资产管理业务净收入 310.21 亿元、证券投资收益(含公允价值变动)860.98 亿元、利息净收入 348.09 亿元，当期实现净利润 1129.95 亿元，120 家公司实现盈利。

据统计，截至 2017 年 12 月 31 日，131 家证券公司总资产为 6.14 万亿元，净资产为 1.85 万亿元，净资本为 1.58 万亿元，客户交易结算资金余额(含信用交易资金)1.06 万亿元，托管证券市值 40.33 万亿元，受托管理资金本金总额 17.26 万亿元。

资料来源：中国证券业协会网站

证券和证券市场是商品经济和社会化大生产发展的必然产物，是我国社会主义市场经济体系的一个重要的有机组成部分，为我国国民经济的发展起到了重要的支撑作用。近年来，随着我国证券和证券市场突飞猛进的发展，证券公司的规模、实力也随之呈现出快速增长态势，在融资、优化资源配置等方面发挥着越来越重要的作用。

12.1 证券公司业务概述

证券公司经营的证券属于资本证券，资本证券是表明持券人的资本所有权或债权，并且可以据其获得一定收益的证券。资本证券可以买卖，具有市场性。换句话说，持有人通过持有资本证券这种特殊资本，能够获得一定的收益，也可以转让给他人而收回本金。

在对证券公司的业务进行会计核算前，应首先明确证券的有关概念和证券公司的主要业务。

12.1.1 证券概述

证券是各类记载并代表一种权利的法律凭证，用以证明持有人有权依其所持凭证记载的内容而取得应有权益。从一般意义上说，证券是用以证明或设定权利所做成的书面凭证，它表明证券持有人或第三者有权取得该证券拥有的特定权益。证券按性质的不同划分为凭证证券和有价证券。本章所述的证券均为有价证券。

知识链接

凭证证券又称无价证券，是指证券本身不能给持有人或第三者带来一定收入的证券。无价证券虽然也是代表所有权的凭证，但不能让渡，不能真正独立地作为所有权证书来行使权利。

无价证券按照不同的功能，通常分为证据证券和资格证券。证据证券是单纯证明某一特定事实的书面凭证，如借据、收据等。资格证券是表明证券持有人具有行使一定权利资格的书面凭证，如各种类型的资格证券，以及机票、车船票、电影票等。

1．有价证券

有价证券是指标明票面金额，证明持有人有权按期取得收入并可自由转让和买卖的所有权或债权凭证。有价证券本身没有价值，但由于其代表着一定量的财产权利，持有人可以凭借该证券直接取得一定量的商品、货币，或者是取得利息、股息等收入，因此可以在证券市场上自由买卖和流通，从而使有价证券有了交易价格。

有价证券是最常见的证券形式，有广义和狭义之分。本章所说的有价证券，是指狭义上的有价证券，即资本证券。

知识链接

广义的有价证券包括商品证券、货币证券和资本证券三类。

商品证券是证明持有人具有商品所有权和使用权的凭证，取得这种证券就等于拥有了商品的所有权，这种证券所代表的商品所有权受法律保护。典型的商品证券有提货单、运货单等。

货币证券是指其本身能使持有人或者第三者取得货币索取权的有价证券。货币证券包括两大类：一类是商业证券，比如商业汇票和商业本票；另一类是银行证券，比如银行汇票和银行本票。

资本证券是指由金融投资或与金融投资有直接联系的活动而产生的证券，资本证券持有人有一定的收入请求权。资本证券是有价证券的主要形式，狭义的有价证券就是指资本证券，人们通常把资本证券直接称为有价证券或证券。

狭义的有价证券仅指资本证券。

2．证券市场

证券市场是股票、债券、证券投资基金等有价证券发行和交易的场所。它是融通长期资金的市场，是各国资本市场的主体和基础。证券市场是市场经济发展到一定阶段的产物，是解决资本供求矛盾和流动性而产生的市场。证券市场以证券的发行与交易的方法实现了筹资与投资的对接，有效地化解了资本的供求矛盾，满足了资本结构调整的需要。

证券市场可从不同的角度，依据不同的标准进行分类，如按照市场职能的不同，证券市场可分为证券发行市场(即“一级市场”)和证券流通市场(即“二级市场”)；依据证券性质的不同，证券市场可分为股票市场、债券市场、基金市场和金融衍生市场等。

【微思考】结合自己的理解和所学知识，试分析证券市场的参与者都有哪些？分别发挥着什么作用？

扫一扫

12.1.2 证券公司的主要业务

证券公司是指依照《中华人民共和国公司法》和《证券法》的规定设立，并经国务院证券监督管理机构审查批准而成立的，具有独立法人地位的有限责任公司或者股份有限公司。根据《中华人民共和国证券法》的规定，国家对证券公司按业务分类进行监督。通常情况下，我国证券公司经营的业务主要包括：证券经纪；证券投资咨询；与证券交易、证券投资活动有关的财务顾问；证券承销与保荐；证券自营；证券资产管理和经国务院证券管理机构核定的其他证券业务。

本章将主要介绍证券经纪业务、自营业务、承销业务和其他证券业务的会计核算。

12.2 证券经纪业务的核算

证券经纪业务又称代理买卖证券业务，是指证券公司接受客户委托，代理买卖有价证券的行为。证券经纪业务是证券公司最基本的一项业务。在证券经纪业务中，证券公司作为中介人，只是根据委托人对证券品种、价格和交易数量的委托办理证券交易，不承担客户的价格风险，获得的佣金手续费收入作为其利润来源。

证券经纪业务主要包括代理买卖证券、代理兑付证券和代理保管证券。本节主要介绍会计科目设置、代理买卖证券和代理兑付证券的核算。

知识链接

代理买卖证券是指证券公司接受客户委托，代理客户进行证券交易并收取手续费和佣金，分为代理买入证券和代理卖出证券。

代理兑付证券是指证券公司接受客户(国家或企业等债券发行单位)的委托兑付到期的国债、企业债券及金融债券等，并向发行单位收取手续费。

代理保管证券是指证券公司接受客户委托，代客户兑付证券并收取手续费和免费代为保管。

12.2.1 会计科目的设置

根据代理业务经济内容的不同，证券经纪业务主要设置以下会计科目，如表 12-1 所示。

表 12-1 证券经纪业务设置的主要会计科目

科目名称	主要核算内容	科目性质
代理兑付证券	该科目用来核算证券公司接受委托代理兑付到期的证券。该科目借方登记已兑付的各类到期证券以及因委托单位未拨付或拨付不足的证券兑付资金、客户兑付时垫付的资金；贷方登记国家或企业拨付的委托证券资金，以及向委托单位交付已兑付的证券并收回垫付的资金。期末，借方余额表示证券公司已兑付但尚未收到的委托单位兑付资金的证券金额。该科目应当按照委托单位和证券种类进行明细核算	资产类

续表

科目名称	主要核算内容	科目性质
结算备付金	该科目用来核算证券公司为证券交易的资金清算与交收而存入指定清算代理机构的款项。企业向客户收取的结算手续费、向证券交易所支付的结算手续费，也在该科目核算。该科目借方登记证券公司存入清算代理机构的款项；贷方登记从清算代理机构收回的资金数额；期末，借方余额表示证券公司存入指定清算代理机构但尚未使用的款项余额。该科目应当按照清算代理机构设置明细账，分“自有”“客户”等项目进行明细核算	资产类
代理买卖证券款	该科目用于核算证券公司接受客户委托，代理客户买卖股票、债券和基金等有价证券，而由客户交存的款项。该科目贷方登记收到客户交来的代理买卖证券及代理认购新股的款项等；借方登记证券公司代理客户买卖证券、代理客户认购新股、代理客户办理配股业务而减少的代理买卖证券款项，以及因客户提取存款而减少的代理买卖证券款项。期末，贷方余额表示证券公司接受客户存放的代理买卖证券资金。该科目应当按照客户类别等进行明细核算	负债类
代理兑付证券款	该科目用来核算证券公司接受委托代理兑付证券而收到的兑付资金。该科目贷方登记收到委托单位的兑付资金；借方登记代理兑付的资金。期末，贷方余额表示证券公司已收到但尚未兑付的代理兑付证券款项。该科目应当按照委托单位和证券种类进行明细核算	

12.2.2　代理买卖证券的核算

代理买卖证券业务是指证券公司接受客户委托，代理客户进行证券买卖的业务。证券公司代理客户买卖证券收到的款项，属于公司的负债，必须全额存入指定商业银行的资金专户，并与本公司的银行存款进行分开核算。与此同时，证券公司代理客户买卖证券所收取的手续费，应当在与客户办理买卖证券款项清算时确认为手续费及佣金收入。

资产案例

1．代理认购新股的核算

证券公司代理认购新股业务的核算可分为以下几个环节。

(1) 收取认购款。证券公司收到客户委托认购新股的款项，根据开户行的收账通知办理核算，会计分录为

借：银行存款——客户

　　贷：代理买卖证券款

(2) 划转认购资金。新股认购开始，证券公司将资金专户款项划转清算代理机构，会计分录为

借：结算备付金——客户

　　贷：银行存款——客户

(3) 清算资金。客户向证券公司办理代理申购手续时，公司与证券交易所清算资金，会计分录为

借：代理买卖证券款

　　贷：结算备付金——客户

证券交易所完成中签认定工作，将未中签资金退给公司代理客户，会计分录为

借：结算备付金——客户

　　贷：代理买卖证券款

证券公司将未中签的款项划回，会计分录为

借：银行存款——客户

　　贷：结算备付金——客户

证券公司将未中签的款项退给客户，会计分录为

借：代理买卖证券款

　　贷：银行存款——客户

2．代理买卖证券的核算

证券公司代理买卖证券时，其会计核算分为以下几个方面。

(1) 接受委托。证券公司受客户委托买卖证券时，客户存入款项以及在证券交易所为客户开立买卖证券资金清算专户，其会计处理均与新股认购相同。

(2) 代理买卖。证券公司接受客户委托，通过证券交易所代理买卖证券，与客户清算时，如果买入证券成交总额大于卖出证券成交总额，应按清算日买卖成交价的差额，加上代扣代缴的印花税等相关税费和应向客户收取的佣金等费用之和，借记“代理买卖证券款”科目，贷记“结算备付金——客户”或“银行存款”等科目；按公司应负担的交易费用，借记“手续费及佣金支出——代理买卖证券手续费支出”科目，按应向客户收取的佣金及手续费，贷记“手续费及佣金收入——代理买卖证券手续费收入”科目，按其差额，借记“结算备付金——自有”、“银行存款”等科目。其会计分录为

借：代理买卖证券款

　　贷：结算备付金——客户

同时，

借：手续费及佣金支出——代理买卖证券手续费支出

　　结算备付金——自有

　　贷：手续费及佣金收入——代理买卖证券手续费收入

证券公司接受客户委托，通过证券交易所代理买卖证券，与客户清算时，如果卖出证券成交总额大于买入证券成交总额，应按照证券成交价的差额，减去代扣代缴的印花税等相关税费和应向客户收取的佣金等费用后的余额，借记“结算备付金——客户”科目，贷记“代理买卖证券款”等科目；按照应负担的交易费用，借记“手续费及佣金支出——代理买卖证券手续费支出”科目，按应向客户收取的佣金及手续费，贷记“手续费及佣金收入——代理买卖证券手续费收入”科目，按其差额，借记“结算备付金——自有”、“银行存款”等科目。其会计分录为

借：结算备付金——客户

　　贷：代理买卖证券款

同时，

借：手续费及佣金支出——代理买卖证券手续费支出
　　结算备付金——自有
　　贷：手续费及佣金收入——代理买卖证券手续费收入

经典案例

【例 12-1】8 月 5 日，某证券公司代客户认购上海证券交易所新发行的××股票，收到客户交来的认购款 2 000 万元。8 月 6 日，认购款项划到上海证券交易所。9 月 5 日，客户部分中签，中签资金 1 500 万，办理申购手续，未中签资金 500 万退还给客户。

该证券公司会计业务处理的分录如下：

8 月 5 日

借：银行存款——客户　　20 000 000
　　贷：代理买卖证券款　　20 000 000

8 月 6 日

借：结算备付金——客户　　20 000 000
　　贷：银行存款——客户　　20 000 000

9 月 5 日

借：代理买卖证券款　　15 000 000
　　贷：结算备付金——客户　　15 000 000
借：银行存款——客户　　5 000 000
　　贷：结算备付金——客户　　5 000 000
借：代理买卖证券款　　5 000 000
　　贷：银行存款——客户　　5 000 000

【例 12-2】某证券公司接受客户委托，通过上海证券交易所代理买卖证券，当日买入证券成交总额大于卖出证券成交总额 1 100 万元，发生代扣代缴的交易税 2 万元，过户费 5.5 万元，应向客户收取的手续费 5 万元，公司缴纳交易所的费用 3 万元。

该证券公司的会计分录为

借：代理买卖证券款　　11 125 000
　　贷：结算备付金——客户　　11 125 000

同时，

借：手续费及佣金支出——代理买卖证券手续费支出　　30 000
　　结算备付金——自有　　20 000
　　贷：手续费及佣金收入——代理买卖证券手续费收入　　50 000

【例 12-3】某证券公司接受客户委托，通过深圳证券交易所代理买卖证券，当日买入证券成交总额小于卖出证券成交总额 510 万元，发生代扣代缴的交易税 1 万元，过户费 2.6 万元，应向客户收取的手续费 2.4 万元，公司缴纳交易所的费用 1.5 万元。

该证券公司的会计分录为

借：结算备付金——客户　　5 040 000
　　贷：代理买卖证券款　　5 040 000

同时，

借：手续费及佣金支出——代理买卖证券手续费支出　　15 000
　　结算备付金——自有　　9 000
　　贷：手续费及佣金收入——代理买卖证券手续费收入　　24 000

3. 代理配股派息核算

证券公司代理配股派息的业务主要包括代理客户办理配股业务、代理客户领取现金股利和利息以及按规定向客户结息三个方面。

(1) 证券公司代理客户办理配股业务，分两种情况：

① 当日向证券交易所解交配股款的，客户提出配股要求，会计分录为

借：代理买卖证券款
　　贷：结算备付金——客户

② 定期向证券交易所解交配股款的，客户提出配股要求，会计分录为

借：代理买卖证券款
　　贷：其他应付款——应付客户配股款

与证券交易所清算配股款，按配股金额进行账务处理，会计分录为

借：其他应付款——应付客户配股款
　　贷：结算备付金——客户

(2) 代理客户领取现金股利和利息，会计分录为

借：结算备付金——客户
　　贷：代理买卖证券款

(3) 按规定向客户统一结息时，会计分录为

借：利息支出
　　应付利息
　　贷：代理买卖证券款

12.2.3 代理兑付证券的核算

代理兑付证券是证券公司接受国家或企业等证券发行单位的委托，兑付到期证券，兑付结束后，将已兑付证券集中交给发行单位，同时向发行单位收取手续费的业务。

结合代理兑付证券的业务内容，代理兑付证券的核算主要包括代理兑付无记名证券、代理兑付记名证券和手续费收入等的核算。

1. 代理兑付无记名证券的核算

证券公司代理兑付无记名证券时，其会计核算的处理如下。

(1) 收到兑付资金。证券公司收到委托单位拨来的兑付证券款时，会计分录为

借：银行存款
　　贷：代理兑付证券款

(2) 兑付证券。兑付无记名证券，收到客户交来的实物债券时，按兑付金额(证券本息)支付资金并进行账务处理。会计分录为

借：代理兑付证券(本金和利息)

贷：银行存款

(3) 清算款项。兑付期结束后，应将已兑付的证券集中交给发行单位，按代理兑付的本息与委托单位办理结算。会计分录为

借：代理兑付证券款

贷：代理兑付证券

2. 代理兑付记名证券的核算

代理兑付记名证券与代理兑付无记名证券的核算有一些相似之处，其账务处理如下。

(1) 收到兑付资金。证券公司收到委托单位记名证券的兑付资金时，会计分录为

借：银行存款

贷：代理兑付证券款

(2) 兑付证券。证券公司收到客户交来的记名证券，按兑付金额做会计分录为

借：代理兑付证券(本金和利息)

贷：银行存款

证券公司代理兑付证券时，若委托单位尚未拨付兑付资金而由公司垫付时，在收到客户交来的证券时，应按兑付金额做如下会计分录：

借：代理兑付证券款(本金和利息)

贷：银行存款

向委托单位交回已兑付的证券并收回垫付的资金时，会计分录为

借：银行存款

贷：代理兑付证券

3. 手续费收入的核算

向委托单位单独收取代理兑付证券手续费的，按应收或已收取的手续费金额，编制会计分录为

借：应收手续费及佣金(或银行存款、结算备付金等科目)

贷：手续费及佣金收入——代理兑付证券手续费收入

手续费与兑付款一并汇入的，在收到款项时，做如下会计分录：

借：银行存款(实际收到的金额)

贷：代理兑付证券款(本金和利息)

其他应付款——预收代理兑付证券手续费(事先取得的手续费)

兑付业务完成后，确认手续费及佣金收入，会计分录为

借：其他应付款——预收代理兑付证券手续费

贷：手续费及佣金收入——代理兑付证券手续费收入

经典案例

【例 12-4】某证券公司接受委托，代某企业兑付到期的无记名债券，该企业划拨兑付资金 3 000 万元。

该证券公司的会计分录为

借：银行存款　　　30 000 000

贷：代理兑付证券款　　30 000 000

该证券公司在兑付期内累计代理兑付实物债券 2 950 万。其会计分录为

借：代理兑付证券　　29 500 000

贷：银行存款　　29 500 000

兑付期结束后，该证券公司交回兑付债券及余款。其会计分录为

借：代理兑付证券款　　30 000 000

贷：代理兑付证券　　29 500 000

银行存款　　500 000

该企业交来的兑付债券手续费 3 万元，会计分录为

借：银行存款　　30 000

贷：手续费及佣金收入——代理兑付证券手续费收入　30 000

【例 12-5】某证券公司接受客户委托，代某企业兑付到期的记名债券 3 000 万元。兑付资金由公司垫付，手续费在兑付业务完毕后收取。

该证券公司的会计分录为

借：代理兑付证券　　30 000 000

贷：银行存款　　30 000 000

兑付期结束后，该证券公司向委托企业交回已兑付的债券，并回收垫付的资金 3 000 万元，同时收取手续费 3 万元。其会计分录为

借：银行存款　　30 030 000

贷：代理兑付证券　　30 000 000

手续费及佣金收入——代理兑付证券手续费收入　　30 000

【例 12-6】某证券公司接受客户委托，代国家兑付到期的记名债券，拨来 1 000 万元兑付资金，同时拨入手续费 5 万元，兑付期为半年。

本例与例 12-5 的区别在于，手续费收入是否随兑付资金一并拨入。上例是兑付期结束后，该证券公司向委托企业收取手续费，而在本例中是手续费与兑换资金一并拨入。

这两种情况的会计处理是不同的。

款项拨入时，该证券公司的会计分录为

借：银行存款　　10 050 000

贷：代理兑付证券款　　10 000 000

其他应付款——预收代理兑付证券手续费　　50 000

兑付结束时，该证券公司应确认手续费收入，会计分录为

借：其他应付款——预收代理兑付证券手续费　　50 000

贷：手续费及佣金收入——代理兑付证券手续费收入　　50 000

12.3 证券自营业务的核算

证券自营业务是经中国证监会批准经营证券自营业务的证券公司使用自有资金和依法筹集的资金，用自己的名义开设证券账户买卖有价证券，以获取盈利的行为。

下面将从会计科目设置、自营买卖证券的核算、自营业务卖出成本的核算三个方面进行介绍。

12.3.1　会计科目的设置

证券公司进行证券买进和卖出业务，应设置“交易性金融资产”　“资产减值损失”等科目进行核算。

表 12-2 主要介绍了“交易性金融资产”和“资产减值损失”科目的具体核算方法。

表 12-2　证券自营业务主要会计科目设置

科目名称	主要核算内容	科目性质
交易性金融资产	该科目用来核算证券公司为交易目的持有的债券投资、股票投资、基金投资等交易性金融资产的公允价值。证券公司持有的直接指定为以公允价值计量且变动计入当期损益的金融资产，也在该科目中核算。该科目借方登记取得交易性金融资产的成本和公允价值的有利变动；贷方登记出售交易性金融资产时结转的成本以及公允价值的不利变动；期末借方余额反映证券公司持有的交易性金融资产的公允价值。该科目应当按照交易性金融资产的类别和品种，分“成本”和“公允价值变动”项目进行明细核算	资产类
资产减值损失	该科目用于核算证券公司根据资产减值等准则计提各项资产减值准备所形成的损失。证券公司根据资产减值等准则确定资产发生减值的，按应减记的金额，借记“资产减值损失”科目，贷记相关资产的备抵账户或相关的资产的减值准备明细账户；当相关资产的价值又得以恢复后，应在原计提的减值准备金额内，按恢复增加的金额做相反的会计分录；期末，应将“资产减值损失”科目余额转入“本年利润”科目，结转后“资产减值损失”科目无余额。“资产减值损失”科目应当按照资产减值损失项目进行明细核算	损益类

12.3.2　自营买卖证券的核算

证券公司买入证券后，应根据《企业会计准则第 22 号——金融工具确认和计量》的规定，对取得的证券根据其业务模式和合同现金流量特征进行分类。一般来说，证券公司的买入证券可以划分为以公允价值计量且变动计入当期损益的金融资产和以公允价值计量且其变动计入其他综合收益的金融资产。其中，以公允价值计量且其变动计入当期损益的金融资产包括交易性金融资产和指定为以公允价值计量且其变动计入当期损益的金融资产。这里以购入交易性金融资产的核算为例，介绍自营买入证券的核算。

知识链接

按照《企业会计准则第 22 号—金融工具的确认和计量》的规定，金融资产满足下列条件之一的，表明企业持有该金融资产的目的是交易性的：

(1) 取得该金融资产的目的，主要是为了近期内出售或回购。

(2) 相关金融资产在初始确认时属于集中管理的可辨认金融工具组合的一部分，且有客观证据表明近期实际存在短期获利模式。

(3) 相关金融资产属于衍生工具，但符合财务担保合同定义的衍生工具以及被指定为有效套期工具的衍生工具除外。

一般来说，证券公司自营买入证券的核算可分为以下几个步骤。

(1) 进行自营证券的买卖，需要通过清算代理机构进行结算。公司将自有资金存入清算代理机构时，按实际存入金额入账。其会计处理为

借：结算备付金——自有

　　贷：银行存款

从清算代理机构收回资金时做相反的会计分录。

(2) 证券公司取得交易性金融资产，在初始确认时按照公允价值入账，发生相关交易费，直接计入当期损益。支付的价款中如果有已宣告但尚未发放的现金股利或已到付息期但尚未领取的利息时，作为应收股利或应收利息反映。证券公司应按照实际支付的金额，减少结算备付金金额，其会计分录为

借：交易性金融资产——成本

　　投资收益

　　应收股利(应收利息)

　　贷：结算备付金——自有

(3) 收到属于取得交易性金融资产支付价款中包含的已宣告发放的现金股利或债券利息时，做以下会计分录：

借：结算备付金——自有

　　贷：应收股利(应收利息)

(4) 交易性金融资产持有期间被投资单位宣告发放现金股利或在资产负债表日按分期付息、一次还本债券投资的票面利率计算的利息，确认为投资收益，其会计分录为

借：应收股利(应收利息)

　　贷：投资收益

(5) 实际收到现金股利或应收利息时，会计分录为

借：银行存款

　　贷：应收股利(应收利息)

(6) 资产负债表日，交易性金融资产公允价值变动形成的利得或损失，应计入当期损益。交易性金融资产的公允价值高于其账面价值余额的，按其差额编制会计分录为

借：交易性金融资产——公允价值变动

　　贷：公允价值变动损益

公允价值低于其账面余额的差额做相反的会计分录。

(7) 出售交易性金融资产。处置交易性金融资产时，其公允价值与账面余额之间的差额应确认为投资收益，同时将原计入该交易性金融资产的公允价值变动损益转出，计入投资收益，其会计分录为

借：结算备付金——自有

　　借或贷：投资收益

贷：交易性金融资产——成本

交易性金融资产——公允价值变动

同时，

借：公允价值变动损益

贷：投资收益

经典案例

【例 12-7】20×8 年 2 月 6 日，某证券公司从上海证券交易所购入甲公司股票 400 万股，准备近期出售，列为交易性金融资产。购买日(公允价值)3 000 万元，另支付相关交易费用 45 000 元。

20×8 年 3 月 10 日，甲上市公司宣告发放现金股利，每 10 股 0.5 元。公司 3 月 20 日收到股利。6 月 30 日公司持有甲公司的股票公允价值 3 700 万元。

20×8 年 10 月 20 日该证券公司将持有的甲公司股票全部售出，取得价款 3 200 万元。

该证券公司的会计分录为

借：交易性金融资产——成本	30 000 000	
投资收益	45 000	
贷：结算备付金——自有		30 045 000

3 月 10 日：

借：应收股利	200 000	
贷：投资收益		200 000

3 月 20 日：

借：结算备付金——自有	200 000	
贷：应收股利		200 000

6 月 30 日

借：交易性金融资产——公允价值变动	7 000 000	
贷：公允价值变动损益		7 000 000

10 月 20 日：

借：结算备付金——自有	32 000 000	
投资收益	5 000 000	
贷：交易性金融资产——成本		30 000 000
交易性金融资产——公允价值变动		7 000 000
借：公允价值变动损益	7 000 000	
贷：投资收益		7 000 000

【例 12-8】20×7 年 7 月 1 日某证券公司从二级市场上购买乙公司债券，面值 200 万元，票面利率为 6%，半年付息一次。支付价款 206 万元(含已到付息期但尚未领取的利息 6 万元)，剩余期限为 2 年，另支付交易费用 4 万元。

20×7 年 7 月 20 日，收到未领利息 6 万元。

20×7 年 12 月 31 日，该债券公允价值为 202 万元(不含利息)。

20×8 年 1 月 6 日，收到 20×7 年下半年利息 6 万元。

20×8 年 6 月 30 日，该债券公允价值为 201 万元(不含利息)。

20×8 年 7 月 6 日，收到 20×8 年上半年利息 6 万元。

20×8 年 9 月 30 日，出售该债券收到 204.2 万元(含三季度利息 3 万元)。假定不考虑其他因素。

该证券公司的会计分录为

20×7 年 7 月 1 日

借：交易性金融资产——成本　　2 000 000
　　应收利息　　60 000
　　投资收益　　40 000
　　贷：结算备付金——自有　　2 100 000

20×7 年 7 月 20 日

借：结算备付金——自有　　60 000
　　贷：应收利息　　60 000

20×7 年 12 月 31 日

借：交易性金融资产——公允价值变动　　20 000
　　贷：公允价值变动损益　　20 000

借：应收利息　　60 000
　　贷：投资收益　　60 000

20×8 年 1 月 6 日

借：结算备付金——自有　　60 000
　　贷：应收利息　　60 000

20×8 年 6 月 30 日

借：公允价值变动损益　　10 000
　　贷：交易性金融资产——公允价值变动　　10 000

借：应收利息　　60 000
　　贷：投资收益　　60 000

20×8 年 7 月 6 日

借：结算备付金——自有　　60 000
　　贷：应收利息　　60 000

20×8 年 9 月 30 日

借：结算备付金——自有　　2 042 000
　　公允价值变动损益　　10 000
　　贷：交易性金融资产——成本　　2 000 000
　　　　交易性金融资产——公允价值变动　　10 000
　　　　投资收益　　42 000

12.3.3 自营业务卖出成本核算

出售自营证券需要转出证券的账面余额，并且把计入“公允价值变动损益”明细科目的金额转入投资收益。如果一笔证券买进后又整体卖出，上述的结转就比较容易。但证券公司的自营证券种类很多，卖出与买进频繁且数量不可能相对应，因此采用实际成本结转时，就需选择适当的方法计算出应结转的账面余额。这些方法主要有先进先出法、加权平均法和个别计价法。这些方法各有利弊，下面介绍先进先出法。

采用先进先出法计算售出证券成本，就是以先购入的证券先出售的这样一种证券实物流转假设为前提，对证券出售进行计价的一种方法。采用这种方法，先购入的证券成本在后购入的证券成本之前转出，据此确定出售证券和期末证券的成本。

经典案例

【例 12-9】某证券公司自营业务中，W 股票被作为交易性金融资产进行核算和管理，年结存的数量为 60 万股，成本户为 6 500 000 元，公允价值变动户为 20 000 元，本月 6 日购进 20 万股，支付实际价款 2 200 000 元，15 日购进 20 万股，支付价款 2 300 000 元，28 日售出 70 万股，获取价款 8 300 000 元。

出售证券时，自营证券成本计算如下：

$6\,500\,000 + 2\,200\,000 \times 10 \div 20 = 7\,600\,000$

自营证券成本结转的会计分录为

借：结算备付金——自有　　8 300 000

　　贷：交易性金融资产——成本　　7 600 000

　　　　交易性金融资产——公允价值变动　　20 000

　　　　投资收益　　680 000

借：公允价值变动损益　　20 000

　　贷：投资收益　　20 000

假设此公司本月 28 日出售证券 100 万股，获取价款 12 000 000 元，其他资料不变。

出售证券时，自营证券成本计算如下：

$6\,500\,000 + 2\,200\,000 + 2\,300\,000 = 11\,000\,000$

自营业务成本结转的会计分录如下：

借：结算备付金——自有　　12 000 000

　　贷：交易性金融资产——成本　　11 000 000

　　　　交易性金融资产——公允价值变动　　20 000

　　　　投资收益　　980 000

借：公允价值变动损益　　20 000

　　贷：投资收益　　20 000

12.4 证券承销业务的核算

证券承销业务是指在发行证券的过程中，公司接受发行人委托，代理发行人发行证券的活动。目前代发行的证券有全额承购包销、余额承购包销方式和代销方式三种。公司应当根据与发行人协商确定的方式办理证券发售，并按规定分别进行会计核算。

本节主要介绍会计科目设置、全额承购包销方式承销证券的核算、余额承购包销方式承销证券的核算和代销方式承销证券的核算。

12.4.1 会计科目的设置

证券承销业务需要设置“代理承销证券款”科目进行会计核算。

“代理承销证券款”为负债类科目，用来核算证券公司接受委托，采用余额承购包销方式或代销方式承销证券所形成的，应付证券发行人的承销资金。该科目贷方登记证券公司受托代理发行证券时的认购款项，借方登记证券公司向委托人(发行人)支付待发行证券款项，期末贷方余额反映证券公司承销证券应付未付给委托单位的款项余额。该科目应当按照委托单位和证券种类进行明细核算。

证券公司接受委托采用全额承购包销方式承销的证券，以及采用余额承购包销方式承销、承购的证券，应在收到证券时，将其进行分类。如划分为以公允价值计量且其变动计入当期损益的金融资产，应在“交易性金融资产”等科目进行核算。

12.4.2 全额承购包销方式承销证券的核算

全额承购包销是指证券公司与证券发行单位签订合同或协议，由证券公司按照合同或协议确定的价格将证券从发行单位购进，并向发行单位支付全部款项，然后按照一定的价格在证券一级市场发售的一种代理发行方式。这种发行方式可确保发行单位及时获得所需要的资金，对证券公司来说，却要承担全部风险。证券公司向发行单位承购证券的价格可能低于、等于或高于证券面值，由双方在协议中明确确定，但发售价格由证券公司确定，发行单位原则上不干预，证券公司主要是从中赚取买卖的差价。

证券公司以全额承购包销方式进行承销业务，应在按承购价格购入待发售的证券时确认为一项金融资产；公司将证券转售给投资者时，按发行价格进行价款结算，按已发行证券的承购价格结转代发行证券成本并确认投资收益。发行结束后，如有未售出的证券，应按自营证券进行核算和管理。

全额承购包销方式承销证券的会计核算如下。

1. 认购证券

证券公司根据协议认购全部证券，按承购价向委托发行单位支付全部款项，其会计分录为

借：交易性金融资产(或其他相关科目)

　　贷：银行存款

2. 发售证券

证券公司将证券向市场发售或转售给投资者，按发行价办理核算。同时按照承购价结转售出证券的实际成本，差额确认为投资收益。其会计分录为

借：银行存款

　　贷：交易性金融资产(或其他相关科目)

投资收益

发行期结束后，未售出证券按证券公司的自营证券进行管理。

经典案例

【例 12-10】某证券公司与佳欣股份有限公司签订合同，约定由该证券公司以全额承购包销方式承销佳欣股份有限公司发行的股票 5 000 万股，承购价为每股 1 元，发行价为每股 1.2 元。证券公司在发行结束时共售出 4 500 万股，支付证券交易所各种费用合计 50 000 元。发行结束后，该证券公司将未售出的股票转为自营证券(交易性金融资产)进行核算。注：该证券公司在购入佳欣股份有限公司待发售股票时，将其确认为交易性金融资产。

该证券公司的会计核算如下：

(1) 根据协议认购全部证券时，其会计分录为

借：交易性金融资产——佳欣股份有限公司　　50 000 000

　　贷：银行存款　　50 000 000

(2) 将证券向市场发售或转售给投资者，其会计分录为

借：银行存款　　53 950 000

　　贷：交易性金融资产——佳欣股份有限公司　　45 000 000

　　　　投资收益　　8 950 000

(3) 发行期结束后，未售出的股票作为该证券公司的自营证券进行管理。

借：交易性金融资产——证券公司　　5 000 000

　　贷：交易性金融资产——佳欣股份有限公司　　5 000 000

12.4.3 余额承购包销方式承销证券的核算

余额承购包销是指证券发行人委托承销机构在约定期限内发行证券，到销售截止日期，未售出的余额由承销商按照协议价格认购。余额承购包销实际上是先代理发行，后全额承购包销，是代销和全额承购包销方式的结合。

证券公司以余额承购包销方式进行承销业务的，收到代发行单位发售的证券时，在备查簿中记录承销证券的情况。备查簿登记代销证券的发行单位、承销价格、承销数量、承销期限等有关项目。证券承销期内，按承销价格销售证券。承销期结束后，与发行单位结算承销证券款项和手续费，如果有未发售完的证券，按规定由企业认购。代发行证券收取的手续费，应于发行期结束后，与发行单位结算价款时确认为手续费及佣金收入。

按照承销证券种类的不同，余额承购包销方式承销证券的核算可分为承销无记名证券的核算和承销记名证券的核算。

1. 承销无记名证券的核算

承销无记名证券的核算可分为以下几个环节。

(1) 收到委托发行的证券。证券公司收到委托单位委托发行的证券时，应作为重要的凭证保管，并在备查簿中记录承销证券的情况。

(2) 承销期内发售证券。在约定的期限内售出证券时，应按承销价格记账。其会计分

录为

借：银行存款

贷：代理承销证券款

(3) 承销期结束后，认购未售证券。承销期结束后，如有未售出的证券，采用余额承购包销方式承销证券的，合同规定由证券公司认购，应按承销价格，借记“交易性金融资产”等科目，贷记“代理承销证券款”。其会计分录为

借：交易性金融资产(或其他相关科目)

贷：代理承销证券款

(4) 承销期结束划转销售款项。承销期结束后，将募集资金付给委托单位并收取手续费，会计分录为

借：代理承销证券款　　(承销价款)

贷：银行存款　　(实际支付金额)

手续费及佣金收入——代理承销证券手续费收入 (应收手续费)

此外，在承销结束后应相应地冲销备查簿中登记的承销证券。

经典案例

【例 12-11】某证券公司与大洋股份有限公司签订合同，约定由该证券公司以余额承购包销方式承销大洋股份有限公司发行的无记名证券，承购价共计 5 000 万元。证券公司在约定期限内售出了该证券的 95%，并按发行价的 2%收取手续费。发行结束后，证券公司依照合同约定认购剩余债券，转为交易性金融资产，并将所筹集的资金返还给大洋股份有限公司。

该证券公司的会计核算如下：

(1) 收到大洋股份有限公司委托发行的证券时，应作为重要的凭证保管，并在备查簿中记录承销证券的情况。

(2) 在约定的期限内出售证券时，其会计分录为

借：银行存款　　47 500 000

贷：代理承销证券款　　47 500 000

(3) 承销期结束后，认购未售证券，会计分录为

借：交易性金融资产　　2 500 000

贷：代理承销证券款　　2 500 000

(4) 承销期结束后，将募集资金付给大洋股份有限公司并收取手续费，会计分录为

借：代理承销证券款　　50 000 000

贷：银行存款　　49 000 000

手续费及佣金收入——代理承销证券手续费收入　　1 000 000

同时冲销备查簿中登记的承销证券。

2. 承销记名证券的核算

承销记名证券的会计核算可分为以下几个步骤。

(1) 发行证券。通过证券交易所网上发行记名证券的，在证券网上发行日，根据承销

合同确认的证券发行总额，按承销价在备查簿中记录承销证券的情况。

(2) 交割清算。与证券交易所交割清算时，应按实际收到的金额，借记“结算备付金”等科目，贷记“代理承销证券款”科目。

(3) 认购未售证券。承销期结束，如有未出售的证券，证券公司按照合同规定进行认购。在进行账务处理时，应按承销价款，借记“交易性金融资产”等科目，贷记“代理承销证券款”科目。

(4) 承销期结束划转销售款项。承销期结束，将承销证券款项交付委托单位并收取承销手续费，按证券实际承销价款，借记“代理承销证券款”，按实际支付给委托单位的金额，贷记“银行存款”等科目，同时按照应收取的承销手续费，贷记“手续费及佣金收入”科目。此外，证券公司还应冲销备查簿中登记的承销证券。

12.4.4　代销方式承销证券的核算

代销方式承销证券是证券公司接受发行单位委托，按照规定的条件，在约定的期限内代为向投资者销售证券；发行期结束，如有未售出证券，则应退回发行单位。代销证券的证券公司向委托人收取手续费，不承担任何发行风险。由于在代销过程中，承销机构与发行人之间是代理委托关系，承销机构不承担销售风险，因此代销佣金很低。通常情况下，信誉好、知名度高的大中型企业，更倾向于采用代销的方式来降低发行证券成本。

证券公司以代销方式进行承销业务的，收到代发行单位发售的证券时，应在备查簿记录代销证券的发行单位、承销价格、承销数量、承销期限等有关项目。证券在承销期内，按承销价格销售证券。承销期结束后，证券公司与发行单位结算承销证券款项的手续费，如果有未发售完的证券，应退还给发行单位。代发行证券收取的手续费，应于发行期结束后，与发行单位结算发行价款时确认为手续费及佣金收入。

证券公司采用代销方式承销证券，收到代销证券、承销期内发售证券、承销期结束划转销售款项及收取手续费的账务处理与采用余额承购包销方式承销证券相同，只是在承销期结束后，如有未出售的证券，在采用代销方式承销证券时，应将未出售的证券退还给委托单位，并抽查备查簿中登记的承销证券。

12.5　其他证券业务的核算

其他证券业务是指证券公司经批准在国家许可的范围内进行的除经纪、自营和承销等业务以外的其他与证券有关的业务，如买入返售证券业务、卖出回购证券业务、受托资产管理业务等。

下文将从会计科目设置、买入返售证券的核算、卖出回购证券的核算以及受托资产管理核算四个方面，对其他证券业务的核算进行介绍。

12.5.1　会计科目的设置

证券公司从事买入返售证券业务、卖出回购证券业务、受托资产管理业务，应设置

“买入返售金融资产”“卖出回购金融资产”“代理业务资产”“代理负债业务”等科目进行核算，详情见表 12-3 所示。

表 12-3 其他证券业务主要会计科目设置

科目名称	主要核算内容	科目性质
买入返售金融资产	该科目用来核算证券公司按返售协议约定先买入再按固定价格返售给卖出方的证券等金融资产所融出的资金。该科目借方登记证券公司按规定买入返售证券实际支付款项，贷方登记证券返售时转出的账面余额，期末借方余额反映证券公司已经买入尚未到期返售证券的摊余成本。本科目应按照买入返售金融资产的类别和融资方进行明细核算	资产类
代理业务资产	该科目用于核算证券公司不承担风险的代理业务形成的资产。该科目借方登记用代理业务资金购买证券的实际成本、卖出证券发生的亏损以及结转的投资收益，贷方登记结转已售证券的成本、卖出证券形成的收益以及结转的投资损失，期末借方余额反映证券公司代理业务资产的价值。该科目可按委托单位、资产管理类别、贷方对象分“成本”、“已实现未结算损益”等科目进行明细核算。证券公司的代理买卖证券、代理承销证券、代理兑付证券业务款项不在该科目核算	
卖出回购金融资产	该科目用于核算证券公司按回购协议先卖出再按固定价格买入的证券等金融资产所融入的资金。该科目贷方登记证券公司按规定卖出证券实际收回的款项，借方登记证券回购时转出的账面余额，期末贷方余额反映证券公司尚未到期的卖出回购证券款。该科目应当按照卖出回购金融资产的类别和融资方进行明细核算	负债类
代理业务负债	该科目用来核算证券公司不承担风险的代理业务收到的款项。该科目贷方登记收到的代理业务款项和属于委托单位的投资收益，借方登记受托投资过程汇总应由委托方负担的损失和按规定划转、核销和退还委托单位的代理业务资金。该科目可按照委托单位、资产管理类别等进行明细核算。证券公司的代理买卖证券、代理承销证券、代理兑付证券业务款项不在该科目核算	

12.5.2 买入返售证券的核算

买入返售证券业务，是指证券公司与其他企业按照协议约定，按一定价格先买入证券，到期日再按照合同规定的价格将该批证券予以返售。在买入返售证券业务中，有价证券并不真正转移，而作为抵押向交易对方融出资金，以获取买卖差价收入。证券公司应于买入某种证券时，按实际发生的成本确认为一项资产；证券返售时，按返售价格与账面价值的差额，确认为当期收入。

买入返售证券的核算可分为以下几个环节。

1. 买入返售证券

证券公司根据返售协议购入返售证券时，应按实际支付的款项和交易费用之和确定买入返售证券的初始确认金额。其会计分录为

借：买入返售金融资产
　　贷：银行存款(结算备付金)

2. 期末计息或分红

期末计息或分红可分为两种情况进行核算。

(1) 资产负债表日，计提买入返售证券利息收入时，应按计算确定的买入返售证券的利息收入进行账务处理，会计分录为

借：应收利息
　　贷：利息收入

收到支付的买入返售证券的利息时，其会计分录为

借：银行存款(结算备付金)
　　贷：应收利息

(2) 返售证券宣布发放现金股利，按照返售证券的持有量计算返售证券应收的现金股利，其会计分录为

借：应收股利
　　贷：投资收益

收到支付的买入返售证券的现金股利时，其会计分录为

借：银行存款(结算备付金)
　　贷：应收股利

3. 返售证券

按照协议，返售到期日按照合同规定的价格将该批证券返售给对方，其会计分录为

借：银行存款(结算备付金)
　　贷：买入返售金融资产
　　　　投资收益
　　　　利息收入

12.5.3　卖出回购证券的核算

卖出回购证券业务，是指证券公司与其他企业以合同或协议的方式，按一定价格卖出证券，约定到期日再按合同规定的价格买回该批证券的业务。在卖出回购证券业务中，有价证券不作真正的转移，证券公司以卖出回购的买卖差额(一般情况下卖出价低于回购价)为代价，获得一定期间内资金的使用权。证券公司应于卖出证券时，按实际收到的款项确认为一项负债；证券到期赎回时，将实际支付的款项与卖出证券时实际收到的款项的差额，确认为当期费用。

卖出回购证券业务的会计核算可分为以下几个步骤。

1. 卖出回购证券

证券公司根据回购协议卖出回购证券时，应按实际收到的金额入账。其会计分录为

借：银行存款(结算备付金)
　　贷：卖出回购金融资产

2．期末计息

资产负债表日，证券公司计提卖出回购证券利息费用时，应按计算确定的卖出回购证券的利息费用进行账务处理，其会计分录为

借：利息支出

　　贷：应付利息

3．回购证券

回购到期日，证券公司依照协议，按合同规定的价格将该批证券从对方回购，其会计分录为

借：卖出回购金融资产

　　应付利息

　　利息支出

　　贷：银行存款(结算备付金)

12.5.4　受托资产管理核算

受托资产管理业务是指证券公司接受委托负责经营管理受托资产的业务。公司受托经营管理资产，应将实际受托资产的款项，确认为一项资产或一项负债；合同到期，与委托单位结算收益或损失时，按合同比例计算的应由证券公司享有的收益或承担的损失，应确认为当期的收益或损失。

知识链接

受托资产管理业务，是指证券公司作为受托投资管理人(简称“受托人”)，依据有关法律、法规和投资委托人(简称“委托人”)的投资意愿，与委托人签订受托投资管理合同，使用委托人委托的资产在证券市场上从事股票、债券等金融工具的组合投资，以实现委托资产收益最优化的行为。

证券公司的受托资产管理业务，只能投资于在证券交易所上市交易的证券及其衍生品种，包括定向资产管理业务和集合资产管理业务。

受托资产管理的会计核算如下文所示。

(1) 公司收到代理业务款项时，其会计分录为

借：银行存款(结算备付金等)

　　贷：代理业务负债

(2) 公司用代理业务资金购买证券时，其会计分录为

借：代理业务资产——成本

　　贷：结算备付金——客户

(3) 将购买的证券卖出时，其会计分录为

借：结算备付金——客户

　　贷：代理业务资产——成本

借或贷：代理业务资产——已实现未结算损益

(4) 定期或在委托合同到期与委托客户进行核算时，应按合同约定分别核算属于委托客户的收益和属于证券公司的收益，并结转已实现未结算的损益，其会计分录为

借：代理业务资产——已实现未结算损益

　　贷：代理业务负债(属于委托客户的收益)

　　　　手续费及佣金收入(属于证券公司的收益)

代理业务资产发生亏损时，按合同约定比例计算其代理业务资产损失中属于委托客户的损失和属于证券公司的损失，并结转已实现未结算的损益，其会计分录为

借：代理业务负债(属于委托客户的损失)

　　手续费及佣金支出(属于证券公司的损失)

　　贷：代理业务资产——已实现未结算的损益

(5) 按规定划转、核销或退还代理业务资金时，其会计分录为：

借：代理业务负债

　　贷：银行存款(或其他科目)

知识拓展

练　　习

一、单项选择题

1．为核算公司为证券交易的资金清算与交收而存入指定清算代理机构的款项，应设置和运用的会计科目是(　　)。

A．“结算备付金”　　B．“银行存款”

C．“存出保证金”　　D．“现金”

2．公司自营买入交易性金融资产，相关交易费用应记入(　　)。

A．“交易性金融资产——成本”　　B．“手续费及佣金支出”

C．“投资收益”　　D．“证券承销”

3．“买入返售金融资产”科目是(　　)。

A．核算公司按规定进行证券回购业务买入证券所发生的成本

B．核算公司按规定进行证券回购业务卖出证券取得的款项

C．核算公司取得的买入返售证券收入

D．核算公司发生的卖出回购证券支出

二、多项选择题

1．证券经纪业务，具体包括(　　)等。

A．代理买卖证券业务　　B．代理发行证券

C．代理保管证券业务　　D．代理兑付证券业务

2．证券承销业务，具体又包括(　　)等。

A．全额承购包销方式的承销业务　　B．受托资产管理业务

C．余额承购包销方式的承销业务　　D．代销方式的承销业务

3．公司证券经纪业务的核算主要设置的会计科目包括(　　)。

A．“代理买卖证券款”　　B．“代理兑付证券款”

C. “代理兑付证券” D. “结算备付金”

三、简答题

1. 什么是证券经纪业务？它包括什么内容？如何进行核算？

2. 什么是证券自营业务？它包括什么内容？如何进行核算？

3. 甲证券公司20×8年上半年发生的部分经济业务如下：

(1) 甲证券公司代理客户认购新股，收到客户认购款项 20 000 000 元，为客户办理申购手续。证券交易所未完成中签工作，将未中签的资金 19 800 000 元退给客户。中签交付股款认购款项为 200 000 元，手续费率为 0.3%，由发行公司支付并已收到。

(2) 20×8 年 1 月 2 日，甲证券公司购入一批债券，作为交易性金融资产进行核算和管理，实际支付价款 210 000 元，另支付相关交易费用 4300 元，均以银行存款支付。1 月 31 日，该批债券的公允价值余额为 215 000 元。2 月 15 日，出售持有的该项交易性金融资产，收到价款 220 000 元。

(3) 甲证券公司以全额承购包销方式代理发行城市建设债券 1000 万元，按面值承购，作为交易性金融资产进行核算与管理。每百元的发行价为 101 元，发行期末发行售出。

(4) 甲证券公司 4 月份与其钢厂签订协议，以每百元 102 元的价格买入该企业拥有的 20×7 年发行的国库券 100 万元，4 个月以协议价 103 元的价格返售给钢厂。

要求：根据上述资料编制有关的会计分录。

实践 5　证券公司会计核算

实践指导

实践　买入时划分为交易性金融资产的核算

【例 1】 20×6 年 9 月 6 日，某证券公司从上海证券交易所购买 B 公司发行的股票 300 万股，成交价为每股 14.7 元，其中包含已宣告但尚未发放的现金股利每股 0.2 元，另付交易费用 10 万元，占 B 公司表决权资本的 5%。A 公司准备近期内出售。

20×6 年 9 月 20 日，收到上述现金股利。

20×6 年 12 月 31 日，该股票每股市价为 15 元。

20×7 年 4 月 3 日，B 公司宣告发放现金股利每股 0.3 元，4 月 30 日，A 公司收到现金股利。

20×7 年 12 月 31 日，该股票每股市价为 13 元。

20×8 年 6 月 6 日，A 公司出售 B 公司全部股票，出售价格为每股 17 元，另支付交易费用 12 万元。

请编制该证券公司相关业务的会计分录。

【例 2】 20×8 年 1 月 1 日，某证券公司在二级市场上购入丙公司债券，支付价款合计 205 万元，其中包括已到付息期但尚未领取的债券利息 4 万元，另付交易费用 2 万元。该债券面值总额为 200 万元，剩余期限 3 年，年利率为 4%，每半年付息一次，甲公司取得后准备近期出售。

20×8 年 1 月 10 日，收到丙公司债券 20×7 年下半年的利息 4 万元。

20×8 年 6 月 30 日，丙公司债券的公允价值为 230 万元。

20×8 年 7 月 10 日，收到丙公司债券 20×8 年上半年的利息。

20×8 年 12 月 31 日，丙公司债券的公允价值为 220 万元。

请编制该证券公司相关业务的会计分录。

【任务分析】

(1) 分析交易性金融资产的确认条件。根据证券公司管理该金融资产的业务模式以及金融资产的合同现金流量特征，来确定该项金融资产的分类结果。

(2) 初始计量。应当按照公允价值进行初始计量。注意：相关交易费用应当直接计入当期损益(投资收益)；支付的价款中包含的已宣告但尚未发放的现金股利或已到付息期但尚未领取的债券利息，应当单独确认为应收项目进行处理。

(3) 后续计量。按照公允价值计量，且其变动计入当期损益(公允价值变动损益)。

《企业会计准则第 39 号——公允价值计量》规定，企业在根据主要市场或最有利市场的交易价格确定相关资产的公允价值时，不应因交易费用对该价格进行调整。主要市场是资产流动性最强的市场，能够为企业提供最具代表性的参考信息。因此，无论相关资产的价格能够直接从市场观察到(收盘价)，还是通过其他估值技术获得，企业都应当以主要市场上相关资产的价格为基础，计量该资产的公允价值。

【参考解决方案】

【例 1】

1．划分为交易性金融资产。

2．初始确认金额 = 300 × (14.7 − 0.2) = 4 350(万元)。

3．会计分录。

(1) 借：交易性金融资产——成本　　4 350
　　投资收益　　10
　　应收股利　　60
　　贷：结算备付金　　4 420

(2) 20×6 年 9 月 20 日，收到上述现金股利。

借：结算备付金　　60
　贷：应收股利　　60

(3) 20×6 年 12 月 31 日，该股票每股市价为 15 元。

公允价值变动 = 300 × 15 − 4 350 = 150(万元)

借：交易性金融资产——公允价值变动　　150
　贷：公允价值变动损益　　150

(4) 20×7 年 4 月 3 日，B 公司宣告发放现金股利每股 0.3 元，4 月 30 日，A 公司收到现金股利。

借：应收股利　　90
　贷：投资收益　　90

借：结算备付金　　90
　贷：应收股利　　90

(5) 20×7 年 12 月 31 日，该股票每股市价为 13 元。

公允价值变动 = 300 × (13 − 15) = −600(万元)

借：公允价值变动损益　　600
　贷：交易性金融资产——公允价值变动　　600

(6) 20×8 年 6 月 6 日，A 公司出售 B 公司全部股票，出售价格为每股 17 元，另支付交易费用 12 万元。

① 成本 = 4 350(万元)；

② 公允价值变动 = 150 − 600 = −450(万元)。

借：结算备付金　　(300 × 17 − 12)5 088
　交易性金融资产——公允价值变动　　450

贷：交易性金融资产——成本　　4 350
　　公允价值变动损益　　450
　　投资收益　　738

【例 2】

1．划分为交易性金融资产。

借：交易性金融资产——成本　　(205 − 4)201
　　应收利息　　4
　　投资收益　　2
　　贷：结算备付金　　207

2．20×8 年 1 月 10 日，收到丙公司债券 20×7 年下半年的利息 4 万元。

借：结算备付金　　4
　　贷：应收利息　　4

3．20×8 年 6 月 30 日，丙公司债券的公允价值为 230 万元。

公允价值变动 = 230 − 201 = 29(万元)

借：交易性金融资产——公允价值变动　　29
　　贷：公允价值变动损益　　29

借：应收利息　　(200 × 4% × 6/12)4
　　贷：投资收益　　4

4．20×8 年 7 月 10 日，收到丙公司债券 20×8 年上半年的利息。

借：结算备付金　　4
　　贷：应收利息　　4

5．20×8 年 12 月 31 日，丙公司债券的公允价值为 220 万元。

公允价值变动 = 220 − 230 = −10(万元)

借：公允价值变动损益　　10
　　贷：交易性金融资产——公允价值变动　　10

借：应收利息　　4
　　贷：投资收益　　4

拓展练习

20×7 年 9 月 6 日，某证券公司购买 B 公司发行的股票 300 万股，成交价为每股 14.7 元，其中包含已宣告但尚未发放的现金股利每股 0.2 元，另付交易费用 10 万元。该证券公司持有 B 公司股票后对其无重大影响，并打算近期内出售该股票。该证券公司其他有关资料如下：

20×7 年 9 月 20 日，收到上述现金股利。

20×7 年 12 月 31 日，该股票每股市价为 15 元。

20×8 年 4 月 10 日，B 公司宣告发放现金股利每 10 股 0.5 元，4 月 30 日，收到现金股利。

20×8 年 6 月 30 日，该股票每股市价为 15.3 元。

20×8 年 8 月 31 日，出售 B 公司全部股票，出售价格为每股 16 元，另支付交易费用 9.5 万元。

编制该证券公司相关会计分录。

第 13 章　租赁公司业务核算

本章目标

■ 了解租赁的特点、分类及经营租赁和融资租赁的区别

■ 了解经营租赁、融资租赁和企业租赁形式的会计核算原则

■ 掌握出租人和承租人开展经营租赁和融资租赁的账务处理方法

■ 了解售后租回交易的会计核算内容

重点难点

重点：

◈ 经营租赁和融资租赁区别

◈ 经营租赁和融资租赁的会计核算

难点：

◈ 融资租赁的会计核算

案例导入

2007 年银监会颁布新的《金融租赁公司管理办法》，银行获准涉足租赁市场，由此开启了银行系金融租赁公司发展的新时代，进而带动了我国租赁行业整体的飞跃。2007年，工银租赁成为由国务院确定试点、中国银监会批准开业的第一家银行系金融租赁公司，此后多家银行先后成立了自己的金融租赁公司。大型商业银行中的工行、农行、建行、交行和国开行，股份制商业银行中的民生、招行、光大、兴业都相继成立了金融租赁公司。

前瞻产业研究院发布的《2017—2022 年中国金融租赁行业运作模式与投资战略规划深度分析报告》数据显示，截至 2017 年 6 月底，我国的金融租赁公司已达 66 家，累计注册资本达到 1885.3 亿元。据中国银监会统计，已经开业的企业效益总体良好，不良资产比例未超过1%。在已成立的金融租赁公司中，银行系金融租赁公司达到46家，占比七成。

2014 年 3 月，修改后的《金融租赁公司管理办法》颁布实施，金融租赁公司的审批开始逐步提速。其中，2014 年批准成立 6 家，2015 年批准成立 17 家，2016 年批准成立 13 家，2017 年上半年批准成立 7 家。

截至 2017 年 6 月底，全国 25 个省、市、区都设立了金融租赁公司。金融租赁企业合计 66 家，较第一季度新增 3 家，其中广州新增 2 家，分别是前海兴邦金融租赁有限责任公司和广州粤财金融租赁股份有限公司，湖北新增 1 家是航天科工金融租赁有限公司。较上年底的 59 家，定比增长 11.9%；较上年同期的 52 家，同比增长 26.9%。

从股东背景来看，按照股东数量计算，在已成立的 66 家金融租赁公司的控股股东和主要(前两大)股东中，城市商业银行占 22.73%、全国性商业银行占 15.15%、农村商业银行占 9.09%、投资/控股公司占 19.7%。在全国性商业银行中，已有 12 家成立了金融租赁公司，约占 66.7%。

融资租赁企业总量与日俱增的同时，企业注册资金也逐年升高。2016 年我国金融租赁公司总注册资金为 1 686 亿元，平均注册资金为 28.58 亿元；截至 2017 年 6 月，全国金融租赁企业注册资本总量约为 1 885 亿元。注册资本超百亿元的金融租赁企业有 2 家，分别为国银金融租赁和工银金融租赁；超 50 亿元的有 10 家，超过 10 亿的有 58 家，占九成。

2016 年全国金融租赁企业资产总额约为 2.2 万亿元，从 2009 年到 2016 年，中国金融租赁行业资产规模从 1 601 亿元增长到 22 046.33 亿元，年均增长率达到了 45.46%。

资料来源：前瞻产业研究院

租赁业务是随着商品经济的发展而产生的。近年来，随着我国经济的不断发展，现代租赁业在我国兴起，租赁公司数量、业务规模都取得了实质性进展，尤其是以金融租赁业为中坚的融资租赁行业在促进资源优化配置、推动社会生产、服务实体经济方面发挥着日益突出作用。

本章将从租赁业务概述、承租人的会计核算、出租人的会计核算以及售后租回交易的核算四个方面，对租赁公司的业务核算进行详细阐述。

13.1　租赁业务概述

租赁业的租赁会计是应用于租赁活动的一种专业会计，它是运用会计学的基本理论和方法，以货币作为主要计量单位，对租赁业务的经济活动进行综合的、全面的、连续的和系统的反映和监督。

2001 年 1 月 18 日，财政部颁发了《企业会计准则——租赁》，并于 2001 年 1 月 1 日起在我国所有企业中正式实施。2006 年，我国对租赁准则进行了重新修订，形成了《企业会计准则第 21 号——租赁》，进一步完善了租赁业务会计处理。

这里从租赁概述和租赁业务种类两个方面，对租赁业务进行简单的介绍。

知识链接

为适应社会主义市场经济发展，提高财务报告质量和会计信息透明度，保持我国企业会计准则与国际财务报告准则的持续趋同，我国财政部于 2018 年 1 月草拟了《企业会计准则第 21 号——租赁(修订)(征求意见稿)》，拟对企业租赁业务的核算方法进行进一步修订和完善。

13.1.1　租赁概述

租赁是在约定的期间，出租人将资产使用权让与承租人，以获取租金的协议。租赁体现的是资产的所有者和使用者之间一种有偿的借贷关系。由于租赁转移的是资产的使用权而不是所有权，并且这种转移是有偿的，即资产使用者取得资产使用权是以向资产所有者支付租金为代价，因此，租赁既有别于转移资产所有权的资产购置，也有别于不转移资产使用权的服务性合同，如劳务合同、运输合同、保管合同、仓储合同以及无偿提供使用权的借用合同。

【微思考】结合租赁的定义，试分析租赁与其他业务相比，具有哪些特殊性？又是如何体现的？

扫一扫

在对租赁业务进行核算时，会涉及一些会计专用术语，具体如下。

1．租赁期

租赁期是指在租赁协议规定的不可撤销的租赁期间。如果承租人有权选择续租该资产，并且在租赁开始日就可以合理确定承租人会行使这种选择权，不论是否再支付租金，续租期也包括在租赁期内。

2. 租赁开始日

租赁开始日是指租赁协议日与租赁各方就主要条款作出承诺日中的较早者。在租赁开始日，承租人和出租人应当将租赁认定为融资租赁或经营租赁，并确定在租赁期开始日应确定的金额。

3. 租赁期开始日

租赁期开始日是指承租人有权行使其使用租赁资产的日期，表明租赁行为的开始。在租赁开始日，承租人应当对租入资产、最低租赁付款额和未确认融资费用进行初始确认；出租人应当对应收融资租赁款、未担保余值和未实现融资租赁收益进行初始确认。

4. 担保余值

就承租人而言，担保余值是指由承租人或与其有关的第三方担保的资产余值；就出租人而言，担保余值是指承租人而言的担保余值加上独立于承租人和出租人的第三方担保的资产余值。其中，资产余值是指在租赁开始日估计的租赁期届满时租赁资产的公允价值。为了促使承租人谨慎地使用租赁资产，尽量减少出租人自身的风险和损失，租赁协议有时要求承租人或与其有关的第三方对租赁资产的余值进行担保，此时的担保余值是针对承租人而言的。除此之外，担保人还可能是独立于承租人和出租人的第三方，如担保公司，此时的担保余值是针对出租人而言的。

5. 未担保余值

未担保余值是指租赁资产余值中扣除出租人而言的担保余值以后的资产余值。对出租人而言，如果租赁资产余值中包含未担保余值，表明这部分余值的风险和报酬并没有转移，其风险应由出租人承担，因此，未担保余值不能作为应收融资租赁款的一部分。

6. 最低租赁付款额

最低租赁付款额是指在租赁期内，承租人应支付或可能被要求支付的款项(不包括或有租金和履约成本)，加上由承租人或与其有关的第三方担保的资产余值，但是出租人支付但可退还的税金不包括在内。

承租人有购买租赁资产的选择权，所订立的购买价款预计将远低于行使选择权时租赁资产的公允价值，因而在租赁开始日就可以合理确定承租人将会行使这种选择权，购买价款应当计入最低租赁付款额。

知识链接

或有租金是指金额不固定、以时间长短以外的其他因素(如销售量、使用量、物价指数等)为依据计算的租金。

履约成本是指租赁期内为租赁资产支付的各种使用费用，如技术咨询服务费、人员培训费、维修费、保险费等。

7. 最低租赁收款额

最低租赁收款额是指最低租赁付款额加上独立于承租人和出租人的第三方对出租人担保的资产余值。

8. 初始直接费用

初始直接费用是指在租赁谈判和签订租赁合同的过程中发生的可直接归属于租赁项目

的费用。

13.1.2　租赁业务的种类

租赁业务依据不同的标准，有不同的分类。

1．按租赁的性质分为融资租赁和经营租赁

1) 融资租赁

融资租赁是指实质上转移了与所有权有关的全部风险和报酬的租赁。租赁资产所有权最终可以转移，也可能不转移。其中，与资产所有权有关的风险是指，由于经营情况变化造成相关收益的变动，以及由于资产闲置、技术陈旧造成的损失；与资产有关的报酬是指，在资产有效使用年限内直接使用资产而获得的经济利益，以及因资产升值或变卖余值所可能实现的收益。

知识链接

融资租赁交易一般涉及三方当事人，即出租人、承租人和供应商。出租人根据承租人的要求，出资向供货商购买设备，同时将所购得的设备出租给承租人使用，承租人按期交付租金，以补偿出租人所支付的设备成本、利息和一定的利润。在融资租赁方式下，承租人对设备和供货商具有选择的权利和责任。融资租赁的设备和生产商都是由承租人选定的，出租人只是根据承租人的要求出资购买，租给承租人使用。对于设备的数量、规格及技术上检查验收都由承租人负责。从这方面来看，这种租赁方式由于出租人事先支付全部资金购进或租进设备，既解决了承租人对设备使用的需要，又解决了承租人资金短缺的问题，其实质是出租人向承租人提供的信贷行为，所以称为融资租赁。

2) 经营租赁

经营租赁是指融资租赁以外的其他租赁。即承租方为生产经营中的短期需要或季节性需要向出租人短期租赁某类资产的租赁。采用经营租赁形式，承租人的目的只是想获得资产短期内的使用权，而不想取得资产的所有权，通常在租赁期满后，将租赁资产退还给出租人。在经营租赁的方式下，与租赁资产所有权有关的风险和报酬实质上并未转移给承租人。

尤其需要注意的是，判断一项租赁是融资租赁还是经营租赁，应根据租赁交易的实质，即根据与租赁资产所有权有关的全部风险和报酬是否转移来判断。根据会计准则规定，如果一项租赁符合下列一项或数项的，应当认定为融资租赁。

(1) 在租赁期届满时，租赁资产的所有权转移给承租人。此种情况通常是指在租赁合同中已经约定，或者在租赁开始日根据相关条件作出合理判断，租赁期届满时出租人能够将资产的所有权转移给承租人。

(2) 承租人有购买租赁资产的选择权，所订立的购买价款预计远低于行使选择权时租赁资产的公允价值，因而在租赁开始日就可以合理确定承租人将会行使这种选择权。

(3) 租赁期占租赁资产使用寿命的大部分。这里的“大部分”通常掌握在租赁期占租赁开始日租赁资产使用寿命的 75%以上(含 75%)。

(4) 承租人在租赁开始日的最低租赁付款额现值，几乎相当于租赁开始日租赁资产的公允价值，其中“几乎相当于”，通常掌握在 90% (含 90%)以上。

(5) 租赁资产性质特殊，如果不做较大的改造，只有承租人才能使用。

2．按是否享有纳税优惠分为节税租赁和非节税租赁

(1) 节税租赁。节税租赁也称真实租赁，是指一项能够真正享受税收优惠待遇的租赁。在节税租赁中，出租人有资格获得加速折旧、投资优惠等税收优惠，并以降低租金的方式向承租人转让部分税收优惠；承租人支付的租金可当作费用从应纳税利润中扣除，使承租人以租赁方式筹措设备比以贷款购买方式的成本要低，同时也减少了应纳税所得额。

(2) 非节税租赁。非节税租赁又称为销售式租赁，是指出租人通过租赁方式把资产分期销售给承租人而取得收益的租赁形式。非节税租赁是不能享受税收优惠的租赁，在合同中通常有承租人享受留购权的条款，租赁期满，承租人以名义货价留购租赁物并取得所有权。非节税租赁作为一种融资的手段，形式上类似于分期付款。

3．按出租人资产来源分为直接租赁、转租赁、回租租赁、杠杆租赁

(1) 直接租赁。直接租赁是指由承租人选择需要购买的租赁物件，出租人对租赁项目风险评估后，出租租赁物件给承租人使用。在整个租赁期间承租人没有所有权但享有使用权，并负责维修和保养租赁物件。出租人对物件的好坏不负任何责任，设备折旧在承租人一方。

(2) 转租赁。转租赁是指以同一物件为标的物的融资租赁业务。在转租赁业务中，上一租赁合同的承租人同时也是下一租赁合同的出租人，称为转租人。转租人从其他出租人处租入租赁物件再转租给第三人，转租人以收取租金差为目的，租赁物的所有权归第一出租方。

(3) 回租租赁。回租租赁是指承租人将自制或外购的资产出售给出租人，然后向出租人租回并使用的租赁模式。租赁期间，租赁资产的所有权发生转移，承租人只拥有租赁资产的使用权。双方可以约定在租赁期满时，由承租人继续租赁或者以约定价格由承租人回购租赁资产。设备的买卖是形式上的交易，承租企业需将固定资产转为融资租入固定资产。

(4) 杠杆租赁。杠杆租赁是一种包括承租人、设备供应商、出租人和长期贷款人的比较复杂的融资租赁形式，其业务开展通常需要相关政策的支持。在杠杆交易中，出租人、承租人和供应商签订融资租赁合同买卖协议和租赁协议，出租人一般只需自筹资金解决购置设备所需款项的 20%～40%，即可在经济上拥有设备的所有权，并以待购的设备作为抵押，以转让收取租金的权利作为担保，从银行、保险公司、信托投资公司等金融机构获得购买设备 60%～80%的贷款。出租人购进设备租给承租人使用，以收取的租金偿还贷款。

此外，租赁还有一些其他的分类，如按照租赁交易涉及地区的不同，可划分为境内租赁和跨国租赁；按照融资租赁货币的不同，可划分为本位租赁和外币租赁等。

13.2 承租人的会计核算

从承租人角度而言，租赁业务不同于企业固定资产、存货、应收账款等共同业务，属于特殊业务；就出租人而言，租赁业务作为一个特殊的行业，其业务范围、经营方式等都与其他工商企业有许多不同。因此，我国《企业会计准则第 21 号——租赁》作为一个特殊行业的会计准则，分别从融资租赁和经营租赁对承租人的有关会计处理作出了规定，又从特殊行业的角度，对租赁公司这一特殊行业的基本业务的会计处理作出了规定。

根据租赁性质的不同，承租人对租赁业务的核算可分为承租人对经营租赁的会计核算和承租人对融资租赁的会计核算。

13.2.1　承租人对经营租赁的会计核算

由于经营租赁实质上并没有转移与租赁资产所有权有关的全部风险和报酬，因此，承租人对经营租赁的处理主要是应支付的租金与计入当期费用之间的关系问题，主要包括租金的会计核算、初始直接费用和或有租金的处理。

1. 租金的会计核算

承租人在经营租赁下发生的租金应当在租赁期内的各个期间按照直线法确认为费用；如果其他方法更合理，也可采用其他方法。其会计处理为：确认各期租金费用时，借记“长期待摊费用”等科目，贷记“其他应付款”等科目。实际支付租金时，借“其他应付款”等科目，贷记“银行存款”等科目。

需要注意的是，在某些情况下，出租人可能对经营租赁提供激励措施，如免租期、承担承租人的某些费用等。在出租人提供了免租期的情况下，承租人应将租金总额在整个租赁期内(而不是在租赁期扣除免租期后的期间内)按直线法或其他合理的方法进行分摊，免租期内应确认租金费用。在出租人承担了承租人的某些费用的情况下，承租人应将该费用从租金总额中扣除，并将租金余额在租赁期内进行分摊。

此外，承租人应设置“经营租赁资产”备查薄作备查登记，以反映和监督租赁资产的使用、归还和结存情况。

经典案例

【例 13-1】 20×7 年 1 月 1 日，北方金融企业向南方金融企业租入办公设备一台，租期为 3 年，设备价值为 2 000 000 元，预计使用年限为 10 年。租赁合同规定，租赁开始日(20×7 年 1 月 1 日)该公司一次性预付租金 150 000 元，第 1 年年末支付租金 150 000 元，第 2 年年末支付租金 200 000 元，第 3 年年末支付租金 250 000 元。租赁期届满后南方公司收回设备，3 年的租金总额为 750 000 元。

分析：此项租赁没有满足融资租赁的任何一条标准，应作为经营租赁处理。确认租金费用时，不能依据各期实际支付的租金的金额确定，而应采用直线法分摊确认各期的租金费用。此项租赁租金费用总额为 750 000 元，按直线法计算，每年应分摊的租金费用为 250 000 元。账务处理如下：

20×7 年 1 月 1 日

借：长期待摊费用　　　　　　　　　　150 000

贷：银行存款　　150 000

20×7 年 12 月 31 日

借：管理费用　　250 000

　贷：长期待摊费用　　100 000

　　银行存款　　150 000

20×8 年 12 月 31 日

借：管理费用　　250 000

　贷：长期待摊费用　　50 000

　　银行存款　　200 000

20×9 年 12 月 31 日

借：管理费用　　250 000

　贷：银行存款　　250 000

2. 初始直接费用

对于承租人在经营租赁过程中发生的初始直接费用，应当计入当期损益。其账务处理为：借记“管理费用”等科目，贷记“银行存款”等科目。

3. 或有租金

在经营租赁下，承租人对或有租金的处理与融资租赁下的处理相同，在实际发生时计入当期损益，其账务处理为：借记“财务费用”等科目，贷记“银行存款”。

13.2.2 承租人对融资租赁的会计核算

融资租赁业务通常涉及出租人、承租人和供应商三方。租赁资产的价值比较高，租期长，租赁的程序繁琐，因此其账务处理也比较复杂，涉及租赁开始日的会计处理、未确认融资费用的分摊、租赁资产的折旧、或有租金、履约成本，以及租赁期届满时账务处理等各个环节。

1. 租赁开始日的会计处理

在租赁开始日，承租人应当将租赁开始日的资产公允价值与最低租赁付款额现值两者中的较低者作为租入固定资产的入账价值，将最低租赁付款额作为长期应付款的入账价值，其差额作为未确认融资费用。其账务处理为：借记“固定资产”“在建工程”等科目，贷记“长期应付款”“银行存款”等科目，按其差额借记或贷记“未确认融资费用”等科目。

承租人在租赁谈判和签订租赁合同过程中发生的，可归属于租赁项目的手续费、律师费、差旅费、印花税等初始直接费用，应当计入租入资产的价值。

知识链接

承租人在计算最低租赁付款额的现值时，能够取得出租人租赁内含利率的，应当采用租赁内含利率作为折现率；否则，应当采用租赁合同规定的利率作为折现率。承租人无法取得出租人的租赁内含利率且租赁合同没有规定利率的，应当采用同期银行贷款利率作为折现率。其中，租赁内含利率是指在租赁开始日，使最低租赁收款额的现值与未担保余值的现值之和等于租赁资产公允价值与出租人的初始直接费用之和的折现率。

2. 未确认融资费用的分摊

在融资租赁中，承租人向出租人支付的租金中，包含了本金和利息两部分。承租人支付租金时，一方面应减少长期应付款，另一方面应同时将未确认的融资费用按一定的方法确认为当期的融资费用。在先付租金(即每期期初等额支付租金)的情况下，租赁期第一期支付的租金不含利息，只需减少长期应付款，不必确认当期融资费用。

未确认融资费用应当在租赁期内各个期间进行分摊，承租人应当采用实际利率法计算确认当期的融资费用。未确认融资费用的分摊率的确定具体分为下列几种情况：

(1) 以出租人的租赁内含利率为折现率将最低租赁付款额折现，且以该现值作为租赁资产入账价值的，应当将租赁内含利率作为未确认融资费用的分摊率。

(2) 以合同规定利率为折现率将最低租赁付款额折现，且以该现值作为租赁资产入账价值的，应当将合同规定利率作为未确认融资费用的分摊率。

(3) 以银行同期贷款利率为折现率将最低租赁付款额折现，且以该现值作为租赁资产入账价值的，应当将银行同期贷款利率作为未确认融资费用的分摊率。

(4) 以租赁资产公允价值为入账价值的，应当重新计算分摊率。该分摊率是使最低租赁付款额的现值等于租赁资产公允价值的折现率。

3. 租赁资产的折旧

融资租赁在每一个会计期间会产生租赁资产的折旧费用及融资费用，承租人融资租入一项固定资产后，应对其计提折旧。按照会计准则规定：租赁资产的折旧政策应采用与企业本身拥有的折旧资产一致的折旧政策。如不能合理确定承租人在租赁期满后将取得资产的所有权，则资产应在租赁期与使用寿命两者孰短的期限内计提折旧。

4. 或有租金

或有租金是指金额不固定、以时间长短以外的其他因素(如销售百分比、使用量、物价指数等)为依据计算的租金。这类租金由于事先难以估计其金额，因此一般都待其实际发生时，计入当期损益。

5. 履约成本

履约成本是指租赁期内为租赁资产支付的各种使用费用，如技术咨询费、服务费、人员培训费、维修费、保险费等。承租人发生履约成本通常计入当期损益。

6. 租赁期届满时的账务处理

租赁期届满时，承租人对租赁资产的处理通常有以下三种情况。

(1) 返还租赁资产。如果存在承租人担保余值，会计分录为

借：长期应付款——应付融资租赁款(担保余值)

　　累计折旧

　　贷：固定资产——融资租入固定资产

如果不存在承租人担保余值，会计分录为

借：累计折旧

　　贷：固定资产——融资租入固定资产

(2) 优惠续租租赁资产。如果承租人行使优惠续租选择权，则应视同该项租赁一直存在而做出相应的会计处理，如继续支付租金等。如果租赁期届满时承租人没有续租，承租人向出租人返还租赁资产时，其会计处理同上述返还租赁资产的会计处理。按租赁协议规定向出租人支付违约金时，借记“营业外支出”科目，贷记“银行存款”等科目。

(3) 留购租赁资产。在承租人享有优惠购买选择权的情况下，支付购买价款时，会计分录为

借：长期应付款——应付融资租赁款(购买价款)

　　贷：银行存款

借：固定资产

　　贷：固定资产——融资租入固定资产

经典案例

【案例】某融资租赁公司与甲公司于 2011 年 11 月签订融资租赁合同，租赁期为三年，租金按月支付。2012 年 6 月，甲公司开始违约支付租金，融资租赁公司多次催缴欠款，承租人以租赁物质量出现问题为由要求出租人承担维修费用，否则拒不支付租金，融资租赁公司遂于 2012 年 9 月将甲公司起诉至约定的法院，法院经审理后判决支持了融资租赁公司诉讼请求，甲公司不服判决上诉，二审驳回上诉，维持原判。

【分析】按照合同法第 247 条及相关司法解释规定，由于租赁物是由承租人选择，出租人主要是履行出资购买义务，出租人根本目的是融资，租赁物通常带有专用性质，并且由承租人保管和使用，租赁物一直置于承租人控制之下，负有保管责任，因此，无论是从法律还是交易原则上看，都理应由承租人负责维修和修缮，这样也能敦促承租人科学合理地使用租赁物，这一点在司法实务中也没有争议。

13.3 出租人的会计核算

出租人的会计核算主要涉及对经营租赁业务的会计核算和对融资租赁业务的会计核算两个方面。

13.3.1 出租人对经营租赁的会计核算

在经营租赁下，与租赁资产所有权有关的风险和报酬并没有实质上转移给承租人。出租人对经营租赁的会计处理比较简单，主要问题是解决应收的租金与确认的当期收入之间的关系、经营租赁资产折旧计提。在经营租赁下，租赁资产的所有权始终归出租人所有，因此出租人仍按照自有资产的处理方法，将租赁资产反映在资产负债表上。如

果经营租赁资产属于固定资产，出租人通常应当采用对类似应折旧的资产所采用的折旧方法计提折旧。

出租人在经营租赁下收取的租金应当在租赁期内的各个期间按照直线法确认为收入，如果其他方法更合理，也可以采用其他方法。其会计处理为：确认各期租金收入时，借记“应收账款”或“其他应收款”等科目，贷记“租赁收入”科目。实际收到租金时，借记“银行存款”等科目，贷记“应收账款”或“其他应收款”等科目。

知识链接

某些情况下，出租人可能对经营租赁提供激励措施，如免租期、承担承租人某些费用等。在出租人提供了免租期的情况下，应将租金总额在不扣除免租期的整个租赁期内，按直线法或其他合理方法进行分配，免租期内应确认租赁收入；若出租人承担了承租人的某些费用，应将该费用从租金收入总额中扣除，并将租金收入余额在租赁期内进行分配。

此外，出租人还应在财务报告中披露每类租出资产在资产负债表日的账面价值。

13.3.2　出租人对融资租赁的会计核算

出租人对融资租赁业务的会计核算涉及租赁开始日租赁债权的确认和计量、未实现融资收益的分配、未担保余值发生变动的会计处理、或有租金和租赁期届满时的会计处理等各环节。

1. 租赁开始日租赁债权的确认和计量

对出租人而言，由于租出的资产而获得一项对承租人的债权，因此，在租赁开始日对租赁债权的确认十分重要。租赁债权的确认时点应以实际能够执行对租赁资产的权利为标准，即为租赁期开始日。出租人应在租赁期开始日，将租赁开始日最低租赁收款额与初始费用之和作为融资租赁款的入账价值，并同时记录未担保余值，将应收融资租赁款、未担保余值之和与其现值的差额确认为未实现融资收益。

其会计处理为：在租赁开始日，出租人按照最低租赁收款额与初始费用之和，借记“长期应收款——应收融资租赁款”科目，按照未担保余值，借记“未担保余值”科目，按照租赁资产的公允价值(最低租赁收款额的现值和未担保余值的现值之和)，贷记“融资租赁资产”科目，租赁资产公允价值与其账面价值的差额，借记或贷记“资产处置损益”科目，按发生的初始直接费用，贷记“银行存款”等科目，按照借方与贷方的差额，贷记“未实现融资收益”科目。

2. 未实现融资收益的分配

未实现融资收益的分配是出租人会计核算的核心内容。未实现融资收益应当在租赁期内各个期间进行分配。出租人应当采用实际利率法进行计算以确认当期的融资收益。

具体做法是，按照各期未收回租赁投资净额乘以租赁内含利率来计算确认各期的融资收入。融资收入的实质是出租人向承租人提供贷款以赚取利益。因此，出租人应当将应收租赁款视为对其投资以及服务的补偿和回报，作为本金回收和融资收入处理。在租赁期间内任何时间的未回收贷款金额即为未回收租赁投资净额的金额。相应地，各期的融资收入也应按照未回收租赁投资净额和租赁内含利率来确定。这种确认各期融资租赁收入的方法考虑“折现”因素，即考虑了货币时间价值的因素，计算比较准确，分配结构比较合理。

需要注意的是，由于计算内含利率时已经考虑了初始直接费用的因素，为了避免对未实现融资收益的高估，在初始确认时应对未实现融资收益进行调整，借记“未实现融资收益”科目，贷记“长期应收款——应收融资租赁款”科目。出租人每期收到租金时，按收到的租金，借记“银行存款”科目，贷记“长期应收款——应收融资租赁款”科目。每期采用合理方法分配未实现融资收益时，按当期确认的融资收入金额，借记“未实现融资收益”科目，贷记“租赁收入”科目。

3．未担保余值发生变动的会计处理

由于环境的变化，未担保余值可能发生减少。出租人应当于每年年终对未担保余值进行复核，未担保余值增加的，不做调整。有证据表明未担保余值已经减少的，应当重新计算租赁内含利率，并将由此而引起的租赁投资净额(租赁投资净额是指最低租赁收款额及未担保余值之和与未实现融资收益之间的差额)的减少确认为当期损失。以后各期根据修正后的租赁投资净额和重新计算的租赁内含利率确认融资收益。已确认损失的未担保余值得以恢复，应在原先已确认的损失金额内转回，并重新计算租赁内含利率，以后各期根据修正后的租赁投资净额和重新计算的租赁内含利率确定应确认的融资收入。在未担保余值发生减少时，对前期已确认的融资收入不做调整。

其会计处理为：

(1) 期末，出租人的未担保余值的预计可回收金额低于其账面价值的差额，借记“资产减值损失”科目，贷记“未担保余值减值准备”科目。同时，将上述减值金额与由此所产生的租赁投资净额减少额之间的差额，借记“未实现融资收益”科目，贷记“资产减值损失”。

(2) 如果已确认损失的未担保余值得以恢复，应按未担保余值恢复的金额借记“未担保余值减值准备”科目，贷记“资产减值损失”科目。同时，按原减值额与由此产生的投资租赁净额增加之间的差额，借记“资产减值损失”科目，贷记“未实现融资收益”科目。

4．或有租金

出租人在融资租赁下收到或有租金，应在实际发生时确认为当期收入。其会计处理为：借记“银行存款”等科目，贷记“租赁收入”科目。

5．租赁期届满时的会计处理

(1) 收回租赁资产。租赁期届满时，出租人应区别以下四种情况：

① 存在担保余值，不存在未担保余值。出租人收到承租人返还的租赁资产时，借记“融资租赁资产”科目，贷记“长期应收款——应收融资租赁款”科目。如果收回租赁资产的价值低于担保余值，则向承租人收取价值损失补偿金，借记“其他应收款”科目，贷记“营业外收入”科目。

② 存在担保余值，同时存在未担保余值。出租人收到承租人返还的租赁资产时，借记“融资租赁资产”科目，贷记“长期应收款——应收融资租赁款”、“未担保余值”等科目。如果收回租赁资产的价值扣除未担保余值后余额低于担保余值，则向承租人收取价值损失补偿金，借记“其他应收款”科目，贷记“营业外收入”科目。

③ 存在未担保余值，不存在担保余值。出租人收到承租人返还的租赁资产时，借记“融资租赁资产”科目，贷记“未担保余值”科目。

④ 担保余值和未担保余值均不存在。此时，出租人无需做会计处理，只需做相应的备查登记。

(2) 优惠续租租赁资产。对于优惠续租租赁资产，如果承租人行使优惠续租选择权，则出租人应视同该租赁资产一直存在而做相应的会计处理；如果租赁期届满时承租人没有续租，承租人向出租人返还租赁资产时，其会计处理同上述收回租赁资产的会计处理。

(3) 留购租赁资产。租赁期届满时，承租人行使了优惠购买选择权。出租人按收到承租人支付的购买资产价款，借记“银行存款”等科目，贷记“长期应收款——应收融资租赁款”等科目。如果还存在未担保余值，还应借记“资产处置损益”科目，贷记“未担保余值”科目。

13.4　售后租回交易的核算

售后租回交易是指卖主(即承租人)将一项自制或外购的资产出售后，又将该项资产从买主(即出租人)租回，资产的原所有者(即承租人)仍保留对资产的占有权、使用权和控制权。

知识链接

售后租回，是企业盘活资金的一种手段。企业把正在使用的固定资产卖出去收回价款，以解决急需的资金。然后又将固定资产租回来继续使用，实际上在此过程中固定资产并没有离开原企业。这类似于把资产作“抵押”或“典当”。当然，这样做是要付出一定代价的，即给出租方支付租金、利息和手续费等，同时也给出租方所拥有的资金提供了增值的机会。

售后租回交易中的资产出售和租回由一揽子合同签订，实质上是同一项交易。因此，售后租回是一项融资行为而非销售行为，销售方在销售资产时，售价与账面价值间的差额，无论是售价高于资产账面价值还是售价低于账面价值，都是由于高估或者低估资产的价值造成的，出售资产的损益不应当确认为出售当期的损益，而应当作为未实现售后租回损益予以递延，分期摊销。

售后租回交易中，若与资产有关的风险报酬转移给承租方，即形成融资租赁，否则将形成经营租赁。无论是承租人还是出租人，应该根据租赁的分类标准，将售后租回交易认定为融资租赁或经营租赁，将出售资产的损益在租赁期内按一定标准进行摊销。

本节将从售后租回交易形成的经营租赁、售后租回交易形成的融资租赁、售后租回交易的会计处理三个方面进行介绍。

13.4.1　售后租回交易形成的经营租赁

售后租回交易认定为经营租赁，应当分情况处理：如有确凿证据表明售后租回交易是按照公允价值达成的，售价和资产账面价值的差额应当计入当期损益。如果售后租回交易不是按照公允价值达成的，可分为以下三种情况：售价低于公允价值且未来租赁付款不低于市价，有关损益(售价与账面价值的差额)应于当期确认；售价低于公允价值，但若该损失将由低于市价的未来租赁付款额补偿的，应将其(售价与账面价值的差额)递延，并按与确认租金费用相一致的方法分摊于预计的资产使用期限内；售价高于公允价值的，其高于公允价值的部分应予递延，并在预计的资产使用期限内摊销。

13.4.2 售后租回交易形成的融资租赁

如果售后租回交易属于融资租赁，这种交易实质上转移了出租人所保留的与该项资产所有权有关的风险和报酬，所以是出租人提供资金给承租人并以该项资产作为担保。基于此，售价与资产账面价值之间的差额在会计上均未实现。换言之，售价高于资产账面价值实际上是在出售时高估了资产价值，售价低于资产账面价值实际上是在出售时低估了资产价值。所以，承租人应将售价与资产账面价值之间的差额予以递延，并按该项租赁资产的折旧进度进行分摊，作为折旧费用的调整。

13.4.3 售后租回交易的会计处理

对于售后租回交易，无论是承租人还是出租人，均应按照租赁的分类标准，将售后租回交易认定为融资租赁或经营租赁。对于出租人来讲，售后租回交易(无论是融资租赁还是经营租赁的售后租回交易)同其他租赁业务的会计处理没有什么区别。而对于承租人来讲，由于其既是资产的承租人同时又是资产的出售者，因此，售后租回交易同其他租赁业务的会计处理有所不同。

出售资产时，按其账面净值借记“固定资产清理”科目，按其已计提折旧借记“累计折旧”科目，按其原价贷记“固定资产”科目。

对已收到出售资产的价款借记“银行存款”科目，并转销固定资产清理，即贷记“固定资产清理”科目，按借贷双方之间的差额，借记或贷记“递延收益——未实现售后租回损益”科目或“资产处置损益”科目。

【微思考】融资性的售后租回交易中，承租人出售资产时是否需要缴纳增值税？请说明理由。

扫一扫

租回资产时，如果形成一项融资租赁，按租赁资产的公允价值与最低租赁付款额的现值中较低者，借记“融资租赁资产”科目，按最低租赁付款额，贷记“长期应付款——应付融资租赁款”科目，按其差额，借记“未确认融资租赁费用”科目，如果形成一项经营租赁资产，则作备查登记。

各期根据该项租赁资产的折旧进度，分期摊销未实现售后租回收益时，借记“递延收益——未实现售后租回损益”科目，贷记“制造费用”或“管理费用”经营“销售费用”科目。若是分期摊销未实现售后租回损失，则借记“制造费用”或“管理费用”“销售费用”科目，贷记“递延收益——未实现售后租回损益”科目。

练　　习

一、单项选择题

1．在租赁期开始日，承租人通常应当将租赁开始日租赁资产公允价值与最低租赁付款额的现值两者中较低者作为租入资产的入账价值，将(　　)作为长期应付款的入账价值，并将两者的差额记入未确认融资费用。

A. 最低租赁付款额　　B. 最低租赁收款额

C. 最低租赁付款额现值　　D. 最低租赁收款额现值

2．甲公司于 2016 年 1 月 1 日采用经营租赁方式从乙公司租入设备一台，租期为 5 年，设备价值为 100 万元，租赁合同规定：第一年至第四年的租金分别为 10 万元、15 万元、20 万元和 25 万元；租金于每年年初支付，第五年免租金。2016 年甲公司应就此项租赁确认的租金费用为(　　)万元。

A. 10　　B. 14　　C. 17.5　　D. 20

3．某项融资租赁合同，租赁期为 7 年，每年年末支付租金 100 万元，承租人担保的资产余值为 50 万元，与承租人有关的 A 公司担保余值为 10 万元，租赁期间，履约成本共 50 万元，或有租金 20 万元。独立于承租人和出租人、但在财务上有能力担保的第三方担保的资产余值为 30 万元，未担保余值为 10 万元。就出租人而言，最低租赁收款额为(　　)万元。

A. 770　　B. 2090　　C. 790　　D. 340

二、多项选择题

1．承租人在计算最低租赁付款额的现值选择折现率时，应考虑的因素有(　　)。

A. 出租人租赁内含利率

B. 租赁合同规定的利率

C. 同期银行贷款利率

D. 承租人租赁内含利率

2．确定融资租入资产入账价值时应考虑的因素有(　　)。

A. 租赁期开始日租赁资产公允价值

B. 最低租赁付款额现值

C. 承租人在租赁谈判和签订租赁合同过程中发生的，可归属于租赁项目的手续费、律师费、差旅费、印花税等初始直接费用

D. 租赁资产预计使用年限

3．承租人在租赁业务中发生的下列各项费用中，属于履约成本的有(　　)。

A. 佣金　　B. 人员培训费　　C. 维修费　　D. 印花税

三、简答题

1．租赁的分类有哪些？

2．如何判断一种租赁是否为融资租赁？

3．什么是最低租赁收款额和最低租赁付款额？两者有何区别？

实践 6　租赁公司业务核算

实践指导

实践 6.1　租赁业务流程简介

1．租赁项目方案

2013 年 12 月 28 日，北方公司与南方公司签订了一份租赁合同。

(1) 租赁标的物：塑钢机。

(2) 租赁期开始日：租赁物运抵北方公司生产车间之日(即 2014 年 1 月 1 日)。

(3) 租赁期：从租赁期开始日算起 36 个月(即 2014 年 1 月 1 日～2016 年 12 月 31 日)。

(4) 租金支付方式：自租赁期开始日起每半年支付租金 150 000 元。

(5) 该生产线在 2014 年 1 月 1 日的公允价值为 700 000 元。

(6) 租赁合同规定的利率为 7%(6 个月利率)。

(7) 该机器估计使用年限为 8 年，已使用 3 年，期满无残值。承租人采用年限平均法计提折旧。

(8) 该机器的保险、维修等费用均由北方公司负担，估计每年约 10 000 元。

(9) 租赁期届满时，北方公司享有优惠购买该机器的选择权，购买价 100 元，估计该日租赁资产的公允价值为 80 000 元。

(10) 2014 年和 2015 年两年，北方公司每年按该机器所生产的产品——塑钢窗户的年销售收入的 5%向南方公司支付经营分享收入。

2．租赁主要操作流程

(1) 出租人按承租人要求购买租赁设备，并由设备供应商、出租人共同签署《设备买卖合同》，出租人和承租人签署《租赁合同》。

(2) 担保人向出租人提供还款担保。

(3) 承租人与出租人签订租赁合同及相关协议。

(4) 设备供应商向承租人直接交付设备。

(5) 承租人向出租人提交设备到货确认函；设备供应商向出租人提交支付货款申请单。

(6) 出租人向设备供应商支付设备购买款项。

(7) 承租人向出租人偿还各期租金。

3．需签署的相关合同

租赁需签署的相关合同主要有《设备购买合同》《租赁合同》《保证合同》等法律文本。

实践 6.2　承租人对融资租赁业务的账务处理

根据实践 6.1 资料，做出承租人北方公司的会计处理。

【任务分析】

结合第 13 章所学的理论知识，对承租人融资租赁业务的账务处理思路如下：

(1) 租赁开始日起的相关处理，包括判断该租赁的类型、确定租赁资产的入账价值、确定未确定融资费用等。

(2) 分摊未确认融资费用的会计处理，主要包括确定融资费用分摊率等。

(3) 租入资产的折旧会计处理。

(4) 或有租金的会计处理。

【参考解决方案】

1．租赁开始日起的相关处理

第一步，判断租赁类型。

本例中存在优惠购买的选择权，优惠购买价 100 元低于行使选择权日租赁资产的公允价值 80 000 元(100 ÷ 80 000 = 0.125% < 5%)，因此在 2014 年 1 月 1 日就可以合理确定北方公司行使这种选择权，这项租赁应当认定为融资租赁。

第二步，计算租赁开始日最低租赁付款额的现值，确定租赁资产的入账价值。

本例中北方公司不知道出租人的租赁内含利率，因此应选择租赁合同规定的利率 7% 作为最低租赁付款额的折现率。

最低租赁付款额 = 各期租金之和 + 行使优惠购买选择权支付的金额

= 150 000 × 6 + 100 = 900 100(元)

计算现值的过程如下：

每期租金 150 000 元的年金现值 = 150 000 × (P/A，7%，6)，查表得知：

(P/A，7%，6) = 4.767

优惠购买选择权行使 100 元的复利现值 = 100 × (P/E，7%，6)，查表得知：

(P/E，7%，6) = 0.666

现值合计 = 150 000 × 4.767 + 100 × 0.666 = 715 116.6(元)，大于租赁资产公允价值 700 000 元。根据孰低原则，租赁资产的入账价值为其公允价值 700 000 元。

第三步，计算未确认融资费用。

未确认融资费用 = 最低租赁付款额 − 租赁开始日租赁资产的公允价值

= 900 100 − 700 000

= 200 100(元)

第四步，做会计分录。

租赁期开始日账务处理为

2014 年 1 月 1 日

借：固定资产——融资租入固定资产　　　　700 000

　　未确认融资费用　　　　　　　　　　　200 100

　　贷：长期应付款——应付融资租赁款　　　　　900 100

2．分摊未确认融资费用的会计处理

第一步，确定融资费用分摊率。

由于租赁资产入账价值为公允价值，因此应重新计算融资费用分摊率。计算过程如下：

租赁开始日最低租赁付款额的现值 = 租赁开始日的租赁资产的入账价值

可以得出

$$150\,000 \times (P/A，R，6) + 100 \times (P/E，R，6) = 700\,000$$

用插值法在多次测试的基础上，计算得到的利率为 7.70%，即融资费用的分摊率为 7.70%。

第二步，在租赁期内采用实际利率法分摊未确认融资费用，如表 S6-1 所示。

表 S6-1　未确认融资费用分摊表(实际利率法)　　　　单位：元

日期	租金	确认的融资费用	应付本金减少额	应付本金余额
①	②	③ = ⑤ × 7.70%	④ = ② − ③	期末⑤ = 期初⑤ − ④
2014.01.01				700 000.00
2014.06.30	150 000.00	53 900.00	96 100.00	603 900.00
2014.12.31	150 000.00	46 500.30	103 499.70	500 400.30
2015.06.30	150 000.00	38 530.82	111 469.18	388 931.12
2015.12.31	150 000.00	29 947.70	120 052.30	268 878.82
2016.06.30	150 000.00	20 703.67	129 296.33	139 582.49
2016.12.31	150 000.00	10 517.51*	139 482.49*	100.00
2017.01.01	100.00		100.00	0
合计	900 100.00	200 100.00	700 000.00	0

做位数调整：139 482.49 = 139 582.49 − 100.00

　　　　　　10 517.51* = 150 000.00 − 139 582.49 + 100.00

第三步，做会计分录。

2014 年 6 月 30 日，支付第一期租金，

借：长期应付款——应付融资租赁款　　　　150 000

　　贷：银行存款　　　　　　　　　　　　　　150 000

2014 年 1～6 月，每月分摊未确认融资费用时，每月的财务费用为 53 900÷6=8 983.33 (元)。账务处理的会计分录如下：

借：财务费用　　　　　　　　　　　　　8 983.33

　　贷：未确认融资费用　　　　　　　　　　　8 983.33

2014 年 12 月 31 日，支付第二期租金，

借：长期应付款——应付融资租赁款　　150 000

　贷：银行存款　　150 000

此外，2014 年 7～12 月，每月分摊未确认融资费用时，每月的财务费用为 46 500.30÷6=7 750.05(元)。账务处理的会计分录如下：

借：财务费用　　7 750.05

　贷：未确认融资费用　　7 750.05

2015 年 6 月 30 日，支付第三期租金，

借：长期应付款——应付融资租赁款　　150 000

　贷：银行存款　　150 000

同时，2015 年 1～6 月，每月分摊未确认融资费用时，每月的财务费用为 38 530.82÷6=6 421.80(元)。账务处理的会计分录如下：

借：财务费用　　6 421.80

　贷：未确认融资费用　　6 421.80

2015 年 12 月 31 日，支付第四期租金，

借：长期应付款——应付融资租赁款　　150 000

　贷：银行存款　　150 000

同时，2015 年 7～12 月，每月分摊未确认融资费用时，每月的财务费用为 29 947.70÷6=4 991.28(元)。账务处理的会计分录如下：

借：财务费用　　4 991.28

　贷：未确认融资费用　　4 991.28

2016 年 6 月 30 日，支付第五期租金，

借：长期应付款——应付融资租赁款　　150 000

　贷：银行存款　　150 000

同时，2016 年 1～6 月，每月分摊未确认融资费用时，每月的财务费用为 20 703.67÷6=3 450.61(元)。账务处理的会计分录如下：

借：财务费用　　3 450.61

　贷：未确认融资费用　　3 450.61

2016 年 12 月 31 日，支付第六期租金，

借：长期应付款——应付融资租赁款　　150 000

　贷：银行存款　　150 000

同时，2016 年 7～12 月，每月分摊未确认融资费用时，每月的财务费用为 10 517.51÷6=1 752.92(元)。账务处理的会计分录如下：

借：财务费用　　1 752.92

　贷：未确认融资费用　　1 752.92

2017 年 1 月 1 日，

借：其他应付款——应付融资租赁款　　100.00

　贷：银行存款　　100.00

借：固定资产——生产性固定资产　　100.00

　贷：固定资产——融资租入固定资产　　100.00

3．租入资产折旧的会计处理

承租人应当采用与自有固定资产相一致的折旧政策计提租赁资产折旧。

融资租赁资产折旧计算表如表 S6-2 所示。

表 S6-2　融资租赁资产折旧计算表　　单位：元

日期	原值	估计残值	折旧率	当年折旧费	累积折旧	净值
	700 000.00	—				700 000.00
2014.12.31			0.20	140 000.00	140 000.00	560 000.00
2015.12.31			0.20	140 000.00	280 000.00	420 000.00
2016.12.31			0.20	140 000.00	420 000.00	280 000.00
2017.12.31			0.20	140 000.00	560 000.00	140 000.00
2018.12.31			0.20	140 000.00	700 000.00	0
合计	700 000.00		1.00			

能够合理确定租赁期届满时取得租赁资产所有权，应当在租赁资产使用寿命内计提折旧，无法合理确定租赁期届满时能够取得租赁资产所有权的，应当在租赁期与租赁资产使用寿命两者较短的期间内计提折旧。

本例中租赁资产不存在担保余值，应全额计提折旧。会计分录为

2014 年 12 月 31 日，计提本年折旧，

借：制造费用——折旧费　　140 000

　　贷：累计折旧　　140 000

2014 年至 2018 年各年会计分录同上。

4．或有租金的会计处理

或有租金应当在实际发生时计入当期损益。

假设 2014 年和 2015 年北方公司分别实现塑钢窗户销售收入 100 000 元和 200 000 元，根据租赁合同规定，应当将其中的 5%作为租金支付，这两年应支付的经营分享收入分别为 5 000 元和 10 000 元。会计分录为

2014 年 12 月 31 日

借：销售费用　　5 000

　　贷：其他应付款——南方公司　　5 000

2015 年 12 月 31 日

借：销售费用　　10 000

　　贷：其他应付款——南方公司　　10 000

实践 6.3　出租人对融资租赁业务的账务处理

根据实践 6.1 资料，做出出租人南方公司的账务处理。

【任务分析】

结合第 13 章所学的理论知识，对出租人融资租赁业务的账务处理思路如下：

(1) 租赁开始日的相关处理，主要包括最低租赁收款额的计算、确定未实现融资收益等。

(2) 分配未实现融资收益的会计处理。

(3) 未担保余值的复核。

(4) 或有租金的会计处理。

【参考解决方案】

1．出租方初始会计处理

第一步，最低租赁收款额= 租期 × 期数 + 优惠购买价格

= 150 000 × 6 + 100

= 900 100(元)

因此有

150 000 × (P/A，R，6) = 700 000(租赁资产的公允价值)

根据这一等式，用插值法在多次测试的基础上，计算租赁内含利率为 7.70%。

第二步，计算租赁开始日最低租赁收款额及其现值和未实现融资收益。

本例中由于不存在担保余值和未担保余值，因此，

最低租赁收款额 = 最低付款额

= 150 000 × 6 + 100

= 900 100(元)

最低租赁收款额现值=租赁开始日租赁资产公允价值

=700 000(元)

未实现融资收益=(最低租赁收款额 + 初始直接费用 + 未担保余值)

–(最低租赁收款额的现值 + 初始直接费用现值 + 未担保余值的现值)

=900 100 – 700 000=200 100(元)

第三步，做会计分录。

借：长期应收款——应收融资租赁款　　900 100

　贷：融资租赁资产　　700 000

　　未实现融资收益　　200 100

2．未实现融资收益的分配

第一步，列表计算分摊额，具体如表 S6-3 所示。

表 S6-3　未实现融资收益分摊表(实际利率法)　　单位：元

日期	租金	确认的融资收入	租赁投资净额减少额	租赁投资净额余额
①	②	③ = ⑤ × 7.70%	④ = ② – ③	期末⑤ = 期初⑤ – ④
2014.01.01				700 000.00
2014.06.30	150 000.00	53 900.00	96 100.00	603 900.00
2014.12.31	150 000.00	46 500.30	103 499.70	500 400.30
2015.06.30	150 000.00	38 530.82	111 469.18	388 931.12
2015.12.31	150 000.00	29 947.70	120 052.30	268 878.82
2016.06.30	150 000.00	20 703.67	129 296.33	139 582.49
2016.12.31	150 000.00	10 517.51*	139 482.49*	100.00
2017.01.01	100.00		100.00	0
合计	900 100.00	200 100.00	700 000.00	0

做位数调整：139 482.49 = 139 582.49 – 100.00

10 517.51* = 150 000.00 – 139 582.49 + 100.00

第二步，做会计分录。

2014 年 6 月 30 日，收到第一期租金时，

借：银行存款　　150 000

　　贷：长期应收款——应收融资租赁款　　150 000

同时，2014 年 1～6 月，每月确认租赁收入：

借：未实现融资收益　　(53 900÷6)8 983.33

　　贷：租赁收入　　8 983.33

2014 年 12 月 31 日，收到第二期租金时，

借：银行存款　　150 000

　　贷：长期应收款——应收融资租赁款　　150 000

同时，2014 年 7～12 月，每月确认租赁收入：

借：未实现融资收益　　(46 500.3÷6)7 750.05

　　贷：租赁收入　　7 750.05

2015 年 6 月 30 日，收到第三期租金时，

借：银行存款　　150 000

　　贷：长期应收款——应收融资租赁款　　150 000

同时，2015 年 1～6 月，每月确认租赁收入：

借：未实现融资收益　　(38 530.82÷6)6 421.80

　　贷：租赁收入　　6 421.80

2015 年 12 月 31 日，收到第四期租金时，

借：银行存款　　150 000

　　贷：长期应收款——应收融资租赁款　　150 000

同时，2015 年 7～12 月，每月确认租赁收入：

借：未实现融资收益　　(29 947.70÷6)4 991.28

　　贷：租赁收入　　4 991.28

2016 年 6 月 30 日，收到第五期租金时，

借：银行存款　　150 000

　　贷：长期应收款——应收融资租赁款　　150 000

同时，2016 年 1～6 月，每月确认租赁收入：

借：未实现融资收益　　(20 703.67÷6)3 450.61

　　贷：租赁收入　　3 450.61

2016 年 12 月 31 日，收到第六期租金时，

借：银行存款　　150 000

　　贷：长期应收款——应收融资租赁款　　150 000

同时，2016 年 7～12 月，每月确认租赁收入：

借：未实现融资收益　　(10 517.51÷6)1 752.92

　　贷：租赁收入　　1752.92

3. 未担保余值的复核

出租人至少应当于每年年度终了，对未担保余值进行复核。未担保余值增加的，不做调整。有证据表明未担保余值已经减少的，应当重新计算租赁内含利率，将由此引起的租赁投资净额的减少，计入当期损益；以后各期根据修正后的租赁投资净额和重新计算的租赁内含利率确认融资收入。

已确认损失的未担保余值得以恢复的，应当在原已确认的损失金额内转回，并重新计算租赁内含利率，以后各期根据修正后的租赁投资净额和重新计算的租赁内含利率确认融资收入。

租赁投资净额是融资租赁中最低租赁收款额及未担保余值之和与未实现融资收益之间的差额。

4. 或有租金的处理

假设 2014 年和 2015 年，北方公司分别实现塑钢窗户销售收入 100 000 元和 200 000 元。根据租赁合同的规定，两年应向北方公司收取的经营分享收入分别为 5 000 元和 10 000 元。会计分录为

2014 年，

借：银行存款(或应收账款)　　　　　5 000

　　贷：租赁收入　　　　　　　　　　5 000

2015 年，

借：银行存款(或应收账款)　　　　　10 000

　　贷：租赁收入　　　　　　　　　　10 000

第 14 章　基金管理公司业务核算

本章目标

■ 了解投资基金的概念、类别及特点

■ 掌握投资基金发行及赎回的会计核算

■ 掌握投资基金进行投资业务的账务处理方法

■ 掌握投资基金收入费用的具体核算方法

重点难点

重点：

◈ 开放式基金的申购和赎回的会计核算

◈ 股票投资和债券投资的会计核算

难点：

◈ 证券投资基金的分类和当事人

案例导入

从资产管理的外延来看，我国资产管理广泛涉及银行、保险、证券、基金、信托、期货等行业机构，资产管理业的构成大致如下：截至 2016 年底，中国(除港澳台地区)共有公募基金 9.16 万亿元，非公募资产管理计划(包括基金管理公司普通专户、管理全国社保和企业年金、基金子公司资产管理计划、证券公司及其子公司资产管理计划、期货公司及其子公司资产管理计划)34.48 万亿元，私募投资基金(包括私募证券投资基金、私募股权投资基金、创业投资基金、其他私募投资基金以及投资顾问类私募投资基金)8.25 万亿元(实缴)，非保本银行理财产品 23.11 万亿元，信托公司资金信托计划 17.46 万亿元，保险公司万能险、投连险、管理企业年金、养老保障产品及其他委托管理资产 4.30 万亿元，各类资产管理业务规模合计达 96.76 万亿元。

统计表明，公募基金、私募投资基金和各类非公募资产管理计划合计资产管理规模达 51.89 万亿元，占可统计资产管理规模总量的 53.63%。

资料来源：《中国证券投资基金业年报(2016)》

20 世纪 70 年代末，我国经济体制改革推动了市场经济的快速发展，也引发了社会对资金的巨大需求。由此，证券投资基金作为一个新兴而富有活力的行业应运而生了。近年来，随着我国市场经济、法律法规不断的完善，国家对外开放程度进一步提高，我国证券投资基金业实现了长足发展，在国家宏观经济调控、金融和资本市场发展以及居民家庭理财等方面都发挥了不可替代的作用。

14.1 证券投资基金概述

证券投资基金是一种利益共享、风险共担的集合投资方式，即通过发行基金单位，集中投资者的资金，由基金托管人托管，由基金管理人管理和运用资金，从事股票、债券等金融工具投资，以获得投资收益和资本增值。下面主要从证券投资基金的当事人和证券投资基金的分类两个方面，对证券投资基金业务进行简单的阐述。

14.1.1 证券投资基金的当事人

从证券投资基金的定义可以看出，证券投资基金的当事人主要包括基金份额持有人、基金管理人和基金托管人。

基金份额持有人，是指依基金合同和招募说明书持有基金份额的自然人和法人，即基金的投资人。他们是基金资产的实际所有者，享有基金信息的知情权、表决权和收益权。

基金管理人，是基金产品的募集者和管理者，其最主要职责就是按照基金合同的约定，负责基金资产的投资运作，在有效控制风险的基础上为基金投资者争取最大的投资收益。

基金托管人，又称基金保管人，是根据法律法规的要求，在证券投资基金运作中承担资产保管、交易监督、信息披露、资金清算与会计核算等相应职责的当事人。基金托管人的存在，主要是为了充分保障基金投资者的权益，防止基金资产财产被挪作他用，确保基金资产规范运作和安全完整。根据《中华人民共和国证券投资基金法》规定，基金托管人由依法设立的商业银行或者其他金融机构担任。

三者之间的关系如图 14-1 所示。

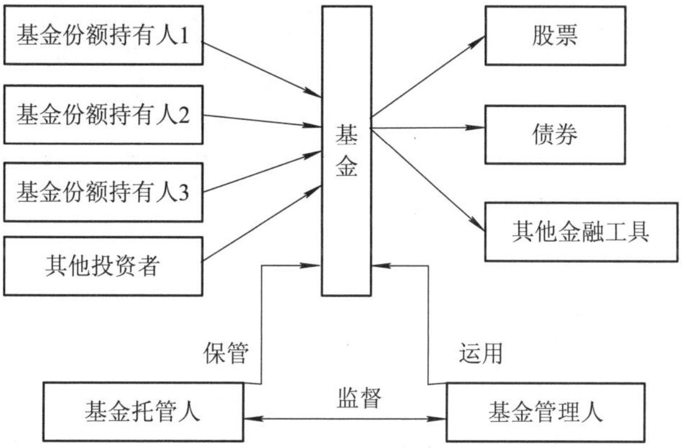

图 14-1 基金管理人、托管人与份额持有人之间的关系

经典案例

余额宝是蚂蚁金服于 2013 年 6 月推出的一种余额增值和活期资金管理的产品，是一款互联网理财产品。余额宝的出现开创了国民理财的新时代，拓展了大众理财的渠道。

截至 2018 年 5 月初，余额宝对接的是天弘基金管理有限公司旗下的余额宝货币基金，客户在购买余额宝的同时，实质上是购买了一种基金理财产品，投资于长期存款、债券等相关金融工具，金融工具的价格会有所波动，因此每天的收益也会有变化。天弘基金是该货币基金的基金管理人，基金托管人则是具备资格的商业银行或其他金融机构，蚂蚁金服旗下支付宝只是该基金的销售方。

为了进一步减轻单只货币基金规模过快增长的压力，从整体上降低单一货币基金集中度高的风险，2018 年 5 月 3 日，余额宝新接入博时、中欧基金公司旗下的“博时现金收益货币 A”“中欧滚钱宝货币 A”两只货币基金产品，以缓解用户“定好闹钟秒抢宝宝”的局面。

14.1.2 证券投资基金的分类

证券投资基金的种类繁多，根据研究角度不同，可以分为以下几种。

1. 封闭式基金和开放式基金

按照基金运作方式的不同，基金可以分为封闭式基金和开放式基金。

封闭式基金，是指基金份额在基金合同期限内固定不变，可以在依法设立的证券交易所交易，但基金份额持有人不得申请赎回的一种基金运作方式。封闭式基金有固定的存续期限，我国规定不得少于 5 年，资金规模在存续期内通常不变(只能通过扩募来追加规模)，一般在证券交易所上市交易。

开放式基金，是指基金份额不固定，可以在基金合同约定的时间和场所进行申购或赎回的一种基金运作方式。开放式基金不规定存续期限，资金规模一直处于变动之中，一般通过银行柜台(或第三方平台)申购或赎回。

【微思考】如今，证券投资基金在居民理财生活中占据了重要地位。请思考一下，我们日常生活中有哪些金融产品属于证券投资基金？是封闭式基金还是开放式基金？

扫一扫

2．公司型基金和契约型基金

按照基金法律形式的不同，可以分为公司型基金和契约型基金。

公司型基金，是指投资者为了共同投资目标而组成的以盈利为目的的股份制投资公司，并将形成的公司资产投资于有价证券的证券投资基金。公司型基金通过发行股票筹集资金，是具有法人资格的经济组织。

契约型基金又称信托型基金，是指基金投资人依据其与基金管理人、基金托管人订立的基金契约，通过发行基金单位而组建的投资基金。契约型基金本身不具备法律实体地位，其与基金管理人的关系为信托关系，通过基金合同具体约定基金管理人、基金托管人及投资者之间的权利义务关系，因此契约型基金无法采用自我管理，且需由基金管理人代其行使相关民事权利。

目前，我国的基金全部是契约型基金，而美国的绝大多数基金则是公司型基金。

3．成长型基金、收入型基金和平衡型基金

按照基金投资目标的不同，基金可分为成长型基金、收入型基金和平衡型基金。

(1) 成长型基金是以追求长期资本增值为基本目标，较少考虑当期收入的基金。成长型基金主要投资于成长型股票。

(2) 收入型基金以追求稳定的当期收入为基本目标，主要投资于收益类证券(如大盘蓝筹股、国债、政府债券等)。

(3) 平衡型基金是指具有多重投资目标的投资基金，既注重资本增值又注重当期收入。此类基金一般将基金资产按比例投资于债券、优先股、普通股等各种证券。

4．股票型基金、债券型基金、混合型基金、货币市场基金

按照基金投资对象的不同，基金可分为股票型基金、债券型基金、混合型基金和货币市场基金。

(1) 股票型基金是以股票为主要投资对象的基金，股票投资比重必须在 60%以上。股票基金既可以赚取资本收益，又可使资本增值，但风险也比较高。

(2) 债券型基金是以债券为主要投资对象的基金，债券投资比重必须在 80%以上。债券是一种获利稳定、风险较小、长短期皆宜的有价证券，因此投资债券基金可以保证投资者获得稳定的投资收益，而且面临的风险也比较小，但往往收益较低。

(3) 混合型基金是在投资组合中投资于股票、债券和货币市场工具，但不符合股票型基金和债券型基金分类标准的基金。投资者通过购买混合型基金，可以实现投资的多元化。

(4) 货币市场基金是指在货币市场上，以短期有价证券作为投资对象的一种基金。该基金主要投资于短期货币资金工具，如国库券、政府短期债券、商业票据、银行可转让存单等短期有价证券。由于货币市场是一个低风险、高流动性的市场，因此货币市场基金具有收益高、流动性强、购买限额低、资本安全性高的特点。

5．公募基金、私募基金

根据募集方式的不同，基金可以划分为公募基金和私募基金。

公募基金，是指以公开方式向社会公众投资者募集资金并以证券为投资对象的证券投资基金。公募基金在法律的严格监管下，有着信息披露、利润分配、运行限制等行业规范。

私募基金是指以非公开方式向特定投资者募集资金并以证券为投资对象的证券投资基金。

此外，证券投资基金还有一些其他的分类方法，如按照投资理念的不同分为主动型基金、被动型基金等。

14.2　基金管理公司基金发行、申购与赎回的核算

在我国，证券投资基金应由经中国证监会批准设立的基金公司发行。基金的设立须由基金公司向中国证监会提交申请设立基金的文件，经证监会审核批准后方可公开发行。从基金的招募说明书公告之日起到基金成立之间的时间，称为基金的募集期。根据《证券投资基金法》的规定，募集期内不同类型的基金，其成立的要求也会有所差别，如图 14-2 所示。

基金管理公司应对所管理的基金以基金作为会计核算主体，独立建账、独立核算；同时对所管理的不同基金财产分别管理、分别记账，进行证券投资。此外，基金管理公司需每日计算基金净值和基金单位净值并按规定予以公告，计算、确认基金损益并对基金资产进行估值。图 14-3 为中信银行基金理财产品——“薪金煲(信诚版)”2018 年 5 月 11 日公布的上一日万份收益和七天年化收益率情况。

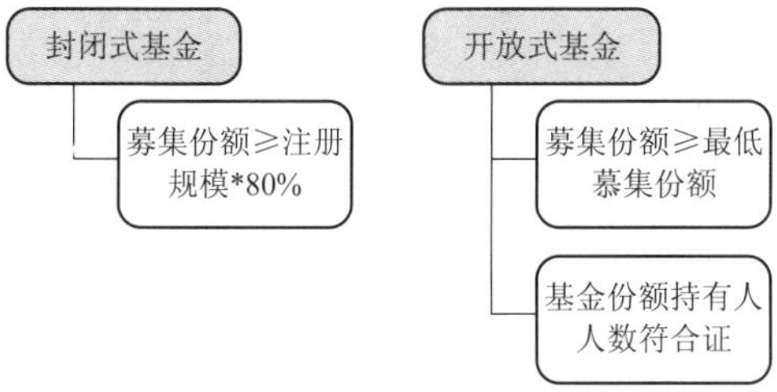

图 14-2　封闭式基金和开放式基金的成立要求

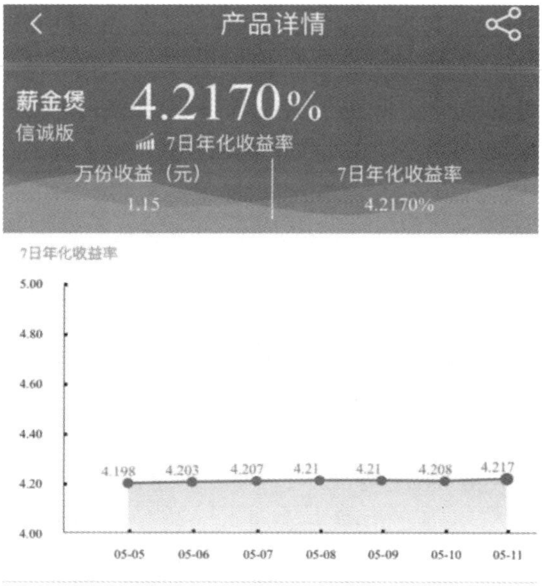

图 14-3　薪金煲(信诚版)万份收益和 7 日年化收益率(2018.05.10)

通常情况下，基金管理公司基金管理的会计核算主要包括基金发行的核算、开放式基金申购的核算和开放式基金赎回的核算。

14.2.1 基金发行的核算

基金管理公司经由证监会批准，新发行基金成立时，实收基金按实际收到的基金单位总额入账。实收基金是指在基金募集期间和持续经营期间投资者实际投入基金中的资本，核算时通过“实收基金”科目进行核算。“实收基金”科目是权益类科目，用于核算对外发行基金单位总额。实收基金的账务处理根据基金运作形式的不同也会有所区别，因此发行封闭式基金和开放式基金的核算存在着明显的差异。

1．发行封闭式基金的核算

就封闭式基金而言，发行基金的会计核算比较简单，主要核算在基金募集期间投资者投入的资本。封闭式基金募集发行期结束，按照实际收到的金额，借记“银行存款”，按基金单位发行总额，贷记“实收基金”，按其差额，贷记“其他收入”科目。

经典案例

【例 14-1】 20×8 年 6 月 11 日，ABC 基金管理公司发行某证券投资基金 5 亿份基金单位，每基金单位发行价格为 1.01 元(其中包含向投资者收取的 1%的发行费)，发行相关费用为 100 万元。

会计分录为

借：银行存款　　501 000 000

　　贷：实收基金　　500 000 000

　　　　其他收入　　1 000 000

2．发行开放式基金的核算

由于开放式基金的基金单位总额不固定，基金单位总数随时增减，因此开放式基金募集发行期结束后，应按照实际收到的金额，借记“银行存款”，贷记“实收基金”。募集期内，直销单位或代销机构向投资者收取的认购费，作为其提供服务的补偿，应直接从募集的资金中扣除。在这种情况下，实收基金应为募集资金扣除认购费后的净额。

经典案例

【例 14-2】 20×7 年 3 月 1 日，某开放式基金 A 基金募集期满，基金规模为 5 亿元人民币。

会计分录为

借：银行存款　　500 000 000

　　贷：实收基金　　500 000 000

基金发行收入应及时存入开户银行，并按开户银行、存款种类等分别设置“银行存款日记账”，并根据收付款凭证，按照业务发生的顺序逐笔登记，每日终了应结出余额。由于封闭式基金在募集期结束后，基金份额在基金合同规定的期间内固定不变。因此，以下介绍的基金申购与赎回的会计核算，均为开放式基金的核算。

14.2.2　开放式基金申购的核算

基金申购，是指开放式基金设立后，在基金持续经营期间投资者购买基金单位的行为。开放式基金的基金单位可以根据基金发展需要追加发行，因此投资者也可根据市场状况和自己的投资决定赎回或购买该基金单位的份额。开放式基金的申购价格和赎回价格是依据申购日或赎回日基金单位资产净值加、减有关费用计算出来的。

1．基金单位资产净值的计算

基金单位资产净值是每一基金单位所代表的基金资产的净值，应当按照开放日闭市后基金资产净值除以当日基金单位余额数量计算。基金单位资产净值的计算公式为

$$\text{基金单位资产净值}=\frac{\text{总资产}-\text{总负债}}{\text{基金单位总数}}$$

其中，总资产为基金所持有的所有资产，包括基金拥有的上市股票、认股权证、公债、公司债、短期票据、存放在其他金融机构的存款、准备金等，总资产按照当日的公允价值进行计算；总负债为基金在运作过程中所形成的各种应付款项、短期借款等；基金单位总数为开放日发行在外的基金单位的余额数量。

开放式基金的单位总数处于不断的变化之中，基金管理人应于每个工作日交易结束后计算当日的基金资产净值，以约定方式发送给基金托管人。基金托管人对净值计算结果复核后，将复核结果反馈给基金管理人，由基金管理人对基金份额净值予以公布，以此作为投资者申购、赎回的依据。图 14-4 为易方达基金管理公司部分混合型基金产品 2018 年 5 月 10 日的单位净值。

基金名称	基金代码	日期	单位净值	日涨跌
易方达平稳增长混合	110001	2018-05-10	2.914 [历史]	+0.21%
易方达策略成长混合	110002	2018-05-10	3.464 [历史]	+0.32%
易方达积极成长混合	110005	2018-05-10	0.6912 [历史]	+0.26%
易方达价值精选混合	110009	2018-05-10	1.1116 [历史]	+0.44%
易方达策略成长二号混合	112002	2018-05-10	1.038 [历史]	+0.39%
易方达价值成长混合	110010	2018-05-10	1.8234 [历史]	+0.82%

图 14-4　易方达部分混合型基金单位净值(2018.05.10)

2．会计科目设置

开放式基金申购业务核算需要使用的会计科目，除了“实收基金”外，还应设立“应收申购款”“未实现利得”和“损益平准金”。具体科目设置如表 14-1 所示。

表 14-1　基金申购业务会计科目的设置

<table>
<tr><th>科目名称</th><th>主要核算内容</th><th>科目性质</th></tr>
<tr><td>应收申购款</td><td>该科目用来核算基金管理公司在基金申购确认日应收的基金申购款。该科目借方登记基金管理公司确认的基金申购款项；贷方登记收到的基金申购款；期末，借方余额表示基金公司确认但暂未收到的基金申购款</td><td>资产类</td></tr>
<tr><td>未实现利得</td><td>该科目用来核算按照规定的估值原则，以及基金契约和招募说明书载明的估值事项，对资产估值时所形成的未实现利得。基金申购、赎回款中所含的未实现利得也在本科目内进行核算。该科目贷方核算基金投资估值实现的净增值额；借方核算基金投资估值实现的净减值额；期末余额反映未实现的利得</td><td rowspan="2">权益类</td></tr>
<tr><td>损益平准金</td><td>该科目用于核算非收益转化而形成的损益平准金，如申购、赎回款中所含的未分配收益，应按损益平准金的种类设置明细账，进行明细核算。该科目贷方登记基金申购款中含有的未分配收益；借方登记基金赎回款中含有的未分配收益。期末，该科目余额全部转入“收益分配——未分配收益”科目，结转后本科目应无余额</td></tr>
</table>

3．开放式基金申购的核算

开放式基金的投资者首次申购基金时，应先开立基金 TA 账户。基金 TA 账户是投资者持有某基金管理公司基金的基金账号，主要用来记录投资者基金账户的情况。开放式基金投资者申购基金时，是按购买的金额提出申请，而不是按购买的份额提出申请，基金的申购金额里包含了申购费用和净申购金额。基金申购费是指投资者在基金存续期间向基金管理人购买基金单位时所支付的手续费，其计算方法为

$$净申购金额 = 申购金额/(1 + 申购费率)$$

$$申购费用 = 申购金额 - 净申购金额$$

由此，一笔申购金额可以买到的基金份额为

$$申购份额 = 净申购金额 \div 申购基金单位资产净值$$

申购费可以在申购基金时收取，也可以在赎回时从赎回金额中扣除。根据我国《开放式证券投资基金试点方法》的有关规定，申购费率不得超过申购金额的 5%。办理申购业务的机构按规定收取的申购费，如在基金申购时收取的，由办理申购业务的机构直接向投资人收取，不纳入基金会计核算范围；如在基金赎回时收取的，待基金投资赎回时从赎回款中抵扣。

基金管理公司在基金申购确认日，按基金申购款，做如下会计分录：

借：应收申购款

　　贷：实收基金

　　　　未实现利得

　　　　损益平准金

需要注意的是，在对基金申购款进行计量时，关键是将基金申购款按照持有人权益的比例分割为三部分，分别确认实收基金、未实现利得、损益平准金的增加。

待实际收到申购款时，会计处理为

借：银行存款

　　贷：应收申购款

经典案例

【例 14-3】20×8 年 1 月 4 日，张先生在 ABC 银行一代销点申购某只开放式基金，申购金额为 101 000 元，其中，申购费为 1%。申购日该基金净值合计人民币 50 亿元，其中：实收基金账户余额 46 亿元，未实现利得账户余额为 2 亿元，本期收益、收益分配和损益平准金账户余额合计为 2 亿元。假设该基金申购于当日确认，基金管理公司于 T+1 日收到申购款。

基金公司的会计处理为

基金净申购=申购金额/(1+申购费率)=101 000/(1+1%)=100 000(元)

由于申购费是在基金购买时扣除的，因此不纳入基金会计核算范围。

张先生申购款中权益比例分割如表 14-2 所示。

表 14-2　申购款权益比例分割表

基金净值项目	净值构成(亿元)	净值构成比例	分割申购款(元)
实收基金	46	46/50=92%	100 000 × 92%=92 000
未实现利得	2	2/50=4%	100 000 × 4%=4 000
未分配收益和损益平准金	2	2/50=4%	100 000 × 4%=4 000
合计	50	100%	100 000

20×8 年 1 月 4 日，该基金申购时的会计分录为

借：应收申购款　100 000

　　贷：实收基金　92 000

　　　　未实现利得　4 000

　　　　损益平准金　4 000

20×8 年 1 月 5 日，基金公司收到基金申购款时账务处理为

借：银行存款　100 000

　　贷：应收申购款　100 000

14.2.3 开放式基金赎回的核算

开放式基金赎回是指基金合同生效后，基金份额持有人按基金合同规定的条件要求将基金份额兑换为现金的行为。开放式基金赎回款的会计核算原理与基金申购款的核算基本类似，需要按照赎回日基金净值的比例对赎回款进行分割。其会计分录为

借：实收基金

　　未实现利得

　　损益平准金

　　贷：应付赎回款

　　　　应付赎回费(基本手续费)

　　　　其他收入(赎回费扣除基本手续费后的余额)

但是，与基金申购不同的是，基金管理公司须对基金的赎回费进行会计核算，赎回费从赎回金额中直接扣除。

基金赎回的有关计算公式如下：

赎回总额 = 赎回份数 × 赎回当日基金单位资产净值

赎回费用 = 赎回总额 × 赎回费率

赎回金额 = 赎回总额 − 赎回费用

经典案例

【例 14-4】承例 14-3，张先生因资金需要于 20×8 年 3 月 5 日在同一基金直销点赎回基金 50000 份，当日基金单位资产净值为 1.12 元，基金净值构成同上。假设该基金的赎回为 T+1 日到账，赎回费率为 0.5%。则：

赎回总额 = 赎回份数 × 赎回当日基金单位资产净值= 50 000 × 1.12 = 56 000(元)

该项业务基金赎回款中权益比例分割如表 14-3 所示。

表 14-3　赎回款权益比例分割表

基金净值项目	净值构成(亿元)	净值构成比例	分割赎回款(元)
实收基金	46	46/50=92%	56 000 × 92%=51 520
未实现利得	2	2/50=4%	56 000 × 4%=2 240
未分配收益和损益平准金	2	2/50=4%	56 000 × 4%=2 240
合计	50	100%	100 000

赎回费用 = 赎回总额 × 赎回费率 = 56 000 × 0.5% = 280(元)

赎回金额 = 赎回总额 − 赎回费用 = 56 000− 280 = 55 720(元)

编制该开放式基金赎回的会计分录为

借：实收基金　51 520
　　未实现利得　2 240
　　损益平准金　2 240
　　贷：应付赎回款　55 720
　　　　应付赎回费　280

20×8 年 3 月 6 日款项交割时，该开放式基金的会计分录为

借：应付赎回款　55 720
　　贷：银行存款　55 720

定期向 ABC 银行代销点支付赎回手续费时，会计分录为

借：应付赎回费　280
　　贷：银行存款　280

14.3　基金管理公司基金投资业务的核算

目前我国基金管理公司的业务范围主要有证券投资基金业务、受托资产管理业务、投资咨询服务以及社保基金、企业年金等管理业务。其中，证券投资基金业务是基金管理公

司最核心的一项业务。

简单来说，证券投资基金业务是基金管理公司为实现资金的增值，通常选择其认为最能取得投资收益的资产组合和运作方式，将其所募集的资金进行投资的业务。证券投资基金以投资业务为主营业务，基金资产主要以上市流通的股票和债券等短期投资为主，没有存货、固定资产等实物资产。需要注意的是，基金投资组合的确定并不是任意的，根据我国《证券投资基金运作管理办法》规定，基金管理人运用基金财产进行证券投资有一些限制，如一只基金持有一家上市公司的股票市值不得超过基金资产净值的 10%，同一基金管理人管理的全部基金持有一家公司发行的证券不得超过该证券的 10%，不得违反基金合同关于投资范围、投资策略和投资比例的约定等等。

本节主要介绍基金管理公司股票投资和债券投资的核算。

14.3.1　股票投资的核算

按照有关规定，若证券投资基金要在证券登记结算机构进行证券交易，必须先在证券登记结算机构存入一定数额的款项，以备进行证券交易时的资金交割与交收。为证券交易的资金交割与交收而存入证券登记结算机构的款项，与证券业务类似，可通过“清算备付金”科目核算。基金管理公司股票投资核算的主要内容，包括买卖股票、股票股利、现金股利和配股权证的核算。

1. 购入股票的核算

基金管理公司购入股票分为两种情况，分别是购买已有股票和申购新股。

1) 购买已有股票

基金管理公司买入股票应以股票成交日作为股票投资的确认时点；买入股票的入账价值应以取得该股票的成本入账，包括股票成交总额、印花税和应付佣金(应付证券公司的佣金)等。证券公司收取的证券交易佣金是证券公司为客户提供证券代理买卖服务收取的报酬，其计算公式为

$$佣金 = 交易金额 \times (佣金费率 - 经手费率 - 征管费率)$$

其会计处理为

借：股票投资

　　贷：证券清算款(应支付的证券清算款)

　　　　应付佣金(应付券商佣金)

其会计处理为

借：证券清算款

　　贷：清算备付金

经典案例

【例 14-5】20×8 年 3 月 1 日，某基金公司在上海证券结算公司购入 150 万股 A 股票，购入价格是 10 元/股，应付佣金 12 750 元，其他各项费用 3 000 元。

$$股票投资成本 = 15\,000\,000 + 12\,750 + 3\,000 = 15\,015\,750(元)$$

会计分录为

借：股票投资——A 股票　　15 015 750
　　贷：证券清算款——上海证券结算公司　　15 003 000
　　　　应付佣金——上海证券结算公司　　12 750

次日为资金交收日，会计分录为

借：证券清算款——上海证券结算公司　　15 003 000
　　贷：清算备付金——上海证券结算公司　　15 003 000

2) 申购新股

申购新股分为网上发行和网下发行两种情况，除了对预交申购款的核算外，其买入股票的核算同购买已有股票的会计处理基本相同。

(1) 网上发行。如果股票是通过交易所网上发行的，按实际交付的申购款，借记“证券清算款”科目，贷记“清算备付金”科目；申购新股中签时，按确认的中签金额，借记“股票投资”，贷记“证券清算款”科目；收到退回余款(未中签部分)，借记“清算备付金”科目，贷记“证券清算款”科目。

(2) 网下发行。如果股票是通过网下发行的，按实际预交的申购款，借记“其他应收款”科目，贷记“银行存款”科目。在申购新股确认日，如果实际确认的申购新股金额小于已经预交的申购款，按实际确认的申购新股金额，借记“股票投资”科目，贷记“其他应收款”科目；收到退回余额时，借记“银行存款”科目，贷记“其他应收款”科目。如果实际确认的申购新股金额大于已经预交的申购款，按实际确认的申购新股金额，借记“股票投资”科目，贷记“其他应收款”科目；补付申购款时，按支付的余额金额，借记“其他应收款”科目，贷记“银行存款”科目。“股票投资”科目应按股票的种类设置明细核算，期末借方余额反映持有各类股票的实际成本。

2．卖出股票的核算

卖出股票应于成交日确认股票差价收入。股票差价收入按卖出股票成交总额与其成本和相关费用的差额入账。卖出股票应逐日结转成本，结转的方法采用移动加权平均法。在卖出股票成交日，按应收取的证券清算款，借记“证券清算款”科目；按结转股票的投资成本，贷记“股票投资”科目；按应付券商佣金，贷记“应付佣金”科目；按其差额，贷记或借记“股票差价收入”科目；在资金交收日，按实际支付的证券清算款，借记“清算备付金”科目，贷记“证券清算款”科目。

经典案例

【例 14-6】承例 14-5，20×8 年 3 月 2 日，某基金公司以 12 元/股的价格卖出 A 股票 50 万股，应支付的佣金为 5 100 元，其他费用 1 150 元，印花税 0.1%。

应收取的证券清算款 = 6 000 000 − 1 150 − 6 000 000 × 0.1% = 5 992 850(元)

应结转的股票投资成本 =15 015 750× 50 ÷ 150 = 5 005 250(元)

会计分录为

借：证券清算款　　5 992 850
　　贷：股票投资——A 股票　　5 005 250
　　　　应付佣金——××交易所　　5 100

股票差价收入　　　　　　　　　　982 500

3 月 3 日(T+1 日)为资金交收日，会计分录为

借：清算备付金——××交易所　　　　　　5 992 850

　　贷：证券清算款——××交易所　　　　　　5 992 850

3．股票股利、现金股利和配股权证的核算

1) 股票股利的核算

股票持有期间上市公司分配股票股利(包括送红股和转增股本)，应于除权日根据上市公司股东大会决议公告，按股权登记日持有的股票及送股或转增比例，计算确定增加的股票数量，在“股票投资”账户“数量”栏里进行记录。

2) 配股权证的核算

因持有股票而享有的配股权，从配股除权日起到配股确认日止，按市场高于配股价的差额逐日进行估值，借记“配股权证”科目，贷记“未实现利得”科目；向证券交易所确认配股时，借记“股票投资”科目，贷记“证券清算款”科目，同时，将配股权的估值冲减为零，借记“未实现利得”科目，贷记“配股权证”科目；在资金交收日实际支付配股款时，借记“证券清算款”科目，贷记“清算备付金”科目。在配股期限内没有向证券交易所确认配股而放弃配股权的，应将配股权的估值冲减为零，借记“未实现利得”科目，贷记“配股权证”科目。

3) 现金股利的核算

股票投资应分派的现金股利，在除息日按照上市公司宣告的分红派息比例确认股票收入的实现，借记“应收股利”科目，贷记“股利收入”科目；实际收到现金股利时，借记“清算备付金”科目，贷记“应收股利”科目。其中，“应收股利”科目应按债务人设置明细，进行明细核算，期末借方余额反映尚未收取的现金股利。

经典案例

【例 14-7】承例 14-6，20×8 年 3 月 3 日，上市公司宣布 A 股票股利政策：以 3 月 3 日为除权日。每 10 股送 3 股、转 2 股、配 2 股、派发 1 元现金股利，配股价 5 元/股，当日收盘价为 8 元/股。

由于送股和现金股利都要缴纳所得税，A 基金可得到股利收入为

$$1\,000\,000 \times [0.1 \times (1 - 20\%) - 0.3 \times 20\%] = 20\,000(\text{元})$$

借：应收股利——A 股票　　　　　　20 000

　　贷：股利收入　　　　　　　　　　20 000

A 基金可得到的股票股利共为 50 万股，分别为送红 30 万股(100 × 3/10)和公积金转增股本 20 万股(100 × 2/10)，在“股票投资”账户“数量”栏增加 50 万股，金额不变。

关于因持有股票而享有的配股权，在实际操作中，常常在配股除权日就记入“股票投资”科目，并单独为其设立明细科目进行核算，同时在配股除权日起到配股确认日止，按市价高于配股价的差额逐日进行估值，借记“配股权证”科目，贷记“未实现利得”科目。如果在配股期限内未向证券交易所配股，再将其冲销。本例对配股权核算的会计分录为

借：股票投资——A 股票(配股权)(5 × 100 万 × 2/10)　　　1 000 000

　　贷：应付股票投资款　　　　　　　　　　　　　1 000 000
借：配股权证——A 股票［(8 – 5) × 100 万 × 2/10］　　600 000
　　贷：未实现利得　　　　　　　　　　　　　　　600 000

14.3.2 债券投资的核算

基金管理公司从事的债券投资业务，是指以债券为对象进行的投资活动。债券投资和股票投资的会计核算类似，可分为买入债券、卖出债券以及投资估值的核算。

1．买入债券的核算

按债券发行主体的不同，买入债券业务可分为买入上市债券和买入非上市债券。

1) 买入上市债券

买入上市债券应于成交日确认债券投资。债券投资按成交日应支付全部价款入账，应支付的全部价款中包含自债券起息日或上次除息日至购买日止的利息，应作为应收利息单独核算，不构成债券投资成本。在资金交收日，按实际支付的价款与证券登记结算机构进行资金交收。买入上市债券时，按成交日应支付的证券清算款扣除债券起息日或上次除息日至购买日的利息，借记“债券投资”科目；按债券起息日或上次除息日至购买日止的利息，借记“应收利息”科目；按应支付的证券清算款，贷记“证券清算款”科目。

上市债券持有期间，应按债券票面价值与票面利率逐日计提债券利息。计提应收利息时，应借记“应收利息”科目，贷记“债券利息收入”；债券除息日，按照计提的应收利息，借记“证券清算款”，贷记“应收利息”；资金交收日，按实收利息金额借记“清算备付金”，贷记“证券清算款”。

2) 买入非上市债券

买入非上市债券应于实际支付价款时确认债券投资。债券投资按实际支付的全部价款入账。如果实际支付的价款中包含自债券起息日或上次除息日至购买日止的利息，应作为应收利息单独核算，不构成债券投资的成本。买入非上市债券后，按成交日应支付的证券清算款扣除债券起息日或上次除息日止的利息，借记“债券投资”科目；按证券起息日或上次除息日至购买日止的利息，借记“应收利息”科目，贷记“银行存款”科目。购入新发行的国债后，应根据承销合同规定，按国债面值，借记“债券投资”科目，贷记“其他应付款”科目。实际付款时，借记“其他应付款”科目，贷记“银行存款”科目。“债券投资”科目应按债券的种类设置明细账，“债券投资”科目的借方余额反映持有各项债券的实际成本。

非上市债券持有期内，应按债券票面价值与票面利率逐日计提利息。借记“应收利息”科目，贷记“债券利息收入”科目；待实际收到利息时，借记“银行存款”，贷记“应收利息”。

经典案例

【例 14-8】20×7 年 3 月 1 日，某基金管理公司在上交所购入 B 债券 20 万张，含息价 120 元/张，每张含息 10 元，支付各种手续费 2 200 元。

该会计分录为

借：债券投资——B 债券　　　　　　　　　　　22 002 200

　　应收利息——应收 B 债券利息　　2 000 000
　　贷：证券清算款——上交所　　24 002 200

3 月 2 日，资金交收时，会计分录为

借：证券清算款——上交所　　24 002 200
　　贷：清算备付金——上交所　　24 002 200

2. 卖出债券的核算

与买入债券的核算相似，卖出债券也可分为卖出上市债券和卖出非上市债券。

1) 卖出上市债券

卖出上市债券后，应于成交日确认债券差价收入。债券差价收入按卖出债券应收取的全部价款与其成本、应收利息和相关费用的差额入账。卖出证券的成本应逐日进行结转，结转的方法采用移动加权平均法。

卖出上市债券时，按成交日应收取的证券清算款，借记“证券清算款”科目；按应收利息，贷“应收利息”科目；按债券投资成本，贷记“债券投资”科目；按其差额，贷记或借记“债券差价收入”科目。

经典案例

【例 14-9】承例 14-8，20×7 年 3 月 6 日，该基金管理公司以含息 125 元/张的价格卖出 B 债券 10 万张。支付手续费 1 120 元。

会计分录为

借：证券清算款——上交所　　12 498 880
　　贷：债券投资——B 债券　　11 001 100
　　　　应收利息——应收 B 债券利息　　1 000 000
　　　　债券差价收入　　497 780

2) 卖出非上市债券

卖出非上市债券后，应于实际收到全部价款时确认债券差价收入，债券差价收入按实际收到的全部价款与其成本、应收利息的差额入账。卖出债券的成本应逐日进行结转，结转的方法采用移动加权平均法。卖出非上市债券后，按实际收到的金额，借记“银行存款”科目；按已售债券成本，贷记“债券投资”科目；按应收利息，贷记“应收利息”科目；按其差额，贷记或借记“债券差价收入”科目。购入到期还本付息的国债后，在持有到期时，按实际收到的本息，借记“银行存款”等科目，贷记“债券投资”科目和“应收利息”科目。

3. 对证券投资估值增值的核算

基金单位资产净值是制定基金单位交易价格的依据，而证券市场每天都在波动，基金单位资产净值也随之不断变化，对基金资产进行适时的估值，能够客观、准确地反映基金资产是否增值、保值，同时也能真实地反映基金当时的实际价值，便于基金单位在市场上交易。所谓估值日是指对基金资产进行估值的实际日期，大部分基金在每个开放日都对基金资产进行估值，即每个开放日都是估值日。在估值日，按照基金契约和招募说明书载明的估值事项，对资产估值时所估价值与其成本的差额在“投资估值增值”科目中核算。对证券投资和配股权进行估值时产生的估值增值或减值，应确认为未实现利得。

在估值日对基金持有的股票、债券估值时，如估值为增值，按所估价值与上一日所估价值的差额，借记“投资估值增值”科目，贷记“未实现利得”科目；若估值为减值，按所估价值与上一日所估价值的差额，借记“未实现利得”科目，贷记“投资估值增值”科目。“投资估值增值”科目按所估资产的种类设置明细账，进行明细核算。期末，“投资估值增值”科目借方余额反映未实现资产估值增值，贷方余额反映未实现资产估值减值。

14.4 基金管理公司基金业务损益核算

基金管理公司基金业务损益的核算主要包括基金收入的核算、基金费用的核算、基金收益和分配的核算等。

14.4.1 基金收入的核算

基金收入是基金资产在运作过程中所产生的超过自身价值的部分，包括利息收入、公允价值变动损益、投资收益以及其他收入。需要注意的是，基金投资估值产生的未实现利得不属于基金收入的范畴。

本节以利息收入、投资收益的会计核算为例，介绍基金收入的核算。

1. 利息收入

基金管理公司的利息收入，是指因债券投资、资产支持证券投资、银行存款、结算备付金、存出保证金、按买入返售协议融出资金等而实现的利息收入。下面以买入上市债券、银行存款的利息收入核算为例，介绍利息收入的核算。

1) 买入上市债券利息收入

买入上市债券利息收入的核算可以分为三个部分：债券持有期内利息的计提、除息日利息的核算以及资金交收日利息的核算。

(1) 债券持有期内利息的计提。基金管理公司应在债券实际持有期内，按照债券种类对利息进行逐日计提。计算公式为

债券利息=债券票面价值×票面利率(日利率)

此时，账务处理的会计分录为

借：应收利息

　　贷：债券利息收入

(2) 除息日利息的核算。债券除息日，基金管理公司应对利息进行账务处理，会计分录为

借：证券清算款　　　(应收利息金额)

　　贷：应收利息

(3) 资金交收日利息的核算。资金交收日，基金管理公司利息核算的会计分录为

借：清算备付金

　　贷：证券清算款

“债券利息收入”科目应按债券种类等设置明细账，进行明细核算。期末，应将本科

目的贷方余额全部转入“本期利润”科目，结转后本科目应无余额。

2) 存款利息收入

基金管理公司将货币存入银行或将清算备付金存入证券交易所会产生相应的存款利息收入，通过“存款利息收入”科目核算。存款利息收入应逐日计提，其会计处理分录为

借：应收利息(本金×存款利率)

　　贷：存款利息收入

实际结息时，会计分录为

借：银行存款(或清算备付金)

　　贷：应收利息

“存款利息收入”科目应按银行存款、清算备付金等设置明细账，进行明细核算。期末，该科目贷方余额全部转入“本期利润”科目，结转后本科目无余额。

2. 投资收益

证券投资基金的投资收益，是指买卖股票、债券、资产支持证券、基金等实现的差价收益，股票、基金投资等获得的股利收益，以及衍生工具投资产生的相关损益，如卖出或放弃权证、权证行权等实现的损益。这里主要介绍基金管理公司买卖股票、买卖债券收益的核算。

1) 买卖股票的收益

基金管理公司买卖股票业务中，实现的投资收益可分为两部分：一是股息和分红；二是买卖股票所实现的差价收入。一般来说，投资于股票的基金，尤其是一些成长型基金所看重的并不是股票分配的股利，而是股票价格的增长，他们以“低进高出”的原则进行短线股票交易，以赚取股票的差价利润。因此，股票投资收益的会计核算可以分为应收股利的核算和对股票差价收入的核算。

(1) 应收股利的核算。除息日，基金管理公司应按照股票种类进行明细核算，确认股利收入。其会计分录为

借：应收股利

　　贷：股利收入

(2) 股票差价收入的核算。基金管理公司应在卖出股票成交日确认股票差价收入，会计分录为

借：证券清算款　　(应收清算款)

　　贷：股票投资　　(投资成本)

　　　　应付佣金　　(应付券商佣金)

　　　　股票差价收入　　(借贷方差额)

“股票差价收入”科目按股票种类设置明细账，进行明细核算。期末，应将本科目的余额全部转入“本期利润”科目，结转后本科目应无余额。

2) 买卖债券的收益

基金管理公司买卖债券实现投资收益，即债券买卖过程中实现的差价收入。对于卖出上市债券的情况，于成交日确认债券差价收入，并按应收取的全部价款与其成本、应收利息和相关费用的差额入账，会计处理如下：

借：证券清算款(应收证券清算款)

　　贷：债券投资(结转的债券投资成本)

　　　　应收利息(已计利息)

　　　　债券差价收入(借贷方差额)

对于卖出非上市债券情况，则应做如下会计处理：

借：银行存款(实际收到的金额)

　　贷：债券投资(结转的债券投资成本)

　　　　应收利息(已计利息)

　　　　债券差价收入(借贷方差额)

期末，“债券差价收入”的科目余额全部转入“本期利润”科目，结转后本科目应无余额。

14.4.2 基金费用的核算

基金管理公司作为一个盈利性的金融企业，进行证券投资基金业务、受托管理资产、提供投资咨询服务等并不是无偿的，而需要获取相应的报酬。同时，基金的正常运作需要一定的必要开支，如利息支出、交易费用等。因此，对基金费用的核算也是基金管理公司会计核算的一个必要组成部分。

基金费用的核算主要包括基金管理人报酬、基金托管费、销售服务费、交易费用、利息支出和其他费用的核算。本节主要介绍基金管理人报酬、基金托管费以及其他费用的核算。

1. 基金管理人报酬

基金管理人报酬是支付给实际运作基金资产、为基金提供专业服务的基金管理人的报酬，包括管理费和业绩报酬，通常从基金净资产值中按照一定的比例(即费率)提取，是基金管理公司主要收入来源，并用于基金运作的日常开支。基金管理人报酬可分设“管理费”和“业绩报酬”科目进行明细核算，一般逐日累计、按月支付(从基金资产中支付)。在提取基金管理人报酬时，应按照前一日的基金资产净值乘以按当年实际天数折算的日费率计算，其计算方法如下：

$$\text{管理人报酬}=\text{前一日基金资产净值}\times\frac{\text{年管理费率}}{\text{当年天数}}$$

按基金契约和招募说明书的规定，计提的基金管理人的报酬(包括基金管理费和业绩报酬)在“管理人报酬”科目核算。计提基金管理费和业绩报酬时，会计分录为

借：管理人报酬

　　贷：应付管理费和业绩报酬

支付基金管理人报酬时，会计分录为

借：应付管理人报酬

　　贷：银行存款

“应付管理人报酬”科目和“管理人报酬”科目都应按管理费和业绩报酬设置明细账，进行明细核算。期末，应将“管理人报酬”科目借方余额全部转入“本期利润”科目，结转后本科目应无余额。“应付管理人报酬”科目的期末贷方余额反映尚未支付给基金管理人的基金管理费和业绩报酬。

经典案例

Wind 统计显示，截至 2018 年 3 月 31 日，共 122 家基金公司披露了旗下公募基金 2017 年度报告，共计提管理费 552 亿，较 2016 年增加 54 亿。其中混合型基金管理费最高，达到 242 亿，其次是货币型基金，共 155 亿。天弘基金以 44.78 亿的管理费收入居首，工银瑞信和易方达基金分列第二、第三位，其管理费收入分别为 26.46 亿和 26.15 亿。

资料来源：金融界基金

2. 基金托管费

基金托管费，是指支付给负责保管基金资产的基金托管人的费用。在我国，基金托管人通常由具有实力的商业银行、信托投资公司等金融机构担任。基金托管费按照基金资产净值的一定比例提取，目前我国通常为 0.25%，计提方式也为逐日累计、按月支付(从基金资产中支付)。其计算方法如下：

$$基金托管费 = 前一日资产净值 \times \frac{年托管费率}{当年天数}$$

基金托管费应按照基金契约和招募说明书规定的方法和标准计提，并按计提的金额入账。计提基金托管费时，会计分录为

借：基金托管费

　　贷：应付托管费

支付基金托管费时，会计分录为

借：应付托管费

　　贷：银行存款

期末，应将“基金托管费”科目的借方余额全部转入“本期利润”科目，结转后本科目应无余额。“应付托管费”科目的贷方余额反映尚未支付给托管人的基金托管费。

3. 其他费用

其他费用是指基金在运作过程中，发生的除基金管理费、托管费、销售服务费、交易费用、利息支出以外的其他各项费用，如注册登记费、上市年费、基金信息披露费、审计费用和律师费用等。

其他费用的会计处理有两种方法：直接计入法、待摊或预提法。基金管理公司对其他费用进行核算时，应考虑发生的其他费用是全额计入基金损益还是需要作为待摊费用在收益期内进行分摊。根据《基金会计核算办法》的有关规定，其他费用影响基金份额净值小数点后第四位时，应采用预提或待摊的方法计入基金损益；反之，则全额计入基金损益。

14.4.3 基金的收益和分配的核算

基金收益和分配的核算，顾名思义，包括基金收益的核算和收益分配的核算。这里，基金收益主要是指基金净收益。

1. 基金净收益

基金净收益是指基金收益扣除按照有关规定应扣除的费用后的余额。本期实现的基金净收益(或基金净亏损)通过“本期利润”科目核算。期末，结转基金收益时，应将“股票差价收入”“债券差价收入”“股利收入”“债券利息收入”“存款利息收入”“买入返售证

券收入”“其他收入”等科目的余额转入“本期利润”科目的贷方，将“管理人报酬”“基金托管费”“其他费用”“利息支出”等科目的余额转入“本期利润”科目的借方。本期收入和支出相抵后就可计算出本期实现的净损益。期末，将本期实现的净收益转入“利润分配”科目贷方，借记“本期利润”科目，贷记“利润分配——未分配利润”科目；若为净亏损，做相反的分录。结转后本科目应无余额。

2．收益分配

根据我国《证券投资基金法》的规定，基金管理人应按照基金合同的约定确定基金收益分配方案，及时向基金份额持有人分配收益。按照有关规定，分配给基金持有人的净收益以及历年分配后(或弥补亏损后)的结余金额通过“利润分配”科目核算。“利润分配”科目可分设“应付利润”“未分配利润”两科目进行明细核算。

知识链接

在我国，基金收益分配遵循以下原则：(1) 基金收益分配比例不得低于基金净收益的90%；(2) 基金当年收益应先弥补上一年度亏损，然后才可进行当年收益分配；(3) 若基金投资的当年发生亏损，则不进行收益分配；(4) 每一基金单位享有同等分配权；(5) 基金收益分配每年至少一次，成立不满 3 个月，收益不分配；(6) 基金收益分配后每基金单位净值不能低于面值。

收益分配相关的会计账务处理如表 14-4 所示。

表 14-4　收益分配相关的会计账务处理

确认时点	账 务 处 理
除权日	依据基金利润分配方案，借：利润分配——应付利润 贷：应付利润
实际支付日	按照应分配基金份额持有人利润，借：应付利润 贷：银行存款
持有人红利再投资时	按照应分配的红利，借：应付利润 贷：实收基金 损益平准金 未实现利得
期末	结转本期实现的净收益，借：本期利润 贷：利润分配——未分配利润 若为净损失，做相反的会计处理
期末	结转损益平准金科目余额，借：损益平准金 贷：利润分配——未分配利润
期末	结转利润分配科目下应付利润的科目余额，借：利润分配——应付利润 贷：利润分配——未分配利润

期末结转后，“利润分配”除“未分配利润”明细科目外，本科目的其他明细科目应无余额。期末“利润分配”贷方余额反映基金历年积存的未分配利润，借方余额反映未弥补亏损。

经典案例

练 习

一、单项选择题

1．根据我国的规定，封闭式基金的续存期不得少于(　　)年，最低募集期份额不得低于注册规模的(　　)。

A．10，50%　　B．5，60%　　C．5，80%　　D．10，100%

2．下列关于开放式基金的表述中，不正确的是(　　)。

A．发行总额不固定　　B．只能通过银行柜台购买

C．基金规模处于不断的变化中　　D．随时可能发生基金的赎回

3．封闭式基金成立时，实收基金按实际收到的基金单位发行总额入账。基金收入扣除相关费用后的结余作为(　　)处理。

A．其他收入　　B．实收基金　　C．银行存款　　D．未实现利得

4．下列各项中，(　　)不属于基金拥有的资产。

A．基金拥有的上市股票　　B．准备金

C．存放金融机构的存款　　D．短期借款

5．其他费用影响基金份额净值小数点后第(　　)位时，应采用预提或待摊的方法计入基金损益。

A. 3　　B. 4　　C. 5　　D. 6

二、多项选择题

1．按照基金单位是否可以增加和赎回，基金可以分为(　　)。

A．封闭式基金　　B．开放式基金　　C．公司型基金　　D．债券基金

2．根据基金投资目标的不同，证券投资基金可以分为(　　)。

A．成长型基金　　B．收入型基金　　C．平衡型基金　　D．混合型基金

3．基金投资上市债券需要核算的内容有(　　)。

A．债券差价收入　　B．利息收入　　C．其他收入　　D．应收股利

4．基金费用的核算内容，主要包括(　　)。

A．基金管理人报酬　　B．销售服务费　　C．交易费用　　D．托管费

5．基金其他费用的会计处理方法，有(　　)。

A．直接计入法　　B．预提法　　C．待摊法　　D．分步法

三、简述题

1．证券投资基金有哪些具体当事人？

2．证券投资基金由哪些具体种类构成？

四、案例题

1．2018 年 3 月 10 日，甲基金在深交所购入 A 股票 200 万股，购入价位 9 元/股，当日 A 股票的收盘价位 9.5 元/股。基金交易需缴纳的手续费率为成交额的 1.5%，应付佣金为 12 000 元，请写出有关会计分录。

2．2018 年 3 月 1 日，甲基金在上交所购入 B 债券 10 万张，含息 110 元/张，票面金额为 100 元/张，支付各种手续费 1 100 元，请写出有关会计分录。

参考文献

[1] 企业会计准则编审委员会．企业会计准则操作实务．上海：立信会计出版社，2007.
[2] 企业会计准则编审委员会．企业会计准则详解与实务．北京：人民邮电出版社，2018.
[3] 李英．证券投资学．北京：中国人民大学出版社，2011.
[4] 亚春林．金融企业会计．2 版．上海：立信会计出版社，2017.
[5] 庄毓敏．商业银行业务与经营．北京：中国人民大学出版社，2010.
[6] 关新红，李晓梅．金融企业会计．2 版．北京：经济科学出版社，2013.
[7] 孟艳琼．金融企业会计．2 版．北京：中国人民大学出版社，2016.
[8] 张凤卫．金融企业会计．2 版．北京：清华大学出版社·北京交通大学出版社，2014.
[9] 中国注册会计师协会．会计．北京：中国财政经济出版社，2018.
[10] 张建军．保险理论与实务．西安：西安电子科技大学出版社，2013.
[11] 苏宗祥，徐捷．国际结算．6 版．北京：中国金融出版社，2015.
[12] 季爱东．银行新中间业务与法律问题．北京：中国金融出版社，2004.
[13] 陈振婷，朱红军．银行外汇业务会计．上海：复旦大学出版社，2004.
[14] 胡炳志，陈之楚．再保险．北京：中国金融出版社，2006.
[15] 中华人民共和国财政部网站．http://www.mof.gov.cn/index.htm.
[16] 中国人民银行网站．http://www.pbc.gov.cn.
[17] 上海浦东发展银行官方网站．http://www.spdb.com.cn.
[18] 中国保险监督管理委员会网站．http://www.circ.gov.cn.
[19] 中国证券监督管理委员会网站．http://www.csrc.gov.cn.
[20] 中国银行业监督管理委员会网站．http://www.csrc.gov.cn.
[21] 中国银行保险监督管理委员会网站．http://www.csrc.gov.cn.